海外中国研究丛书

到中国之外发现中国

未竟之业
近代中国的言行表率

An Unfinished Republic

Leading by Word and Deed in Modern China

[美] 史谦德 著
李兆旭 译

江苏人民出版社

图书在版编目(CIP)数据

未竟之业:近代中国的言行表率/(美)史谦德著；李兆旭译. --南京:江苏人民出版社,2024.8
(海外中国研究丛书 / 刘东主编)-- ISBN 978－7－214－29212－4

Ⅰ. K250.7

中国国家版本馆 CIP 数据核字第 2024UR5843 号

An Unfinished Republic：leading by Word and Deed in modern China by David Strand
Copyright © 2011 by The Regents of the University of California
Published by arrangement with University of California Press
Simplified Chinese edition copyright © 2024 by Jiangsu People's Publishing House
All rights reserved
江苏省版权局著作权合同登记号:图字 10－2017－336 号

书　　名	未竟之业:近代中国的言行表率
著　　者	[美]史谦德
译　　者	李兆旭
责任编辑	康海源
特约编辑	吕延旭
装帧设计	陈　婕
责任监制	王　娟
出版发行	江苏人民出版社
地　　址	南京市湖南路 1 号 A 楼,邮编:210009
照　　排	江苏凤凰制版有限公司
印　　刷	江苏凤凰通达印刷有限公司
开　　本	652 毫米×960 毫米　1/16
印　　张	31.75　插页 4
字　　数	351 千字
版　　次	2024 年 8 月第 1 版
印　　次	2024 年 8 月第 1 次印刷
标准书号	ISBN 978－7－214－29212－4
定　　价	118.00 元

(江苏人民出版社图书凡印装错误可向承印厂调换)

序"海外中国研究丛书"

中国曾经遗忘过世界,但世界却并未因此而遗忘中国。令人嗟讶的是,20世纪60年代以后,就在中国越来越闭锁的同时,世界各国的中国研究却得到了越来越富于成果的发展。而到了中国门户重开的今天,这种发展就把国内学界逼到了如此的窘境:我们不仅必须放眼海外去认识世界,还必须放眼海外来重新认识中国;不仅必须向国内读者迻译海外的西学,还必须向他们系统地介绍海外的中学。

这个系列不可避免地会加深我们150年以来一直怀有的危机感和失落感,因为单是它的学术水准也足以提醒我们,中国文明在现时代所面对的绝不再是某个粗蛮不文的、很快就将被自己同化的、马背上的战胜者,而是一个高度发展了的、必将对自己的根本价值取向大大触动的文明。可正因为这样,借别人的眼光去获得自知之明,又正是摆在我们面前的紧迫历史使命,因为只要不跳出自家的文化圈子去透过强烈的反差反观自身,中华文明就找不到进入其现代形态的入口。

　　当然,既是本着这样的目的,我们就不能只从各家学说中筛选那些我们可以或者乐于接受的东西,否则我们的"筛子"本身就可能使读者失去选择、挑剔和批判的广阔天地。我们的译介毕竟还只是初步的尝试,而我们所努力去做的,毕竟也只是和读者一起去反复思索这些奉献给大家的东西。

　　　　　　　　　　　　　　　　　刘　东

献给埃莉诺(Eleanor)和埃里克(Erik)

目　录

致　谢 *1*

引　言　共和的中国 *1*

第一章　扇向宋教仁的耳光 *17*
　　革命长路上的政治行者 *17*
　　流动的时代 *29*
　　中山先生到北京 *44*
　　扇向宋教仁的耳光 *57*

第二章　中国历史上的演说 *76*
　　无声的中国和有声的中国 *79*
　　孔子公开演说吗？ *93*
　　演说者的听众 *96*
　　演说的读书人：对同侪演说，也对民众演说 *100*
　　"要唤起国魂" *104*
　　政治舞台上的公演 *116*

语言的障碍 122

　　"登台演说不易" 126

　　公开演说的女性 141

第三章　女性的共和 145

　　有"咏絮之才"的女革命家 146

　　"烽烟看四起" 155

　　"非先有女子参政权不可" 166

　　"新红楼梦" 185

　　凯莉·查普曼·卡特的中国行 194

　　"难道'国民'这两个字，划开女子单就男子讲的吗？！" 209

第四章　国民的视角 220

　　浮萍般的共和 221

　　共产党员、女权运动者、银行家、会计或护士的修养 239

　　革命买卖 247

　　"大公无我" 258

　　"国民看见了什么？" 268

第五章　下不来台 279

　　"不怕过于欧化" 279

　　"手提公文包" 294

　　总理陆徵祥 299

　　在南京和北京开会的参议院 306

　　动荡和碰撞中的政党 313

　　下不来台的陆徵祥 320

　　"时、地、人" 341

第六章 孙中山最后的演说 354
　　"谈革命" 356
　　"孙大炮" 361
　　孙中山归国之后 367
　　最后的演说 381
　　老人争取新人 400
　　与民众鼻子贴鼻子 411

总　结　领导与被领导 423

参考文献 434

索　引 466

致　谢

美国国家人文中心的诸位同仁为本研究提供了理想的起步条件。狄金森学院为本研究提供了充裕的学术休假和暑期研究支持。艾恺（Guy Alitto）、戴茂功（Neil Diamant）、季家珍（Joan Judge）、沃尔夫冈·穆勒（Wolfgang Müller）、韩书瑞（Susan Naquin）、邵勤、司昆仑（Kristin Stapleton）和叶文心为书稿提出了必不可少的修改建议。安德森·伯克（Anderson Burke）、埃莉诺·斯特兰德（Eleanor Strand）和塞西尔·斯特兰德（Ceceile Strand）也以编辑的敏锐眼光阅览了书稿。狄金森学院图书馆员叶云山在文献方面提供了可贵的建议与帮助。有了这些朋友、家人和同事的帮助，我不知少犯了多少错误。当然，在史实和论述方面若仍存在错误，责任概由本人承担。

狄金森学院的同事和学生激发了我的思维，帮助我以全新的视角看待为自己设定好的问题。我还应邀参加了一系列相关主题的学术会议，这些会议让我有了分享和检验自己想法的机会。因此，我想向这些会议的组织者——狄培理（William Theodore de

Bary)、汪德迈(Léon Vandermeersch)、戴慧思(Deborah S. Davis)、高乐(Richard Kraus)、巴里·诺顿(Barry Naughton)、裴宜理(Elizabeth J. Perry)、胡志德(Theodore Huters)、王国斌、余宝琳(Pauline Yu)、叶文心、周锡瑞(Joseph Esherick)、柏思德(Kjeld Erik Brødsgaard)、谷梅(Merle Goldman)、董玥(Madeleine Yue Dong)、葛以嘉(Joshua Goldstein)、高家龙(Sherman Cochran)等——致以谢意。

在编辑和出版过程中,里德·马尔科姆(Reed Malcolm)给予了我专业的指导。希拉·伯格(Sheila Berg)对本书进行了细致而深入的审校。本书的部分内容最早发表于他处,经许可后在此重新使用:第一章、第二章的部分内容,源于 Strand, "Citizens in the Audience and at the Podium," in *Changing Meanings of Citizenship in Modern China*, edited by Merle Goldman and Elizabeth J. Perry, pp. 44–69 (Cambridge, MA: Harvard University Press), Copyright © 2002 by the President and Fellows of Harvard College;第六章的部分内容,源于 Strand, "Calling the Chinese People to Order: Sun Yat-sen's Rhetoric of Development," in *Reconstructing Twentieth-Century China: State Control, Civil Society, and National Identity*, edited by Kjeld Erik Brødsgaard and David Strand (Oxford: Clarendon Press, 1998), 33–68, © 1998 by Oxford University Press;第六章的部分内容,源于 Strand, "Community, Society and History," in *Culture and State in Chinese History*, edited by Theodore Huters, R. Bin Wong, and Pauline Yu (Stanford: Stanford University Press), 326–45, © 1998 by the Board of Trustees of the Leland Stanford Jr. University.

我还要特别感谢唐群英的孙子唐存正。我曾到湖南新桥参观唐家祖宅（已辟为博物馆），唐存正热情款待了我。唐存正本人对唐群英的研究成果，但凡对这位杰出女性感兴趣的人，务必阅读。这次参观由周明朗热心协助安排，历史学者朱小平陪同，朱小平对湖南妇女运动史的见地也让我受益良多。

谨以此书献给我生来直率坦诚、乐于思考的两个孩子埃莉诺和埃里克。

引言　共和的中国[①]

从辛亥革命推翻清王朝的那一刻起，帝制就永远地从中国消失了；革命派在历史上画下的这道分界线，将中国历史截然分为了两段。孙中山的临时大总统之位还没坐多久，就由袁世凯接替了位子；1915年，袁大总统开始了自己的称帝行动。尽管袁世凯坐拥强大的政治手腕和政治资源，但他的称帝企图以惨败告终。幼帝溥仪1912年2月12日被迫走下的皇位，袁世凯走了上去，但终究坐不住。然而，袁世凯称帝失败，并不是因为初创的民国有多么成功，毕竟比起被其取代的清廷，这个新生的政权到底好在哪儿，实在是不怎么看得出。就连革命派自己也纷纷抱怨，所谓"民国"，有名无实，只是块"招牌"罢了。然而，眼看民国危在旦夕，中华民国的"袁大总统"要变成中华帝国的"洪宪皇帝"，一切国民，只要有办法反抗的，都起来反抗了。

仅仅几年的工夫，民国就如此深入人心。但这深入人心的"民国"，与其说是一整套国家政治机构，不如说是一种政治化

[①] 本书涉及的史事主要发生在民国初年，使用Republican China时指涉的也是这一时期的史事。但在某些地方（特别是本节），作者为说明观点，也涉及了南京国民政府时期乃至1949年后的历史。因此，本书中将大写的Republican China译为"民国"，小写的republican China译为"共和的中国"（据文字表述需要，字面上可能有微调）。但标题中Republican的大写应为标题首字母大写的需要，而并非特指民国。

的生活方式：国民与领袖当面对质，也互相当面对质——这样的姿态，在世界各地的共和国司空见惯。长期以来，不平等和等级制都是中国社会和文化秩序的要义；而如今，政治平等作为一种价值观和日常实践，与不平等和等级制形成了鲜明对比。这种政治姿态和身体姿态的改变，既伴随着相当的恐惧乃至警惕心理，也伴随着兴奋和期待；当争执各方分属不同年龄、性别和阶级阵营时尤其如此。比如，一位年轻女子留着齐耳短发，责难阻挠她获得政治权利的中年男性政治家，她就让人们认识到了一种全新的政治。此类行为，有一部分是在革命进程中有意为之——革命期间，战斗和抗议的怒潮打破了旧的惯例。不过，革命行动结束后，这种参政热情仍在持续，国民的种种公开而坦率的行为，形成了一整套新的惯例。人们广泛参与演讲、政治辩论、街头抗议等政治实践，例会、报告、投票和集会也越来越多，所有这些共同酝酿出了一种政治文化：人们好像有说不完的话，说的话又不时驱使一些行动发生。

此时，每一位政治领袖都在发表演说。政治领袖们不想再隐身于宫殿或政府办公室里，由他人当传声筒。本书即将详细介绍的三位公众人物——女权运动者唐群英、外交家陆徵祥和政治家孙中山，都是如此。他们分别是社会改良、外交、国家政治领域的先驱，在各自的领域中，为了推行自己的规划，都在发表演说。他们公开演说的场所多种多样，不一而足。1905年，在东京的中国留学生俱乐部，唐群英第一次宣布支持爱国革命事业；1899年和1907年，在海牙的和平会议上，陆徵祥代表清廷，也代表中国，两次向各国外交官发表演说；在海内外不计其数的厅堂、寺庙、学校和露天集会场所，孙中山宣讲了自己的革命主张。有时，三人还可能在同一地点发表演说，不过演说的内容和反响都截然不同。

1912年,唐群英、陆徵祥和孙中山分别在中华民国的国家立法机关——参议院发表了演说。1月28日,孙中山作为刚就职的临时大总统,在南京出席了参议院成立仪式,他在仪式上发表的演说收获了革命同志的热烈掌声。① 1912年夏,陆徵祥担任内阁总理,7月18日,他在参议院(此时已迁到北京)发表演说,表达了对中国政治精英种种恶习的不满。陆徵祥的演说虽然发自肺腑,但反响实在太糟糕了,乃至加速了他的下台。几个月前的3月19日,在南京参议院,唐群英也发表了讲话——更确切地说,是喊话——她是挥着手枪,带着一群愤怒的女权运动者闯入参议院后,才开始演说的。

作为一个共和国的国家机关,1912年的参议院里,上演了许多诸如此类的演讲和辩论,气氛或彬彬有礼,令人昏昏欲睡,或剑拔弩张,拳脚相加。这一次次全国精英在大庭广众之下的相遇,就像一面镜子,反映着整个中国的演说和辩论风潮——全国各地的地方会馆、党部、公园、学校宿舍和教员休息室,处处充斥着字斟句酌的言谈和嘈杂的骚动。共和的根基仍然不深,正如当时一位学生所言,政党、俱乐部、社团等政治组织,就像"无根的浮萍"一般漂浮在政治生活的表面。② 与此同时,由此而生的政治行动虽然常常是即兴而为,组织也比较简单,却不断发展普及,丰富和塑造着公众生活。1929年,缪金源在一篇序言中就提及了政治演说这种新现象,直言当下"每天必开会,开会必演说"。③

---

① 陈锡祺主编:《孙中山年谱长编》上,北京:中华书局,1991年,第642页。
② Li Chien-nung [Li Jiannong], *The Political History of China, 1840–1928* (Princeton: D. Van Nostrand, 1956), 279;李剑农:《中国近百年政治史》,台北:台湾商务印书馆,1974年,第371页。
③ 缪金源:《缪序》,见 Richard D. T. Hollister 著,刘奇编译:《演说学》,上海:商务印书馆,1930年,第6页。

从本质上来说,共和政权并没有那么民主。有些国家对人民主权和政治平等的文化信念比中国更深远,但这些国家的领导人们同样将大把的时间花费在操弄政治上,为本人和本阶层所处的位子牟利。① 在 1912 年的中国,对于共和政治的优势和劣势——无论是要容许国民在国家事务中真正发挥作用,还是要维护少数人的权力——考验才刚刚开始。固然,人们发表演说,开展选举,在报刊上辩论各种问题;但与此同时,政客遭到暗杀,演说的人被赶下台,异见者面临政治威胁和暴力打压。有人认为,"中华民国"的理念当不得真,因为无论从狭义上的政权而言,还是从广义上的政治文化而言,支配民国时期的都是附加了外国事物的中国传统,这使得真正的政治平等几乎不可能实现。

毫无疑问,反对共和的势力在发挥作用。孟德斯鸠曾指出,英国是一个"表面君主制,实为共和制"的国家。② 掌权者如袁世凯之流对法治不屑一顾,对人民主权持怀疑态度,有鉴于此,此时的中华民国似乎与孟德斯鸠笔下的英国相反:共和的表面下隐藏着某种"皇权主义"。这一"表面"可能是政治实体,比如常常屈服于军事强人淫威的参议院;也可能是某种角色,比如国民——有时他们的所作所为更像是臣民。③ 除此之外,右翼民族主义者等群体对程序民主和代议制民主的敌意,也是众所周知的。强人政治崛起后,也许可以说,无论是在蒋介石等势力较大的强人政治下,还是在省、市、村等更小范围的强人政治下,共和主义的残余

---

① Bernard Silberman, *Cages of Reason: The Rise of the Rational State in France, Japan, the U. S., and Great Britain* (Chicago: University of Chicago Press, 1993).
② 参见 Philip Petit, *Republicanism: A Theory of Freedom and Government* (New York: Oxford University Press, 1997), 20.
③ 邵勤指出,"皇权主义"值得注意,在此表示感谢。

都开始服从于精英共同的抱负——事无巨细地规定国民可以说什么、做什么。

当然,"中华民国"是共和国。但毫无疑问,"中华民国"不仅仅是共和国。关于政治权威和领袖地位的传统观念仍然在延续。中国的共和主义从中国传统政治思想中吸取了一些关键元素,比如政府和人民绝对一体的观念。① 这一传统观念与共和主义的不同之处在于,共和主义从本质上就认为,政府和民众的关系是需要考验的。人们对议院里或会议厅里的混乱场面感到不适,但这既没有阻止政党的竞争,也没有阻止国民趁着登台参政的机会攻击对手。

1924 年,国民党按照布尔什维克路线改组后,列宁主义自上而下掌控政治生活的追求,成为国民党和共产党共同的运作原则。② 国民党和共产党都认同,公开的政治竞争会破坏国家团结,而反对帝国主义和解决国内问题是离不开国家团结的。共产党人还认为,仅仅是政治平等,并不能带来社会和经济正义。1912 年,与国民党合作的女权运动者主张赋予女性选举权,但他们主张的仅仅是受过教育的妇女应有权投票,至于同胞中不识字或贫困的一部分,无论男女,都不在他们的考虑范围内。③ 到了 20 世纪 20 年代,共产党人向警予固然对率先为女子参政问题公开发声的女性表达了认可和感激,但也对其加以批判,因为这些女权运动者以为,只要自己能在"猪仔国会"和各省的"猪仔议会"

---

① Joan Judge, "Public Opinion and the New Politics of Contestation in the Late Qing, 1904 – 1911," *Modern China* 20: 1 (1994): 86.
② William C. Kirby, "The Internationalization of China: Foreign Relations at Home and Abroad in the Republican Era," *China Quarterly* 150 (June 1997): 449.
③ Louise Edwards, *Gender, Politics, and Democracy: Women's Suffrage in China* (Stanford: Stanford University Press, 2008): 23 – 24.

里与男子平起平坐,全体妇女和全中国的事业就都能得到促进了。①

尽管如此,自孙中山以来,国民党和共产党都是在开放的、充满竞争的共和政治中崭露头角的。演说、辩论、通过决议、请愿、抗议、编印小册子、召开会议并在与会者中分清敌友,都是国民党和共产党政治生活中的内容。即便是出身行伍的蒋介石,也是如此。虽然军队里的规矩是发号施令和服从命令,而不是针对指令展开辩论,但1908—1911年蒋介石在东京求学时,也阅读过海外和上海出版的一些立场激进的报纸,还结交了戴季陶等热心革命的社会活动家,由此接触了一些共和思想。② 1912年,蒋介石回到东京深造,还在东京主持创办了《军声杂志》。③ 说蒋介石支持共和,更多的是就其与共和事业的联系而言,而非在于他有坚定的共和主义信念。1911年,蒋介石一听到武昌起义的消息,就迫不及待地回国,参与到建立民国的斗争中。④ 孙中山、蒋介石这一代政治家成为领袖后,并未彻底抛弃青、中年时期接触的共和政治,而是将共和政治的一套做法与列宁主义结合了起来。发表演说变成了做报告,投票程序仅适用于经党内认可的候选人和法律,文章经过审查方能发表,群众集会是经过编排,受到控制的。

然而,正如20世纪民主革命的进程所表明的,共和之下,所

---

① Edwards, "Women's Suffrage in China: Challenging Scholarly Conventions," *Pacific Historical Review* 69:4 (November 2000):632;向警予著,湖南人民出版社编:《向警予文集》,长沙:湖南人民出版社,1980年,第130、206页。
② Jay Taylor, *The Generalissimo: Chiang Kai-shek and the Struggle for Modern China* (Cambridge, MA: Harvard University Press, 2009), 18-19, 25-26.
③ Howard L. Boorman, ed., *Biographical Dictionary of Republican China* (New York: Columbia University Press, 1970), vol. 1, 320.
④ Howard L. Boorman, ed., *Biographical Dictionary of Republican China* (New York: Columbia University Press, 1970), vol. 1, 320.

有不民主的、官僚主义的东西都是可以逆转的。1989年东欧剧变，1991年苏联解体，1987年中国台湾地区"解禁"，都是这种情况。

国民的社会生活技巧生成于会议、集会、报告、表决，也生成于与评判所见所闻的听众进行的口头、书面和符号交流中。在某些情况下，这些技巧在政治上看起来可能只与民主密切相关，或只与专政密切相关。① "人民民主专政"这样朗朗上口的词儿受到认可，很难遭到诘难，于是政治语言借此得以"正式化"或强化。② 正如瓦茨拉夫·哈维尔(Vaclav Havel)针对捷克斯洛伐克这样的"后极权主义"共产主义制度所指出的，这种政治话语的影响是"整个权力结构"的基础。"它整合了自身的交流系统，使信息和指令的内部交换和传递成为可能。它更像一个交通信号和指向标志的集合，勾勒出了整个权力运作过程的轮廓和架构。"③ 然而，在这种提出与传播口号的过程中，以及得以通过官方媒体、政治宣讲和监管循环往复的政治话语塑造过程中，可能也会有一整套话语的转向，这种转向不会轻易被左右至某一方向，却是国民力所能及的。哈维尔举过一个有名的例子：某天，杂货店店员摘下了商店里"全世界工人团结起来"的标语，政治话语的"指向标"就开始转变了。④ 对于一切自上而下"立规矩的举措"，永远

---

① 关于"社会生活技巧"，见 Eva Federe Kitty, "A Feminist Public Ethic of Care Meets the New Communitarian Family Policy," *Ethics* 111: 3 (April 2001): 542.
② Michael Schoenhals, *Doing Things with Words in Chinese Politics: Five Studies* (Berkeley: Institute of East Asian Studies, 1992), chap. I.
③ Vaclav Havel, "The Power of the Powerless," In Jan Vladislav, ed., *Vaclav Havelor Living in Truth* (London: Faber and Faber, 1987), 46.
④ Vaclav Havel, "The Power of the Powerless," In Jan Vladislav, ed., *Vaclav Havelor Living in Truth* (London: Faber and Faber, 1987), 46.

是"上有政策,下有对策",从而形成了一种"反规矩"。① 领导在对民众讲话时,如果想当然地认为民众会认同自己,可能就会事与愿违。1989年12月21日,在布加勒斯特市中心一次事先计划和编排好的"亲政府"集会上,罗马尼亚政治强人尼古拉·齐奥塞斯库(Nicolae Ceausescu)惊讶地发现,迎接自己的不是掌声,而是嘘声。这些嘘声将此类专制政权的仪式变成了反抗的现场,乃至改革或革命的开始。

以上反转有一个前提条件,即被近代国民身份理想化了的政治平等。辛亥革命刚结束时,受革命的影响,这种理想化了的政治平等在中国非常普遍。这种权力"倒置"的威力不仅在于其作为弱势一方的"技巧"或"武器",具有即兴和灵活的特点,还在于其会公开占有和夺取强势一方的政治策略和武器。② 国民的辩论和对话可以抵消针对他们的说教、宣传等"立规矩的举措",但实现这一点的必要条件是,存在共和制的形式——不管多么消沉或空洞——可供唤起和充实。罗马尼亚学生的嘘声也许能从米歇尔·德·塞托(Michel de Certeau)所述的"日常生活中的抵抗技巧"中找到源头,比如"上班时间写情书",或詹姆斯·斯科特(James Scott)分析的农民谚语中那些含有嘲讽和批判意味的"隐藏文本"。③ 相反,把此类态度和文本公开化,就必须重新主张国民地位这一共同基础,而这一举动既可能将抵抗技巧转化为变革

---

① Michel de Certeau, *The Practice of Everyday Life* (Berkeley: University of California Press, 1988): xiv.
② Certeau, *The Practice of Everyday Life*, 25, 31, 37; James C. Scott, *Weapons of the Weak: Everyday Forms of Peasant Resistance* (New Haven: Yale University Press, 1985).
③ James C. Scott, *Domination and the Arts of Resistance: Hidden Transcripts* (New Haven: Yale University Press, 1990).

策略,也可能招致强烈的反弹。

在某些情况下,报告会变回演说,曾被审查过滤的材料会公开,正式化的用语遭到嘲讽和弃用,表决不再有限制,自发的会议和集会也会出现。于是,政府的控制模式被人们在日常生活中的抵抗破坏、颠覆了。20世纪初,共和的一整套东西在中国形成了。而其后这些东西之所以能回潮,是因为在各个政权的话语和制度实践中,本身就保留着共和的形式和国民身份的核心价值。自从袁世凯称帝失败后,中国面对的未来不再是帝制的复辟,而是共和主义和活跃的国民身份的周期性回归;而精英阶层情不自禁地要向人们讲话——就好像他们的意见很重要一样——对这种周期性回归也起到了助推作用。

民国肇始,共和的一些基本特征已经出现了,而另一些则不然。首先,和其他共和国一样,中华民国的确是共和国,因为它不是帝制国家。要共和不要帝制,这是中国非常明确的选择。流亡海外的改良派康有为支持君主立宪制,清政府统治的最后几年也倾向君主立宪制,但辛亥革命断然摒弃了君主立宪的道路,而选择了共和的道路。反对君主制,进而反对一切头衔和特权,是共和的第一原则。第二,共和主义号召挣脱奴役,争取自由,为中国的革命话语提供了基础。[1] 无可否认,许多中国人最初倾心共和,就是出于这种摆脱奴役的动机,他们对满族有民族仇恨,宣称从17世纪时清朝入关起,汉人就遭到满人奴役。[2] 比起别人,孙中山更有创造性的政治策略之一,就在于鼓吹排满主义,以排满主义作为激烈反抗奴役的方式,然后把由排满主义引发的革命情

---

[1] Petit, *Republicanism*, 32.
[2] Peter Zarrow, "Historical Trauma: Anti-Manchuism and Memories of Atrocity in Late Qing China," *History and Memory* 16: 2 (2004).

绪导向共和思想。由此,这种反奴役的话语得以持续、扩展和深化。满族统治者的"奴役"被推翻后,中国人仍痛感自己处于"列强"的"半殖民地"统治之下,用孙中山的话说,仍然是"做十多个主人的奴隶"。① 还有一些热心投身政治的妇女,她们亲身经历并谴责父权制这一奴役形式,对反抗压迫的必要性感同身受,于是她们成了最热心共和的人。一位女权倡导者在1904年如是写道:"如果没有权利,我们就是奴隶;如果没有自由,我们就是囚徒。"② 还有一些"离经叛道"的人,比如后来创立了中国共产党的陈独秀,他在1915年把共和主义对压迫的批判扩展到整个中国传统,将"忠孝节义"等传统价值观斥为"奴隶之道德也"。③ 第三个特征与共和主义反抗奴役、呼唤自由的特质是一致的:人与人之间的从属关系招致了普遍的、强烈的抵触情绪,人们渴望"与他人平视"。④ 磕头和跪拜迅速消失了,取而代之的是站立鞠躬或脱帽致意,这一政治姿态的转变,直接反映了权力性质的变化。⑤ 在民国初年的政治记录中,处处可见人们展示出这种蔑视权贵、自我主宰的姿态,无论男女都是如此。人们仍然可以避免与上级对视,或者以其他方式表明自己的地位低于对方。但如今,对于越来越多的中国人而言,这不再是必须的,只是个人选择而已。最后,"国民"的身份影响着日常生活。国民身份不仅是一呼百应

---

① 孙中山著,胡汉民编:《总理全集》第1卷,上海:民智书局,1930年,第116页。
② Edwards, *Gender, Politics, and Democracy*, 58.
③ Norman Smith, "Disrupting Narratives: Chinese Women Writers and the Japanese Cultural Agenda in Manchuria, 1936 – 1945," *Modern China* 30: 3 (July2004): 301.
④ Petit, *Republicanism*, vii.
⑤ Henrietta Harrison, *The Making of the Republican Citizen: Political Ceremoniesand Symbols in China, 1911 – 1929* (New York: Oxford University Press, 2000).

地支援作为国家的中国的理想化状态,还是个人和团体积极参与政治生活的方式。与预设个体本质上是社会存在的文化相适应,同志、同事和工友之间的会议成为政治、专业和职业生活的一个独特基础。一些团体,如商会、手工业行会和地方行会等,早有开会和集会的文化传统,对于这些团体而言,开会和集会变得更正式、更程式化了,有些时候还更民主了。另一些群体,比如大学生和倡导社会活动的组织等,则将正式组织团体、开会、选举领导、制定议程等号令视为国民秩序中自然而然的事物。

但是,中华民国最不"共和"的地方恰恰是"共和"极为重要的特质:选举政治代表进入国家机构任职,并将自由、公开的政治辩论持续下去。1912年末至1913年初的全国选举,参加的男性人数达4000万之多,换言之,当时全国每五位男性中就有一位参加了选举。但从此以后,政治代表的推举方式就发生了转变,领导不再由选民或地方议会中的选举人投票产生,而是由官员、军人和政党领导人自行选出。[1] 当然,在省级及地方,选举仍然会偶尔进行,不仅仅在政府机关,也在行会、商会、专业协会和工会等各种各样的组织中,以选择领导人或决策问题。在许多情况下,选举规则是由商人、雇主或其他社会精英的小集团一手操纵的。[2] 然而,选举确实给这些组织带来了非必然性和问责制,在

---

[1] Silberman, *Cages of Reason*, 49. 关于1912—1913年选举的情况,参见 John H. Fincher, *Chinese Democracy: The Self-Government Movement in Local, Provincial, and National Politics, 1905 - 1914* (New York: St. Martin's, 1981), 8.

[2] Bryna Goodman, "Democratic Calisthenics: The Culture of Urban Associations in the New Republic," In Merle Goldman and Elizabeth J. Perry, eds., *Changing Meanings of Citizenship in Modern China* (Cambridge, MA: Harvard University Press, 2002), 90 - 94.

个别情况下,这就足以把当权者赶下台了。① 发表或出席演说,参加抵制或抗议活动,撰写或签署请愿书,给编辑寄公开电报或公开信等行动,虽然一再遭到中央、地方政府和军阀将领压制,但反而能够日益广泛地为人所用。

选举没能成为稳定的制度实践,让羽翼未丰的共和制度遭到了破坏。1912年和1913年,作为典型共和机构的参议院,活跃度和影响力与日俱增,迎来了鼎盛时期。但是其后的国会再也没有受到过认真对待,使得民国的合法性受到致命一击,继而填补政权合法性真空的,是孙中山、蒋介石等领袖个人和组织的全国领导。即使没有经过选举的授权,国民党也宣称自己代表全体国民,但是商人、银行家、学生、医生、工人等各专业和行业人士的全国性团体也是这样宣称的。选举可以明确地认定政权的合法性,在宣称代表国家而缺少这种明确认证的情况下,公开展示权威和正统地位显得越发重要,因为这可以不断验证和证明政权的合法性。

近代中国一直是共和国,哪怕共和在近代中国确实没有像在其他地方一样,拥有超越其他意识形态和传统的力量,并成为"一种崇高的政治理想"。② 这并非因为孙中山等拥有坚定共和信念的人没有尝试。恰恰相反,早在1901年,孙中山就已经宣布,中国革命的首要目标是建立共和。③ 孙中山本人的名字,也成了

---

① David Strand, *Rickshaw Beijing: City People and Politics in the 1920s* (Berkeley: University of California Press, 1989), chap. 5.
② Marianne Bastid-Bruguière, "Sun Yat-sen's Republican Idea in 1911," In EtōShinkichiand Harold Z. Schiffrin, eds., *The 1911 Revolution in China: Interpretive Essays* (Tokyo: University of Tokyo Press, 1984), 214.
③ 同上,第210页。

"民国"的同义词。① 孙中山从未动摇过共和的理想,也从未因自己的领袖地位而坠入帝制的迷梦。在孙中山的众多演说和文稿中,"民国"和"共和国"这两个词的使用频率比"革命"甚至"中国"还略高一些。② 有批评者对其他政治对手的信念投以怀疑的眼光,但他们也注意到,孙中山一以贯之地忠于共和。1924年,一位社论作者指出,其他领导人"服务民众的信条倒是整天挂在嘴边,但对他们来说,这信条就跟千里之外的皇帝老儿一样虚无",但孙中山对民国的信念是真心诚意的。③

在中国近代史上,共和的力量忽隐忽现的迹象,促使人们对民国时期进行重新思考。标准的叙事往往是:辛亥革命推翻了一整套帝制的旧制度,并以一整套新的共和制度取而代之,但这些制度并没起到什么作用。一些共和主义者,比如孙中山的年轻同志宋教仁,试图巩固以政党、议会和选举为基础的共和政制,但是失败了。他们的失败是显而易见的。宋教仁因为"碍事",于1913年被独裁者袁世凯派遣的刺客杀害。孙中山一手开创了中华民国,却不得不在全国选举尚未进行之前,把临时大总统职位让给袁世凯。对辛亥革命直接结果的失望之情,引发了一系列孤注一掷的行动:1913年,革命党人发动二次革命,意在推翻袁世凯治下名不副实的共和政权;1915—1916年,袁世凯一意孤行恢复帝制,革命党人再次武装反抗;到后来,爱国运动迅速崛起,由1919年参加五四运动的学生打头阵,很快城市社会中的各个阶层

---

① 李凡:《孙中山全传》,北京:北京出版社,1991年,第1页。
② 陈培玮、胡去非编纂:《总理遗教索引》,上海:商务印书馆,1937年,第76—79、145、252—253页。
③ 高如(音,笔名):《孙中山到底差强人意》,《华北新报》1924年1月20日。此引源的引文为译者翻译。

都加入进来了。20世纪20年代的中国,外有帝国主义的残酷压迫,内有层出不穷的抗议和起义,在此内外交困的背景下,强硬而高压的列宁主义政权出现了。

然而,一部专制机器和民主运动相互斗争的历史,并不能展示民国时期国民生活的广阔中间地带。正当早期共和制度摇摇欲坠,列宁主义政权努力立足时,国民、爱国、权利、正义等概念的内涵,却在中间地带呼之欲出。这本书的一个前提是,虽然权力和权威不对等,但也正是因为此,政治领导是一场人们既相互牵连,又相互协作的冒险。在这场冒险中,领袖的一言一行利用了社会和文化生活的细节;与此同时,领袖的亲身示范和奋斗目标,又左右着其追随者的生活。在20世纪初的中国,建立这样的联系刻不容缓。追求更好的中国,在很大程度上推进了革命事业,所以政府越是软弱、腐败和残暴,人们就越是渴望能够积极行使领导权和发挥国民作用的政治手段和制度。于是,民国本身失败了,但它归于失败的过程,恰恰使得它的许多核心价值和实践保留了下来。

革命——如果不是全部,至少有一部分——是由这样一些人促成的:他们情绪激昂,怒发冲冠,但人们相信他们言出必行,并会带着其他人与自己一同前行。这些人的表达内涵和方式,会让人们相信并且照做,于是它们会像野火一样蔓延开来,个人和集体的身份认同也就受到了影响。要达到这种效果,只要做到两点就够了:能够适应各地的民众特质、所面临的问题等具体情况,在政治版图中一处处反复重现激动人心的时刻;能够把由这些时刻引发的思考和情感变成每个人的"内部特质",进而掌控它们。①

---

① Robert Coles 在其著作 *The Political Life of Children*(Boston: Atlantic Monthly Press,1986,63)中,使用了"内部特质"这一概念。

引言 共和的中国

　　20世纪20年代末以前,无论是国民党还是共产党,都没能建立规章纪律严明的政党、军队和政府。在此之前,他们也没能通过强制手段向更多人施加政治生活的方式,更不用说推行一致认同的正确政治生活或政治文化了;在此之后,这一点也只有在他们各自牢牢控制的地区才能实现。① 在此前20到40年间,中国人民在做什么?1913年,一位年轻的美国记者加德纳·L.哈丁(Gardner L. Harding)采访了孙中山和唐群英,并得以观察陆徵祥等新的民国政治阶层的所作所为。有观点认为,中国革命几乎是一开始就结束了,对此,哈丁是这样回应的:"我不相信中国革命已经失败,因为我不相信它已经完结。"②后来,哲学家、改良主义者、自由主义者胡适发文猛烈抨击袁世凯称帝,在文中引用了哈丁的这句话,并表示赞同。③

　　从流血斗争到撰写宣言,从训练士兵到学习如何开会,中国的革命包罗万象。从战场到地方会馆和学生宿舍,这一伟大的政治过程一直都是言语上的,但不是因为这些话只是"说说而已"——虽然把这些话转化为行动的愿望确实是强烈而普遍的——而是指这些话表达出了更广泛的争论、深沉的情感和强大的利益。在此前对民国政治的研究中,笔者发现,对政治精英和普通人(如北京的人力车夫)之间关系的传统看法,既严重高估了领导人将自身意志强加于"大众"的能力,又低估了这些"无名之

---

① Raymond Williams, *Keywords: A Vocabulary of Culture and Society* (New York: Oxford University Press, 1976), 78-81; 以及 John R. Hall, "Cultural History," In Peter N. Stearns, ed., *Encyclopedia of Social History* (New York: Garland Press, 1994), 185.
② 哈丁的言论转引自 Hu Shi [Suh Hu], "Manufacturing the Will of the People: A Documentary History of the Recent Monarchical Movement in China," *Journal of Race Development* 7: 3 (January 1917): 327.
③ 同上。

15

辈"塑造自己的政治世界的能力,有时他们甚至会产生戏剧性的影响,乃至闹得鸡飞狗跳。① 这本书是一部社会文化史,主人公是已经或几近成为政治名人的人物。它将清晰地展示,精英们固然向民众发挥了更系统的影响,"领导"一词可以用于表示他们在言语上协助创建、破坏、维系民国的作用,原因也在于此——但与此同时,精英们同样可以闹事。

---

① Strand, *Rickshaw Beijing*.

第一章　扇向宋教仁的耳光

革命长路上的政治行者

中国的革命引人瞩目，既是因为其旷日持久，也是因为其影响遍及海内外广大地区。一般认为，中国革命从鸦片战争（1839—1842）开始，到1976年毛泽东去世结束，其持久程度世所罕见。能与之相提并论的，大概只有历经5个共和国、直到1958年才告一段落的法国大革命，以及从独立战争到1861—1865年的南北战争，再到1965年《选举法案》的美国革命等。即使把革命事件的范畴限定得更严格些，在中国，帝国的崩溃和全新民族国家的建立，少说也经历了四五十年。有些革命者的人生，恰好与这段历程重合。1871年，唐群英出生；1905年，青年守寡的唐群英在日本留学，加入了孙中山领导的反清革命行列；整个1910年代和1920年代，唐群英都在为争取妇女权利和女子参政权而奋斗。20世纪30年代中期，唐群英已年过花甲，此时毛泽东等共产党人踏上长征之路，又一次躲过了蒋介石和国民党的"围剿"。而唐群英则在南京，靠着南京国民政府向老革命家发放的微薄津贴生活。曾有一位上流人士为了和这位很久之前的辛亥革命女英雄合照，专程来拜访唐群英，但唐群英对此很是恼火。

毕竟，和其他的许多革命目标一样，争取女子参政权的目标仍然没有达到。她曾对养子的媳妇感慨道："这些人变啦！什么国家民族呀，妇女解放呀，全都忘啦！想的、讲的只是个人享乐，成天在牌桌上打发日子，还居然在我面前炫耀荣华，真是可耻可悲！"说到这里，唐群英深深叹了一口气。①

唐群英发动过恐怖袭击，当过特工和革命宣传员，上过战场，做过编辑和革命教育家，还组织过政治活动。这样一位曾热心政治的女革命家，为革命松懈的现象——如果不是终结的话——而恼火，也是可以理解的。1937年6月，唐群英去世。在她去世的前一年，南京国民政府在宪法草案中规定，国民无论男女均拥有选举权；她去世一个月后，日本全面入侵华北。②

中国革命是一个持久的历史进程，而其波及的地域范围之广阔，并不亚于其时间跨度之宏大。中国革命的地理范围很广，不仅是因为清朝在17—18世纪期间将国家版图在明朝的基础上扩大了一倍，留下了一个仅以几个民族为主体的庞大国家；也因为重要革命地点的分布远远不限于国内，而遍及东亚、东南亚、美洲和欧洲。政治生活一边在漫长的革命进程中展开，一边走出革命者的家乡，跨过村、省、国、大洲的边界。在东京、旧金山等城市的流亡者和移民群体，在里昂、纽约和莫斯科的工作、学习和培训经历，以及在巴黎和圣彼得堡出任的外交职务，交织出了革命思想和革命行动的历史。从海外回到中国的官员、学生、工人、商人等，播下了有关权利和社会正义的革命思想种子；在全世界东奔西走的女权主义者、共产国际代表等外国来客，也在这方面做出

---

① 胡静：《回忆先人唐群英》，李天化、唐存正主编：《唐群英年谱》，香港：天马图书有限公司，2002年，第135页。

② Edwards, "Women's Suffrage in China," 626.

了贡献。

孙中山一直都在旅行,有时是因环境所迫,1895 年到 1911 年以及 1913 年到 1916 年期间,他两次成为政治难民;有时是主动的,因为他选择并坚定不移地走了政治活动家的道路。最终,孙中山发觉旅行对实现自己的目标至关重要,以至于宣称,旅行和"衣、食、住"一样,是每一个人生活中的"必需品"。① 如果不是有轮船和火车,孙中山早就失败了。他四处旅行,沿途一边筹集革命资金、策划革命行动,一边为国内的斗争搜罗口号和见解。1911 年回到中国后,孙中山继续周游全国各地,他乘火车,搭轮船,偶尔也坐轿子。白吉尔(Marie-Claire Bergère)在其对孙中山的研究中,称孙中山的活动"有极强的地域流动性",认为这是对中国本身的广阔疆域、随海外华人广泛拓展的"大中华"、国家甚至地方事件具有国际背景的紧迫事实所做出的一种政治回应。在这一点上,孙中山并非孤例。② 中国对世界开放的脚步越来越快,给生活的方方面面都带来了变化。1918 年,进步杂志《新青年》发表了一篇题为《妇女问题》的文章并指出,由于"今日之世界,乃交通频繁之世界",世界已经连为一体,"现于欧洲今日之社会者,明日即将现于吾族之社会"。③ 随着跨洋电报线路投入使用,"明天"指的已经未必是下周、下个月、下一年,而就是真正的第二天。④ 到 19 世纪 80 年代时,大多数国际轮船公司都开通了

---

① John Fitzgerald, *Awakening China: Politics, Culture, and Class in the Nationalist Revolution* (Stanford: Stanford University Press, 1996), 127.
② Marie-Claire Bergère, *Sun Yat-sen*, Trans. Janet Lloyd (Stanford: Stanford University Press, 1998), 6.
③ Wang Zheng, *Women in the Chinese Enlightenment: Oral and Textual Histories* (Berkeley: University of California Press, 1999), 49.
④ Daniel R. Headrick and Pascal Griset, "Submarine Telegraph Cables: Business and Politics, 1838–1939," *Business History Review* 75: 3 (Autumn 2001): 561, 563, 567.

上海航线。① 中国向世界开放，世界也向有条件、有想法去旅行的中国人开放，于是地理上的流动不仅催生了政治思想，也给了这些中国旅行者资历，让出门较少的人更容易赞同他们。那些背井离乡的中国人，回国时已经有所改变，这是促使新的中国诞生的因素之一。

学者杨昌济是毛泽东在师范学校的老师，也是毛泽东后来的妻子杨开慧的父亲，他先后在日本、英国和德国留学十年。1913年，杨昌济回到家乡湖南后，为长沙当地的杂志《公言》写了一篇题为《余改良社会之意见》的文章。② 他指出，在自己远赴东京、阿伯丁和柏林期间，中国"经极大之改革，变国体为共和，此其最重大者，不待言矣"；他还举出了科举制度终结、男子剪去辫子、女子禁止缠足、禁止鸦片等社会变化的例子。杨昌济仍然对儒家思想抱有强烈的依恋，并批评道，据他自己所见，西方在伦理事务上过于看重自身利益。③ 他也对社会变革的迫切需要表示认同，对包办婚姻、纳妾等习俗进行了抨击。④ 要推进解决这些问题，必须"大声疾呼"，方能"警觉聋聩之人"。杨昌济写道："近日居游东西各国，问俗观化，感慨益多。……吾国今日之变法，实万国交通之结果。风俗以比较而优劣见，惟自知其短，乃肯舍己从人。"⑤在杨昌济眼里，西方的好处既在于言论自由等一些基本原则，也

---

① James Harrison Wilson, "China and Its Progress," *Journal of the American Geographical Society of New York* 20 (1888): 404.
② 杨怀中(昌济):《余改良社会之意见》，长沙《公言》第 1 卷第 2 期（1914 年）；Boorman, *Biographical Dictionary of Republican China*, vol. 4, 1–3; Liu Liyan, "The Man Who Molded Mao: Yang Changji and the First Generation of Chinese Communists," *Modern China* 32: 4 (2006): 497.
③ Liu Liyan, "The Man Who Molded Mao", 504–5.
④ 同上，第 508—509 页。
⑤ 杨怀中(昌济):《余改良社会之意见》，第 1 页。

第一章　扇向宋教仁的耳光

在于一些让人心情舒畅的小事,比如私人信件不会被家人拿去翻看。而中国的坏处,从公共卫生状况糟糕,到读书人借书不还,比比皆是。

在长沙,人们可以寻访到杨昌济任职讲学的第一师范学校。杨昌济被誉为学校里的"孔子",毛泽东在这里成了杨昌济的学生。① 除此之外,长沙还有一些不太有名的历史遗迹,例如,还有一间并不大的博物馆藏在一座百年老屋中,那是李富春的故居。李富春也是湖南人,是20世纪50年代社会主义新经济的主要建设者之一。1919年至1924年,李富春赴法勤工俭学,在法国加入了中国共产党,并曾短期赴苏联学习革命。② 故居中陈列的展品,有李富春从巴黎寄回的明信片,1949年后在党内任职时用的公文皮箱、眼镜,还有一张题为《李富春生平行迹》的大地图。在地图上,人们可以了解到李富春一生的踪迹:在长沙出生,然后走遍全国各地,其间到北京学习了法语,参加了长征,20世纪40年代后期还在东北参加了辽沈战役。但是,20世纪50年代在中央政府任职后,李富春不再奔走于国内国外。除了1952年曾对莫斯科进行外交访问,他的活动轨迹就基本限于在北京城内各个部门之间的调动。③

在这张大地图里,还划出了一块小地图,标示李富春早年在巴黎和莫斯科的活动轨迹。大地图中的小地图一般用于显示大

---

① Liu Liyan, "The Man Who Molded Mao", 499.
② Donald W. Klein and Anne B. Clark, *Biographical Dictionary of Chinese Communism*, 1921–1965 (Cambridge, MA: Harvard University Press, 1971), vol. 1, 494.
③ Donald W. Klein and Anne B. Clark, *Biographical Dictionary of Chinese Communism*, 1921–1965 (Cambridge, MA: Harvard University Press, 1971), vol. 1, 496.

图中某一局部的细节,比如在湖南省地图上标示长沙市规划。但是,在这张地图中,法国、俄罗斯这些曾经遥远和陌生的地方,被详细画在了中国地图上。1950年去莫斯科会见斯大林前,毛泽东从未出过国;但年轻时的毛泽东读到两个学生徒步进藏的消息后,也开始徒步走访湖南的五个县。① 后来,毛泽东在中国广泛游历,不仅是为了革命工作,也是出于私人原因,例如到山东游玩孔子故里,奔赴北京追求杨开慧。②

正如孙中山在其政治生涯早期就察觉的,中国辽阔的疆域和松懈的边防既是对国家治理的挑战,也为个人的成长发展和政治生涯提供了机遇。记录和解读20世纪早期政治家和政治活动分子的行动,必须关注这些世界性的细节。近日,一项研究探讨了民国时期的中国在世界上的位置,认为对许多人而言,民国都是一个"开放的时代",对于那些有抱负的男男女女更是如此。③ 在民国,"一切重要的事物都有国际化的一面"。④

正在形成的革命政治呈现出了在全球范围内频繁流动的图景,这与人们对中国人"安土重迁"的印象格格不入。"安土重迁"的刻板印象现在也已遭到质疑。⑤ 在革命的年代,传统被连根拔起,个体、思想和组织流动起来,并不出人意料。事实上,早在晚清时期,中国已经在按照自己的节奏动起来了:士人到外地上学、参加科举考试,奔赴京城或遥远的省份履职;商人为赚取利润而

---

① Edgar Snow, *Red Star over China* (New York: Grove Press, 1973), 146.
② Boorman, *Biographical Dictionary of Republican China*, vol. 3, 4–5.
③ Frank Dikötter, *The Age of Openness* (Hong Kong: Hong Kong University Press, 2008).
④ Kirby, "The Internationalization of China," 433.
⑤ Hanchao Lu, *Street Crier: A Cultural History of Chinese Beggars* (Stanford: Stanford University Press, 2005), 19.

远行;普通人可能并不愿意离开故土,但由于战争、自然灾害或经济困难,他们经常被迫背井离乡。① 即使是迁移相对较少的农民,也会不时在周边的集镇圈内走动。②

近代政治活动分子确实开辟了一些新的道路,例如去莫斯科学习马克思主义,但当他们日益迅速地获取、提炼和发表政治意见时,他们也走着帝制时期的官员及其代理人、商人、劳工和乞丐们走熟了的路线。叶文心的研究展现了一些来自闭塞地区的年轻人在迁移中变得日益激进的过程。他们脱离保守的农村社会到外地上学,先到杭州等省会城市,再到北京和上海,在"文化地震"和"政治地震"的"震中"学习和工作。③ 于是,在这些年轻人的脑海中,记忆中的旧景象和所见的新图景并存,促使他们重新对价值观进行了复杂的思考。一些年轻人接受了无政府主义、自由主义、共产主义等前卫的思想,不仅是为了求新,而且,像杨昌济一样,也是"出于一种坚守儒家思想的热情,希望挽救他们在家庭和乡村学校中耳濡目染的儒家伦理"。④

旧路线具备的新用途,加上社会对路线过客的身份的预设,既可以用于巧妙的躲避,也招致了一些可笑的误会。在1911年前的一次湖南农村起义中,唐群英为了把清军引入歧途,伪装成了四处奔走的采茶人。⑤ 如果不放弃女权运动者的标志性着装

---

① 同前;Hill Gates, *China's Motor: A Thousand Years of Petty Capitalism* (Ithaca: Cornell University Press, 1995), 63.
② Skinner, G. William. "Marketing and Social Structure in Rural China," pts. 1-3, *Journal of Asian Studies* 24: 1 (November 1964), 24: 2 (February 1965), 24: 3 (May 1965).
③ Wen-hsin Yeh, *Provincial Passages: Culture, Space, and the Origins of Chinese Communism* (Berkeley: University of California Press, 1996).
④ 同上,第4页。
⑤ 李天化、唐存正主编:《唐群英年谱》,第18—19页。

和举止,就太容易被四处搜寻革命者的清政府官员发现了。相反,1921年的一天,共产主义革命家彭湃前往广东老家的农村,满怀着把农民组织起来的希望,并没有伪装,而是"穿着白的学生洋服及白通帽"①,结果被一个警惕而精明的农民误认成了税吏。② 新旧中国种种生机勃勃的图景,让人们融入其中,或在其中脱颖而出。拜火车和汽船所赐,政治干部往往比过去走得更快、更远,从事商业和其他行业的人也同样如此。③ 在时间漫长、范围广大的中国革命中,任一时刻,无论大小,都会成为一个节点,产生可能向多个方向发展的影响和结果:在时间上,或倒退,或前进;在空间上,或到达一点,或离开一点。

本书所选取的"节点"是民国初年一个短暂而充满戏剧性的时刻:1912年8月25日,国民党在北京召开成立大会,会上发生了一场关于妇女权利的公开冲突。这次在湖广会馆召开的政治会议很重要。如今,在修复后的湖广会馆中,还有一座小石碑纪念这一事件;关于这一时期的历史记载中,也会简要提及这次会议。④ 冲突中的当事人都奋力在既熟悉又崭新得惊人的文化层面掌控、引导一场未竟的革命,而这次冲突的更大意义,正在于这

---

① 引用内容译文来源:彭湃:《海丰农民运动》,《彭湃文集》,北京:人民出版社,1981年,第112页。——译者注

② P'eng P'ai, *Seeds of Peasant Revolution: Report on the Haifeng Peasant Movement*, trans. Donald Holoch (Ithaca: Cornell University China-Japan Program, 1973), 20.

③ Sherman Cochran and David Strand, "Cities in Motion: An Introduction," In Sherman Cochran, David Strand, and Wen-hsin Yeh, eds., *Cities in Motion: Interior, Coast, and Diaspora in Transnational China* (Berkeley: Institute of East Asian Studies, 2007).

④ Richard Belsky, *Localities at the Center: Native Place, Space, and Power in Late Imperial Beijing* (Cambridge, MA: Harvard University Asia Center, 2005), 265–66.

种作为的稀松平常。其在历史和地理上的"节点"影响在于,那天的会议厅里,坐着不少来自伦敦、东京、上海、湖南农村等四面八方的人,回荡着卢梭、孟子、孟母、花木兰和罗伯特议事规则等各种内容。

第二章和第四章考察了演变不居的20世纪初中国政治文化,其间交织着关于权力和权威的新旧、中外观念与感受,在它们的共同作用下,中国从帝国走向民族国家、从君主制走向共和制的道路充满了挑战。第三、五、六章分别讲述了三个人的经历,1912年夏天的民国政治,在这三位的经历中可见一斑。女权运动者唐群英为争取妇女权利而奋斗,获得了成千上万妇女和不少男性的支持,他们认为男女应同等地、完全地享受中华民国的国民权利。唐群英接受的是古典教育,但政治上很激进,在制造炸弹、吟诗作赋、军事谋略、公开演说等方面都是一把好手。她的脚缠得不完全,脾气暴躁,但对革命同志和革命理想忠心耿耿。陆徵祥曾在清政府做过外交工作,1912年的夏天,他担任成立不久的中华民国的总理,这样高的官职,唐群英是没有资格担任的。陆徵祥是特别的,他虔诚地信奉天主教,有着严苛的专业主义精神和世界主义情怀。但作为一名公务员和政治家,陆徵祥在民国初年的仕途一波三折,这一经历又有很强的代表性。在陆徵祥漫长的职业生涯中,民国总理是其担任过的最高职务,但由于这一时期的公共生活争吵不休、消耗严重,加上陆徵祥自己也犯下了令人匪夷所思的错误,他最终丢掉了总理职位。孙中山是20世纪中国最重要的政治人物之一,但要讲清孙中山的一生并不容易,因为他的所作所为经常前后不一,在政治上的表现看起来也很肤浅。而且,虽然几乎没有真正成为过中国的最高领导人,但孙中山对近代中国政治的几乎所有方面都产生了影响——当然,几乎没有真正做过国家最高领导人,也是其政治影响力巨大的一个原因。孙中山树立了民国的"慈父"形象,但他从来没有真正掌握过实权。后来仿效孙中山继续革命事业的蒋介石、毛泽东等,则更为强硬,也更有权力,与孙中山形成了鲜明的对比。①

孙中山对唐群英非常熟悉,她是忠诚的革命同志,但在妇女权利的问题上,她又是孙中山及其政党眼中的政治"刺儿头"。在领导他人的说话方式上,以及吸引公众注意的能力上,孙中山和唐群英非常相像。两人在政治上棋逢对手,将他们联系在一起的纽带,是忠诚精神和共同的事业,而不是爱情或婚姻。对照两者的政治生涯,可以审视男性和女性在中国革命中的经历有何异同。孙中山和陆徵祥的相遇,则是在1912年8月底,此时国民党大会上的波澜尚未平息,陆徵祥也正处在仕途低谷。孙中山足够了解同处国家政坛的陆徵祥,于是,在这次会面中,孙中山对陆徵祥表达了个人的谴责,责备他缺乏身为领导人应有的坚韧和毅力。孙中山和陆徵祥的经历都是"地域流动性"和"政治灵活性"的典型例子,两人的政治生涯都是在中国和外部世界间的政治、文化断层上展开的。

长期为革命而奋斗,需要唐群英、陆徵祥、孙中山等人所具备的极度的勇气、心思和坚忍,这种极高的要求,让动摇和服软成为事业上的毒瘤,也不时让与理性背道而驰的执念变成不受欢迎、让人不安的品质。于是,1912年8月25日——既是民国元年的8月25日,也是农历②壬子水鼠年的七月十三——在这个炎热的

---

① 罗德里克·麦克法夸尔(Roderick MacFarquhar)指出了孙中山在政治上的"慈父"形象的重要性,在此表示感谢。
② 本书原文提及中国传统历法(农历)之处,一般译为"农历";但在需要强调民国改用公历后带来的社会变化和影响时,译为"旧历"。相应地,西方历法(公历)分别译为"公历"和"新历"。——译者注

夏日上午,唐群英、沈佩贞、王昌国三位女性,冲上了北京湖广会馆礼堂的讲台——此前孙中山刚刚在这里发表了讲话——把正在举行的国民党成立大会搞得一团糟。① 根据公历,1912年8月25日也是一个星期日,星期日是政府官员和外国人休息的日子,也是首都的新政治阶层聚会的时间。②

在马上就要宣告成立的国民党及其前身同盟会中,几位女性都是履历良好的成员,但这一天,她们却骂骂咧咧地来"砸场子",以此清楚地表明,她们觉得被革命同志们出卖了。在富有领袖魅力的年轻男性政治家宋教仁领导下的新国民党人,为了在参议院中赢得保守派盟友的支持,抛弃了早先男女平权的承诺。唐群英等人闯进会场时,宋教仁正好在讲台上,沈佩贞和唐群英结结实实地朝宋教仁脸上打了一扇子。③ 她们当着1000名党员、政要、记者和其他观众的面,谴责宋教仁及国民党的行径。由于会场秩序一时无法恢复,老同盟会员、大会主席张继宣布休会,会议议程延至下午。即便休会了,言语和肢体冲突仍不能平息。当天的会

---

① 关于辛亥革命以来农历和公历两种历法共同使用的问题,参见 Henrietta Harrison, "Spreading the Revolution beyond Politics: Queue Cutting, Calendar Reform, and the Revolution of 1911," Paper presented at the Annual Meeting of the Association for Asian Studies, Washington, DC, 1995.
② 鲁迅在日记中时常提及,星期日是休息和聚会的日子。鲁迅:《鲁迅全集》第14卷"日记",北京:人民文学出版社,1981年。
③ 关于这天所发生的事情,最为详细的一则记载中显示,沈佩贞最先动了手(《中国日报》,1912年8月26日,第3版)。但是,另一些记载认为,动手的是唐群英,参见《时报》,1912年8月29日,第4版;蒋薛、唐存正:《唐群英评传》,长沙:湖南出版社,1995年,第109页。后来,唐群英为当天打宋教仁一事,向宋教仁道了歉(李天化、唐存正主编:《唐群英年谱》,第133页)。笔者曾在此前的一篇文章中认为,只有沈佩贞打了耳光。虽然当今的各种记载互有出入,这一事件的情境也不甚清晰,但唐群英确实也在混乱中打过宋教仁(David Strand, "Citizens in the Audience and at the Podium," In Merle Goldman and Elizabeth J. Perry, eds., Changing Meanings of Citizenship, 60).

议以投票表决告终,妇女权利问题终究没能被写进党纲。最后,孙中山还在会上发表了长篇演说,对这一让唐群英等女权运动者出离愤怒的政策转向表示支持。孙中山还承诺,总有一天,中国妇女会有投票权。

在革命的早期阶段,妇女发挥了出人意料的重要作用。她们非常高调,一部分原因在于,参与政治的女性本身就醒目地代表了引人注目、惹人争议的革命政治。这一时期的新闻报道"着迷于报道公共场所中的女性,以及她们的个人风格和行为举止,哪怕仅仅出现在现场,女性都是报道的对象"。① 在每一次诸如国民党大会之类的政治活动中,人们都会仔细统计参加的女性有多少(据一家报纸报道,国民党成立大会的 1000 名参会人中,女性有 40 至 50 人)。② 女子的头发长度和衣服式样也为人所关注。"剪发"在北京标志着激进,正如在纽约、东京和伦敦一样。辛亥革命后,一些年轻女性组织了"妇女剪发会",让一些政府官员惊愕不已,例如湖南都督刘人熙,对剪发深恶痛绝,认为女子短发"不中不西,不男不女",曾强令一位在长沙创办剪发会的青年妇女把头发留回去。③

妇女对完全政治权利和个人自由的要求,同时遭到了两方面的反对:有些人认为给妇女参政权实在是"过火";孙中山等另一些人则希望通过暂缓女子参政,开展一场足够长久的革命,最终

---

① Madeleine Yue Dong, "Unofficial History and Gender Boundary Crossing in the Early Republic: Shen Peizhen and Xiaofengxian," In Bryna Goodman and Wendy Larson, eds., *Gender in Motion: Divisions of Labor and Cultural Change in Late Imperial China* (Lanham, MD: Rowman and Littlefield, 2005), 170; Paul Bailey, "'Women Behaving Badly': Crime, Transgressive Behavior and Gender in Early-Twentieth-Century China," *Nan Nü* 8: 1 (2006): 157 – 58.
② 《时报》1912 年 9 月 1 日,第 3—4 版。
③ 经盛鸿:《民初女权运动概述》,《民国春秋》1995 年第 3 期,第 6 页。

实现各种更为激进的目标。直到 1947 年，妇女才最终获得了国家层面的投票权，并得以在国家立法机关任职。① 但在此时的中国，国民的选票已经不再有多大用了。在 1912 年，民主、社会正义、让中国成为强国等激进思想的实现，似乎近在眼前，但在革命者朝着这些目标前进的过程中，它们又渐行渐远。成为一个革命者就意味着，即使面对穷尽一生都可能无法完成的事业，也要坚定地走下去。

流动的时代

1912 年 8 月 25 日在北京发生的事情，既是一个具有革命性的开端——诸多这样的开端之一，也集中爆发了过往积攒下来的纷繁复杂的压力和影响。过去发生的种种事情形式不同、表象不同，可对于坚定寻求变革的中国人而言，当下在很大程度上就是过去的重演。就像对大多数中国人来说，1912 年是壬子年，这一年仍然五行属水，预示着动荡不定，正如灾难性的第二次鸦片战争爆发的庚申年（1860—1861）、重创中国的中法战争爆发的甲申年（1884—1885）、耻辱性的中日战争爆发的甲午年（1894—1895）、血腥而混乱的义和团运动爆发的庚子年（1900—1901）一样。② 邝兆江（Luke Kwong）指出："较近记忆中的事件，开始以一种难以解释的方式堆叠或积累起来，并集聚成了向未来前进的助推

---

① Edwards, "Women's Suffrage in China"; and Edwards, *Gender, Politics, and Democracy*, 230.
② Luke S. K. Kwong, "The Rise of the Linear Perspective in History and Time in Late Qing China c. 1860–1911," *Past and Present* 173 (November 2001): 173.

力。"①有些人认为,除了给人以前车之鉴,过去就是大敌;另一些人则把过去当作盟友,因为他们坚信,只有中国文化的办法才能化解中国的危机。杨昌济固然谴责了某些传统,认为它们压抑人性,但他仍然坚持儒家的"德政"理念。实际上,杨昌济主张的那种古今结合,也是许多类似的改良派和革命派所赞同的。即便如此,中国人的古今观也已经变了:"'今'和'古'成了对立的价值标准,新的重点落在'今'上",这种"今"压倒"古"的观念成了一种权威,一种不容置喙的必然。② 邝兆江认为,对"线性时间"的新认识,让带来进步的改革有了更多的可能,未来也随之变得更加富有生机,引人入胜。这些时间场的镜像和扭曲效应,形成了过去、现在和未来之间不确定的界限。过去可以延展到几千年前。"现在"所指的时间在某种程度上取决于一个人所用的历法。未来由过去和现在的元素聚合出来,同时投射出人们认为好和不好的东西。③

诚然,1911年底到1912年初,辛亥革命的爆发和中华民国的建立,是一个历史的转折点。但与其他很多转折点一样,没过多久,许多人就觉得,这个所谓的"转折点"根本就没带来任何实质进展。几个月的武装冲突,以及清朝要员向革命派的倒戈,终

---

① Luke S. K. Kwong, "The Rise of the Linear Perspective in History and Time in Late Qing China c. 1860–1911," *Past and Present* 173 (November 2001): 173.
② Leo Ou-fan Lee, *Shanghai Modern: The Flowering of a New Urban Culture in China, 1930–1945* (Cambridge, MA: Harvard University Press, 1999), 43. 引用内容译文来源:李欧梵《上海摩登:一种新都市文化在中国,1930—1945》,杭州:浙江大学出版社,2017年8月,第58页。为了照顾到直接引用之后译文的通顺,在不改变作者原意的前提下,多引用了半句话,并略有增译。——译者注
③ Charles Russell, *Poets, Prophets, and Revolutionaries: The Literary Avant-Garde from Rimbaud through Post-Modernism* (New York: Oxford University Press, 1985), 91.

结了中国两千余年的帝制传统,人们公认,这是一次伟大的、前所未有的革命行动。接着,民国建立了;然而民国建立后的情形难以服众,与帝制倒台的巨变根本无法相称。比如,鲁迅的著名小说《阿Q正传》中写到了辛亥革命,"倒霉蛋"主角阿Q在革命后就"总觉得自己太失意:既然革了命,不应该只是这样的"。①

20世纪30年代,唐群英在为革命的懈怠而愤懑不平。与此同时,作家林语堂也认为,辛亥革命只有在作为排满的"种族革命"这一点上是成功的;辛亥革命"将帝国炸成了粉末",只留下"一片废墟残骸,灰尘呛得人喘不过气"。② 1910年,胡适离开中国,前往美国留学,先后获得了康奈尔大学学士学位和哥伦比亚大学博士学位,并于1917年回国。③ 亲自回到巨变后的中国,胡适的反应与杨昌济大不相同。胡适"离开时中国还是帝制,回来时已经是民国了",但在上海下船时,"他沮丧万分,因为祖国和他在1910年离开时的样子简直一模一样"。④ 学者、改良主义者梁启超向来以善于类比著称,他曾用这样一个生动的比喻总结辛亥革命:"好比开一瓶皮[啤]酒,白泡子在面上乱喷,像是热烘烘的,气候一过,连泡子也没有了,依然是满瓶冰冷。"⑤

---

① Lu Xun, "The True Story of Ah Q," in *Diary of a Madman and Other Stories*, Trans. William A. Lyell (Honolulu: University of Hawaii Press, 1990): 156.
② Lin Yutang, *My Country and My People* (New York: Reynal and Hitchcock, 1935), 351.
③ Boorman, *Biographical Dictionary of Republican China*, vol. 2, 387.
④ Yu Yingshih, "The Radicalization of China in the Twentieth Century," In Tu Weiming, ed., *China in Transformation* (Cambridge, MA: Harvard University Press, 1994), 131–32.
⑤ Tang Xiaobing, *Global Space and the Nationalist Discourse of Modernity: The Historical Thinking of Liang Qichao* (Stanford: Stanford University Press, 1996), 189. 引用内容译文来源:梁启超《欧游心影录节录》,《饮冰室合集专集》第5册,上海:中华书局,1941年,第23页。——译者注

梁启超担心辛亥革命带来的这股政治能量会消失,但实际上,这股能量在各省之间蔓延和汇聚,也在政党政治、社会生活和国家本身中找到了一席之地,从而延续了下来。杨昌济、胡适、林语堂、孙中山、梁启超等人从海外归国,不管他们是带着多强烈的兴奋之情或者多深的疑虑回来的,都增强了这股政治能量。同样增强了这股政治能量的,还有他们归国时国内如火如荼的政治氛围。1912年,在海外流亡14年之久的梁启超回到中国,备受公众推崇,这是梁启超应得的,也是他所期待的。但他私下承认,当公众人物比自己预期中的更累人:"应酬之苦,殆绝非言语所能形容,若常常如此,真不复知有生之乐矣。……都人士之欢迎,几乎举国若狂,每日所赴集会,平均三处。"[1]长期以来,梁启超一直呼吁,应把这种活跃于政治的社会互动作为培养国民素养的途径。梁启超认为,辛亥革命的失败,是因为革命党人没能与作为国民的人们建立足够牢固的纽带。[2] 然而,即便是梁启超自己,也没能充分预见到,中华民国国民对自己的呼声是这么迫切。

民国是不成功的,它既让人们无法再退回过去的帝制,也给迷茫不清的前路平添了持续不断的争论和压力。它在中央政治的层面失败了,但反而成功地扩展和深化了公共生活,让公共生活从政治精英扩展到了数以百万计的国民。中华民国"是在一片混乱——但这种混乱至关重要——的思想的基础上,偶然诱发出

---

[1] Tang Xiaobing, *Global Space and the Nationalist Discourse of Modernity: The Historical Thinking of Liang Qichao* (Stanford: Stanford University Press, 1996), 161. 引用内容译文来源:丁文江、赵丰田编《梁启超年谱长编》,上海:上海人民出版社,1983年8月版,第654页。——译者注

[2] 同上,第189页。

的一系列创举",从来都不是连贯有条理的。① 但民国的某些东西,仍然保留了下来,即便共和国的一些要素仍然没有完全形成,而只是某种杂乱地铺陈开来的政治杂烩,或"姑且行之"的东西。②

和梁启超同时代的温斯顿·丘吉尔也很擅长使用生动的政治语言,他在写作欧洲史和家族史时采用的比喻,可以将梁启超"啤酒和泡子"的比喻进一步引申下去。像许多中国人一样,丘吉尔喜欢把过去和当下联系在一起思考和表述。丘吉尔是一个保守主义者,对承诺了彻底变革的未来并不太感兴趣。他认为自己的祖先马尔巴罗公爵虽然抱负与能力兼备,但与一个世纪后的拿破仑相比,"只是流动时代的仆人,而不是熔融时代的君主"。"拿破仑可以令行禁止,但马尔巴罗只能连哄带骗。"③从这个意义上讲,在1912年左右的20多年期间,中国更像是处于马尔巴罗公爵的"流动时代"而非"熔融时代",但政治又朝着一种更强烈的形态发展,一种与拿破仑或毛泽东式的万丈雄心和国家建设事业——用孙中山的话叫"建设"——一致的政治形态。1912年其时的状况,则正如梁启超精妙而贴切的形容:"史之为态,若激水然,一波才动万波随。"④

辛亥革命及其后续影响激发了学者和作家的思考,对此也有

---

① Gardner L Harding, *Present-Day China: A Narrative of a Nation's Advance* (New York: Century Company, 1916), 24.
② Certeau, *The Practice of Everyday Life*, xv.
③ Martin Gilbert, *Winston S. Churchill*, vol. 5, *1922 – 1939: The Prophet of the Truth* (Boston: Houghton Mifflin, 1977), 499 – 500.
④ Tang Xiaobing, *Global Space and the Nationalist Discourse of Modernity*, 216. 引用内容译文来源:梁启超《中国历史研究法》,《饮冰室合集专集》第16册,上海:中华书局,1941年,第106页。——译者注

一些广为人知的总结,比如那句简单明了的"皇帝倒了,辫子割了"。① 溥仪在北京和平逊位,清朝的统治就此画上句号。全国的男子都开始剪去辫子,有的是自愿的,有的是被武力逼迫的。辫子剪去了,象征着满族天子与男性臣民及其家庭之间"忠"的关系被斩断了。当然,有些人还一直逃避剪辫,在革命的好几年后仍然留着辫子。国民们不仅剪了辫子,而且再也不用向有权势的人磕头了。② 比起强令剪辫,废止磕头要更加容易,因为和辫子不一样,磕头在某些场合还可以保留,人们可以不在公共场合磕头,但仍在家里或婚丧嫁娶等非政治性活动上磕头。③

虽然移风易俗并不能一蹴而就,一些变化也仅限于特定的范围之中,但 1911—1912 年仍然在某种深刻而难以说清的意义上标志了一个时代的结束。古老的制度和久远的习俗开始消失。一个新的政治世界打开了,哪怕这个新世界各个方面的内容和性质,在几周、几个月乃至几年过去后仍然不甚清晰。冉玫烁(Mary B. Rankin)认为,革命"给了旧的框架和整个系统猛烈一击,它们自此一蹶不振"。④ 这正是孙中山的意图,他赞同以共和制取代帝制,正是因为他认为中国人需要"心理上的一击",才能成为现代世界的一分子。⑤

1912 年 1 月 1 日是农历冬月十三,距离辛亥革命的导火索——武昌起义爆发的 1911 年 10 月 10 日不到三个月。这一天,中华民国在南京成立,标志着关键性的政治变革。民国成立

---

① 石建国:《陆徵祥传》,石家庄:河北人民出版社,1999 年,第 98 页。
② Harrison, *The Making of the Republican Citizen*, 51–54.
③ 同上。
④ Mary B. Rankin, "State and Society in Early Republican Politics, 1912–18," *China Quarterly* 150 (1997): 261.
⑤ Bastid-Bruguière, "Sun Yat-sen's Republican Idea," 211.

的地点和日期,都不是随便决定的。定都南京,不仅标示着与清朝以北京为帝国中心的做法划清界限,也是在把民国成立与1368年最后一个汉人王朝——明朝在南京建立相提并论(1421年,明成祖朱棣将首都迁往北京)。为了突出开启新时代的希望,从1911年12月的最后一天起,南京的革命政府开始采用公历,并将1912年1月1日定为民国第一年的第一天,1月1日定为新的"元旦",以黄帝纪元4609年——公元1912年——为民国元年。① 这样,1912年是民国元年,1913年是民国二年,以此类推。于是,民众和民国采用的纪年方式,仍像历朝历代皇帝所采用的纪年法一样。

在中国家庭开始准备过旧历新年的关头,规定"中国新年"的新日期和新内涵,1912年所有的大胆建议中,这可谓是最为雄心勃勃、影响最为深远的建议之一。南京的革命派急于宣示革命的胜利,还没等到清廷最终认输,就迫不及待地宣布中国已成为共和国。因此,在近一个半月的时间内,中国既有皇帝,又有总统,这样一种双重主权的局面显示出政治秩序的混乱,这种混乱的局面比任何一个统治者或行政长官都难以动摇。②

虽然人们在讨论1912年,但当时的大多数中国人根本不知道这一年是"1912年"。③ 当然,像梁启超这样走遍世界的人是知道的。1899年,在前往夏威夷的一次航行中,梁启超抱着自觉与

---

① 郭廷以:《近代中国史纲》第1卷,香港:香港中文大学出版社,1980年,第418页;徐矛:《中华民国政治制度史》,上海:上海人民出版社,1992年,第31页。引源中的原文是"以黄帝纪元4609年十一月十三日(阴历)为中华民国元年元旦(阳历)",并没有直接表述1912年和黄帝纪元的换算关系。——译者注

② Jonathan D. Spence, *The Gate of Heavenly Peace: The Chinese and Their Revolution, 1895–1980* (New York: Viking, 1981), 248.

③ Harrison, "Spreading the Revolution."

国际接轨的念头,开始使用公历。① 革命党人章炳麟也知道这一年是 1912 年,但他是中国传统的坚定捍卫者,坚决反对采用新历法。② 章炳麟支持共和,但必须是采用中式历法的共和。根据旧历,"民国元年"的头几周仍然是"宣统三年",即天干地支纪年法的辛亥年。因此,用"辛亥革命"来表示革命发生的年份,比英文表述"1911 年革命"更准确、更全面。同样是"动荡不定"的年份,此前的庚申、甲申、甲午、庚子年都是失败的,但人们期待辛亥年成为胜利的一年。

不出所料,除了那些最严格坚持改制的革命派,绝大多数人仍一如往常,在 1912 年 2 月 18 日,按照旧历庆祝民国元年的新年。③ 人们采用农历的惯性不言自明。在宣布更改历法一周后,南京临时政府通知各政府机关,在辛亥年结束以前,允许商人暂且采用农历。④ 商业和制造业、耕种和收获、债务清偿,以及为旅行、交易和家族活动选择黄道吉日,都离不开农历的黄历。⑤ 一边是改弦更张的政治热情和压力,一边是沿用旧历的习俗和方便,于是许多人采取了非常实际的做法,新旧历新年都过。⑥ 1912 年 1 月 1 日,为庆祝新年,长沙举行了阅兵式,阅兵式上,代表中国多民族构成的民国五色旗(红色代表汉族,黄色代表满族,蓝色代表蒙古族,白色代表藏族,黑色代表回族)挥舞了起来,喇

---

① Lee, *Shanghai Modern*, 5.
② 周鸿、朱汉国主编:《中国二十世纪纪事本末》第 1 卷,济南:山东人民出版社,2000 年,第 9 页。
③ Kwong, "Rise of the Linear Perspective", 188.
④ *North China Herald*, January 6, 1912, 29.
⑤ Poon ShukWah, "Refashioning Festivals in Republican Guangzhou," *Modern China* 30: 2 (April 2004): 202.
⑥ Harrison, *The Making of the Republican Citizen*, 67.

叭奏响,军队齐声引吭高歌。① 然而,长沙举办的这一庆祝活动,更多地是为了庆祝孙中山在南京就任临时大总统以及前线传来的捷报,而不是因为对新历法有多么热心。1912年5月,鲁迅来到北京,从在北京第一年的日记可知,1912年10月10日,鲁迅参加了武昌起义一周年庆祝活动;1913年1月1日,又在先农坛参加了民国建国日的群众庆祝活动;2月6日"旧历新年"当天出门散步;2月12日则是"南北统一纪念日",这是袁世凯为纪念溥仪退位和清朝灭亡而设立的。②

中国人会同时采用两种时间体系:一边庆祝农历节日,用农历指导农业生产,一边在平日里和全世界一样采用公历。③ 在接下来的整个1910年代,鲁迅的日记里偶尔会忽略"双十节",也很少提到1月1日和2月12日两个节日,就算提到,也是因为鲁迅工作的中华民国教育部这两天放假。但是,每逢农历新年,鲁迅从不忘记在日记里写上一笔。即便是20年后,国民党仍然在努力以公历取代政府热切希望废除并贬之为"废历"的农历,但从来没完全成功过。④

这样一来,对于时间,就有了不同思考和表述方式,这种种方式有着持久的政治内涵。张国焘在回忆录中提到,辛亥革命十年后的一天,自己到上海一家卷烟厂协助工人罢工,随口把这一年

---

① *North China Herald*, January 13, 1912, 105. 关于五色旗颜色的问题,参见忻平、胡正豪、李学昌主编:《民国社会大观》,福州:福建人民出版社,1991年,第33页。
② 鲁迅:《鲁迅全集》第14卷,第22、24、39、42—44、46—47页。
③ 格拉姆·佩克(Graham Peck)用"两种时间体系"的说法,说明中西时间观念的差异:中国人一般认为过去的时间方位在"自己面前、脚下,可以仔细审视";而西方人在时间上的"向前"一般是面向未来,过去则是"后面"。参见 Graham Peck, *Two Kinds of Time: Life in Provincial China during the Crucial Years 1940-41* (Boston: Houghton Mifflin, 1967).
④ Wah, "Refashioning Festivals," 203.

称为"1921年"而不是"民国十年",惹得工人们大为光火:

> 他们推断,如果我是孙中山派来的,那么我肯定会使用民国纪年。但现在我没有使用民国纪年,显然就不是孙中山的人。而且我还来自北京。北京有谁会对他们这些工人感兴趣?只有可能是清廷了,因为清廷肯定想利用他们推翻"民国"。①

对此,张国焘感觉有点儿可笑。参加运动的工人都是秘密组织的"好伙计",因此难免会对数字和历法锱铢必较。正如沈艾娣(Henrietta Harrison)所阐述的,崭新的中华民国"正如过去的中国一样",在时令、宗教、国民性、政治内涵等方面都是"分层的"。② 尽管革命可以急剧简化整个局面,但总体来看,中国的革命似乎从一开始就注定要让"分层"更为复杂。革命时间越长,这种分层就越复杂;革命者简化局面的种种大胆努力和方法,时常遭受个人、地方习俗和观念惯性的阻力,革命时间越长,这些努力和方法面临的压力也更大。

正如辛亥革命后曾出现两个政权并存的局面,新旧历法的更替也一直在拉拉扯扯,在好几个月之内,中华民国也同时拥有两位大总统:一位是孙中山,他在南京的革命派集会上当选为临时大总统,于1912年1月1日正式上任;另一位是身在北京的前清忠臣袁世凯,孙中山几乎毫不犹豫地承认,袁世凯是接替自己成为民国大总统的合适人选。袁世凯通电赞成共和后两天,即清帝退位次日,孙中山公开提出辞职,为袁世凯让位。随后,在给南京

---

① Chang, Kuo-t'ao, *The Rise of the Communist Party*, 1921–1927 (Lawrence: University of Kansas Press, 1971):171.

② Harrison, *The Making of the Republican Citizen*, 67.

临时政府的一封电报中,袁世凯承认"共和为最良国体,世界之所公认"。① 宣统帝退位四天后,袁世凯悄然剪去了自己的辫子。② 袁世凯在北京的官邸也升起了民国国旗。③ 于是,袁世凯这位前清官员,至少看起来、听起来是转而拥护共和了。袁世凯宣布,公文日期一律改用新历,但同时标注旧历日期。④

一方面为了顺应孙中山实现和平的愿望,另一方面受到袁世凯方面的军事压力,2月15日,南京参议院投票选举袁世凯为民国第二任"临时"大总统。同一天,孙中山还拜谒了南京城外的明孝陵,隆重祭祀了明朝开国皇帝朱元璋,许多士兵、官员和群众都来到了祭祀现场。⑤ 孙中山站在露天的台子上,带领着身后的人群,向真人大小的明太祖像三鞠躬。随后,助手朗读了孙中山执笔的祭文,祭文中称推翻清朝、建立民国"实维我高皇帝光复大义,有以牖启后人,成兹鸿业"。祭文宣读完毕,孙中山转身面向人群。他发表了一篇慷慨激昂的演说,演说指出,中国在遭受了清政府260多年的统治后,终于恢复了自由。台下的听众以三声欢呼回应孙大总统的演讲,三声一次的欢呼在成群的典礼出席者和围观者中此起彼伏,由近至远,一浪高过一浪。在电子扩音器、收音机、录像设备发明之前,皇帝的命令就是在这样层层传话的仪式中传达出去的。黄仁宇(Ray Huang)曾描述过明朝晚期万

---

① 郑德荣、王维礼主编:《中国革命纪事》,长春:东北师范大学出版社,1990年,第196页、193—200页中多处提及相关内容。
② Edward J. M. Rhoads, *Manchus and Han: Ethnic Relations and Political Power in Late Qing and Early Republican China*, 1861 - 1928 (Seattle: University of Washington Press, 2000), 253.
③ *North China Herald*, February 24, 1912, 500 - 501.
④ 同上,第503—504页。
⑤ Harrison, *The Making of the Republican Citizen*, 41 - 42; *North China Herald*, February 24, 1912, 500 - 504.

历皇帝坐在紫禁城龙椅上,下令带走和处决战俘的情景,其命令层层传达的场面极具仪式感,令人印象深刻:

> 皇帝答复说:"拿去!"他的天语纶音为近旁的高级武官2人传达下来,2人传4人,而后8人、16人、32人相次联声传喝,最后大汉将军320人以最大的肺活量齐声高喝"拿去",声震屋瓦,旁观者无不为之动容。①

就这样,孙中山一边庆祝推翻君主制,并表彰自己在其中所起的作用,一边准备了"丰厚"的祭品,致敬帝制时代的英雄和古老的伟业。②

在新总统到任前,孙中山继续担任临时大总统职务。而此时的袁世凯则不同意按照革命派的要求到南京就职,因为袁世凯认为,南京离自己在北方的军事和政治势力太远了。袁世凯继续以北京为首都的企图获得了相当大的政治支持,就连同盟会主导的南京参议院中,多数成员也从一开始就表示支持。③ 毕竟,把新生民国的活力与故都的名望合二为一,还是有好处的;况且如果以北京为首都,离驻扎在北京的外国公使馆就更近,有助于获取外交承认和政府急需的贷款。但是,仍有一些革命者视北京为清政府罪恶的老巢,对他们而言,与外国使馆同处一地,恰恰就是极其惹人反感的一点。

为了限制袁世凯的总统权力,让袁世凯对议会更加负责,孙中山及其支持者努力将首都留在南京,并迅速制定临时约法。④

---

① Ray Huang, *1587, a Year of No Significance* (New Haven: Yale University Press, 1981): 4. 引源译文来源:黄仁宇《万历十五年》,北京:三联书店,2014年,第6页。——译者注
② Harrison, *The Making of the Republican Citizen*, 41.
③ 周鸿、朱汉国主编:《中国 20 世纪纪事本末》第 1 卷,第 295—296 页。
④ Bastid-Bruguière, "Sun Yat-sen's Republican Idea," 215; Pan Wei-tung, *The Chinese Constitution: A Study of Forty Years of Constitution-Making in China* (Washington, DC: Institute of Chinese Culture, 1945), 15.

直到2月29日，袁世凯在北京发动兵变，以表明在必要时不惜以武力手段迁都北京，革命派才没再坚持以南京为首都。最终，袁世凯如愿以偿，既与自己在北方的军队很近，又能与革命派的核心地盘——中部地区和南方地区保持理想的距离。1912年春，袁世凯没有南下南京，取而代之的是民国政府——包括参议院，但起初没有孙中山——北上北京，与清政府的残余汇合，组成了一个成分明显非常复杂的政府。参议院是由通过多种任命和选举方式产生的各省代表组成的政治机构，自成立以来，日益壮大，几经播迁。1911年11月，参议院在汉口的特别会议上成立，同年12月沿长江而下迁至上海，同年年底又西迁南京，1912年4月又北迁至北京。① 在民国，无论是政治机构，还是个体，都免不了四处奔波。

袁世凯直到3月初才正式就任临时大总统，而孙中山直到4月1日才正式从临时大总统任上解职。② 3月10日，在皇城东面石大人胡同的前清外务部公署，袁世凯在"非常宽敞、气派"的会议厅举行了就职宣誓仪式。③ 参加仪式的有来自南京的政治代表，首都和各省的文武官员，满、蒙、藏等民族的代表，以及在京地方商会的代表。袁世凯一身军装，"从侧门走进会场，站在众人面前，俨然一副强干的军人模样"。随后，袁世凯宣读誓词，承诺"竭其能力，发扬共和之精神，涤荡专制之瑕秽"。正如沈艾娣所指出

---

① William L. Tung, *The Political Institutions of Modern China* (The Hague: Martinus Nijhoff, 1964), 23；徐矛：《中华民国政治制度史》，第28页；Pan Wei-tung, *The Chinese Constitution*, 23–24.
② Bergère, *Sun Yat-sen*, 220.
③ *North China Herald*, March 16, 1912, 706; Harrison, *The Making of the Republican Citizen*, 17–20; W. W. Yen, *East-West Kaleidoscope*, 1877–1944: *An Autobiography* (New York: St. John's University Press, 1974), 58.

41

的,袁世凯并没有将民国形容为满族暴政的对立面,而是确认了中华民国是一个多民族的现代民族国家。① 从南京明孝陵的祭典,到北京外务部的就职宣誓,这一系列仪式都显现出了此时局势的复杂性。在南京,孙中山利用共和追求自由、反对奴役的呼声,充分调动普遍存在的排满情绪。但是没过多久,孙中山在其他场合就不再提排满的事了,以免激起种族共和主义——种族共和主义与中国多元文化的现实格格不入。与此同时,袁世凯对民国的定位和他对自己的定位一样,是为中国这一现代民族国家服务的。此外,袁世凯也以这样一个"民国"表达中国要求其他国家平等相待的呼声。② 袁世凯从实际角度出发,运用崭新的国家机器;而孙中山则更有感情色彩,宣称民国是数百年以来爱国斗争的延续,两者形成了鲜明对比。孙中山再度树立了前朝的"光复"理想,通过利用自己最欣赏的皇帝极力反对君主制,造就了共和主义的一种形式;而袁世凯信奉的是国家实力,这种实力不受政治形式细节的束缚,也不受这些细节引发的情感影响。两相对照,孙中山的共和主义更有力、更激进。

与此同时,直到3月,孙中山仍然在南京继续发布行政法令,其中就包括令所有男性在20天内一律剪辫,由此让每一个留着辫子的男性"清除旧残渣而成为新国民"。③ 4月初,孙中山离开南京,前往中部和南方各地巡回演讲。几天后的4月7日,大多

---

① Harrison, *The Making of the Republican Citizen*, 18.
② 同上,第19页。
③ Rhoads, *Manchus and Han*, 253. 引用内容译文来源:[美]路康乐著,王琴、刘润堂、李恭忠译《满与汉:清末民初的族群关系与政治权力(1861—1928)》,北京:中国人民大学出版社,2010年,第310页。——译者注

数临时政府官员离开南京。① 虽然有所延迟,但孙中山终归将临时大总统之位拱手让给了袁世凯——有人觉得此举很高尚,有人觉得很愚蠢,还有人觉得这就是别无选择——既让中国免于一触即发的内战,又让孙中山的武装力量免遭战败的打击,毕竟一旦动武,孙中山的武装力量较弱,胜算很小。

辛亥革命作为推翻清朝的斗争,只消几个月就胜利完成了,但由此建立的民国留下了悬而未决的问题:新的政治制度是哪一种,革命是否真的结束了?新建立的共和国称为"民国",即"民众的国家",在制度设计上与此前的帝制截然不同。但是,其中清朝遗留下来的个人和制度要素仍然很多,最主要的就是袁世凯及其手下的,以及亲袁世凯的官僚和军队。除了政治和军事冲突造成的死亡和破坏,革命还带来了方方面面的变化,有的离大多数人的生活非常遥远,比如1912年3月3日颁布的《中华民国临时约法》中那些尚未强制施行的法律条文;有的直接与人们的生活息息相关,比如留什么头发,计算年、月、日时用什么历法。关心时政的中国人对民国抱有很高的期望,认为民国的方方面面能解决中国的很多问题。在清政府衰弱下去的地方,民国就会强盛起来,用孙中山最有名的比方说,就是像动力最强的最新火车头跑起来一样;②中国可以回击帝国主义的侵略,地方的需求可以得到满足,那些为革命冒风险乃至不惜赌上全副身家的人会得到嘉奖。然而事与愿违,新建立的民国仅仅是"存活"了下来,根本谈不上繁荣昌盛,虽然有一些确实的成就,但成绩微乎其微。这些成就包括慢慢赢得外国政府对民国的外交承认,以及将辛亥革命

---

① 廖大伟:《1912:初试共和》,上海:学林出版社,2004年,第115页;王耿雄编:《孙中山史事详录1911—1913》,天津:天津人民出版社,1986年,第258页。
② Bastid-Bruguière, "Sun Yat-sen's Republican Idea," 211.

后零散的省政府和地方政府正式纳入整个民国的政权体系。但是,对于许多人来说,这些小成绩实际上是微不足道的,即使是1916年成功阻止袁世凯称帝、政治生活的面貌和语言焕然一新之类的成绩,也是无足挂齿的。

中山先生到北京

一段时间后,1912年夏季,迁居上海的孙中山北上造访了北京。北京是民国的新都城,可六岁的溥仪退位后仍居住在紫禁城的一隅,民国首都和前清皇室同处一城,显得多少有些不协调。一些革命者仍然坚持认为,北京不宜作为现代共和国的首都;孙中山也曾这样认为,但为了国家的统一,孙中山没有坚持这一立场。在此之前,孙中山只到过一次北京。那是1894年夏季,当时孙中山带着自己的改革主张来到北京,希望引起清朝高官们的注意,但没有成功。也就是从此以后,孙中山走上了为之奋斗终生的革命道路。后来孙中山回忆到,当时自己对北京的主要印象是"龌龊",他把这种"龌龊"归咎于"满清政治"。[①] 当然,用现代标准来看,孙中山所熟悉的香港和火奴鲁鲁比北京更整洁。那时的孙中山还是个名不见经传的乡巴佬,没什么声望。但1912年夏天再临北京时,孙中山因为协助领导了辛亥革命,已经一跃成为中国最为显赫的政治人物,许多人称孙中山是"中国第一伟人"。孙中山此次来北京,是准备以前任临时大总统的身份与现任临时大总统袁世凯商讨中国的未来,但要实现这一点并不容易。

孙中山和袁世凯都拥有对方所缺乏的东西。与袁世凯相比,

---

① 黄宗汉、王灿炽编著:《孙中山与北京》,北京:人民出版社,1996年,第5页。

孙中山的军事和组织资源固然很有限；但对许多人来说，孙中山所构想的新中国，即使不完全让人信服，也非常有吸引力。孙中山在他的"三民主义"框架内构想的中国，是一个神圣的"民族"国家，一个奉行"民权"的国家，一个足以满足所有国民（而不只是精英）需要的物质发达的"民生"国家。在中国政治家中，孙中山第一个明确提出要建设强大、民主、富足的中国，并加以宣传，这是孙中山在意识形态方面的标志性贡献，在重重政治磨难中激励着他。其实，在孙中山之前，"富强"的思想在严复等人的著作中已经出现了。① 康有为探讨中国在世界及世界历史上的地位时，提出了更为激进、更为深远的乌托邦愿景。梁启超则一直在强调把国民动员起来的重要性。孙中山把这些社会、经济和政治元素相结合，形成了一套既具有历史必然性，又带有鲜明个人印记的，各部分有机联系的理论体系。能以自己的言论和意志，为一个新的时代深深打上烙印的领导人，孙中山是第一个。

孙中山接受了袁世凯的邀请造访北京，对袁世凯领导的民国政府也没有直接发难，而是表示了支持，袁世凯对此很高兴。但从程序上讲，孙中山此次来北京，应的不是袁世凯的邀请，而是年轻的革命同志宋教仁的。宋教仁邀请孙中山参加国民党的成立仪式。② 然而，孙中山来到北京后，完全是袁世凯做东。袁世凯将孙中山安顿到临时总统府，总统府征用的是富丽堂皇的外交大楼客房。③ 袁世凯在很多人眼中都不像是什么拥护共和的人，但他施行改良的资历不下于任何人，他自称代表着现代中华民族，

---

① Benjamin I. Schwartz, *In Search of Wealth and Power: Yen Fu and the West* (Cambridge, MA: Harvard University Press, 1964).
② 廖大伟：《1912：初试共和》，第 147 页。
③ 同上，150—151 页。

正是以这一资历为基础。从覆灭前不久的1901年起,清廷匆匆忙忙地实行了一系列改革措施,史称"清末新政",当时袁世凯是国内推行新政的关键人物。孙中山推行的建国计划,或许能把袁世凯的改良继续下去吧?孙中山在北京逗留了三个半星期,其间与袁世凯多次会晤,同意改做民国的"铁路沙皇",把工作的重点放在促进经济发展上。孙中山将暂时从一盘散沙似的政党、议会和内阁中抽身,将政治事务留给袁世凯和宋教仁等领导人。当权者会用政治手段把中国聚为一体,而孙中山将致力于建设近代国家所需的交通系统。

  也许有人会认为,孙中山的铁路建设方案只是无视政治现实的空想罢了。一些历史学者已经如此批判了孙中山的铁路建设计划,其中也包括一些对孙中山总体建国方案表示同情的人。① 早期人们往往批评民国就是块"招牌",这一批评同样可以非常贴切地形容孙中山的一些主张,这些主张充满了不切实际的空洞口号,甚至到了痴人说梦的程度。例如,在1922年出版的《中国的国际发展》(China's International Development)一书中,② 孙中山提出的计划,不仅有新的港口、工业和三峡大坝,甚至还有专门的"卧室""厨房""浴室""卫生间""客厅"和"图书馆"工厂,这些工厂生产出的现代家具足以取代每一家每一户的中国传统家具。③ 孙中山缺乏袁世凯的庞大军队、政治人脉和外国盟友,但是,无党派的发展战略在1912年是具有政治意义的。辛亥革命爆发前,

---

① C. Martin Wilbur, *Sun Yat-sen*, *Frustrated Patriot* (New York: Columbia University Press, 1976), 75.
② 即《建国方略》中的《实业计划》。此书最早于1919年以英文写成并连载发表,1922年结集出版为《中国的国际发展》一书。中文版于1921年出版。——译者注
③ Sun Zhongshan [Yat-sen], *The International Development of China* (New York: G. P. Putnam, 1929. [Orig. pub. 1922]).

革命派和改良派就常用铁路建设和路权问题动员人们起来斗争。① 铁路强国的呼吁,被视为合乎民众利益的好事。即使是看似古怪的"家具工厂"构想,也与同时代一些富有远见的人不谋而合,比如建筑师弗兰克·劳埃德·赖特(Frank Lloyd Wright),他基于工厂的预切部件生产,开发了标准化的"美国体系建筑房屋"②;又如一些先锋企业,比如开展"邮购买房"业务的西尔斯公司(Sears, Roeback and Co.)③。在机器时代的种种奇思妙想中,孙中山的政治思想添上了浓墨重彩、富有新意的一笔。

与此同时,包括此时的袁世凯在内,新一批民国从政者,却要冒着名声损坏或遭到冷落的危险。在此时不断演变的政治文化中,即使是必要的政治竞争,也可能被视为自私的争权夺利,与人们普遍期盼的国家团结背道而驰。就在孙中山辞去临时大总统职务后,一些中国人把他比作乔治·华盛顿,后者连任两届美国总统后,不仅拒绝成为国王,还拒绝再次连任总统。华盛顿这样做是有可能的,因为"法律体系中的领导权悖论",华盛顿可以"通过放弃权力来行使权力"。④ 孙中山1912年时的处境,可能更符合"王子只应将不属于自己的东西送出去"这句马基雅维利式的巧妙形容。孙中山出任临时大总统时,所拥有的是一种新式权力

---

① Mary B. Rankin, "Public Opinion and the New Politics of Contestation in the Late Qing, 1904 – 1911," *Modern China* 20: 1 (1994).
② Richard Cleary, "Frank Lloyd Wright and the Romance of the Master Builder," In Richard Cleary, Neil Levine, MinaMarefat, Bruce Brooks Pfeiffer, Joseph M. Siry, and Margo Stipe, *Frank Lloyd Wright: From within Outward* (New York: Guggenheim Museum, 2009), 50. 赖特提出的一套以美观、实惠为追求的标准化住宅设计方案,由七种可供客户选择的设计型号组成。——译者注
③ 美国百货零售商,创立于1893年,开创了百货零售的新商业模式。2018年申请破产。——译者注
④ Garry Wills, *Certain Trumpets: The Nature of Leadership* (New York: Simonand Schuster, 1995), 154.

的种子，而不是权力本身。与不久前革命如火如荼的省份相比，孙中山选择投身的国家政治领域"相当特殊和超然"。① 此外，乔治·华盛顿退出政坛前，还担任过两届总统，部分原因可能是波士顿没有像袁世凯这样的人物，要求将新政府的权力交给他或者其他人。孙中山非常清楚，在短期内，以一般的政治策略直接反对袁世凯，肯定会失败。当时，孙中山的判断是："维持现状，我不如袁；规划将来，袁不如我。"②民国在本质上还是面向未来的，孙中山在为自己争取时间。

尽管铁路建设计划八字没一撇，其他很多计划也一样是"痴人说梦"，孙中山仍然能借此传达出振奋人心的共和梦。由此可见，孙中山作为领导，有着既不同寻常，又引人注目的品质。他有着新的思想，认为历史是进步的，全球的历史是彼此联系的，对诸如发表演说、开展竞选和乘船到各地活动等新颖的政治手段有着浓厚的兴趣。孙中山在东京流亡时建立了同盟会，七年之后的1912年，孙中山46岁，已经是同盟会的元老级人物了。如果说中国经济、社会和文化仅仅发生了一些缓慢的变化，那么，1912年的中国政治，似乎就像孙中山推崇的、引领和象征变革的火车头一样一日千里，发生着日新月异的变化。孙中山不是袁世凯那样的官场老手，也不是梁启超及其维新派导师康有为那样的著名学者。关于对中国未来的规划，孙中山写过很多，也谈过很多。虽然孙中山曾在夏威夷上过教会学校，也获得过医学学位，但是他仍然缺乏中国最优秀的精英式的传统教育功底。当然，这也是他在1894年得以彻底抛弃改良道路的原因之一。然而，在许多

---

① Joseph W. Esherick, *Reform and Revolution in China: The 1911 Revolution in Hunan and Hubei* (Berkeley: University of California Press, 1976), 227.
② 王耿雄编：《孙中山史事详录 1911—1913》，第 390 页。

同时代人的眼里,1912年的孙中山已经超过了康有为、梁启超等人,因为孙中山就是"进步"的代名词。

中年时期的孙中山仍然打扮入时,很多人从书报上读到过孙中山,或看到过孙中山的照片,只要孙中山一出现,这些人的目光就马上被孙中山的外表牢牢吸引住了。1912年4月,陈西滢曾到南京火车站欢送孙中山赴外地演说,亲眼见到了闻名遐迩的孙中山。后来他回忆起了当时万人空巷的盛况:随着火车开动,在军乐队的演奏中,陈西滢突然看到最前头的一辆车中"坐着一个穿着很整齐的西服的人,他的温文端正的面容,光光的头发,八字须子,一望而知是孙中山先生。他举起了高顶的丝帽,面上微微露着温蔼可亲的笑容"。[1] 在变动不居的民国公众文化中,外表非常重要。京剧名角梅兰芳的受欢迎程度同样离不开他"外表"的魅力,这种魅力让任何一个戏迷都能一眼认出他来。[2] 据鲁迅回忆,他去北京的照相馆,印象最深的是随着掌权者的更迭,照相馆放大了挂在门口的阔人相片"时时掉换,年年不同",只有梅兰芳的照片从来都没换过。[3] 尽管孙中山的政治生涯起起落落——当然也有可能是因为孙中山善于渲染其个人经历的动荡坎坷——但在政治的舞台上,孙中山就是有着这样的明星魅力。借助象征符号和形象,让人们能够共同在脑海中想象同一个政治或社会形态,在任何政治文化中,都是一个重要的方面。正如路易斯·沃思(Louis Wirth)所指出的,"归根到底社会是可能的,

---

[1] 王耿雄编:《孙中山史事详录1911—1913》,第258—259页。
[2] Joshua Goldstein, *Drama Kings: Players and Publics in the Re-creation of Peking Opera, 1870-1937* (Berkeley: University of California Press, 2007), 127.
[3] Lu Xun, "On Photography," In Kirk A. Denton, ed., *Modern Chinese Literary Thought: Writings on Literature, 1893-1945* (Stanford: Stanford University Press, 1996), 201.

因为社会中的个体在头脑中形成了某种关于它的画面"。① 对于许多希望把"新中国"形象化的中国人来说,用孙中山的形象代表"新中国"的形象显得恰如其分,就像孙中山在数不胜数的合照里都位于中间一样。图 1 是孙中山在 1912 年的一张照片,照片中孙中山独自站立,没戴帽子。

8 月 24 日下午晚些时候,孙中山乘专列到达北京,专列"车头装饰华丽",人们热烈欢迎这位伟人的到来。② 但是,就在孙中山的专列驶过通县(北京东部的一个交通枢纽)几小时后,驻扎在通县的士兵就发动了兵变,洗劫并烧毁了通县多处,由此可见当时局势的动荡不定。③ 北京一位署名"冷眼"的社论作家指出:"今天孙中山到了首都,同一天通县就兵变了,难道只是巧合吗?"④很明显,袁世凯当年 2 月在北京发动兵变的前车之鉴,仍然在"冷眼"的脑海中挥之不去。袁世凯在雄辩上难以与孙中山匹敌,但在精准运用暴力手段推进交涉方面是一把好手。

自从辞去临时大总统职务以后,孙中山一直在中国各地奔波演说,所到之处,万人空巷,听众们将孙中山奉为革命的英雄。像旧时的朝代创立者一样,袁世凯据守在北京,被森严保卫起来,这是他权威的象征。袁世凯给了中国稳定。孙中山的权力则更能体现在一种独特的流动性上,这种流动性呼应着充满变化的时

---

① Louis Wirth, "Preface," In Karl Mannheim, *Ideology and Utopia*: *An Introduction to the Sociology of Knowledge*(New York: Harcourt Brace, 1936), xxv.［德］卡尔·曼海姆:《意识形态与乌托邦》,上海:上海三联书店,2011 年,第 15 页。——译者注
② 《爱国报》,1912 年 8 月 25 日,第 3 版;*North China Herald*, August 31, 1912, 606.
③ 参见鲁迅:《鲁迅全集》第 14 卷,第 22、24 页;*New York Times*, August 26, 1912, 5.
④ 《爱国报》,1912 年 8 月 30 日,第 1—2 版。此引源的引文为译者翻译。

势,以及一浪接一浪的求变呼声。孙中山并不会为首都或国会地点的变化而不安。他很自信,有时甚至是自负。他在火车站站台上指挥众人,就和在总统府发号施令一样易如反掌。

图 1 1912 年的孙中山①

孙中山踏上北京火车总站的站台时,照例身着一套蓝西服,戴一顶帽子。人们在车站搭了一个拱门,以表示对孙中山的尊崇。② 等在车站里欢迎孙中山的人数以百计,官员、参政者和北

---

① 图片来源:Bettman/CORBIS.
② *North China Herald*, August 31, 1912, 606.

京市民代表都有,早在孙中山抵达前一个小时,前来欢迎的人群就开始"涌入车站"聚集起来。人群里既有参议员、部长级官员、军警官员、政党领导,也有慈善机构代表、铁路协会、满人和旗人福利促进组织(清朝覆灭,满人自然为自己的境况焦虑)、孙中山家乡广东的在京会馆代表、"议政团体"、70家报纸的记者、100名外国来宾(包括从火车站附近公使馆来的外交官们)、商人、妇女团体等。① 许多到场的妇女都把希望寄托在孙中山身上,希望孙中山能仗义执言,捍卫女子的国民权利。这次欢迎仪式凭特别通行证入场,到场的每个团体都被安排了固定的区域,以"避免混乱",并防止"强盗混进来"。② 1号和2号区域分别是外国来宾和参议员的,而排在最后的10号区域才是妇女的。洋大人们可以从使馆区走特别通道到火车站,进入他们最优越的席位,这个特别通道是一个特殊的"水门",开在内外城的界墙上,是在义和团运动后采取的安保措施。③ 而另一边,妇女们为了进入火车站台,不得不艰难地穿过北京城中心被男性牢牢把持的公共空间。

　　随着暴力革命的减退,1912年夏天,孙中山唯一需要担心的"强盗"就是袁世凯本人。孙中山的许多支持者都担心,袁世凯此次邀请孙中山来北京,是为了把孙中山干掉,更有人直接警告孙中山:"袁贼远交近攻。"④据说,8月18日在上海,正当孙中山在自己船舱里等待北上天津,再从天津转火车去北京时,一位年轻貌美的女子突然冲了进来,用刀抵住了自己的喉咙,并威胁说,如

---

① 《中国日报》,1912年8月25日,第2版;王耿雄编:《孙中山史事详录 1911—1913》,第347页。
② 《爱国报》,1912年8月24日,第3版。此引源的引文为译者翻译。
③ L. C. Arlington, and William Lewisohn, *In Search of Old Peking* (New York: Oxford University Press, 1991), 9.
④ 李凡:《孙中山全传》,第211页。

果孙中山非要去北京,投身袁世凯的"虎穴",她就当场自杀。孙中山吓了一大跳,慌忙夺掉了女子的刀,让她冷静下来。① 毫无疑问,这名女子读到过上海报纸上的报道:三天前,同盟会的两名军官张振武和方维在北京遇刺身亡,上海报纸的报道认为,这起谋杀和袁世凯有关联。孙中山宣称自己对袁世凯当下的官位没有兴趣,这可能成了他最管用的护身符。孙中山在北京期间,并没有发生暴力事件或严重骚乱。

8月24日,孙中山抵达车站后,军乐队奏起迎宾乐,人民用共和时代新的脱帽礼向孙中山致敬。脱帽既标志着国民之间的平等,也表示对共和权威的尊重。② 乐队奏乐在中国流行开来,有一部分是袁世凯的功劳。袁世凯受了海关总税务司罗伯特·赫德(Robert Hart)等外国铜管乐器爱好者的影响,于1903年在天津开办了一所音乐专门学校。③ 这间音乐学校的成员,加上一个赴德国学习音乐的代表团成员,组成了一支20人的铜管乐队,这支乐队也是更广泛的音乐教育运动的一部分。比起过往公共仪式中常用的鼓、锣和管乐器,大号和长号奏出的音乐听起来更像军国民的音乐。④ 在车站外,还有数千人加入了欢迎孙中山的行列,人群一路向南、向西延伸,延伸到北京城的商业区,延伸到有着高档绸缎铺和药铺的大栅栏街。从当时留下的照片中可以

---

① 廖大伟:《1912:初试共和》,第149页。
② Harrison, *The Making of the Republican Citizen*, 55.
③ 陈江:《西洋音乐的传入》,忻平、胡正豪、李学昌主编:《民国社会大观》,福州:福建人民出版社,1991年,第770页;John K. Fairbank, Katherine F. Bruner, and Elizabeth M. Matheson, eds, *The I. G. in Peking: Letters of Robert Hart Chinese Maritime Customs, 1868 – 1907* (Cambridge, MA: Harvard University Press, 1975), vol. 2, 1276, 1294.
④ Tsai-Ping Liang, *Chinese Music* (Taibei: Chinese Classical Music Association, 1964), 25 – 35.

看见,当孙中山一行走出车站时,大批群众挤在街道上,倚在邻近商店的走廊上,军警就在人山人海中,为孙中山及其随行人员清出一条宽阔的道路。①

北京的火车总站紧邻前门的南面和东面,前门开在北京城中轴线与北京内外城界墙的交点上。内城方方正正,以紫禁城和皇城为中心,主要是政府机构的所在地。中华民国外交部、教育部和参议院都在内城。外城大致呈长方形,功能更为庞杂,商业、文化和典礼场所都有,湖广会馆、天坛和先农坛都在外城。

带有钟楼和波浪状站台顶棚的旧火车站建筑保存至今,如今那里是一些商店和办公室。在 20 世纪初最繁盛的时代,前门的火车总站就像北京的邮局和电报局一样,把首都与中国其他城市以及全世界联结起来。如果说在孙中山及同时代人的眼中,铁路引擎是现代力量的象征,那么,中国的铁路系统就是通过在一个个城市间运送人和货物,以一种非常实在的方式,将整个国家连为了一体。在各地间传达着政府命令、私人信息和当日新闻的电报线路,也起到了同样的作用。② 袁世凯有一张很有名的照片,照片里,他闲居乡下,头戴草帽,身披蓑衣,在自己的庄园里钓鱼。③ 袁世凯还专门在南北铁路沿线上的豫北老家设了一个私人电报房。④ 就如一些革命派批判的那样,城墙、宫殿、寺庙、四合院、小胡同一应俱全的北京城,看起来仍然很像过去的那个都城。但是,与袁世凯的庄园以及"传统"中国的其他许多地方一

---

① 廖大伟:《1912:初试共和》,第 148—149 页。
② Erik Baark, *Lightning Wires: The Telegraph and China's Technological Modernization*, 1860 - 1890 (Westport, CT: Greenwood Press, 1997), 177.
③ 万仁元主编:《袁世凯与北洋军阀》,香港:商务印书馆(香港)公司,1994 年,图 65。
④ 廖大伟:《1912:初试共和》,第 7 页。

样,北京也早已铺设了用于国内外通讯的电报系统。通过电报通讯和印刷媒体,8月24日,孙中山走出北京火车站时,得以领略孙中山风采的不仅是现场欢迎的人群,还有全国各地的报纸读者,他们想象着孙中山和他几个小时、几天之后要面临的情形。

从一大清早起,许多孙中山的支持者就在车站外等候这位前临时大总统的火车,他们夹杂在向来熙熙攘攘的商业区中,以一种和平的方式展现着自己的政治立场。引人注意的是,现任临时大总统袁世凯并没有亲自出席欢迎仪式,但袁世凯派自己的得力副手梁士诒和军乐队代表自己,此外还派出了一辆曾经属于清室子弟的华丽马车,将孙中山接到外交部客房,"精心准备招待孙中山"。① 此外,袁世凯钦点的总理陆徵祥也没有出席欢迎仪式。五个星期前,陆徵祥在参议院发表了那场一团糟的演说后,就住进了附近公使馆里的法国医院,远离新闻媒体和公众的视线。但是,孙中山抵达北京两天后,陆徵祥为表敬意,特意走出病房拜访孙中山,与孙中山讨论外交政策,结果又遭到了孙中山的公然责备。② 转瞬之间就从被钦点为政府"二把手"的幸运儿沦为遭政坛排挤的不幸者,陆徵祥的这一遭遇昭示着,孙中山在北京火车站受到的热烈拥戴,在新生的民国,似乎也只会是过眼云烟。

袁世凯派来的马车,装饰着皇家专用的黄色绸缎,配着大红色的车轮,拉车的是几匹白马,随同的还有30名骑警。③ 孙中山一开始接受了这种皇室级别的排场,但在后来的行程中,这类待遇都被孙中山婉拒了,他坚称自己只是一个"平民",连"前总统"

---

① *North China Herald*, August 31, 1912, 606.
② 王耿雄编:《孙中山史事详录 1911—1913》,第358—359 页。
③ 王耿雄编:《孙中山史事详录 1911—1913》,第347—348 页;*North China Herald*, August 31, 1912, 606.

都不是。有很多词都可以用于统称"不当官"的人,"平民"就是其中之一。这类词语,传统的有"百姓""布衣"等,新词汇则有"国民""人民"等。① 传统的指代着眼于这些人所缺乏的东西——明确的名字、华服、官位等,而不是他们如今所应当有的国民权利,这与共和主义的理念格格不入:共和主义认为,权力是从民众流向政府的,而不是从政府流向民众的。② 孙中山公开站在平民的立场上,也宣传了自己所致力的共和。

袁世凯此后派给孙中山的皇家座驾,都被孙中山婉拒了。③ 袁世凯殷勤准备的奢华排场,与孙中山的"平民"姿态形成了强烈的反差,这不啻为两人之间一个小小的较量,看谁才是真心诚意拥护共和的人。在孙中山和袁世凯同住的公寓周围,袁世凯设置的森严警备也被孙中山要求撤掉了——孙中山发现,每次出门,总是一个路人都见不到。④ 孙中山要求减少安保,微妙地反衬出了袁世凯害怕被暗杀的焦虑,而且这种焦虑还很有道理。这与孙中山热爱民众、民众拥戴孙中山的情境截然不同。⑤ 孙中山向公众表示,他与国民连在一起,没有高低贵贱之分,他愿意为国家利益而奉献自己。他坚称自己无意于衙门里的世界,而希望成为一个自由的国民。⑥ 袁世凯也一向宣称自己主张平等,但比起孙中山,袁世凯很难令人信服。因为与孙中山不同,袁世凯选择夺取

---

① Hanchao Lu, "Out of the Ordinary: Implications of Material Culture and Daily Life in China," In Madeleine Yue Dong and Joshua Goldstein, eds. *Everyday Modernity in China* (Seattle: University of Washington Press, 2006), 23.
② 同上。
③ 胡去非编纂:《总理事略》,台北:台湾商务印书馆,1971年。
④ 廖大伟:《1912:初试共和》,第150页。
⑤ 冯耿光:《孙中山和袁世凯的第一次会见》,尚明轩、王学庄、陈崧编:《孙中山生平事业追忆录》,北京:人民出版社,1986年,第238页。
⑥ 王耿雄编:《孙中山史事详录1911—1913》,第351页。

政治权力,紧攥权力不放。

扇向宋教仁的耳光

尽管孙中山宣称对政治缺乏兴趣,但其实除了会见袁世凯,孙中山在北京还有其他重要政治事务,比如出席第二天的国民党成立大会。虽然孙中山一直坚决表示要退出政坛,但在他30年的革命生涯中,孙中山从未真正置身于政治角逐之外。然而,鉴于孙中山本人如今已经投身于重建中国经济的事业,实际运作同盟会的已经是党内的其他领导人,特别是宋教仁。整个1912年夏天,宋教仁都在忙于改组同盟会,将同盟会转变成了一个规模更大的新政党,并更名为国民党。历史证明,这是一次有决定性意义的更名。除了从1914年到1919年曾改称过一段时间的"中华革命党",这个由孙中山成立的政党,将一以贯之地以"国民党"的名称经历后来复杂的身份转变:袁世凯政府中的忠实反对派、袁世凯及其后北洋军阀的讨伐者、1927年以后的全国执政党、抗日战争的领导者之一。

同盟会领导人选择了湖广会馆,作为1912年8月25日改组和更名大会的会址。湖广会馆是19世纪为湖南、湖北两省来京人士开设的,是一家规模颇大的旅馆,位于外城商业区最西边,在火车总站西南方向。会馆正处在北京的旧文人聚居区里,这片聚居区在宣武门以南。宣武门在前门以西,同样是内、外城间的通道。① 北京的会馆共有400多家,最初是为了服务各省来京参加科举的考生。会馆是考生们在他乡的"家",考生们在殚精竭虑应

---

① Belsky, *Localities at the Center*, 5-6, 232.

考期间，可以吃着熟悉的家乡菜，操着熟悉的家乡话，和同乡同舟共济，从而得到精神上的安慰。科举制度于1905年废止，但人们仍在为各种各样的事情从各省来到北京，例如上大学、进入政府工作、参加政党会议等政治和社会事件。面对晚清的危机，支持改革和主张革命的人群中，都有读书人的身影，他们对政治的热心程度早已明明白白地显示，读书人专属的牢固圈子可以成为共和政治的基础。至今，湖广会馆仍然基本完好地保留下来，并按照戏院的制式进行了一些翻修，这样的翻修恰如其分，因为在读书人最为风光的时期，会馆就是唱戏的地方。① 会馆里的一座石碑记录下了1912年8月25日发生在这里的事件，以表彰其堪比法国雅各宾派在巴黎租下的修道院食堂（雅各宾派的名字就由此而来）、1859年英国自由党在伦敦包下的"轻微放荡"的威利斯厅（Willis's Rooms，自由党成立地点）的历史影响——如果不是恶名的话。② 湖广会馆为公众和政治活动提供了比修道院食堂更为理想的环境。而且，与饮酒俱乐部不同的是，虽然来会馆借宿的一向是男性，但家乡会馆里一般不会有什么放浪不羁或惊世骇俗的事情。③

　　宋教仁计划通过当天在湖广会馆的会议，把同盟会从旨在推翻帝制的地下暴力革命组织，转变为帝制结束后适合新生民主共和国的公开议会政党。宋教仁来自湖南，精于宣传工作，在推翻清朝的革命斗争中一直冲在前线。宋教仁称，过去的政治斗争是

---

① Belsky, *Localities at the Center*, 5-6, 265.
② 同上，第265—266页；Roy Jenkins, *Gladstone: A Biography* (New York: Random House, 1997), 204.
③ Belsky, *Localities at the Center*, 66-7, 187, 234.

"拿出铁血的精神",但现在是时候"拿出政治的见解"了。① 他希望此后获取政治权力的途径不再是子弹和炸弹,而是言辞。

孙中山出席此次会议,对宋教仁及其支持者来说至关重要。宋教仁此次改组同盟会,不仅将另外四个政党合并了进来,还淡化了与孙中山的三民主义有关的一些立场。因此,他改组同盟会的举动非常需要孙中山的支持。时任北京参议院议长吴景濂领导的统一共和党,在国会中是一支至关重要的势力。统一共和党坚持以废去民生主义作为与同盟会合并的条件之一,他们认为民生主义过于激进。② 此外,由前清官员、袁世凯的死敌岑春煊领导的上海国民公党,也在合并谈判中要求将同盟会"主张男女平权"的内容从党纲中删除。③ 1903 年,岑春煊任四川总督时,曾将朝廷劝诫缠足的上谕翻译成白话文,以便在百姓中广为宣传,在劝诫缠足的工作中起到了引领作用。④ 岑春煊当时支持劝诫缠足,一方面是出于同情妇女痛苦的"人情",另一方面是认为女性占据中国 4 亿人口的一半,只有女性的身体强健了,中国才能强大起来。⑤ 如今,岑春煊却和其他许多改良派、革命派一样,只同意改善妇女的生活状况,但坚决反对赋予她们参与选举和出任政府官员的权利,反对让她们完全进入公众生活。于是,1912 年 8 月初,三党起草了一份妥协的联合宣言,另外两个政党——国民

---

① 徐矛:《中华民国政治制度史》,第 52 页。
② 蒋薛、唐存正:《唐群英评传》,第 107 页。
③ 同上,第 107—108 页。
④ Elizabeth Kaske, "Mandarin, Vernacular, and National Language: China's Emerging Concept of a National Language in the Early Twentieth Century," In Michael Lackner and Natascha Vittinghoff, eds., *Mapping Meanings: The Field of New Learning in Late Qing China* (Boston: Brill, 2004), 283.
⑤ 《光绪二十八年四川总督岑春煊"劝戒缠足告示"》,《历史档案》2003 年第 3 期,第 69—70 页。

共进会和共和实进会也同意加入合并。① "共和"和"国民"二词在政党名称中出现的频率很高,可见,新生的民国政权不管"里子"如何,至少"面子"是深入人心的。另一些袁世凯的亲密支持者没有参与此次政党合并,不出所料,他们直截了当地称自己是"共和党"。

为了团结各方,宋教仁接受了其他党派的要求,将党纲作了一些修改。同盟会成员同意去除"民生"的社会主义色彩,但拒绝将"民生"二字完全从党纲中删去。② 由此,新党纲的主张比以往更加保守了。除了将妇女权利排除在外,民生"主义"也改成了平民"政策","力谋国际平等"的反帝要求也变成了斗争色彩更弱的"保持国际平和"。③ 此外,宋教仁还同意新政党采取"理事会议制"的集体领导方式,由此,他可能无法对政党实施强有力的个人领导。④ 宋教仁还提出在党内创建"选举部",这一提议颇具新意,但"被否决了,原因是中国传统中并不重视政党选举"。⑤ 这对宋教仁来说无疑是当头一棒,正如同他在前清官员们那里遭到的打击一样,这些官员即使没有对共和与选举之间的紧密联系表现出直接的抵触,也模模糊糊地感觉到了两者之间的紧密联系。吴景濂对此次谈判结果很满意,在给岑春煊的电报中说:"同盟会牺牲一切,从我主张,尤为难得。"⑥由于在"民生"上的倒退,宋教

---

① 蒋薛、唐存正:《唐群英评传》,第107—108页。
② Edward Friedman, *Backward toward Revolution*: *The Chinese Revolutionary Party*(Berkeley: University of California Press, 1974), 15;张玉法:《民国初年的政党》,长沙:岳麓书社,2004年,第56页。
③ 蒋薛、唐存正:《唐群英评传》,第108页。
④ 《爱国报》,1912年8月13日,第3版。
⑤ K. C. Liew, *Struggle for Democracy*: *Sung Chiao-jen and the 1911 Chinese Revolution* (Berkeley: University of California Press, 1971), 174-76.
⑥ 蒋薛、唐存正:《唐群英评传》,第108页。

仁被讥为"二民主义信徒"(而非三民主义信徒)。①

就这样,1912年的夏天,国民党以牺牲相当一部分从孙中山革命思想生发出的、独树一帜的意识形态为代价,成了中国最大的政党。② 宋教仁重新拟就的党章,变成了一个由"大杂烩"式的政党提出的、以在议会中占据并保持多数党地位为目的的普适性主张。回顾历史,指望将新生的民国建立在立法机构和选举的基础上,就和孙中山自愿卸任临时大总统去做全国铁路督办一样一厢情愿。然而,民国元年如此变动不居,谁又能一口咬定,袁世凯的军队、孙中山的国家铁路网规划、宋教仁在议会和选举中的运作,就不能让国家有一个确实的未来呢?此时,虽然中外冲突在很大程度上仅限于在领土和势力范围问题上与俄国、英国和日本等蚕食中国的国家进行外交斗争,但是民族主义仍然有着强大的力量。公众的确关心俄国对蒙古的企图和英国在西藏的动作,不过当下以及短时期内,还没有大规模抗议发生。对社会和经济公正的诉求则仍然显得含糊不清,虽然有一个中国社会党初出茅庐,但它还不足以成为与国民党分庭抗礼的左翼政党。在税收、租金等问题上,地方上和民众中的骚动似乎不少,但社会动乱和经济冲突尚未波及国家层面的政治。

妇女权利问题则已经来到了国家政治层面。事实证明,女权运动者提出的男女平权诉求,尤其是女子参政的诉求,招致了剧烈的争议和攻击。中国有着父权制的历史,且无论革命前后,政治精英都以男性为主,在这样的背景下,1912年女子参政权问题的受关注程度不可谓不出人意料。然而,正是这样保守的文化和

---

① Liew, *Struggle for Democracy*, 98.
② Li Chien-nung [Li Jiannong], *The Political History of China*, 278; Friedman, *Backward toward Revolution*, 15.

社会现实背景,以及女权运动者由此遭受的挫折,让妇女权利在革命时期成了一个革命问题。这年夏天,在女权问题的争论中,一名女子如是说:"男女平权之说,虽日震耳鼓,究未能见诸实行也。"①对于清楚自己的立场和主张的人而言,政治格局的混乱是有好处的——至少有一些暂时性的好处。男女平权问题鲜明地把"民国"推到了风口浪尖,无论是写在纸面上的"民国",还是在公共和私人领域内实践的"民国"。

42　　8月25日上午,会议代表们云集北京湖广会馆的豪华大厅,同盟会即将在此更名为国民党。会议主席摇响了开会铃,军乐队奏起了音乐,大会的第一项议程就是孙中山的讲话。② 演说是作为公众人物的孙中山最为擅长的事情之一。由于孙中山极高的演说技巧,人们送了孙中山一个"孙大炮"的外号,一方面是指孙中山的演讲特别有感染力,另一方面是暗讽孙中山爱夸夸其谈。这次会议上,孙中山向广大党员、观众和新闻媒体发表的讲话,富有力量且深入人心,充分支持了宋教仁为备战1912—1913年冬季全国选举而改组同盟会的计划。③ 孙中山对宋教仁为促成几党合并而做的妥协只字未提。不过,孙中山强调,不能再像过去一样,把外人一概当作敌人,改掉这种思维惯性非常重要。全场对孙中山的讲话报以雷鸣般的掌声,当然,掌声到底是给这番演说的,还是给孙中山本人的,可能还值得商榷。

　　接下来发言的是宋教仁,他一向自命善于演说。宋教仁发言完毕后,轮到会议主席张继讲话。但是,张继还没来得及做完关于这次各党合并的报告,沈佩贞、王昌国和唐群英就强行冲到台

----

① 江纫兰:《说女子参政之理由》,《妇女时报》,1912年9月,第1版。
②《中国日报》,1912年8月26日,第2版;《大自由报》,1912年8月26日,第6版。
③ 邹鲁:《中国国民党史稿》,台北:台湾商务印书馆,1976年,第132—135页。

第一章 扇向宋教仁的耳光

上。紧接着,在一片混战中,宋教仁挨了沈佩贞和唐群英的耳光。① 当时议员林森正好站在宋教仁边上,试图上来拉架,结果也挨了唐群英的打。② 王昌国扭住了宋教仁的脖领,威胁要一枪崩了他。③ 三位女性都是同盟会会员,也都是中国女权运动的领袖。④ 见三人如此大闹会场,在场的很多人都"瞠目结舌"。⑤ 都闹成这样了,还说什么党内团结!

几位女性对着坐得满满当当的会场发表讲话,谴责新的国民党党纲既背叛了党的原则,又背叛了女性党员。⑥ 早在同盟会刚刚成立的时候,唐群英就加入了同盟会,没过多久,沈佩贞和王昌国也加入了。她们每一个人都亲自投入到了革命的每一个环节,不管是军事斗争,还是非军事斗争。此时她们怒发冲冠,因为她们的男性革命同志竟然为了赢得岑春煊等保守派的支持,就抛弃了支持妇女权利的允诺。而这些保守派和袁世凯一样,都是明明白白地看见清政府不行了,才倒向民国一边。取消同盟会原党纲里保障妇女权利的条款,说明宋教仁及其支持者"目无同盟会,目无中华民国"。⑦

在唐群英等妇女的眼中,男女平权是共和的基本要素。用孙中山最喜欢的比喻来说,选择建立共和,就像采用动力最强的最新火车头一样。她们想要的共和不是18世纪末或19世纪中叶的老式父权制"火车头",而是一个在政府机器中充分体现男女政

---

① 《中国日报》,1912年8月26日,第2版;李天化、唐存正主编:《唐群英年谱》,第26—27页;《亚细亚日报》,1912年8月27日,第6版。
② 胡静:《回忆先人唐群英》,李天化、唐存正主编:《唐群英年谱》,第132—133页。
③ 姜昆编著:《民国轶闻》第3册,沈阳:春风文艺出版社,1993年,第206页。
④ Wang Zheng, *Women in the Chinese Enlightenment*, 130.
⑤ 《盛京时报》,1912年8月30日,第23版。
⑥ 《中国日报》,1912年8月26日,第3版。
⑦ 同上,第2版。此引源的引文为译者翻译。

63

治平等的新式"火车头"。在当场调停的努力失败后，大会主席张继宣布，上午的会议不是全体会议，不宜进行这类涉及党纲问题的讨论。在全场三呼"民国万岁"中，张继宣布休会，会议延期到下午举行。

下午，会议继续，主席仍然是张继。张继发表了讲话，不出所料，他呼吁全党团结起来，称就如"一个国家只能有一个中心"一样，一个国家的政党也只能有一个中心。从张继对党内团结的呼吁可见，正如帝制下的统治靠的是朝廷和每一户寻常百姓之间的家族式关系一样，民国也需要以动员民众为新的原则，将各方团结起来，在此基础上找到自己的国家领导核心。张继这番讲话的内容和情境显示，尽管他和宋教仁在女子参政权问题上暂时向保守派让步了，但是在中国，共和主义将冲击"家族式"国家治理模式的中心地位，而以组织起来的国民取而代之。个体从深嵌于家族或家族式人际网络中的社会自我，转变为一个个构成政党等组织的社会自我，这一转变过程是微妙的，却有着决定性的意义。过去，国家的理想核心是历朝历代爱民如子的皇帝和扮演"父母官"角色的臣子；如今，理想的核心将是在军事或其他方面居高临下的领导人及其下属们。

当然，在这两种对社会秩序的构想中，个人都是由社会角色来定义的：在一种秩序下是儿子、妻子、臣民；另一种秩序下是同志、团体成员、国民。然而，在这两种不同的社会秩序下，个人所处社会关系的性质和成分截然不同。张继认为，国民党成立后，许多政党就会转变为"一个大党"。国民党如果不能管好自己的内部事务，就很难说自己能治理好国家。原有的"家族式"政治生活根深蒂固，不会彻底消失，就像国家规定的公历新年难以取代农历新年，强令剪辫的法令也没能让所有人都在20天内剪去辫子一样。孙中山的政界同志们,有时候表现得——或者说在别人看起来——或如同互相闹脾气的兄弟姐妹,或如同听话的孩子。而孙中山本人则是民国之父,照料着政界后辈。

　　下午的第一项议程是关于"国民党"这一党名的争论。一些党员认为叫"民主党"更合适。张继平息异议的方式显得很随便,只是称大多数人都赞同"国民党"这个已经选定的名字。话音一落,台下响起了热烈的掌声,张继认为这已经充分说明应该继续用拟定的"国民党"作为党名,不应再有变动。① 紧接着,又有几位女性就妇女权利和男女平权问题发表了演说,这回不是临时抢话,而是提早安排好的。虽然百般不情愿,但几位妇女还是遵循了她们上午刚刚打破的规则,没有再强行冲到台上,而是井然有序地轮流发言。对女子发言权的承认,可能正是几位女性此前示威行动的一大目标。张继还批准了一项正式决议,即将男女平等条文重新提交会议讨论。② 然而,会议的紧张气氛并没有改变。王昌国严厉抨击了国民党在妇女权利方面的倒退。对此,张继和其他发言者回应道:"同盟会成员之间也不是平等的,既然如此,男女参政权不平等也是自然的。"③继被当作二等公民后,妇女又被扣上了二等党员的帽子,这对几位女性而言,无疑等同于火上浇油。"结果,会议陷入一片混乱。"④

---

① 王灿炽:《孙中山与北京湖广会馆》,北京市对外文化交流协会、北京市宣武区地方志编纂委员会编:《北京湖广会馆志稿》,北京:北京燕山出版社,1994年,第23页。
② Ono Kazuko, *Chinese Women in a Century of Revolution*, 1850–1950, Ed. Joshua A. Fogel, trans. Kathryn Bernhardt (Stanford: Stanford University Press, 1989), 87.
③ Ono Kazuko, *Chinese Women in a Century of Revolution*, 1850–1950, Ed. Joshua A. Fogel, trans. Kathryn Bernhardt (Stanford: Stanford University Press, 1989), 87.
④ 同上。

正当张继试图让会议回到正轨时,只听走廊里一位妇女喊道:"你们这些废除男女平权的人,哪个不是父母(一起)生出来的?"这一声诘问直截了当地显示,中国妇女的权利虽然在政治上很容易被左右,在文化中却有着牢固的根基。记录显示,同盟会至迟从1912年春季起,就开始支持扩大"男女平权"的范畴了。[1] 孙中山本人也曾公开承诺,他个人支持男女平权。孙中山在8月24日抵达北京后宣布的"目标和主张"中,男女平等是第一位的,接下来才是他重视的铁路建设计划、对立法机构的尊重、团结南北、负责任的报界(他对那些批评自己的新闻报道感到很恼火),以及自己决定一直做一个"自由国民",不再涉足政界。[2]

女性自己也认为,根据她们从西方哲学中援引的自然权利学说,她们的权利是理所应当的。长久以来,中国人普遍承认女性是人类社会不可或缺的一部分,根据常识观察也是如此,因此她们的权利还是理所应当的。中国传统中特别推崇"贤媛"和"才女",女性改良主义者们充分利用了这一点。[3] 在帝制后期,人们认为"男人不娶妻就不算完整",这种观念"软化"了女性的从属地位。[4] 妇女正是以她们帮助完成家庭实际事务和家族仪式的方式,践行着作为"国民"或"同志"的事务。同时,唐群英等较为激进的女权运动者坚定地与过去决裂,认为妇女行使国民权不应局限于家门之内、家族内部,在议会、报界、街头等公共领域,妇女也

---

[1] 郭廷以:《近代中国史纲》第2卷,第427页。
[2] 王耿雄编:《孙中山史事详录1911—1913》,第351页。
[3] Nanxiu Qian, "Revitalizing the Xianyuan (Worthy Ladies) Tradition: Women in the 1898 Reforms," *Modern China* 29: 4 (October 2003).
[4] Patricia Ebrey, "The Chinese Family and the Spread of ConfucianValues," In Gilbert Rozman, ed., *The East Asian Region: Confucian Heritage and Its Modern Adaption* (Princeton: Princeton University Press, 1991), 49.

必须能够行使国民权利。另一些女权运动者则更温和，主张先仿效日本改革者的做法，提倡"贤妻良母"，争取营造一个更加开明的家庭或"私人"领域，直到妇女自己以及社会都准备好之后，再让妇女进入公共生活。①

唐群英见宋教仁在台上，挥着扇子就又要朝宋教仁打去，但被张继拦下了。② 唐群英的讲话中提出，删除男女平权的条文"表现出了对妇女的轻视"。在唐群英演说时，站在她一边的就有16岁的傅文郁。年轻的傅文郁留着短发，对当时的女性来说，剪短发本身就是一种视觉宣言，其冲击力不亚于男性剪去辫子。第二年，傅文郁组织了一个"女子铁血暗杀团"，意在刺杀袁世凯，由此一举成名。③ 此时，台下传来了支持女权者的掌声，但会场中占绝对优势的男性"恰如其时"地"嗤之以鼻"，不屑的声音盖过了掌声。出席会议的1000人中，妇女只占3%～4%，而且即便是这些出席会议的女性代表，也并非全部赞同唐群英立即争取选举权及相关政治权利的激进立场。④

在这种场合下，女性遭到轻视或粗暴对待并不足为奇。女性或许可以自由加入政党，但茶馆、戏院等许多公共场所仍然将女性拒之门外。⑤ 这类拒绝女性进入公共场所的惯例遭到了反对，

---

① Joan Judge, "Talent, Virtue, and the Nation: Chinese Nationalism and Female Subjectivities in the Early Twentieth Century," *American Historical Review* 106: 2 (June 2001).
② 王灿炽：《孙中山与北京湖广会馆》，第33页。
③ Bailey, "'Women Behaving Badly'," 183 n. 95.
④ 王灿炽：《孙中山与北京湖广会馆》，第33—34页。
⑤ Timothy B. Weston, *The Power of Position: Beijing University, Intellectuals, and Chinese Political Culture, 1898 - 1929* (Berkeley: University of California Press, 2004), 195, 198 - 99; Wang Di. *Street Culture in Chengdu: Public Space, Urban Commoners, and Local Politics*, 1870 - 1930(Stanford: Stanford University Press, 2003), 180 - 81.

而且违抗规矩的人不仅限于女权运动者。1912年9月11日,北京警方明令禁止男女同场看戏,①即为明证。1913年,加德纳·哈丁(Gardner Harding)从日本来到中国,他注意到,除了工厂里的女工较多,城市里绝大多数的工作岗位似乎都被男性把持着:"没有女打字员,没有女售货员,没有女检票员,根本不见任何中国女性在工作;只有欧亚混血女性和外国女性,她们在西方人和日本人的圈子里,占据了不计其数的工作岗位。"②性产业是一个例外,在城里的妓院中,提供性服务的妓女数以千计。③ 不过对妇女涉足公共场合的接受程度,确实因地区和群体而异。在上海,早在几十年前,上流社会的女子就可以在茶馆乃至烟馆畅行无阻,还可以"去露天戏台看戏,参加品茶、赏花、打台球、放风筝等户外活动,到西餐厅就餐"。④ 许多妇女已经深受吸引,进入公共场所,参与到这种户外、茶馆、戏院里的政治中来。辛亥革命前后的几十年中,女学生、女工人、女顾客、女政治活动分子"在公众视野中越来越活跃",成为"这一时期最引人注目的社会和文化变化之一"。⑤ 女性越来越常出现在公众视野中,既鼓舞了一些较激进的女性,也引起了很多男性的警惕。

妇女拥有选举权和被选举权的完整意义上的共和国,显然不

---

① 《大自由报》,1912年9月3日,第7版。
② Harding, *Present-Day China*, 63.
③ Xiong Yuezhi, "The Theory and Practice of Women's Rights in Late-Qing Shanghai, 1843–1911," In Kai-Wing Chow, Tze-Ki Hon, Hung-YokIp, and Don C. Price, eds., *Beyond the May Fourth Paradigm: In Search of Chinese Modernity* (New York: Lexington Books, 2008), 73.
④ Xiong Yuezhi, "The Theory and Practice of Women's Rights in Late-Qing Shanghai, 1843–1911," In Kai-Wing Chow, Tze-Ki Hon, Hung-YokIp, and Don C. Price, eds., *Beyond the May Fourth Paradigm: In Search of Chinese Modernity* (New York: Lexington Books, 2008), 74.
⑤ Bailey, "'Women Behaving Badly'," 194.

是当天在湖广会馆出席会议的大多数男性所希望看到的。1912年秋天,报刊上登出了一幅社论漫画,画中一位留着短发的妇女一边给孩子喂奶,一边慷慨激昂地发表演说,漫画的标题是在女权论争中常被提到的说法——"女子参政之障碍"(见图2)。① 女子登台演说的画面,既是共和政治理所当然的产物,也代表了新的中国,当然这一画面可能会让男性嗤之以鼻,引来的争议比头戴礼帽的孙中山大得多。

图2 《女子参政之障碍》②

会议一会儿井然有序,一会儿一片混乱,在一片剑拔弩张的气氛中,会议主席张继一直非常冷静。当天上午,为了给宋教仁解围,张继把议会议事规则和爱国主义都搬了出来,表现出了相当的镇定和理智。张继在体制中既是党员,也是领导,但他对无政府主义也抱有一定的同情,这也许是他应付得来这种局面的原

---

①《中国日报》,1912年11月9日,第7版。
②《中国日报》,1912年11月9日,第7版。

因之一。当年早些时候,张继加入了新成立的"进德会"。① 这是一个无政府主义组织,鼓励成员逐步戒淫、戒烟、戒肉,并放弃对仕途的追求。虽然到了夏季,张继至少已经在政治方面打了退堂鼓,但他仍然能够充分理解命令和抗议、激进和妥协之间互不相让的争执。其实,早在几年前,革命派和他们的对头改良派都仍有很多成员流亡日本时,张继自己就至少搅乱过一次集会。那是1907年10月,梁启超在东京向流亡日本的中国人发表演讲。演讲持续了大约两个小时,台下的上千名学生中,约有400名是同盟会成员,他们攥着手杖,准备把梁启超的改良主义宣传变成一次革命行动。② 正当梁启超的演讲接近尾声时,张继和宋教仁带着20来名革命派冲向讲台,张继大骂梁启超是"马屁精"。③ 梁启超以"圣人般的姿态""继续不断地讲下去",试图把人群平息下来,但没能成功。革命派们占据了讲台,宋教仁立马与梁启超针锋相对,发表了呼吁革命的演说。④ 1902年,在另一场激进的行动中,张继和广为人知的"革命军"邹容一道,闯入了清政府驻日留学生监督姚文甫在东京的官邸。邹容强行剪去姚文甫的辫子时,张继就在边上。⑤

可是,就在1912年8月25日这天,当年硬闯官邸、大闹讲堂的人,变成了眼睁睁看着别人闯进会场、发起挑衅的人;当年扰乱秩序的人,现在却要维持秩序。这样的角色转换,表明了新共和政治的开放性和实验性。而且,从当天种种事件的主旨和进程也可以明显看出,当时的从政者和社会活动分子高度依赖于召开会

---

① Peter G. Zarrow, *Anarchism and Chinese Political Culture* (New York: Columbia University Press, 1990), 191.
② 杨家骆主编:《梁任公年谱长编》,台北:世界书局,1972年,第250页。
③ Zarrow, *Anarchism and Chinese Political Culture*, 56.
④ Liew, *Struggle for Democracy*, 86.
⑤ Boorman, *Biographical Dictionary of Republican China*, vol. 1, 16.

议和使用关于国民的说辞,为形势带来了很多不确定因素——可能只是转瞬之间,一个会议就会转而反对组织者;关于国民的话语可以拿来反对任何试图代表广大民众发声的人。一个本来旨在达成党内团结的大会,偏偏给了心怀不满的人一个绝佳机会,把他们的异议公之于众。

为了让会场安静下来,张继按照欧陆国家整顿议会秩序的方法,摇响了铃铛,并要求与会者对妇女们提出的问题进行举手表决,他将表决内容简要概括为四个大字——"男女平权",写在牌子上挂了起来。① 结果,支持这一动议的只有三四十票,而反对票却数以百计。唐群英等妇女对这一结果表达了强烈谴责。下午孙中山到达会场时,唐群英仍然明显"怒不可遏"。另一位男性代表也许是想安抚唐群英,并谴责其他与会者的作为,表示虽然没能将男女平等重新写入党纲,但他决定投出自己的一票,选举唐群英出任党内的领导职务。这位代表随即拿出一张选票,把唐群英的名字写在了选票上面。但是,响应这一提议的代表并不够多,唐群英最终没能当选。在投票程序问题上,与会代表们仍然吵闹不休。就算是一直很冷静的张继,也越来越不耐烦了。他"咬牙切齿"地请与会代表们冷静下来:"如果诸位还想建立国民党,就请放下个人的感情和抽象的观点。"对于唐群英、沈佩贞、王昌国等女性来说,这一问题既是个人感情上的,也是政治上的。她们觉得,无论从个人感情上讲,还是从政治上讲,自己都遭到了背叛。

最后,在热烈的掌声中,孙中山再次步入会议厅,人们也再次向孙中山脱帽致敬。对在场的大多数人而言,孙中山就是有这样巨大的影响力。而且,就算一些报刊猛烈地,有时甚至恶毒地攻

---

① 《正宗爱国报》,1912年8月27日,第4版。

击孙中山,孙中山也很少在演说中遭到诘难。当然,这种诘难不是没有,在此次孙中山造访北京期间,就有人向他公认的动员和影响群众的能力发起了挑战。这次会议之后的几天,袁世凯在外交部设宴招待孙中山,出席宴会的有四五百人,一些内阁官员和军官也出席了宴会。席间,一些军人骂同盟会是"暴徒乱闹",孙中山是"大骗子",还讥讽孙中山是"孙大炮"。吵嚷声越来越大,现场陷入了一片混乱,两边的人都在呼喝乱骂,夹杂着军官们用指挥刀碰地板的声音。在混乱中,孙中山仍然"从容如常",就像梁启超1907年东京演说遭遇砸场时的态度一样。混乱持续了半个小时后,孙中山和袁世凯回到宴会厅旁的另一个房间。①

会议代表们的吵嚷声在湖广会馆里回荡了几个小时后,孙中山站起身来,发表了当天的第二次演说——此时这次演说显得更重要了。这次讲话持续了整整两个小时,提到了很多问题,其中也毫不避讳地讲到了妇女权利问题。为了把国民党团结起来——至少是在表面上统一起来——前一天还表示支持男女平等的孙中山,突然公然同意不把妇女权利的条文写进党纲。正是因为这样的180度大转弯,有人赞扬孙中山处事灵活,也有人批评孙中山是机会主义。归根结底,孙中山是一个政治家,汲汲于平衡爱国主义、权利等价值观与政治现实,比如他需要照顾到个人事业的发展。孙中山展现的是一个理想主义者的形象,在他自己和许多追随者的心目中也无疑是一个有原则的人。但也因此,孙中山不仅被讥为"大炮",还被斥为伪君子。压力之下,孙中山称,尽管男女平等"仍然非常为大家所期待,但就连外国也还未能

---

① 王耿雄编:《孙中山史事详录1911—1913》,第362—363页。

实现男女平等"。① 但是在这一点上，孙中山犯了错误，因为新西兰、澳大利亚和芬兰三个国家的妇女已经有选举权了。更能支持孙中山观点的论据大概应该是，这几个国家都不是什么强国。当时很多人都喜欢明里暗里说"外国人是怎么想的"，这样说一般是为了刺激中国人朝着更大胆、更激进的方向前进，杨昌济从欧洲回国后就是这么做的。女权运动者认为，赋予女子参政权将会让中国在女权问题方面领先于别人，而不只是比别人穷，比别人弱，从而树立民族自豪感。孙中山本来也可以直接压这些女权运动者一头的。然而，此情此景之下，为了更好地平衡在场各方，孙中山采取了不同的策略，用全世界都在抵制女子参政的事实作为延迟行动的理由。但是孙中山确实保证，"总有一天"女子的权利会得到保障。毕竟，男子怎么能只要求自己的自由，而拒绝让女子与他们平起平坐呢？孙中山对"未来"的运用信手拈来，于是他既可以利用"未来"推动一些措施在此时此地立马推行，也可以将眼前的诉求推迟到"未来"的某个时刻，从而拖延行动。如果妇女权利要成为革命的一部分，那么斗争确实需要持续很长时间。对于孙中山的一些支持者而言，孙中山如此钟情于"未来"，不是什么好兆头。革命的结束并没有一个明确的时间点，这意味着实现妇女权利一类的目标可能遥遥无期。

　　孙中山为了平息争议而同意不把男女平等写进党纲，彻底激怒了唐群英等人。唐群英愤愤不平，喊着要和国民党分道扬镳，退场以示抗议。第二天，沈佩贞和唐群英去孙中山的住处拜访。据报道，唐群英大哭了一场，哭声"震动了整个房间"。她们"坚守自己的立场"，并历数了许多冒着生命危险参加革命，或为革命献出生命的女性。据说，孙中山"非常感动"，努力安慰她们。最后，

---

① 《北京新报》，1912 年 8 月 26 日，第 3 版。此引源的引文为译者翻译。

沈、唐二人怀着一腔不满和愤懑离开了。① 后来,孙中山在给南京女权运动者的一封信中,申明了他个人对男女平等的支持,并将党纲中取消男女平权归咎于与会的"多数男人之公意"。他申辩道,自己在北京参加各种公开活动,都"将女客列为上位",可见自己支持男女平等。孙中山还建议妇女自己先更好地组织起来,"始可与男子争权,则必然得胜也"。② 孙中山还私下给唐群英写了一封内容相似的信,恳切地解释了自己的立场,唐群英终生都对此非常珍视。③ 给唐群英这封信的结尾,颇有点儿自我批评的意思:"切勿依赖男子代为出力,方不为男子所利用也。"

1912年8月25日发生的种种事情,虽然以这样的结论和落幕方式告终——哪怕是情绪化的,也是相当友善的——却与孙中山对各方团结的呼吁和不要把外人当敌人的告诫格格不入。更糟糕的是,这场争论之后,革命同志开始分道扬镳,同属一党的成员变成了水火不容的对头。其中有一些冲突源于宋教仁大胆的领导方式。这不是宋教仁1912年在讲台上遭到的第一次袭击。宋教仁善于辩论,也善于搅动政坛,因此成了众矢之的。就在几个月前南京参议院的一次会议上,宋教仁就被一位代表打得眼眶发青,当时宋教仁反对出兵北京,认为武力胁迫袁世凯与南京政府合作成功的可能性微乎其微。④ 7月中旬,同盟会在北京召开会议,探讨改组为国民党的问题,宋教仁在会上又遭到了猛烈抨击。⑤ 当天,唐群英和王昌国都出席

---

① 王耿雄编:《孙中山史事详录1911—1913》,第351页。
② 王耿雄编:《孙中山史事详录1911—1913》,第387—388页。
③ 蒋薛、唐存正:《唐群英评传》,第110页;李天化、唐存正主编:《唐群英年谱》,第133页。
④ Liew, *Struggle for Democracy*, 150.
⑤ 王家俭:《民初的女子参政运动》,"中华文化复兴运动推行委员会"编:《中国近代现代史论集》第19编:《民初政治》(一),台北:台湾商务印书馆,1986年,第695页。

了会议,其他女同盟会员也在场。宋教仁是当天的会议主席,正当他在台上主持会议时,王昌国大步流星走上主席台,与宋教仁扭打起来。她冲着宋教仁喊:"太看女子不起,今日特为二万万女同胞出气!"①或许是恼怒,或许是尴尬,据说宋教仁一时间面红耳赤,回道:"此系全体会员决议,非主席一人所得而私!"②唐群英反驳道,这种行为是"独行专断"的,妇女们绝不会承认。王昌国又对着宋教仁破口大骂,警告宋教仁不要忘了女同志们为革命流的血。用王昌国的话说,宋教仁的这种行为"丧心病狂"。

这些曾经与宋教仁并肩作战的女同志,8月底再次大闹会场,对宋教仁而言无疑是麻烦缠身。她们事先精密谋划,公开表示她们的愤怒情绪和反对意见。由此可见,虽然许多革命者的失望情绪日益增长,但革命的特性和实质并不像梁启超所说的那样"冰冷",那样无精打采。政治活动分子怀着希望和失望,继续掀起种种政治波澜。1912年,妇女争取参政权的努力在众目睽睽之下失败了,这让共和政治继续朝着对抗传统并持续革命的方向发展下去。在湖广会馆占据会场中心的三位妇女,更像是那些在茶馆里为工资斗争的工人,或者那些朝着他们鄙视的学校官员扔墨水瓶和椅子的读书人,而不像处在父亲、丈夫或男性政治领袖等人的男权压迫下的妇女。她们反抗了传统礼教的束缚,按照传统,育龄妇女不能参加此类公共活动,更不用说像她们这样高声说话、公然发难了。如果不论选举权,而论冲击力和影响力的话,那天的唐群英等一众妇女,与宋教仁、张继甚至孙中山都是平等的。毕竟,不管怎么说,辛亥革命都还是一场革命。

---

① 王家俭:《民初的女子参政运动》,"中华文化复兴运动推行委员会"编:《中国近代现代史论集》第19编:《民初政治》(一),台北:台湾商务印书馆,1986年,第695页。
② 同上;蒋薛、唐存正:《唐群英评传》,第108页。

第二章　中国历史上的演说

1912年8月25日的国民党大会上,发表的演说少说也有六七篇。除此之外,在大会主席的摇铃声和管乐声中,动议很多,意见不少,走廊里杀出了"程咬金",人们吵嚷着表达对种种言行的赞同和反对意见。当天的湖广会馆沸反盈天,很符合中国共和伊始的文化逻辑。

共和制需要政治代表,用于传达公众意见和意志的政党便应运而生。中国的政治活动分子们或曾在海外留过学,或曾流亡国外,或从报刊上读到过欧美政党政治的介绍,对政党在西方和日本所扮演的角色了解得相当透彻。[1] 地方上的、全国的、流亡海外的改良派和革命派都迅速联合起来,所以可以说,就算名义上的政党出现的时间可能更晚,但早在1907—1910年清政府实行预备立宪及1912年民国临时参议院成立之前,事实上的政党就已经产生了。[2] 1911年,梁启超回顾当年组织政治团体的事,谦虚地说:"彼时同人固不知各国有所谓政党,但知欲改良国政,不

---

[1] Luke S. K. Kwong, "Chinese Politics at the Crossroads: Reflections on the Hundred Days Reform of 1898," *Modern Asian Studies* 34: 3 (July 2000): 688 - 89.
[2] 同上,第690页。

可无此种团体耳。"①1912 年 8 月 25 日的会议,出人意料的地方并不在于其采取的政治形式或表达意见的方式,而是会议本来意在团结各方,让各方保持清醒,最后却陷入了大吵大闹、争执不下的局面。

在中国社会和文化中,公众喧哗和嘈杂在一些场合是好的,但在官府衙门和政治事务中,喧哗和嘈杂是不应该的。市场就是一个充满喧嚣的"热闹"的地方,戏迷们也会尽情地表达自己对演出的喜爱之情,给自己喜欢的角儿——比如旦角大师梅兰芳——大声喊"好",语气从艺术鉴赏的愉悦到"淫词浪语"的猥琐,不一而足。② 相反,国家事务应该保持威严,谨言慎行。在清朝的各种仪式中,官员和读书人的服装、道具、肢体动作和缭绕的香火,无一不令人印象深刻,但除了司仪发出的指令,整个过程是没有声音的。③

当天聚集在湖广会馆发出声音、表达观点的一千来人,反映出了对这种规矩的背离。的确,他们不是普通国民。他们是中国社会中政治意识最强的一部分人。但是,他们采用的各种方式——在辩论中唇枪舌剑,慷慨激昂地陈述自己坚持的观点,支持各种决议和请愿,做听众时积极给别人反馈——已经为每一个需要"登台演说"的人所广泛采用。④ 这些人中有来自社会各界的男男女

---

① 朱建华、宋春:《中国近现代政党史》,哈尔滨:黑龙江人民出版社,1984 年,第 15—16 页。
② Goldstein, *Drama Kings*, 216.
③ William C. Wooldridge Jr, "Transformations of Ritual and State in Nineteenth-Century Nanjing," Ph. D. dissertation, Princeton University, 2007, 104.
④ 张建园:《登台演说不易》,《北京新报》1912 年 9 月 11 日,第 1、3 页;闵杰编著、刘志琴主编:《近代中国社会文化变迁录》第 2 卷,杭州:浙江人民出版社,1998 年;Mary B. Rankin, *Elite Activism and Political Transformation in China: Zhejiang Province*, 1865 - 1911(Stanford: Stanford University Press, 1986);李孝悌:《清末的下层社会启蒙运动:1901—1911》,台北:"中央研究院"近代史研究所,1992 年;Wang Di. *Street Culture in Chengdu*; Strand, *Rickshaw Beijing*.

女：流亡东京的年轻革命派，他们的讨论一刻不停，任何路过的同胞都可以随时加入，有一个集体宿舍甚至因此得了"谈话机关"的别称；①读书人，他们把乡村书院变成了演说堂和论坛；②商人，他们聚集在一起讨论地方和国家事务，为竞选商会主席奔忙；③整天泡在茶馆里的成都市民，他们"兴高采烈地蹲在茶铺的板凳上，大声武气"地喊着1911年成都保路运动的消息；④北京茶馆的老主顾们，1912年，他们在茶馆里听了不吸纸烟运动倡导者的演说；⑤1910年代的戏曲演员，他们会在节目中插入固定的爱国演说词；⑥工人和劳工们，他们聚在庙里和茶馆里讨论工资；⑦北京大学的师生，他们对"大家提出问题来大家互相问难"的热闹场面早已司空见惯；⑧妓女们，她们不仅听取别人的爱国演说，也亲自向别人发表爱国演说；⑨向公众布道演说的中国基督教青年会官员，例如卢耀珍（音译），1921年，他和一位西方同事在一个月之内做了130次反对缠足和吸烟的演说，卖出了10000本《圣经》，

---

① 冯自由：《革命逸史》，重庆，1943年，第57页。
② 闵杰编著，刘志琴主编：《近代中国社会文化变迁录》，第258页。
③ Strand, *Rickshaw Beijing*, chap. 5；虞和平：《商会与中国早期现代化》，上海：上海人民出版社，1993年。
④ Wang Di, *The Teahouse: Small Business, Everyday Culture, and Public Politics in Chengdu, 1900-1950* (Stanford: Stanford University Press, 2008), 228-29. 引文译文来源：王笛《茶馆：成都的公共生活和微观世界，1900—1950》，北京：社会科学文献出版社，2015年，第323页。——译者注
⑤ 《大自由报》，1912年8月25日，第7版。
⑥ Goldstein, *Drama Kings*, 11-12. 同时可参见李孝悌：《清末的下层社会启蒙运动：1901—1911》，第98—99页。
⑦ Strand, *Rickshaw Beijing*, chap. 7.
⑧ Weston, *The Power of Position*, 160；Yeh, *Provincial Passages*, 188. 引文译文来源：[美]魏定熙著，张蒙译《权力源自地位：北京大学、知识分子与中国政治文化，1898—1929》，南京：江苏人民出版社，2015年，第166页。——译者注
⑨ 李孝悌：《清末的下层社会启蒙运动：1901—1911》，第125页；《民立报》1972年7月20日。

还在四川绵阳附近的农村地区发放了 4000 本传教小册子;①甚至对城里街市了如指掌的乞丐,他们有时也会参加政治和爱国运动(只要有人付他们钱)。② 和精英、平民的集体行动、团结一致的老习惯融合在一起的,是政党、工会等新式组织,是演说、电报和聚众请愿等新的表达方式,是权利、进步、爱国等新话语。

无声的中国和有声的中国

1912—1913 年冬季的选举(仅男性有投票权)中,宋教仁兑现了自己的诺言,带领国民党取得了胜利。选举前,宋教仁在中部各省展开了鼓舞人心的巡回演讲。在经过家乡湖南时,宋教仁会见了长沙的民众团体,这些团体热烈欢迎宋教仁来到长沙,正如北京等地热烈欢迎孙中山一般,只是规模小一些罢了。宋教仁先演说,接着是观众"畅所欲言"的时间,最后照例是坐下拍大合照。③ 通过诸如此类的会面,宋教仁等初露锋芒的国家政治领导人遇见了方兴未艾的民众和政治团体,后者也是辛亥革命留下的遗产。此时,有深入选民争取赞誉和选票的策略是否可行的问题,更有可以"深入"的选民群体。

选举结果公布后,宋教仁又在武昌、上海和南京发表了一系列演说,概述了国民党的未来规划。宋教仁强调,有必要通过议会政治,铲除导致了民国种种弊病的"恶政府"。比起自己日前遭到的语言和身体攻击,宋教仁对政府的这番抨击已经算很温和了,但大总统袁世凯和总理赵秉钧仍然对宋教仁"露骨的批评"

---

① *West China Missionary News* 23: 12 (December 1921): 24.
② Hanchao Lu, "Out of the Ordinary," 39-41.
③《长沙日报》,1913 年 1 月 18 日,第 10 版。

"难以忍受"。① 1913 年 3 月 20 日,宋教仁准备赴京收获国民党在国会选举中的胜利果实,可正当他登上从上海开往北京的列车时,袁世凯指派的杀手刺杀了他。袁世凯的内务秘书洪述祖曾密函杀手:"大题目总以做一篇激烈文章,乃有价值。"② 人们曾担心孙中山 1912 年进京会遭遇不测,最后这番血腥的场面没发生在孙中山身上,却发生在他年轻的革命同志宋教仁身上了。两天后,宋教仁去世了。袁世凯阵营将宋教仁之死归咎于一个秘密的"女子暗杀团",当然这一托词非常拙劣,立马就被拆穿了,但这一托词很可能源自宋教仁头一年与激进女权运动者的冲突。③ 这类女子暗杀组织,的确是妇女参与辛亥革命的产物。④ 然而,1913 年,她们的行刺目标并非宋教仁等革命派,而恰恰是袁世凯政府的成员。⑤

国民党在 1912 年的党代会上拒绝实行男女平等,并不是其在后来的选举中战胜袁世凯的原因。演说者和听众就男女平权和其他问题发生的冲突表明,在这一中国近代政治的形成时期,公共生活既是强有力的,也是脆弱的。共和需要一种特殊的宣传,这种宣传遵循新的流程和规则,非常注意权利、国家和国民等观念,用旗帜和帽子做装饰,用饱含敬意的鞠躬表示认同,还有鼓舞人心的音乐伴奏。共和政治既抽象,又具体,它作为一种来自国外的思想,仅为中国政界的一部分人所消化吸收;但与此同时,以实际行动投身共和政治的人数以百万计,过去他们起来反抗清

---

① 郭廷以:《近代中国史纲》第 2 卷,第 433 页。
② Li Chien-nung [Li Jiannong], *The Political History of China*, 287. 李剑农:《中国近百年政治史》,上海:复旦大学出版社,2002 年,第 341 页。——译者注
③ Fenby, *Generalissimo Chiang Kai-shek and the China He Lost*, 36.
④ 邓伟志:《近代中国家庭的变革》,上海:上海人民出版社,1994 年,第 70 页。
⑤ Bailey, "'Women Behaving Badly'," 183.

政府,如今他们通过参加提灯游行、剪辫运动、群众集会和选举等途径支持共和政治。① 宋教仁1912年夏天的幕后运作必须得到公众的认可。他对议会制政府和选举政治的信念,由背后的政治运作走进公开会议、新闻报道和公众监督的视野,这一从"地下"到"地上"的过程也让宋教仁遭到了攻击。

政治会议和其他民众集会越来越公开化、党派化和正式化,人们也更加急切地意识到,需要制定一些规则"防患于未然",避免骚乱。孙中山本人在革命和从政生涯中,就参加过不计其数的会议,他也对政治集会动不动就陷入混乱感到很不满:"常见邦人之所谓会议者,不过聚众于一堂,……全无秩序。"② 两千年的帝制以一整套清晰易懂、可行性强的规矩,为皇帝、朝廷、官员和平民安排好了公共场合的行事流程。相反,十多年的革命政治和成立6个月的民国,并没有给出任何能与之相提并论的、有约束力的新仪式和新规则。许多革命者公开拒绝表达顺从他人,并公开反对礼节,这导致了激烈的争执。有些人的脾性与这种充满火药味的氛围一拍即合,比如宋教仁和唐群英。另一些人则似乎是被激烈的政治竞争推着走。

关于如何理解现代政治中的混乱,中国人一直以来都莫衷一是。有人坚持认为,这种混乱是政治不成熟和软弱的表现。在美国人眼中,美国参议员不再在参议院互扔手杖,而能控制住自己,只是互相含沙射影,偶尔口出粗鄙之语,这就是进步的表现。愤怒或激烈的举动有时会爆发,这一方面是因为忍无可忍,另一方面也是因为一些不合理的言行可能更容易说服别人。F. G. 贝利

---

① Harrison, *The Making of the Republican Citizen*.
② 孙中山著,胡汉民编:《总理全集》第1卷,第731页。

(F. G. Bailey)研究了"激情的战术性运用",认为在公开辩论中,情绪爆发乃至动手的威力涉及一个悖论,即虽然理性的论证被推崇为"更为优越的话语形式",但是"理性必然会被情感压倒"。① 杨昌济去英国留学后,发现即使人们在公园里发表演说,也"绝无立人丛中加侮辱于演说者之事",这让非常理性的杨昌济印象颇深。相反,"中国人于大会场中议事演说之时,往往有掷墨水壶投椅击人之事"。② 对于国民和政治分析人士来说,所有这些或情不自禁,或精心安排的激奋场面,究竟是"生机勃勃"的民主,是背离中国传统的行为,还是政治的病态,这是一道有趣的开放题。③ 一边是激情洋溢的政治表达,一边是控制或压制政治爆发,在 20 世纪初的中国,人们将看到两者的较量。

另一些人却认为,混乱和暴民行径并不是最糟糕的事情。1919 年,五四运动在北京轰轰烈烈地爆发了。就在此前几个月,马克思主义者李大钊还猛烈抨击了北京城,抨击的不是北京的腐败,而是北京的"死寂",并将其当作全中国的一个缩影。④ 鲁迅似乎也这样认为。鲁迅本人就是辛亥革命的产物。一方面,他曾在日本留学,这段经历塑造了其激进的思想观念;另一方面,在 1912 年至 1926 年期间,鲁迅曾在民国政府任职。1911 年 12 月,辛亥革命的浪潮来到了绍兴,鲁迅也参加了革命。当时鲁迅在绍兴当教师,学生们走上街头,向民众宣讲新生民国的种种好处,鲁

---

① F. G. Bailey, *The Tactical Uses of Passion: An Essay on Power, Reason, and Reality* (Ithaca: Cornell University Press, 1983), 7.
② 杨怀中(昌济):《余改良社会之意见》,第 2 页。
③ Aihwa Ong, "Clash of Civilizations or Asian Liberalism? An Anthropology of the State and Citizenship." In Henrietta L. Moore, ed., *Anthropological Theory Today* (Cambridge, MA: Polity Press, 1999).
④ 北京大学历史系编:《北京史》,北京:北京出版社,1985 年,第 372 页。

迅也加入其中。① 然而，鲁迅1922年的作品《阿Q正传》充分表明，他认为辛亥革命并不成功。1927年，鲁迅在香港基督教青年会演讲，指出中国的问题不是政治中的吵嚷和混乱太多，而恰恰是太少。鲁迅希望中国能振作起来步入现代国家行列，他指出，中国文化对礼节和克制极度看重，使得中国一直处于沉默之中。用鲁迅的话说，中国是"无声的中国"。②

关于公共生活，以及领导者与被领导者之间的关系，鲁迅的看法是复杂的，这种复杂性符合鲁迅对帝制结束后的中国的敏锐观察。1918年，鲁迅发表了里程碑式的小说《狂人日记》，深刻揭露了中国古代文化对当代中国人的身心摧残，让读者受到了"心理上的一击"，这种震撼正是孙中山希望民国本身能够给予人们的。"狂人"在日记中明明白白地写下了无法说出口的真相——中国文化的"吃人"本性，然后大声问那些可能听他说话的人："对么？"③

鲁迅认为，大多数中国人的沉默是一种习惯。他支持语言改革，将含蓄安静的中国文化归咎于文言书面语：文言文中充斥着佶屈聱牙的精英文章，而其他人的声音实在太少。文言在读书人的圈子中可能畅行无阻，但它将中国"四万万人"中的大部分排斥在外。鲁迅还借用了梁启超"一盘散沙"的比喻，这个比喻后来经由孙中山广为人知。他认为，汉语的多种方言土语具有"分裂"的特

---

① Eva Shan Chou, "Literary Evidence of Continuities from Zhou Shuren to LuXun," *Rocky Mountain Review of Language and Literature* 59: 2 (2005): 51.
② 鲁迅：《鲁迅全集》第4卷（2005年版），第11—15页；Lu Xun, *Silent China: Selected Writings of Lu Xun*, Ed. and trans. Gladys Yang (New York: Oxford University Press, 1973).
③ Lu Xun, "Diary of a Madman," In *Diary of a Madman and Other Stories*, 36.

点,使得中国人"不能互相理解,正像一大盘散沙"。① 鲁迅希望能通过重振白话,"恢复这多年无声的中国"。② 19世纪末至20世纪初,为了减少文盲,唤起民族意识,白话提倡运动方兴未艾。③ 1912年春,鲁迅进入北京政府教育部任职,他的任务之一就是与其他专家会商,创立一套标准化的汉语语音系统。④ 鲁迅相信,只有用统一的白话开展近代传播和普及教育,中国人才能实现统一民族内部的互相交流。

鲁迅希望中国人能畅所欲言,发出有力的声音,不仅面向亲朋好友时能如此,而且面向更大的群体和国家时也能如此。1927年,鲁迅在《无声的中国》中认为,五四时期起来抗争的学生,是文化强加给中国人的沉默被打破的表现:"青年们先可以将中国变成一个有声的中国。大胆地说话,勇敢地进行,忘掉了一切利害,推开了古人,将自己的真心的话发表出来。"⑤这样,中国就会变成乐于发声、众说纷纭、能说会道、生机勃勃的中国。1919年,学生和他们的支持者共同抗议《凡尔赛和约》,随后几年一系列抗议和示威接连不断,于是,人们在北京等城市的街头听到了这些打破沉默的声音。

---

① 梁启超1901年的一篇文章里用了这个比喻。Michael Tsin, "Imagining 'Society' in Early Twentieth-Century China," In Joshua A. Fogel and Peter G. Zarrow, eds., *Imagining the People: Chinese Intellectuals and the Concept of Citizenship, 1890-1920* (Armonk, NY: M. E. Sharpe, 1997), 215. 译文引用来源:鲁迅《无声的中国》,《鲁迅全集》第4卷,北京:同心出版社,2014年。——译者注
② Lu Xun, *Silent China*, 164. 译文引用来源:鲁迅《无声的中国》,《鲁迅全集》第4卷,北京:同心出版社,2014年。——译者注
③ 李孝悌:《清末的下层社会启蒙运动:1901—1911》,第97—102页。
④ 鲁迅:《鲁迅全集》第14卷(2005年版),第48、51页。
⑤ 鲁迅:《鲁迅全集》第4卷(2005年版),第15页;Lu Xun, *Silent China*, 167. 译文引用来源:鲁迅《无声的中国》,《鲁迅全集》第4卷,北京:同心出版社,2014年。——译者注

第二章 中国历史上的演说

1912年,鲁迅和其他许多官员一样北上,搬到北京居住,进入袁世凯领导的统一国家政府任职。他住在绍兴会馆,这是为来到北京的绍兴人提供服务的地方,离湖广会馆不远。从会馆所在的读书人聚居区出发,向北穿过宣武门进入内城,就到了鲁迅任职的中华民国教育部。鲁迅写日记一般很简略,不怎么提政党政治的事情。比如,孙中山8月24日抵达北京火车站,受到热烈欢迎,鲁迅的日记中就没提到。但此后的10月,他确实捐出了一小笔钱,援助住宅在兵变中焚毁的通县居民,这次兵变差点儿就破坏了孙中山进京的最后一段铁路线。① 同样,孙中山抵京次日,在湖广会馆里发生的那场风波,鲁迅的日记里也没提到。鲁迅虽然希望通过写作到民众中去,但他明显很反感嘈杂的人群。著名的琉璃厂图书古玩市场是鲁迅上下班的必经之路,鲁迅常流连于此看东西、买东西。然而,无论是商场,还是政坛,鲁迅对熙熙攘攘的场面都意兴阑珊。1912年10月10日,宋教仁在琉璃厂组织武昌起义一周年群众庆典,鲁迅也去参加,但没过多久就离开了会场。当天,他在日记中写道:"人多如蚁子,不可久驻,遂出。"②

鲁迅对民国政治的批判主要有两点:一方面,他对民国政府机关的幻想破灭了;另一方面,他对大众政治潜在的非理性和破坏性很警惕。在民国政府工作多年的经验,让鲁迅对民国政府感到很失望。1912年,革命党人蔡元培辞去教育总长一职,给期盼改革的鲁迅泼了一盆冷水。③ 此外,上下级之间充斥着低效、冷漠,有时甚

---

① 鲁迅:《鲁迅全集》第4卷,第22、24页,1912年10月9日。
② 同上,第22、24页,1912年10月10日。
③ William A. Lyell Jr., *Lu Hsün's Vision of Reality* (Berkeley: University of California Press, 1976), 124.

至非常荒唐的官僚主义,鲁迅也不得不去面对。官员被一批接一批地送去受袁世凯接见,他也必须和其他毫无兴致的同僚一道,成群结队地去见袁世凯;必须去听蔡元培的继任者"其词甚怪"的演说;必须出席没完没了的会议及相关招待会(但鲁迅似乎是能躲则躲);还有一次,身为社会教育司长的鲁迅去听部内一位高级官员的"训辞",大谈特谈在现代文学创作中"寓忠孝节义之义"的必要性。① 1913年9月,举行了孔子诞辰纪念仪式。仪式在星期日举行,这本来是公务员休息的日子,可中华民国教育部还是要求所有部员当天一大早赶去参加。纪念仪式的地点在孔庙边上的国子监,从绍兴会馆乘人力车前往,要走很长一段路。一些"不识相"的官员在仪式上无精打采,报了休息日泡汤的一箭之仇。鲁迅在日记里写道:"晨七时往视之,则至者仅三四十人,或跪或立,或旁立而笑,钱念敏又从旁大声而骂,顷刻间便草率了事,真一笑话。"② 1914年3月,鲁迅与一位朋友再次前往国子监,观摩孔教会成员按古制恢复的"丁祭"。孔教会是一个民间组织,康有为是名誉主席。鲁迅直言,他看到的孔教会"举止颇荒陋"。③ 中华民国教育部人浮于事,效率低下,鲁迅与其格格不入,倒也因此有了很多时间做翻译和文物研究。④

此外,1912年夏天,鲁迅主讲了一系列由中华民国教育部主办的、面向公众的艺术讲座,还参加了许多其他公众活动,这些活动有些是政府主办的,有些是各类民间团体主办的。鲁迅和一个

---

① 鲁迅:《鲁迅全集》第14卷,第32—33页,1912年12月26日(见袁世凯);第17页,1912年9月6日(范总长演说);第45、47页,1913年2月15日(有茗谈会,不赴);第185—186页,1915年10月28日(通俗教育研究大会"训辞")。
② 鲁迅:《鲁迅全集》第14卷,第75页,1913年9月28日。
③ 同上,第103、107页,1914年3月2日。
④ Lyell, *Lu Hsün's Vision of Reality*, 125.

名为"中国通俗教育研究会"的民间团体密切合作,这固然是他职责的一部分,但他觉得,这个团体尽管以"中国"为名,但"实乃吴人所为",对此颇不以为然。① 他还去参加了一个"讲演会",但那天下雨,演说者和听众都没到。② 他收到了各种令人不快的政治陈情书,这些陈情书从各地寄来,其中包括一封从鲁迅老家浙江寄来的 4 页长信,由"全浙公会"代表全体浙江民众呈上。鲁迅在日记里写道,他与签署声明的人"皆不相识","拟置不报"。③ 鲁迅还捐款做慈善,除了向通县兵变的受害者捐款,他还给浙江、湖北、江西、京畿等地的水灾、旱灾和虫灾灾区捐款。为了向伍德罗·威尔逊(Woodrow Wilson)发起的欧战协济会请求支持,鲁迅似乎还应上级要求捐了款。④

鲁迅对民国政治和国民生活中的一系列典型活动非常熟悉,例如倡议改革、开会、讲学、集会、展览、争取政治支持和慈善募捐等。他组织、参与了许多这类活动。1913 年春,鲁迅参加了一次关于汉语改革的全国大会,这次会议在北京召开,旨在统一汉语发音,具有重要意义。⑤ 与会代表就很多问题发生了争执,例如使用罗马字母的优势、汉字的各个部分、注音符号等。代表们还投票定下了 6500 个单字的正确发音。会上,鲁迅与章炳麟的其他弟子一道,提议采用章炳麟创立的注音符号系统,因为这套系统根植于远古汉字,反映了中国文化的精髓,这一提议最终成功

---

① 鲁迅:《鲁迅全集》第 14 卷,第 11 页,1912 年 7 月 30 日。
② 鲁迅:《鲁迅全集》第 14 卷,第 8 页,1912 年 7 月 5 日。
③ 同上,第 6 页,1912 年 6 月 26 日。
④ 鲁迅:《鲁迅全集》第 14 卷,第 333—334 页,1918 年 11 月 26 日。
⑤ Elizabeth Kaske, *The Politics of Language in Chinese Education*, 1895 - 1919 (Boston: Brill, 2008), 407 - 16.

被大会采纳。① 当时，许多议决棘手问题的会议都充满争议，这次会议也不例外。不少代表认为用北京话做全国标准语合适，可是会议组织者之一吴稚晖将北京话比作"可笑的犬吠"，颇为人所诟病。在维持秩序和议决结果时，会议也采用了正式辩论和投票表决、提出动议等国会中常用的议事方法。②

据说鲁迅在以文学先驱和文化批评家的身份崭露头角前，已经"退出了公众生活，专注于研究古文和碑刻"。③ 然而，鲁迅当公务员、旅居北京、做公共知识分子的经历，已经足以激起他的愤怒了。公共生活呈现出的经常不是鲁迅所向往的真实和真正的样子，而是糟糕的演说、无聊的会议、空洞的仪式、蛮不讲理的规则和令人生厌的陈情，不过这些程式本身也可以为其他人所用，转而达成一些更有生气的目标。例如，这些程式中的相当一部分，被学生用在了他们的抗议中，鲁迅在1927年的演说中赞扬了这些学生的行动。

有观点认为，共和一直是一种生机勃勃的重要政治力量，但鲁迅对辛亥革命和民国的反思质疑了这一点。与此同时，鲁迅的作家生涯和政治生涯，充分体现了新国民具备参政能力的重要性，在鲁迅身上，参与政治就是既提出政策，又嘲弄政治的虚伪，既质疑权威，又运用权威。梁启超觉得，中国的政治生活中，对开会的热情近乎"癫狂"，对此鲁迅也觉得很无聊。然而，梁启超和鲁迅都仍然在参加各种会议，因为他们作为国民和专家义不容辞，民众的呼声和他们所处的职位也让他们必须这么做。

---

① Elizabeth Kaske, *The Politics of Language in Chinese Education*, 1895 – 1919 (Boston: Brill, 2008), 412.
② 同上，第385页。
③ Boorman, *Biographical Dictionary of Republican China*, vol. 1, 418.

鲁迅也把锐利的目光投向了民众本身。他期望着公众发出声音，揭露中国政治、社会和文化的弊病。然而，一些民众在参与政治生活时，表现得或像过度兴奋或厌倦的戏迷，或像鲁迅在北京市场散步时见到的呆板看客，鲁迅对于这样的政治生活很是警惕。北京人会站在一家羊肉铺前"目不转睛地看店家剥羊皮，而且明显特别享受"，这让鲁迅很是烦扰。[1] 在对民众的看法方面，鲁迅与梁启超一样反感过分热情的支持者，与孙中山一样鄙视暴民，与不谋而合的杨昌济和张继一样，担忧公众生活陷入混乱无序。在一篇日记中，鲁迅记下了让自己备受困扰的政治和社会暴政是如何合二为一的：

> 1913年2月8日晴，风。上午赴部，车夫误踬地上所置橡皮水管，有似巡警者及常服者三数人突来乱击之，季世人性都如野狗，可叹！[2]

写在古代典籍里的仁义道德冲着鲁迅小说里的"狂人""怒吼咆哮"，现实生活中的人群对一个无辜的个体也同样残暴。鲁迅对"人性的阴暗面"有着深刻的洞察，他认为暴行可能来自任何地方，群众也有可能是暴行之源。[3]

这件事明显给了鲁迅灵感，在他1919年创作的短篇故事《一件小事》中，主人公"我"乘坐的人力车意外撞倒了一位老妇人，但是在故事中，车夫把老妇人送到了巡警分驻所，以确保她有人照

---

[1] Gang Yue, *The Mouth That Begs: Hunger, Cannibalism, and the Politics of Eating in Modern China* (Durham: Duke University Press, 1999), 79.
[2] Lyell, *Lu Hsün's Vision of Reality*, 164；鲁迅：《鲁迅全集》第14卷，第43页，1913年2月8日。
[3] Lung-Kee Sun, "To Be or Not to Be 'Eaten': Lu Xun's Dilemma of Political Engagement." *Modern China* 12: 4 (October 1986): 463.

料。"我"惊奇地发现,车夫的所作所为不但绝非多此一举,而且留给"我"的印象比"幼小时所读过的'子曰诗云'"更要鲜明。①故事里的车夫表现出的利他精神,与杨昌济所坚持的利他主义如出一辙。杨昌济坚持利他主义,是为了对西方的个人主义和中国的民族危机予以回应;而鲁迅的利他精神似乎是源于其旅居北京,与经史子集和日常生活中的传统渐行渐远,而转向现代政治的过程。

鲁迅的小说反映了民国的政治,为个人和国家指出了可选择的道路。1923年,鲁迅在《北京晨报》上发表了一篇文章,这是他最著名的作品之一。文章中,鲁迅把中国比作一个无门无窗的铁屋子,里面有很多熟睡的人,很快就会窒息而死。② 既然似乎万难从铁屋中逃离,应该把铁屋中的人唤醒,还是让他们在熟睡中死去,而免受临终的痛苦?鲁迅还是抱着一丝希望,虽然房间里没有出口,但有一个人清醒了,就可以唤醒其他人。尽管鲁迅反感人群及其不理性的冲动,但他不愿终生孤独,也不愿做一个"众人皆醉我独醒"的作家。因此,鲁迅决定"唤醒"人民和他的追随者。"唤醒"是民国之后的一个常用词,激励中国人起来扭转既有的潮流,打开崭新的大门,改弦更张,朝着积极参政和自由发表政治演说的方向发展,这样的行动一般称作"唤醒"民众。③

在近代中国,人们所能看到的政治生活图景,时而鼓舞人心,时而令人不安,但这远远不是中国政治的全部。各种组织中的生活并不那么为人所知,经营人脉和相互算计基本也是在暗地里进

---

① Lu Xun, *Diary of a Madman*, 67 - 69. 译文引用来源:鲁迅《呐喊》,北京:中国致公出版社,2016年。——译者注
② 同上,第27页。
③ 参见 Fitzgerald, *Awakening China*.

行的,但这些元素在政治中也很重要。各种抗议行动往往是冲着新老政治操盘手的幕后决定去的,在抗议的怒火中,这些更安静、更沉默的幕后元素比起人们真情实感、慷慨激昂的政治表达,显得非常邪恶。1919年的五四运动本身,就是由报章披露的秘密条约引发的,这一条约削弱了中国在巴黎和会上的地位。被披露的条约是由陆徵祥参与谈判的,当时陆徵祥仍是民国首屈一指的外交专家。报章和政府的宣传,使得精英和普通民众都充满了期待,这种期待情绪难以小视,受到刺激就很容易爆发。当年,国民党领导人胡汉民发表了一篇关于大众心理学的文章,文章提到,当年自己参加南北议和时,一些参与议和的人就主张开"闭门会议",以避免受到公众舆论的影响。① 所谓"闭门",前提是门已经打开,才谈得上"闭门"。中华民国的建立,在不透明的专制之外提供了另一种可能。在行使权力的过程中,保密和揭秘共同形成了这扇门的新门枢,使得阴谋有了曝光的可能。

新国民之所以是不可或缺的,是因为除了国民是否能站出来为国家和其他事业发声,并没有一个明确的标准判断公民是否动员了起来。从19世纪90年代起,人们的政治参与方式日益多样,其中固然有武装起义和针对清政府的恐怖袭击,但也包括参与帝制下的有限选举,召开会议,通过手写或拍电报递交请愿书,加入爱国组织和旨在解决特定问题的组织,撰写或阅读报刊、宣传册上的政论文章。虽然参加这些政治活动的人只是总人口中的一小部分,但政治活动已经达到了惊人的规模。1907年,民选的地方议事机构开始活动;到1909年,选民人数已增加到200

---

① 汉民:《吕邦的群众心理》,《建设》第1卷第1期(1919年8月),第1页。

万。① 1912—1913年冬季的国会选举,参与投票的人数达到了全国总人口的10%,最后宋教仁和改名后的国民党在选举中获胜。② 单单是为禁鸦片而成立的团体,就有数千之多,到1909年时,仅山东一省的禁烟会就有300多个。③

  一个政治事件可能还会带出新的事件,因为在新闻报道的刺激下,人们还有可能采取进一步的行动。辛亥革命前夕,定期阅读报刊的中国人大约有200万到400万。④ 民国建立后直到1937年,全国的报纸读者规模每10年左右就会翻一番。⑤ 据毛泽东回忆,在就读师范期间,自己花的钱中大概有三分之一都用来订报了。他告诉美国记者埃德加·斯诺(Edgar Snow),从1911年起到1927年深入山区开展革命游击战争,自己"从没停止过读北京、上海和湖南等地的报纸"。⑥ 在这一时期,阅读报纸是一种高度社会化的活动,人们互相传看报纸,津津有味地阅读,并饶有兴致地讨论报纸上的内容。⑦ 用黑格尔的话说,低头阅读报上的每日新闻是现代人"新的晨祷"。照这样看来,在中国,紧

---

① Fincher, *Chinese Democracy*, 8.
② 同上。
③ 李孝悌:《清末的下层社会启蒙运动:1901—1911》,第107页。
④ Leo Ou-fan Lee and Andrew J. Nathan, "The Beginnings of Mass Culture: Journalism and Fiction in the Late Ch'ing and Beyond," In David Johnson, Andrew J. Nathan, and Evelyn S. Rawski, eds., *Popular Culture in Late Imperial China* (Berkeley: University of California Press, 1985), 372.
⑤ 同上,第374、376页。
⑥ Snow, *Red Star over China*, 150. 引文译文来源:埃德加·斯诺著,李方准、梁民译《红星照耀中国》,石家庄:河北人民出版社,1992年,第111页。——译者注
⑦ Lee and Nathan. "Beginnings of Mass Culture," 371 - 72; Henrietta Harrison, "Newspapers and Nationalism in Rural China, 1890 - 1929," *Past and Present* 166 (February 2000): 195.

跟报纸头条动态更是有参加宗教集会的意味。①

演说是领导人和国民生活中最显眼、最普遍的保留节目之一。1912—1913年国会选举中，除了张贴海报和普遍贿选，选战的基本策略就是演说。② 王笛考察了1911年成都的辛亥革命及影响，认为"公共演说成了政治动员的象征"。③ 鲁迅赞赏的那些勇于雄辩的爱国青年，表现出了同样的感染力和行动力。到1912年，民众团体或政治团体只要一开会，就少不了起身演说。在这方面，民国建立后政治表达的激增，既是将所期望和要求的东西给予公众，又是在强力推行一种新的政治形式。

孔子公开演说吗？

与鲁迅一样，最早主张通过演说在政治交流上实现突破的人也认为，少些沉默，多些言谈，对个人和国家都有好处。1946年，在《演讲初步》一书的序言中，孙起孟回忆了成长过程中人们对健谈者的偏见："记得小的时候读《论语》，对孔老夫子大为佩服。只是读到一处，说'君子欲讷于言而敏于行'，心里颇不以为然。"④ 孙中山会明白为什么君子面对不公不义时必须"敏于行"。在民国时期，不管是谁，都该从小就学会这一点。几乎所有的政治行动，都是为了解决帝国主义、军阀政治以及其他流弊和伤害所带

---

① Benedict Anderson, *Imagined Communities: Reflections on the Origin and Spread of Nationalism* (London: Verso, 1991), 85; Harrison, "Newspapers and Nationalism in Rural China," 195–96.
② Peng-yüan Chang, "Political Participation and Political Elites in Early Republican China: The Parliament of 1913–1914," *Journal of Asian Studies* 37: 2 (February 1978): 302.
③ Wang, *Street Culture in Chengdu*, 239.
④ 孙起孟：《演讲初步》，上海：生活书店，1946年，第1页。

来的问题。但是,孙中山对孔子"讷于言"的劝诫和对"巧言"的戒备置之不理。老师告诫孙中山,"光说不做就会沦为'空谈家'",孙中山对这种老生常谈仍然置若罔闻。孙中山回忆到,村里那些赞同不要多说话的儒家观念,教育别人"不苟言笑"的"贤达"们,实际上恰恰"并不比一般人少说话,反之,倒是说得很多而且说得很好的"。① 而且,如果孔子真的那么排斥说话,为什么《论语》中还老是"子曰""子曰"的呢?如果孔子真的不擅长公开演说,他怎么和门下三千弟子、七十二贤人交流呢?孙中山认为,公开演说即便没有受到认同,也早已是传道授业和集体生活中不可或缺的一部分了。

缪金源在为一本美国演讲教程的译本作序时,也指出了基本相同的史实,但强调的重点截然不同:"我们文学史上没有演说的一页,我们四千年来的文学界不曾产生一个演说家!"②和孙起孟一样,缪金源承认,历史上的中国人当然是会说话的。"他们只是'谈话'(conversation)不是'演说'(public speaking);他们只是'说',不是'公开的说'。"演说的"公开"性质,或者说缺乏公开的演说,是问题的关键。缪金源承认,中国历史上的演说有很多,且这些演说颇有德摩斯梯尼(Demosthenes)③和埃德蒙·伯克(Edmund Burke)④之风。他指出,战国时期有"纵横捭阖"的游说家,有阵前"誓师"的将军,以及言无不尽的讲学者。佛教、道教、伊斯兰教和基督教等宗教传统中的布道人士,按照缪金源的标准,应该也可以算作从事演说的人。

---

① 孙起孟:《演讲初步》,上海:生活书店,1946 年,第 2 页。
② 缪金源:《缪序》,第 1 页。
③ 古希腊著名演说家。——译者注
④ 英国著名演说家。——译者注

第二章 中国历史上的演说

尽管历史上有这些讲学、口头劝说和传播宗教的例子,缪金源仍然认为,国家的压迫遏制了这些演说技能和实践的发展,使得中国没有产生固定的、合法的演说传统。公开发表意见是非常危险的,传说中,刚正不阿的大臣比干因为直言劝谏商纣王的恶行,惨遭挖心之刑,尸体还被剁碎腌了肉酱。① 当时人们对比干的评价是:"知道自己的话没人听,却偏偏要说,实在不明智。"只要是君王说的话,或者以君王之名说的话,都应该是不易之论,所以原则上,所有政治言论都受到了严重的抑制。② 这种抑制在任何鼓励告密、惩罚异己的君主制中都屡见不鲜。③ 当君主发号施令时,就没人会讲真心话了。但与此同时,中国的帝制系统对人们的监视和控制远远称不上彻底。一个人口无遮拦,可能丢掉性命,也可能遭到一些没那么严酷的惩罚;还有一种情况少见一些,就是落个好名声,被誉为直言敢谏的臣子或大胆反抗的英雄。历史上,演说还不受重视时,即使谨言慎行的警告历历在目,人们也有很多说话的机会。民国时期,国民开始被鼓励说话,因为如今有最终话语权的不是统治者,而是民众。提倡公开演说的人们仍然在提及茶馆里张贴的"莫谈国事",并为之叹息,但他们也欣慰地看到,到了20世纪40年代,"乡村角落里都有时事演讲或是宣传队的足迹"。④

---

① Lawrence A. Schneider, *A Madman of Ch'u: The Chinese Myth of Loyalty and Dissent* (Berkeley: University of California Press, 1980), 38; Derk Bodde, "Types of Chinese Categorical Thinking," *Journal of the American Oriental Society* 59: 2 (June 1939): 209.

② R. Kent Guy, *Four Treasures: Scholars and the State in the Late Ch'ien-lung Era* (Cambridge, MA: Harvard University Press, 1987), 206.

③ Peter Brown, *Power and Persuasion in Late Antiquity: Towards a Christian Empire* (Madison: University of Wisconsin Press, 1992), 10.

④ 孙起孟:《演讲初步》,第 4 页。

95

演说者的听众

虽然认为公众演说肆无忌惮、妖言惑众、冒失胡闹的偏见确实存在,但中国讲究修辞的传统还是为近代演说提供了足够的先例和支持。在这一点上,J. I. 克朗普(J. I. Crump)的一些观点与缪金源的一些观点是相同的,他认为,尽管"我们无从发现中国早期的演说传统",但可以发现,"谋士劝说一个人(统治者)采取行动或者改变、采取某种态度的例子不计其数"。[1] 中国或许缺少伯利克里(Pericles)或西塞罗(Cicero)这样的演说家,但并不缺少能够且愿意向统治者或向学生、弟子的小圈子发表演说的人。克朗普认为:"毫无疑问,辩论和游说的艺术是儒者的技能之一。"[2] 这些言语的交锋,热闹程度比起雅典的集会或罗马议院的辩论可能毫不逊色,而且也是以它们自己的方式公开进行的。由于君主的话必然要说给众多侍卫和谋士听,单个谋士和君主之间的对话经常当着无数官员的面进行。西汉时期,文官朱云在朝廷上向皇帝进谏攻击佞臣,侍卫要将他拖下去斩首,他死抱殿槛,结果殿槛被折断。后来,在场的一位将军力保朱云,以死相争,才保住了朱云的性命,皇帝也因此听了朱云的话。[3] 朱云在朝廷上"声震殿陛",善于论辩,也是他最后占了上风的原因。[4] 朱云折断的殿槛

---

[1] J. I. Crump, *Intrigues: Studies of the Chan-kuo Ts'e* (Ann Arbor: University of Michigan Press, 1964), 36.

[2] J. I. Crump, *Intrigues: Studies of the Chan-kuo Ts'e* (Ann Arbor: University of Michigan Press, 1964), 第6页。

[3] Pan Ku, *Courtier and Commoner in Ancient China: Selections from the History of the Former Han*, Trans. Burton Watson (New York: Columbia University Press, 1974), 116-17.

[4] 同上,第114页。

被皇帝原样保留了下来，以提醒自己一定要在发号施令的同时虚心纳谏。

《史记》等典籍中，有很多鼓舞人心的例子都在告诉读书人，演说是有益的、必要的。但另一方面，这些读书人从老师那里受到的教育是要警惕"巧言"，他们自己对冒犯君上也小心翼翼。另外，书面的纪念文字和法令具有不可撼动的地位，分量很重，还有其他一些礼仪规矩，以及无所不在的权力和权威的象征——从让旅客印象深刻的城墙到朝廷上激发大臣敬畏之心的仪式——也有相应的地位，但几乎没有证据表明，演说作为一种政治艺术能够与它们相提并论。① 即便如此，一次次演说还是占据了中国史书典籍中不小的一部分。② 演说者在现实中受到的种种束缚，在历史重述中都被淡化或略掉了。③ 很明显，书写的首要地位，必然会使得参政者更倾向于把自己想说的话用笔写下来，而不是在现实生活中口头讲出来。大多数读书做官的人都小心翼翼地保持沉默；相反，他们所研习的、予以他们启发的经典文献中，批评和反对的声音史不绝书。

中国古代演说家采用的技巧，可以像当代或西方演说家采用的演说技巧一样，有效地激发听者情绪，向对手发起挑战。④ 这样的短兵相接可能会迫使领导人备受尖刻指责的煎熬，比如，国民党大会之后，唐群英、沈佩贞与孙中山会面时，两人"震动房间"

---

① F. W. Mote, "The Transformation of Nanking, 1350 - 1400," In G. William Skinner, ed., *The City in Late Imperial China* (Stanford: Stanford University Press, 1977).
② Burton Watson, introduction to Ssu-ma Ch'ien, *Records of the Historian: Chapters from the Shih-chi of Ssu-ma Ch'ien*, Ed. and trans. Burton Watson (New York: Columbia University Press, 1969), 4.
③ 同上。
④ Crump, *Intrigues*, 100.

的哭声就折磨着孙中山。一个又一个世纪过去了,古代君王和谏臣之间的争论仍然一直在耳边回响着。孟子最为人所尊崇的,就是当众诘难统治者。孟子在与齐宣王的对话中层层深入,先让齐宣王承认不忠的朋友和腐败的官员需要为他们没做好的事情负责,最后推论到君主必须为国家治理不善负责,让齐宣王无路可退。宣王的反应就和现代领导人有时面对棘手问题时的反应一样——"王顾左右而言他",试图转移话题。①

齐宣王利用君主的体统来规避孟子尖锐的批评。后来张继宣布被女权运动者扰乱的这次国民党会议"不是全体会议",与齐宣王可谓异曲同工。类似地,程式化的行动和议会规则也可能成功转移话题或堵住别人的嘴。无论是古代还是近代,国家做表面文章的本性——劝说或安抚人们的政治需要——都是一个政权的特点。如果一个人察觉不到说服别人的必要性,他可能会直接向别人发号施令;但因为说服他人的必要性为人所察觉,说话最多的那个人(那些人)就更加容易获得权威。同时,提出批评的人还是有后路的。齐宣王不能轻易赶走孟子,因为朝堂需要孟子这样的思想家装点门面;女性批评者和女革命同志们利用民国肇始的宽容政治氛围和议会规程推动女权事业,张继也无法命令她们闭嘴。宣王可以指望忠臣来帮自己回避德行败坏的职责,张继也可以高呼"民国万岁"来做挡箭牌,与"刺儿头"国民周旋。当局者和旁观者的反应,共同决定着这个过程中谁输谁赢。孟子巧妙而尖锐的诘问,有力地打击了每一位专权者,因为长久以来,在对这个故事的重读和重述中,孟子成了占

---

① *The Four Books*, Trans. and ed. James Legge(New York: Paragon, 1966), 490.

上风的一方。① 而按照共和的惯例和原则,如今,一个人可以第一时间就占据上风,而且是在异常广阔的公共领域内占据上风。

面临这样的语言攻击,统治者的反应可能是恭敬的沉默,可能是礼貌的询问,可能是沉着脸回避,也可能是某些更直接和残忍的手段。西汉创立者刘邦掌权之初,只要有儒者来给他讲作为君主的道德责任,刘邦不等他们开口,就把他们的帽子摘下来在里面小便。司马迁在《史记》中记载:"诸客冠儒冠来者,沛公辄解其冠,溲溺其中。与人言,常大骂。"② 当然,刘邦最终还是改过自新了。但仍然存在这样的情况:有人到统治者面前进言,统治者听后,进言者可能会遭到严厉申斥,被"穿小鞋",甚至被杀害。例如明朝的永乐帝朱棣,就因为练子宁痛骂自己篡权夺位,当场把练子宁的舌头割了。③

一直到 20 世纪,领导人仍然可以任意打断别人的讲话。从朱云到唐群英,无论是领导者的咆哮,还是反对者的爆发,都既展现了言语挑战权威的力量,也展现了言语在这一过程中给各方带来的风险。

尽管与其他主要的政治交流形式相比,演说并不受重视,但是演说在中国历史上并不罕见。在史书中,也有旨在解释行为,而非导致某种行为或结果的演说。历史上的修辞学和文字游戏,仍然塑造着 20 世纪的政治语言,且从其影响方式可以看出,通过

---

① Certeau, *The Practice of Everyday Life*, xv - xviii.
② Ssu-ma Ch'ien, *Records of the Historian*, 202. 司马迁:《古典名著白文本史记 下》,长沙:岳麓书社,2016 年,第 673 页。——译者注
③ Benjamin A. Ellman, "The Formation of the 'Dao Learning' as Imperial Ideology during the Early Ming Dynasty," In Theodore Huters, R. Bin Wong, and Pauline Yu, eds., *Culture and State in Chinese History: Conventions, Accommodations, and Critiques*(Stanford: Stanford University Press, 1997), 58.

对其选择性的运用,毛泽东等现代政治家从中获得了至关重要的支持。1945年5月4日的昆明,云南大学正在举行五四运动纪念大会,一场暴风雨突然袭来,现场一阵混乱。于是,教授、批评家闻一多站上讲台,向全场观众发表了以"天洗兵"为中心的演说。"天洗兵"是一个历史故事,相传周武王有一次出兵之前,下起了雨,周武王一度想取消出兵计划,但一位武官言之凿凿地说,下雨是吉兆,是上天在保佑他们的基业,周武王这才照常出兵。①闻一多有这样可以即兴发挥的机会,也有广博的学识,可以把单个事件与更深刻的历史文化背景联系起来。可悲的是,像宋教仁一样,闻一多的能言善辩和对当权者的批评,也惹来了杀身之祸。

演说行为的重新定位和转向,是近代政治话语中最重要的变化。共和之下,新的演说模式不再是臣子向君主进言,而是领导者向一群人或者全体民众讲话。政治舞台上的演员不必再在统治者中寻求听众,从而获取权力——或者说是除了在统治者中寻求听众——还必须找到、接触并说服他的新听众"民众"。过去政治演说背后的动力,往往要么是绝望之情,比如武将、起义军被包围时的绝望,要么是文官出于道德教化或自身名望的演说冲动。到了19世纪末,民族主义涌入公共生活,激荡着民众的个人感情,于是,只要乐于、敢于公开发表意见,几乎人人都有了发表演说的充分理由。

演说的读书人:对同侪演说,也对民众演说

在国家体制之下,某些形式的演说确实是受到国家鼓励的。

---

① 邵守义主编:《演讲全书》,吉林:吉林人民出版社,1991年,第653页。

例如,清朝时,"乡约"规章的内容源自朝廷的法令,读书人必须负责把这些法令宣讲给广大民众。无论何地,每月都有两次圣谕宣讲,向民众朗读并解释康熙帝的一部分"圣谕"。伊沛霞(Patricia Ebrey)认为,尽管在这些做宣讲工作的读书人中,"富有个人魅力的人无疑凤毛麟角",但是"这些演说一定对大众思维产生了某些影响……这种影响可与20世纪公立学校的国民教育相媲美"。① 关于宣讲现场如何布置,政府都有详细的指令,详细到负责伴奏的乐工应该在什么位置,以及听众下跪、鞠躬、磕头的正确顺序如何。② 虽然承担实际宣讲工作的地方士绅一般都并非官员,但宣讲是在地方官员监督下进行的。在那个还没有实现人人平等的年代,宣讲人对听众的称呼,可能是带着轻蔑的"尔等",甚至可能是"傻瓜""蠢货"。③

以读书人为首的儒家社会,其理想化状态是稳定的;但这掩盖了更富有争议、更喧闹的现实,而即便是这样的现实,离真正意义上的"有声的中国"也差得远。詹姆斯·波拉切克(James Polachek)对19世纪中叶文人政治的研究中提及,在京城读书人某种例行的演说会上,灰头土脸的鸦片战争指挥官姚莹仍然在与他人争辩老生常谈的话题。姚莹"应邀参加读书人的聚会,并将自己的故事原原本本地讲了一遍。姚莹似乎很享受这类演说的

---

① Ebrey, "The Chinese Family," 75-76.
② Victor H. Mair, "Language and Ideology in the Written Popularizations of the Sacred Edict," In Johnson, Nathan, and Rawski, *Popular Culture in Late Imperial China*, 335.
③ Victor H. Mair, "Language and Ideology in the Written Popularizations of the Sacred Edict," In Johnson, Nathan, and Rawski, *Popular Culture in Late Imperial China*, 340.

机会,而这对他的声望并没有什么损害"。① 宴会过后,在场的人都还带着醉意,姚莹此时的一通演说,引起了全场的强烈反响。早在19世纪20—30年代,诗会及其他一些类型的读书人聚会,就开始从受官员支持、与官员联系的圈子,发展为因成员自身的抱团意识和对社会事务的普遍不满而生的团体。② 通商口岸出现后,带来了西式演说社团和公众活动,并成了它们的避风港,让健康而多元的公共生活有了更光明的前景。

一些西式演说套路很容易让人联想到古代读书人论辩和演说的习气,到了清朝末年,这些演说套路已经非常普遍,乃至成了讽刺的对象。李伯元1906年的小说《文明小史》,尤为生动地展现了新旧读书人的各种演说方式。③ 故事前面的背景设定在湖南农村,村民们通过锐意改革但有些糊涂的知府,以及到偏远地区探求矿产的外国矿师,对西方有了亲身的了解,他们担心官员们在密谋"把我们永顺地方卖给外国人,要灭我们永顺一府的百姓"。④ 知府觉得自己被村民误会了,因为他早就发布了一份通告,声明官府并没有卖地的打算。后来,村里一位老师提醒道:"识字人少,说空话的人多。"⑤ 与此同时,四五千人聚集在当地一所学校里,听当地一位姓黄的举人讲话,相传这位黄举人,"府城里的人没有一个不怕他的"。黄举人可谓是湖南农村的姚莹,他走进学校,分开人群,爬上一张桌子,发表了一通煽动性极强的演

---

① James M. Polachek, *The Inner Opium War* (Princeton: Princeton University Press, 1992), 193.
② 同上,第64页。
③ 李伯元:《文明小史》,香港:近代图书公司,1958年,1906年初版。
④ 同上,第12页。
⑤ 同上,第14页。

讲,号召人们必须誓死捍卫这片皇帝的同时也是"我们"的土地。① 与改良派官员不同,黄举人呼吁关闭店铺,杀掉外国人,更像一个反叛者。黄举人凭借自己在当地的地位和声望,可以直接而无拘无束地向乡亲讲话,为乡亲发声,让用心良苦却书生气十足的知府手忙脚乱,显得很是可笑。

虽然儒家在发表演说的合理性问题上持保留态度,但像黄举人一样善于向公众演说的读书人为数不少。改良派和革命派营造的新政治环境,既让有条件发表演说的人迅速增加,也让演说的听众日益增加,且类型越来越广泛。《文明小史》中,主人公们后来又从乡下到了上海,在遍布改良团体和政治集会的新政治环境中,他们又碰见了公开演说。主人公应邀参加一个"保国强种不缠足会"的集会,非常兴奋:"不错,我常常听人谈起上海有什么演说会,想来就是这个。"②然而,去了之后,他们既意外又失望,因为集会上的演说如同鹦鹉学舌一般。他们期盼着听到一些不同寻常的新东西,然而,"无非是报纸上常有的话,并没有什么稀罕"。演说者话音刚落,讲稿就被送到一家当地报纸上发表。③如果第二天就能在报纸上读到讲稿,何必花工夫亲自去听演说呢?现场发生的事情可能也不比新闻中读到的生动。读者通过阅读报纸,间接地经历各种事件,这种感受不亚于自己亲身去经历。这本身就是政治交流中的一个突破。一个人觉得自己的亲眼所见似乎与其读过、想象过的东西毫无二致,说明国家作为"想

---

① 李伯元:《文明小史》,香港:近代图书公司,1958年,1906年初版,第15页。
② James M. Polachek, *The Inner Opium War* (Princeton: Princeton University Press, 1992),第122页。
③ 同上,第125页。

象的共同体"的基础已经真正奠定下来了。①

回到《文明小史》的故事中,紧接着,不缠足会的领导魏榜贤上台发表反缠足的演说。魏榜贤的开场白很引人入胜,他打了一个生动的比方,把中国比作自己的身体。这类比喻在严复等同时期名人的文字中运用得更为形象,后来还为梁启超、何鲁之等提倡民族主义的人所使用。② 然后,他突然停了下来,闭上眼,定了定神,喘了两口气。观众料想着演说马上要迎来一个高潮,于是全场掌声雷动,然后安静下来,等着下面的内容。可是这时,魏榜贤发现自己的稿子放错地方了,惊恐万分。他"忽然在身上摸索了半天,又在地上找了半天,像是失落一件什么东西似的,找了半天,找寻不到,把他急得了不得,连头上的汗球子都淌了出来,那件东西还是找不着。他只是浑身乱抓,一言不发"。③ 一个演说者说出几句妙语,做出几个动作,就可以瞬间树立权威;但同样一个人,下一秒就可能威信尽失,颜面扫地。有声的中国既带来前景,又带来风险,就在于此。

"要唤起国魂"

清朝的最后几十年间,民众参政的热情持续增长,催生了集会、演说和国民生活。政治团体的成员不仅在学校、书院等老地方"高谈革命",还到一些新的地方"高谈革命",例如向公众开放

---

① Anderson, *Imagined Communities*.
② James Pusey, *China and Charles Darwin*, (Cambridge, MA: Harvard University Press, 1983), 64.
③ 李伯元:《文明小史》,第 127 页。

的公园、花园等。① 在上海,如果一个人想让自己的想法为人所知,可以去专门的演说厅向特定的听众演讲,也可以通过报刊让更多人看到自己的想法。② 波拉切克的研究指出,鸦片战争时期,参与政治的读书人群体相对较少(只有约 2.5 万人),他们构成了这一时期非正式政治话语的基础。③ 到 19 世纪末,这一群体的规模扩大了,全国 100 多万有功名的读书人中,又有另一些人开始参与政治了。这是一个显著的飞跃,不仅仅因为数量上的明显增长,还因为这些有功名的人相对于最顶尖的精英阶层而言,只是普通读书人,实际上是一类"学者平民"。④ 精英阶层内部的政治参与更广泛了,下一步就是吸收平民听众,走向民众,缩小社会距离。在读书人圈子里一向屡见不鲜的演说和辩论,此时变得更重要、更迫切了。冉玫烁指出,19 世纪 80 年代时,热心参政的士绅越来越多地在地方上的反缠足协会、学校、辩论团体等组织中讨论公共问题。⑤ 在这些集会上,讨论问题是公开的,推举领导人是公开的,做决策也是公开的。⑥ 这种讨论一次次地激起强烈的情感共鸣。19 世纪 90 年代初,康有为在广州开办的学堂非常著名,他和追随者们在那里以种种形式发表演说,时而"畅言",时而"大诋诃旧学",时而辩论到深夜。⑦ 对于康有为而言,把要说的话说出来刻不容缓,1884 年中国在中法战争中战败后

---

① 汤承业:《国父革命宣传志略》,台北:"中央三民主义研究院",1985 年,第 99 页。
② 同上,第 100 页。
③ Polachek, *The Inner Opium War*, 21.
④ John K. Fairbank, "Introduction: The Old Order," In John K. Fairbank, ed., *The Cambridge History of China*, vol. 10, *Late Ch'ing, 1800-1911*, pt. 1 (New York: Cambridge University Press, 1978), 12.
⑤ Rankin, *Elite Activism and Political Transformation in China*, 5.
⑥ 同上,第 129 页。
⑦ 杨家骆主编:《梁任公年谱长编》,第 15—16 页。

尤其如此:"于时,上兴土木,下通贿赂……士夫掩口,言路结舌。"①

有时,康有为咄咄逼人的样子令人生畏,尤其是与那些他认为"一无所志,一无所知"的学者说话时。康有为的目标和几年后孙中山的目标一样,就是要震撼听众,"以严重迅厉之语大棒大喝,打破其顽旧卑劣之根性"。② 康有为学堂的讲师们会趁晚上到广州各处的学堂,向数百乃至上千人演说,有时讨论甚至热烈得"振林木","惊树上栖鸦拍拍起"。③

这些宣传工作的进行,靠的是热心于栽培与传播政治观点的社团和小组。梁启超在湖南开办学堂,每天给学堂里的40个学生上四个小时的课。在梁启超的带领下,学堂成了改良和激进思想的温床:

> 时学生皆住舍,不与外通,堂内空气日日激变,外间莫或知之。及年假,诸生归省,出札记示亲友,全湘大哗。④

梁启超认为,教学是更宏大的社会组织过程的一环:朋友、师生之间"小群"的交流,会扩展到"全世界的交流",从而形成更大的社会。读书人的传统已经自然生发出了一些小团体,如今要将这些小团体相互联结,加以扩大,并将其转化为正式的"大群",这就是梁启超对西方"社会"概念的最初诠释。

---

① 北京大学历史系编:《北京史》,第 292—294 页。
② 梁启超:《康南海先生传》,Introd. Dai-Ming Lee (San Francisco: Chinese World, 1953), 15.
③ 杨家骆主编:《梁任公年谱长编》,第 17 页。
④ Liang Qichao[Ch'i-ch'ao], *Intellectual Trends in the Ch'ing Period*, Trans. and introd. Immanuel C. Y. Hsü(Cambridge, MA: Harvard University Press, 1959), 101. 引文译文来源:梁启超《清代学术概论》,上海:上海古籍出版社,2005 年,第 71 页。——译者注

一方面受到梁启超的影响,另一方面也因为与依靠个体力量、不采取行动、国家直接控制等方式相比,组成团体能起到非常大的作用,但凡是认真考虑扩大政治的社会基础的人,几乎都在身体力行提倡组织起来,集体的规模最初固然小,但会逐步扩展,直到纳入全体民众。① 孙中山认为,当下个人、家庭和宗族已经式微,就如同"一盘散沙",他希望通过管教和指导,将这"一盘散沙"转变为"一个极大中华民国的国族团体"。② 1919 年,毛泽东基于在长沙参加和组建这类团体的亲身经验,号召小团体团结起来,形成宏大的社会统一体——"民众的大联合"。③ 在加入中国共产党前,对于行会、本地协会等传统团体,以及工会、学生团体等进步的民众组织,毛泽东都是乐于接纳的。毛泽东认为,人类本有"联合""群"和组织社会的天才。④ 但是,即便梁启超呼吁"相互宽容",由此产生的也并不总是彬彬有礼的、文明的、广泛具有国民意识的新社会。⑤ 然而,顾德曼(Bryna Goodman)的研究精到地指出,这种由团体组成的社会必定具有"蔓延"的特质,这种特质为政治热情在地方上扎根,向其他地区传播,并逐渐在体制中向上渗透提供了有利条件。⑥

---

① David Strand, "Changing Dimensions of Social and Public Life in Early-Twentieth-Century Chinese Cities," In Léon Vandermeersch, ed., *La sociétécivile face à l'Étatdans les traditions chinoise, japonaise, coréenneetvietnamienne* (Paris: Écolefrançaised'Extrême-Orient, 1994).
② 孙中山著,胡汉民编:《总理全集》第 1 卷,第 66 页。
③ 毛泽东:《民众的大联合》,竹内实主编:《毛泽东集》第 1 卷,东京:苍苍社,1983 年。
④ 同上,第 60 页。
⑤ Peter G. Zarrow, "Liang Qichao and the Notion of Civil Society in Republican China," In Fogel and Zarrow, *Imagining the People*, 239.
⑥ Bryna Goodman, *Native Place, City, and Nation: Regional Networks and Identities in China, 1853-1937* (Berkeley: University of California Press, 1995), chap. 5.

康有为、梁启超等人构想了一个对民众孜孜以求的中国,并运用他们教书、参加政治活动和成为公众人物的实际经验,把这个理想的中国部分地变成了现实——如果说还没有完全实现的话。于是,康有为非常强调"合群"的重要性,因为"合群"是国民和政治生活之源。例如,康有为讲学时,比起传统的授课方法,更喜欢采用课堂指导的方式,因为在康有为眼中,课堂教学是通向更广泛政治行动的桥梁:"以为凡讲学莫要于合群,盖得以智识交换之功,而养团体亲爱之习。自近世严禁结社,而士气大衰,国之日屡,病源在此。"① 1897年,梁启超在长沙开办的维新派学堂中,也采用了广泛讨论和小组教学的方法,他引用《易经》中的"君子以朋友讲习",证明这种教学方式是合理的。② 这种为塑造民众的新目的而在朋友、同学和教师之间进行的社交或组织过程,在形式和功能上都与近代法国的"社会性"概念类似。在近代法国,

新思维方式出现的标志之一,就是新词汇的流行。18世纪初,"社会性"一词诞生了,并成为温和派读书人的口号:他们将私人生活理想化,并将互惠互利视为人类"社会"成员之间的纽带。③

和法国读书人一样,中国的读书人接受国家在政治生活中的中心地位;但与此同时,他们的行动方式也带来了一定的独立性。在中国,精英阶层要实现一定程度的独立,未必需要把私人生活理想化为一个独立的领域。相反,读书人重视朋友相处和集体生

---

① 梁启超:《康南海先生传》,第10页。
② 梁启超:《湖南时务学堂学约十章》,《梁启超文选》下集,北京:中国广播电视出版社,1992年,第380页。
③ Daniel Gordon, *Citizens without Sovereignty: Equality and Sociability in French Thought, 1670-1789* (Princeton: Princeton University Press, 1994), 6.

活的规矩,并将其推而广之,以巩固政治生活方兴未艾的"社会性"。梁启超因其能言善辩,富有魅力,在这方面所起的影响比别人要广泛、直接得多。随着梁启超声名鹊起,"各地学者争相邀请他讲课"。① 如果热衷于公众生活的学者组成的小团体能够为共同利益代言,那么在一个兼容并包的社会和"紧密团结"的国家中,这一原则怎么会不能延伸到其他群体呢?

精英阶层充满政治热情的社会性,有着扩展到全国层面的潜能。1895 年 5 月 1 日,康有为对赴京参加会试的举人们做了一番精彩的演说,这种潜能终于在这一刻喷薄而出。这番演说的导火线,是当年 4 月 17 日中日甲午战争结束,中国签订了丧权辱国的《马关条约》。条约签订后的几个星期,在北京参加会试的约 3000 名举人一直激愤不已。4 月 22 日,广东和湖南举人就曾集体前往都察院抗议。② 要向清廷进言,去都察院抗议是合情合理的,因为通往皇帝和朝廷的"言路",负责的部门正是都察院,虽然康有为早已断定"言路"已经"结舌"了。③ 接下来的整整一周,都察院的门口都被前来抗议的举人堵得水泄不通,这些举人对《马关条约》的条款既愤懑不平,又惴惴不安。④ 各省在京举人纷纷集体请愿,递交的请愿书达 32 份之多。正如白思奇(Richard Belsky)所指出的,同乡和同省人士抱团发声的现象,表明地方会馆作为精英表达意见的非正式渠道,有着至关重要的作用。⑤

---

① 邵守义主编:《演讲全书》,第 572 页。
② 北京大学历史系编:《北京史》,第 295 页。
③ Polachek, *The Inner Opium War*, 32.
④ 北京大学历史系编:《北京史》,第 295 页。
⑤ Belsky, *Localities at the Center*, 221.

4月30日和5月1日两天,在康有为的号召下,各省举人云集位于宣武门外读书人聚居区中的松云庵,继续讨论、起草一份联合请愿书。一些持同情态度的官员也到现场参与讨论。另一些抱敌视态度的官员则派人跟踪到举人居住的会馆,张贴破坏请愿行动的传单。① 举人当然还不是官员,但只要能来京参加会试,就已经算是置身国家官僚体制内了。也是因此,在职官员们与举人有着密切的联系,与自己老家的举人尤为亲近。当然,在职官员直接代表了国家和皇帝的立场,举人则是社会群体,双方的立场分歧客观存在,但两者都具备读书人的社会性。康有为、梁启超等人认为,两者共有的这种读书人的社会性,是当下政治变革的动力。康有为将集会地点选在松云庵的原因之一在于,这是明朝诤臣杨继盛居住过的地方。杨继盛的一大著名事迹是上书朝廷,反对对蒙古采取安抚政策。② 直到生命最后一刻,杨继盛仍然不改直言敢谏的作风,在被押往刑场的途中,还在吟诗向皇帝表白忠心。③

　　北京的城墙和宫殿,象征着壁垒森严的皇权。康有为们巧妙地选择了松云庵、都察院等地点进行集会和抗议行动,以便以读书人和准官员的身份直接与政府和朝廷对话,从而巧妙地冲破了皇权的壁垒。举人以读书人聚居区和各地会馆为大本营,为实施这一策略提供了跳板。④ 在请愿期间,康有为本人住在南海会馆

---

① 北京大学历史系编:《北京史》,第296页。
② 童强:《康有为传》,北京:团结出版社,1998年,第132页;Belsky, *Localities at the Center*, 219–20.
③ L. Carrington Goodrich ed. *Dictionary of Ming Biography, 1368–1644* (New York: Cambridge University Press, 1976), vol. 2, 1504.
④ Belsky, *Localities at the Center*, 224.

七树厅。① 这些举人没有得到正式批准就举行了政治集会,集会也没有在官方规定的公共场所举行,在京城的政治生活中留下了大胆的一笔。

康有为本人的资历无懈可击,他的支持者在社会上也很有声望,于是他们敦促朝廷关注的政治呼声,既秉承了雄辩的传统,又产生了强大的政治冲击力。在梁启超安排下,5月1日,康有为在松云庵向同来京城应试的举人们发表演说。很多人都知道康有为,并不是因为亲眼见过,而是因为他的名气很大。除了"嘴角两边各留着一撮胡须",康有为可谓其貌不扬。② 他操着一口流利的"南方官话",这是明朝流传下来的一种官话口语,与后来以北京方言为基础的标准官话发音不同,但讲标准官话的人能听懂。③ 康有为号召与会举人在他起草的"万言书"上签名,人群中的很多人都流下了眼泪,最后在"万言书"上签名的有1300人。④和李伯元小说中那位黄姓举人一样,康有为也有演说天赋。如果不是因为赴京参加会试时恰逢国难当头,康有为的演说才华可能还仅限于他在广州的学堂里,或者精英阶层的聚会上。而这一次的演说,一下子让康有为在更广泛的政治阶层中多了上千倍的听众。1895年春天,康有为等人在北京通过集中演说和请愿,成功实现了政治施压;康有为的思想也同时沿着新旧传播途径,从北京迅速向外地蔓延。这些都体现着全新的政治风格和节奏。这次抗议的参与者,既是置身官僚体制之外的抗议者,又是读书人

---

① 巫纪光、柳肃:《会馆建筑艺术概论》,中国建筑艺术全集编辑委员会编,巫纪光等卷主编,柳肃等摄影:《中国建筑艺术全集 第11卷 会馆建筑·祠堂建筑》,北京:中国建筑工业出版社,2003年,第5页。
② 童强:《康有为传》,第133页。
③ Kaske, *The Politics of Language in Chinese Education*, 40-55.
④ 邵守义主编:《演讲全书》,第590页。

圈子内的一员，两种角色在这次抗议中合二为一，催生了政治上的创新。

一开始，读书人们并不愿意直接向更广大的民众讲话，因为这样总有些"煽动"民众"造反"的意味，显得不太好。① 但是，随着清朝政权与康有为、梁启超等维新派以及孙中山等革命派之间的对立日益强烈，在激烈的政治竞争下，读书人对清政府的政治依附性减弱了。在接下来的一次危机——1898年"百日维新"失败时，在演说和凭吊中生发出的种种思想，虽然最后遭到了朝廷强硬而保守的扼杀，但还是成了朝廷法令和政府政策的基础。百日维新的失败，也迫使康、梁等维新派和孙中山等革命派一样流亡国外，加深了国家和精英异见分子之间的隔阂，为乐于、善于与国内外民众对话的领导人创造了新的机遇。

在1895年和1898年的这两起政治事件中，积极参政的读书人通过一些巧妙的政治姿态和大胆的提议，激发起了一个国家的政治想象，从中可以看出北京作为首都所具有的力量。把这类政治演说活动限制在北京既不可能，也没必要，因为新政治的要素，在于个体通过书面、口头语言以及具有象征意义的行为，向与自己志同道合的人阐述自己的想法，这些想法会通过志同道合的群体传播开来。经由改良和革命产生的新的中国，如果能够以一个特定的思想框架和通用的政治语言表述出来并传播出去，那么政治活动的地点就不一定是北京，也可能是上海、东京、湖南农村，只要是民众聚集的地方都有可能。

最初，清政府严厉禁止公开演说，因为公开演说有威胁清政

---

① 闵杰编著，刘志琴主编：《近代中国社会文化变迁录》，第256页。

府统治秩序的危险。① 但是，1901年1月清政府宣布实行"新政"后，对公开演说的禁令逐渐取消了。所谓"新政"，基本上是"百日维新"政策的翻版，只是当时推行政策的维新派如今已经流亡海外，当时支持维新的光绪帝也被软禁了起来。在教育、商业和社会改良方面实行"新政"，需要当地精英和民众的支持，于是清政府千方百计地联系"新政"中加入商会、新式学校和地方议事机构的人。清政府为1907年开始的预备立宪征求意见时，直接面向朝廷的政治团体和游说活动获得了初步的合法性。② 直隶省的士绅仍然应募给本地村民宣讲政策，但宣讲内容不再是康熙帝的圣训，而是自治的性质。③

直到辛亥革命爆发，清政府才正式取消了对独立政治组织的禁令。④ 但是，人们普遍讨论时政问题的时间，要比禁令取消早得多。⑤ 清朝的最后十年间，全国成立了几百个专门研究立宪和其他公共问题的研究会。⑥ 冉玫烁、闵杰和李孝悌的研究都表明，无论是演说，还是集会和宣传的风气，都远远不再局限于海外流亡者和高级读书人。

---

① 闵杰编著，刘志琴主编：《近代中国社会文化变迁录》，第255页。
② Rhoads, *Manchus and Han*, 52.
③ Chang Lau-Chi. "The Reform Movement in the Province of Chili in China, 1900-1910," M. A. thesis, University of Wisconsin, 1910, 27.
④ Rhoads, *Manchus and Han*, 180.
⑤ Rankin, *Elite Activism and Political Transformation in China*; Rankin, "Public Opinion and the New Politics of Contestation in the Late Qing"; Mary B. Rankin, "The Origins of a Chinese Public Sphere: Local Elites and Community Affairs in the Late Imperial Period," *Études chinoises* 9: 2 (automne 1990); 闵杰编著，刘志琴主编：《近代中国社会文化变迁录》；李孝悌：《清末的下层社会启蒙运动：1901—1911》。
⑥ Liu Zehua and Liu Jianqing, "Civic Associations, Political Parties, and the Cultivation of Citizen Consciousness in Modern China," In Joshua A. Fogel and Peter G. Zarrow, *Imagining the People*, 43.

人们普遍认为，中国应对重重危机的一系列举措中，演说者和听众共同坚定地表达自己的爱国信念，是一个核心举措。1902年时，报刊社论已经纷纷呼吁多发表演说，演说强国。《大公报》发文称："今欲作上下之气，臬其通国之魂，则死文字断不及生语言感通之为最捷，此后起爱国之贤，不可不讲演说之术。"①1905年，为反对美国的限制性移民政策，爆发了抵制美货运动。运动中，有人拍下了一名演说者的照片，这位拖着长辫子的演说者站在箱子上，让所有人都能看见。他一边演讲，一边比画着；底下的一大群人有戴军帽的，也有戴草帽的，但都齐刷刷地面向着他听讲。②

人们普遍用"演说"一词表示发表演讲，这个词的本义既可以指以口头或书面形式解释某事物，也可以指给人讲故事。③茶馆和市场里给人讲故事的说书人，尽管也会讲传统经典中的道德故事、朝廷的法令、历史教训等内容，但这些职业说书人也反映了普通人没那么正统的、"几乎不受精英任何影响"的关切，"说书让这种关切有了表达的渠道"。④李孝悌分析了清朝最后十年的大众教育，认为"讲故事"和"演说"之间的联系非常重要，并以此阐释了公开演说的实践是如何风行的。⑤传统上，说书人讲的主要是以《三国演义》《水浒传》等小说为基础的故事，但也有野史故事，

---

① 闵杰编著，刘志琴主编：《近代中国社会文化变迁录》，第 255 页。
② 李新总编：《中华民国史》第一编第一卷，《中华民国的创立》（上），北京：中华书局，1981 年，第 10 页。
③ 《汉语大字典》第 6 卷，武汉：湖北辞书出版社，1986—1990 年，第 107 页。
④ Robert Ruhlmann, "Traditional Heroes in Chinese Popular Fiction," In Wright, *Confucianism and Chinese Civilization*, 124–125.
⑤ 李孝悌：《清末的下层社会启蒙运动：1901—1911》，第 85 页。

乃至官司。① 王笛指出,公众演说"类似于传统的说书,但是内容从历史事件、传奇、浪漫故事转变为当今社会的时事"。② 市场的环境使得社交更广阔、更普遍,对于那些热心于贩卖政治主张、激发政治情绪的政治活动分子非常有吸引力。

进入 20 世纪,"演说"这个词越来越等同于有关国事的演讲,但仍然保留着其本义中大众娱乐和文人说教的一些元素。虽然宣讲改良和革命的新"说书人"在演说时并不会直接模仿传统说书人,但两者在城市中的听众是一样的,而且在政治演说中,也会用到一些传统的表演技巧。"演说"独立出来特指发表演讲,与以文言或白话讲故事、读文章对应,部分是受了近代日本的影响,这种影响一方面源于翻译的公共演讲书籍和文章,另一方面源于归国日本留学生的留学经历。③ 19 世纪 70 年代选定"演说"这一汉字词汇翻译英语中的"speech"或"spoken address"的,不是别人,正是日本重要的西方文化引介者福泽谕吉。于是,日语中的汉字词"演说(えんぜつ)",后来又"出口转内销",为汉语所借用。④ 福泽谕吉认为,朝一小撮或一大群人针对时政问题慷慨陈词的能力,对日本人至关重要。许多中国人或目睹了演说在日本的蓬勃发展,或像杨昌济一样目睹了演说在英国的进一步普及,认为这一能力对中国人同样至关重要。

---

① 张宗平、吕永和译,吕永和、汤重南校:《清末北京志资料》,北京:北京燕山出版社,1994 年,第 543 页;邵守义主编:《演讲全书》,第 574 页。
② Wang, *Street Culture in Chengdu*, 209. 引文译文来源:王笛《街头文化:成都公共空间、下层民众与地方政治 1870—1930》,北京:商务印书馆,2013 年,第 313 页。——译者注
③ 李孝悌:《清末的下层社会启蒙运动:1901—1911》,第 95 页。
④ Massimiliano Tomasi, "Oratory in Meiji and Taisho Japan: Public Speaking and the Formation of a New Written Language," *Monumenta Nipponica* 57: 1 (Spring 2002): 43.

随着改良运动不断推进,政治活动分子开始从较大的中心城市向农村进发,在农村发表演讲,争取支持,并将新的公共机构推而广之。1903年,浙江濮院镇的一对父子听了集镇上的巡回演说后,"很受启发,遂创办了一所女子学校"。① 改革家们推行了一系列新机构和新实践,如改良派社团、阅览室、辩论和演说教学等,发表演说也是其中之一。② 他们还建议在学校里专门设立演说科目,以此加快变革的步伐。1901年,蔡元培发表社论,指出:"今后学人,领导社会,开发群众,须长于言语。"③为加强学校的演说课程建设,蔡元培还翻译了日语的公开演说教科书,此外,他还成立了一个公开演说社团。④

传统上,演说的国家是自上而下的,先由皇帝传到读书人,最后由读书人传到平民,平民听从读书人对话语的阐释。无论是在内容,还是在表现方式上,演说的国家都经历了一场革命。但是,从传统的宣讲、说书到近代演说,有些东西是一以贯之的,比如以引人入胜、增长见识的内容吸引众人的常用方法,这些东西有助于把变化融入地方社会中。但与传统中演说的国家不相称乃至形成鲜明对照的,是演说的社会,其中能够抄录、润色和传播改良、革命内容的人与场所比比皆是。

政治舞台上的公演

在变化的公共生活促使下,对于中国新政治环境下针锋相对

---

① Rankin, *Elite Activism and Political Transformation in China*, 234.
② 同上,第5页。
③ 李孝悌:《清末的下层社会启蒙运动:1901—1911》,第93页。
④ 邵守义主编:《演讲全书》,第592页。

的喧嚣,人们开始有了反思。1912年8月,国民党大会在北京召开的前两周,北京《爱国报》发表了署名为"谔谔声"的社论,社论题为《演说为最要之学问》,由两部分组成。① 文章主要说明了公众演说——或者说是政治和社会活动中的演说——重要在哪里,以及初学者如何学习演说。与鲁迅不同,作者认为文言和口语之间是有积极联系的:

> 演说有两种,一是动笔写在纸上,二是当着所有人的面开口讲话。演说写出来不难,但讲出来不容易。写下来的东西是让人读的——如果一个人能阅读的话——但讲出来的东西是给所有人听的。中国的教育还不太发达,不能阅读的人还有很多很多。因此,虽然讲话的技巧极其复杂,但学习讲话技巧是必不可少的。中国不缺人才,但把才能切实用在演说上的人的确是凤毛麟角。

通常,在"动笔"和"开口"的演说技艺中,教化功能是一个基本要素。作者认为,一个人选择面对听众,把本来会寄诸笔墨的想法用嘴讲出来,"给所有人听",这是一个令人瞩目的变化。像鲁迅小说中的"狂人"一样,一个人大声地提出和回答问题,让所有人都能听到,并自行承担由此带来的结果。

一个站得笔直,慷慨激昂,连讲话带比画的演说者形象,很快成了其所传达信息的一部分。如果这个演说者还是妇女、工人或农民,那么形象传达出的信息就更有冲击力了。那些老一辈学者在人们口中的典型形象,是"有点儿驼背"、心不在焉的书呆子。②

---

① 谔谔声:《演说为最要之学问》,《爱国报》,1912年8月8、11日。此引源的引文为译者翻译。
② Harrison, *The Making of the Republican Citizen*, 79.

117

用作家叶圣陶的话说,那些懒散的、心不在焉的读书人精英们已经被意气风发的国民取而代之,"个个昂首挺胸"。①"昂首挺胸"的人们理直气壮地呼喊、歌唱、鼓掌、质问,或者与鲁迅一道叱骂。在这一系列实际行动中,中国的政治美学发生了革命性的变化,从前以卑躬屈膝、等级分明为美,如今以个体的反抗和并肩作战的团结为美。

时人认为,人和事物的形象有着很大的政治影响。谔谔声指出,演说内容固然很重要,但在公开演说中,"言辞、语气和外表"都非常重要。这样说来,演说虽然是新鲜事物,但实际上"和在台上唱戏没什么区别",必须呈现出精心设计、精神饱满的舞台效果。两者的不同可能在于,在演说中,普通人可以像皇帝、将军、官员一样站上政治的舞台。

周锡瑞(Joseph Esherick)和华志坚(Jeffrey Wasserstrom)指出,近代中国的政治语言中,政坛就好比戏院,相当多的政治术语都借用了戏院里的行话。一个突然不受欢迎的官员可能会被赶"下台";另一些政治事件中,人们所看到的东西,可能是纯熟的"后台"操盘手一手炮制的。② 民国政治活动的实地环境,更让这种类比显得恰如其分。湖广会馆中央的大厅,既是唱戏的地方,也是举行政治会议的地方。为了唱戏时的舞台效果,大厅漆着醒目的红、黄色,天花板上挂着照明用的大灯笼。③ 湖广会馆是北京座位数最多的会馆之一,戏迷和政治会议代表可以在大厅里就座,大厅周围三

---

① Harrison, *The Making of the Republican Citizen*, 81—82.
② Joseph W. Esherick, and Jeffrey N. Wasserstrom, "Acting out Democracy: Political Theater in Modern China," *Journal of Asian Studies* 49: 4 (November 1990): 843.
③ 中国建筑艺术全集编辑委员会编,巫纪光等主编,柳肃等摄影:《中国建筑艺术全集 第11卷 会馆建筑·祠堂建筑》,第23页。

面还有上下两层的看楼,观众可以倚在看楼上。① 对于政治舞台的观众来说,偶尔混淆国民和戏院观众的区别,是没什么关系的。而他们把大众政治和唱戏、看戏联系在一起的理解,往往会得到认同。

20 世纪 30 年代,林语堂在自己的作品中抱怨"把人生看作戏剧"的人实在太多。像鲁迅一样,林语堂也觉得近代中国政治的问题在于表演充斥,实质空虚,政治如同演戏,于是人们也像看戏一样漫不经心:"吾们实实在在把人生看作戏剧。而此等戏剧表演之配吾人胃口者常为喜剧,此喜剧或为新宪法草案,或为民权法,或为禁烟局,或为编遣会议。"②然而,正如天才的戏曲演员或说书人可以演活一个人物一样,政治舞台上的"演员"也可以巧妙地把一个问题落到现实生活中。通过"使[他或她]所探讨的情况发生",就可以实现这一点。③ 比如说,一个女权运动者亲身参与政治的行为,就可以支持(或削弱)她主张的女子参政问题。只是声明女子有参政权,并不能让她真正获得参政的权利。但是,她可以公开反击人们对进入公共生活、大声发言的妇女的偏见,来证明自己对女子参政权的信念。她可能遭到男性的投票否决,但此时男性的敌意也证明了她的观点。通过"身体力行","演说人将自己的观点具象化,他/她的作为就是他/她观点的证明"。④

---

① 北京市文物事业管理局编:《北京名胜古迹辞典》,北京:北京燕山出版社,1992 年,第 228 页。
② Lin Yutang, *My Country and My People*,71－72. 引文译文来源:林语堂《吾国与吾民》,北京:宝文堂书店,1988 年,第 66 页。——译者注
③ Jonathan Culler, "Philosophy and Literature: The Fortunes of the Performative," *Poetics Today* 21: 3 (Fall 2000): 510.
④ Wilmer A. Linkugel, "Anna Howard Shaw (1847－1919), a Case Study in Rhetorical Enactment," In Karlyn Kohrs Campbell, ed., *Women Public Speakers in the United States, 1800－1925* (Westport, CT: Greenwood Press, 1993), 411. 着重号为引文作者所加。

当然，如果有军队、党派或要人撑腰，表现糟糕的后果会更容易抵消，突出的表现也会更容易发挥作用。女权运动者的政治表现往往比较激烈，与其说是因为她们是感性的女人，不如说是因为她们在公众面前的表现关乎女权事业的生死存亡。于是，出于必要，一些参政者显得更像"演员"了。

象征性强、意义关键、针锋相对等民国政治的特征，在国民党大会等事件中都有所体现。孙中山表现得如同自己还是国家领袖，而并没有被袁世凯取而代之一样。宋教仁扮演着政党领袖的角色，似乎他马上就要建立议会民主制一样。当然，在议会礼节方面，宋教仁已经遭到过打击了。唐群英等女权运动者则以非常高调的方式，展示了女国民能说出什么、做出什么。此外，袁世凯也用共和的服装、话语和仪式，粉饰着他成立没多久的独裁政权——他完全可以用其他手段维护政权的。

林语堂的暗讽表明，并不是每个人都肯定"政治如戏"的作用。鲁迅批评道，在这样的政治表演中，"群众，尤其是中国的，永远是戏剧的看客"，而不是亲身参与到政治中。① 无论话说得多么漂亮，光动嘴皮子既不能解决问题，也不能拯救国家。朱迪斯·巴特勒(Judith Butler)指出："演说的行为可以是一种行动，但这种行动不一定是有效的。"②中国许多支持共和的人，一开始以新方式谈论政治，就觉得话说得太多，事做得太少，即便做了，也做得不对。

到了 20 世纪 20 年代初，一位名叫"化鲁"的批判者，对于这种如戏的政治实在忍无可忍了。有太多的人，要么忙着把"脚本"

---

① Gang Yue, *The Mouth That Begs*, 79.
② Judith Butler, *Excitable Speech: A Politics of the Performative* (New York: Routledge, 1997), 17. 着重号为引文作者所加。

写得漂亮,要么忙着在观众面前"出风头"。① 20世纪30年代,还有一位作家说,那些忙着批判这、批判那的知识分子,就跟那些靠写春联挣钱的老书生一样,他们写出来贴在门楣上的春联都是吉祥话,可是怎样让这些吉祥话成真,他们根本就没留意过。②

聂其杰是一位退休的实业家,也是一位民众运动领袖,1925年6月五卅运动期间,他也发表了一篇题为《大粪主义》的文章,讽刺了光说漂亮话、不好好做事的现象:

> 现在政治家教育家都要讲一种主义,他们的主义都说得很高、很好听;但是主义尽管讲,国事格外糟,有人就怀疑了,就问这主义是应该讲吗?③

诚然,诸如此类的不满情绪表明,人们越来越强烈地要求领导人和政府为公开说的、写的、做的事情负责。但即使是人们对公共生活表示怀疑,也证明在政治中为人所见所闻的"台前"表现越来越重要。聂其杰认为,为了除掉"高远虚华"的言辞及其始作俑者——精英主义带来的弊病,所有国家领导人都应该每周去打扫一次公共厕所。他还提议,领导人打扫厕所时,应该派讲解员现场"说此项服务的意义,表明元首或长官系对于公众人民服务的!从最卑下的事做起,所以表示服务之忠诚",免得路人不明所以。④ 这个国家的政治精英所中的毒,"需要灌大粪汁方能解毒的"。聂其杰既批判了从前皇帝和文武百官的"排场享用",又痛

---

① 化鲁:《民众运动的方式及要素》,《东方杂志》第20卷第13期(1923年7月10日),第23—31页。
② 龙大均:《评"民治"与"独裁"的论战》,《中华月报》第3卷第3期(1935年3月1日),第A16页。
③ 聂其杰:《大粪主义》,耕心斋,1925年6月5日,第1页。
④ 同上。

斥了从外国学来的"西洋贵族式的卫生学"远离大粪之类的社会现实。针对此，聂其杰提出了这种政治公开的新途径，坚信如今的种种弊病会由此一扫而空。

语言的障碍

虽然一个人当众展现的样子未必是真实的他/她，但新政治可以让更多人参与或关注政治生活，这一点是无可否认的。通过公开的、包罗万象的政治表演，政治不再局限于一小撮能够阅读文章或宣传册的读书人，普通民众也可以成为政治舞台上的"演员"或台下的"观众"。

当然，如果你是广东人，而你的交流对象是北京人，离开了通用的书面语，口头交流还是很困难的。如果只是两个人对话，而且两个人的文化程度都比较高，那么靠"笔谈"交流想法就可以了。革命家何香凝如是回忆她在外学习的经历："我是广东人，那个时候还不懂普通话。我和他们那些外籍同志都是用笔谈的。"① 然而要记得，当时人们总是把"四万万中国同胞"挂在嘴边，这样一来，两三个人甚至十个八个人的"笔谈"当然都是杯水车薪。改良派和革命派都坚信，面对"四万万"之巨的人口，只有能把所有人动员起来的手段才是有效的。据估计，晚清时期全国男性识字率约为45％，女性识字率约为10％。② 然而，

---

① 何香凝：《对中山先生的片断回忆》，尚明轩、王学庄、陈崧编：《孙中山生平事业追忆录》，北京：人民出版社，1986年，第33页。

② Glen Peterson, *The Power of Words: Literacy and Revolution in South China* (Vancouver: University of British Columbia Press, 1997), 8. 引文作者引用了罗友枝(Evelyn Rawski)和陆鸿基(Bernard Luk)关于晚清识字率的研究。

爱国心切的中国人并不希望救国事业局限于少数识字者,而希望所有人都能为救国贡献自己的力量。看得见的几千听众背后,是看不见的千百万民众,这也是口头政治交流激动人心的一点。

提倡公众演说的人很清楚,中国方言众多,不同地方的人实现口头交流并不容易。讲广东话的人当然可以读懂讲官话的人写出的文章,但如果是当面演说、互相辩论,他们能明白对方的意思吗?"聚集来听一场演说的人中,大多数必定来自同一省份",由此造成操不同口音、方言的人互不交流的问题,针对此,谔谔声主张采用"官话",来打破交流的障碍。即便如此,推动"有声"的公共生活带来的直接影响,可能还是将政治话语本土化,并对其造成制约。在像上海这样的城市,甚至更小的中心城市,有着大量来自全国各地的流动人口,可能并没有哪一种方言特别通行,能在成千上万的聚居者中畅通无阻。

语言障碍并不是不能克服。1912 年 8 月 25 日的广东人、湖南人操着带口音的官话发了言,北方人也发了言,但史料中并没有人反映听不懂与会代表的演说。毕竟,用扇子打宋教仁之类的举动,已经足够把自己的意图和想法表述清楚了。人们当场所做的事,解释了他们所说的话。唐群英这样一位受过良好教育、游历广泛的女性,演说时自然不会用湘东南老家的方言,而会用各路听众都能明白的口语。

演说者有时确实会忘记自己身处何方,滔滔不绝地讲着方言或让人难以理解的话。1919 年五四运动期间,北京的学生到京郊发表爱国演说,发现即使是在北方,标准官话也未必能让所有人听明白,更不用说南方官话了。学生们意识到,他们的方言土语和家乡口音五花八门,再加上民族主义、民主等"满嘴的新名辞",别人听着"感受困难"。① 在演说的基础上,采用文学化的表述、道具、演戏等手段,人们就更容易明白了。在开始《太阳有多大?》《共和与国民》《总统与车夫之比较》《"我们"是谁?》一类的专题演讲前,学生们会先用留声机放一段唱片。为了吸引人群,学生们还会挂起横幅,打起铜锣,这和张继在国民党大会上示意会议开始的方式如出一辙。② 此外,选择演说地点时,学生们也学会了像说书人一样,选择最繁华的闹市区。③ 闹市区里聚众围观稀松平常,学生们在闹市区发表政治演说,也可以避免过于引人注意。④

1928年和1934年,余楠秋先后出版了两本关于公众演说的书,直言1919年的五四运动和1925年的五卅运动能够成功,演说的普及功不可没:⑤

> 现在的中国人,大多数是不识字,不能读书,然而他们的耳朵,是可以听的;吾人如果想要引这大多数的中国人于正轨,非先说服他们不可。所以演说家须认定他的目标,把责任放在自己的肩膀上,改良社会,促进文化,纠正政治的不良,奋争外交之失败,唤醒国民于睡梦之中,使人人都有国家的思想。⑥

---

① 张允候编:《五四时期的社团》(二),北京:生活·读书·新知三联书店,1979年,第158页。
② 邵守义主编:《演讲全书》,第596页。
③ 张允候编:《五四时期的社团》(二),第168页。
④ Deng Yingchao, "The Spirit of the May Fourth Movement," In Patricia Ebrey, ed., *Chinese Civilization: A Sourcebook* (New York: Free Press, 1993), 361.
⑤ 余楠秋:《演说学ABC》,上海:世界书局,1928年,第8页;余楠秋:《演说学概要》,上海:中华书局,1934年,第11页。
⑥ 余楠秋:《演说学ABC》,第80页。

第二章　中国历史上的演说

20世纪20年代末,任毕明倡导公共演说,认为经过适当的训练,人们"支出的只是几口空气",就能"变化出千百万万倍的空气",打动千百万人。① 任毕明虽然也同意需要一种全国通用的口语,但他还是建议演说者们学习和使用地方方言,以便人们理解。在很久之前,传教士们就开始这么做了。② 任毕明直截了当地指出,如果不这样做,最后中国人的通用语将不再是官话,而是日语。

作为宣传和教育工具,公共演说的一个好处在于,演说者能立即从听众那里得到反馈。演说者很难对那些尴尬得提前退场、打瞌睡、发出质问的听众视而不见。如果说人们学习参与大众政治的速度很快,那么,民众与那些以他们的名义发表言论、采取行动的共和主义者直接接触,就加快了这一进程。一个人想象的"农民"或"市民"是一个样子,但"农民""市民"真正的行为和反应可能跟想象中的完全不一样,这就让人很难再固执己见。而书面宣传的作者想要得到此类反馈,可能就只能等待编辑收到的读者来信,或者看报刊的订阅量如何。1926年,《向导》周报就曾收到一封读者来信,信里说,在自己居住的村庄,村民们对《向导》中那些难以理解的术语毫无兴趣,他们更关心的是豆腐多少钱一块。对于村民而言,这些充斥着"列宁""封建主义""马克思"等专业名词的报刊,唯一的价值就是拿来包油条。③

---

① 任毕明:《演讲·雄辩·谈话术》,香港:实学书局,1966年,桂林:1941年初版,第1页。
② 同上,第13页。
③ 《向导》周报第166期,1926年8月6日,第1669页。

"登台演说不易"

1912年9月11日,国民党大会结束两个多星期后,北京的另一家报纸发表了题为《登台演说不易》的文章,讨论演说问题。① 这篇文章写作时,距武昌起义一周年纪念日只有一个来月,此时北京等城市的"演说热"引起了作者张建园的兴趣。虽然他和谔谔声一样,承认从"写"到"说"的转变是有难度的,但他仍然肯定了口头演说的力量和普及程度。

虽然如今登台演说不仅必不可少,而且稀松平常,但即使是受过教育的中国人,也有不少觉得登台演说并不容易。为什么会这样?毕竟,即使白话文越来越流行,写一篇汉语文章也肯定比演说的要求更高。要写好文章,不仅要识字,还要有学问。相反,要发表演说,只要带着足够的愤怒或关切之情,面对听众大声讲就是了。

二次革命失败后,张继等革命党人被迫再次踏上流亡之路。其间,张继在东京的一场中国留学生大会上发表了演说,这张拍摄于1913年至1916年间的照片(图3)生动地展现了当时的场景。大厅里最主要的装饰是民国的五色旗。讲台后挂着底气十足的标语:"大中华民国万岁!"台上还贴了一张简单的名签,写着演说人的名字——"张继先生"。台下的听众基本都是男性,集会的程序充满了议会正式议事程序的色彩,当时无论是政府,还是非政府组织,集会程序都大体如此。张继身着白色衣服,双手比画个不停,给拍照和冲洗曝光造成了不小的麻烦。最后,在照片

---

① 张建园:《登台演说不易》,第1、3页。

里,张继的脸和手都是模糊的。

图3 在东京的中国学生①

张建园认为,既为演说者带来机会,又让演说者冒着风险的,正是演说和公共生活狂热与情绪化的特质。用谔谔声的话说,"写下来的文字映入眼帘,人们就能知道意思;而声音不仅震动了耳膜,也激发了情感。演说者发出了愤怒的哭号,因为情绪激动,他们的声音都哽咽了"。② 李孝悌对辛亥革命前十年的民众运动

---

① Bain News Service/美国国会图书馆提供,LC-B2-097-10.
② 谔谔声:《演说为最要之学问》。

进行了详尽的研究,研究证实,无论政治演说在何处发表,其最大的影响都在于情感。① 公开演说是渲染情绪的有力途径,因此也需要有所节制,以便有效发挥作用,避免产生危害。演说者要激励和动员他人,既靠激情,也靠理性。张建园认为,要让观众"感动",演说者一定要显得"精神"。同时,在需要面对公众时,内心必须保持"镇定"。如果不镇定,怎么能恰到好处地用好演说技巧呢?梁启超、孙中山等成功的演说家,在面对兴奋或躁动的人群时,都很清楚保持镇定的重要性。近代讲座、演说是面向大众进行的,这对学习演说的人是一个特别的挑战。韩蠢在教授演说技巧时,就警告想演说的人,如果以为自己可以仅凭天赋,像私下交谈一样登台演说,终究会陷入困境的:"若是没有演讲学理的研究,登台演讲时,每不免有所战惧震栗,以至于面红耳赤,话怎样说,手怎样摆,都不知如何是好了!"②这种恐慌当然是可以理解的。余楠秋1934年出版的《演说学纲要》(现藏清华大学图书馆)中,最突出的一部分就是讲"怯场"的,其中有一段文字尤为引人注意,言之凿凿地告诉读者,"大多数"听众都会天然地与演说者感同身受。③

保持镇定也许并不容易,毕竟在台上演说时可能会遭遇种种意外。演话剧或唱戏时,演员需要知道自己的台词,并从其他演员的表演中得到提示,但并不需要与另一部戏中的人物竞争,因为他们不会来抢占舞台,打断演出,改变演出内容。政治如戏,但归根结底,政治这出"戏"是要争夺舞台掌控权的,是要努力让己方"台本"不被打断的。即使你很清楚自己想说什么,这也可能很

---

① 李孝悌:《清末的下层社会启蒙运动:1901—1911》,第128页。
② 韩蠢编著:《演讲术》,上海:《大公报》代办部,1937年,第11页。
③ 余楠秋:《演说学概要》,第84页及其后内容。

困难，有时甚至根本做不到。张建园列出了几种可能会让演说者慌张不安的情况。他举了个例子：要讨论爱国主义这一热门话题，等轮到自己发言的时候，发现前面的人"已将我所欲说的都说完啦"。在一个国家危机不断的时代，人们的演说有时确实会显得千篇一律。这固然有助于树立共同的爱国观念，但对演说者个人而言，高度重复的演说可能会让人很为难。一个政治会议上的发言者一般都不止一位。如果你没有孙中山的名望和资历，你的发言可能就要排在后面，然后你也许就会发现，前面的人好像已经把自己准备的话给讲了。但这还不是最糟糕的，张建园更担心的是，在一个"拥挤"的大厅里，躁动或不满的听众可能会开始"窃窃私语，发出嘲笑"。如果缺少必要的天赋或训练，演说者可能会表现出"一种畏缩的态度，一定要露出一种言语失当，口齿发钝，声音欠调"。①

在新成立的中华民国，国民的投票似乎并非权力的直接或可靠来源。就连谁是"国民"都颇有争议。② 会议和集会既可能让人获得一些国民代表的支持，也可能让人失去一些国民代表的支持。在缺乏有效民主机制的情况下，听众抱怨、喝倒彩、睡着或提前退场，让演说者"下不来台"，大致可以当成一种民主问责。③ 虽然这种"问责"会刺激演说者们磨炼演说水平，但缪金源个人还是认为，眼下公开演说水平普遍低下，这一现象值得担忧：

---

① 张建园：《登台演说不易》，第1页。
② Guy S. Alitto, "Rural Elites in Transition: China's Cultural Crisis and the Problem of Legitimacy," *Select Papers from the Center for Far Eastern Studies* 3 (1978 - 79).
③ 参见布鲁斯·林肯（Bruce Lincoln）关于公众事件如何影响政治成败的观点。Bruce Lincoln, *Authority: Construction and Corrosion*, (Chicago: University of Chicago Press, 1994).

我们常常看见一个演说的人跑上了演说台,总是说:"我兄弟本来没有话说"。下台总是说:"我兄弟的话完了。"你兄弟既然没有话说,为什么上台!你兄弟既然下台,自然知道你是完了!他们从不肯预备演说稿;他们说话从没有"最高点"(climax)。那只是乡下老太太们的谈家常(idle talk),那里配称演说!①

相反,一个过于紧张、表现过于夸张的演说者,也可能"使台下的人好像看一个疯狂院出走的疯子"。②

直到几年之后,政治当局才得以保证,即便讲座和演说非常无聊,听众也会适时鼓掌。在这一切成为可能之前,领导者和追随者是彼此制约的。虽然民国早期活跃而开放的政治局面并不是真正的民主,但是1910年代未能建立稳定的议会制度,并没有阻止国民生活继续发展的步伐。关于言行在公共生活中的作用,政治理论家汉娜·阿伦特(Hannah Arendt)曾提出了一个渐变的政权分类谱系,谱系一端是最"健谈"、最民主的,另一端是最沉默、最极权的。③ 她认为,极权主义下不具备谈论政治的条件。阿伦特秉承的价值——为实现自由个体共享的世界而自由实行政治——与鲁迅所设想的全国团结一致并不一致。然而,她的"健谈"政权理论和鲁迅的"有声的中国"代表着相似的价值观。对于个体出面发声,以及为群体发声,两人都给予了高度重视。尽管在1910年代和1920年代,民主制度遭到了袁世凯等人的破坏,但谭谭声、张建园、韩蠡、缪金源等许多人都注意到,中国的政

---

① 缪金源:《缪序》,第4页。
② 任毕明:《演讲·雄辩·谈话术》,第12页。
③ Hannah Arendt, *The Human Condition* (Chicago: University of Chicago Press, 1958), 25-26.

治越来越"健谈",越来越"有声",并对此予以肯定。

虽然公开演说带来了一些挑战,但张建园仍然认为,演说者和听众都可以从演说中得到巨大的收获。持这种观点的人不止张建园一个。1905年,上海《申报》就曾直呼:"白话乎演说乎,可以为铸造国民之原料。"①1912年秋,《长沙日报》发表的一篇社论称,"社会上已普遍认为,演说产生的影响"帮助推动了"政治进步""社会教育"和"共和之下的公义"。② 谔谔声也指出:"众所周知,公众演说可以比文字更快地把人们鼓动起来。"③缪金源认为,演说者只要经过适当训练,就能够控制住听众:"你教他笑他就笑,你教他哭他就哭;他们出了演说场,还不忘记你要他记住的几点;不但今天不忘记,经过一年半载,十年二十年,还不忘记。"④

正如张建园所料,政治斗争进入公共领域,必然会激发强烈的情感表达。中国人很早就注意到了外国演说术调动感情的本质,但对此并不是一直认可的。西方政客"口出狂言"的样子不仅应了儒家警惕巧言令色的劝诫,还印证了一般人对演说的看法——只有叛贼等铤而走险的人才会做演说。⑤ 但是如今,在中国,在爱国热情的刺激下,"狂言"在公共话语中终究有了基础。

中国民众的情绪,是20世纪初最浓墨重彩的政治遗产之一。流下的眼泪、好斗的姿态、比比画画的双手、涨红的脸庞,都是演

---

① 李孝悌:《清末的下层社会启蒙运动:1901—1911》,第92页。
② 《长沙日报》,1912年10月14日,第10版。此引源的引文为译者翻译。
③ 谔谔声:《演说为最要之学问》。
④ 缪金源:《缪序》,第6页。
⑤ R. David Arkush and Leo O. Lee, *Land without Ghosts: Chinese Impressions of America from the Mid-Nineteenth Century to the Present* (Berkeley: Universityof California Press, 1989), 68-69.

说者和听众所共同赞许的。① 晚清流行的小说,无论是古典小说,还是现代小说,男女主人公都是"有字皆泪",小说中经常会出现爱人参加辛亥革命,不幸倒在战场上,"手中却紧握着一札情书和日记"之类的桥段。② 1919 年,北京学生为反对《凡尔赛和约》,站在总统府门外"哭着抗议,整整两天两夜没合眼"。③ 邓颖超回忆,自己和其他女学生初期去宣讲时,"有时声泪俱下",果然"听的人也很受感动"。④ 虽然一些公开演说的倡导者认为,确实有一些技巧可以根据需要激发情绪,但另一些人则觉得,演说者的情绪可以用更直接而质朴的方式传染给听众,此时听众也会像谔谔声所描述的,"感受到热情的高涨,内心的澎湃"。拥护共和的革命党人形象,核心就在于激进主义和情绪间的关系。⑤ 正如李海燕(Haiyan Lee)所言,这种情绪可能源于儒家伦理、激进个人主义、革命团结等多种多样的"感觉结构"。⑥ 肢体语言、泪水和饱含情感的文字,生动形象地把台上台下的个体与全国、全人类联系了起来,由此产生了持久而特别的感染力。

梁启超是他那个时代最伟大的政论文作家和政治演说家之一。他不仅能写出以犀利而有新意著称的文章,还能吸引众人认

---

① Weston, *The Power of Position*, 177.

② Haiyan Lee, *Revolution of the Heart: A Genealogy of Love in China*, 1900 – 1950 (Stanford: Stanford University Press, 2007), 63, 83.

③ Chow Tse-tsung, *The May Fourth Movement: Intellectual Revolution in Modern China*(Cambridge, MA: Harvard University Press, 1964), 165.

④ Deng Yingchao, "The Spirit of the May Fourth Movement," 361. 引文译文来源:邓颖超《五四运动的回忆》,中国社会科学院近代史研究所近代史资料编译室主编:《五四运动回忆录》,北京:知识产权出版社,2013 年。——译者注

⑤ Hong-Yok Ip, "Politics and Individuality in Communist Revolutionary Culture," *Modern China* 23: 1 (January 1997): 34 – 35.

⑥ Haiyan Lee, *Revolution of the Heart*, 300.

真听自己演说,即使遭到攻击,也能巧妙应对。① 1921年,梁启超在北京高等师范学校平民教育社做了一次演说,这次演说的主题是当时最热门的话题之一:国家和人一样是个有机体,只有积极锻炼才能强国。与《文明小史》里那位不巧弄丢了讲稿的魏榜贤不一样,梁启超将学生们生活里的例子信手拈来,语言非常生动形象。他赞扬了运动的价值,认为每一个个体都是国家的"细胞",个体动起来了,国家的血液就动起来了。他还嘲笑"那些方领矩步的老先生们",他们"看着你们学生赛打球。两边成群结党,个个打得满身臭汗。究竟所为何来?殊不知你们每日或隔日打一次球,便是身体保健的绝妙法门,比吃人参鹿茸还强几倍"。② 新的体育和政治有着同样的活力,于是无论是踢球踢得汗流浃背的运动员,还是站得笔直,慷慨激昂,一边比画,一边流着泪的演说家,都体现着人们对自我和国家更深层次的信念。沉默认命的旧政治已经不再奏效,新的政治要比旧的更好。

公众展现的样子,发出的声音,甚至——用梁启超的话说——散发的气味,都由不得人不注意。在欧洲和美国革命早期,社会学家托马斯·潘恩(Thomas Paine)就观察到,专制政府"让人们感觉到(压迫),从而刺激人们思考",并认为这是一个好现象。③ 革命年代,要激发人们的政治思考,可能需要更充分地运用人们的感觉和情绪。正如亨利·大卫·梭罗(Henry David Thoreau)所言,"你投下的选票,不仅仅是一张纸,而是你全部的

---

① 梁实秋:《从听梁启超演讲谈到名人演讲》,《传记文学》1998年第6期,第27页。
② 梁启超:《梁启超诗文选》,广州:广州人民出版社,1983年,第190页。译文引文来源:梁启超《外交欤内政欤》,张春田编:《讲坛上的中国:民国人文演讲录》,南京:南京大学出版社,2015年,第17页。——译者注
③ Thomas Paine, *The Rights of Man* (New York: Penguin, 1984), 118.

影响力"。① 中国的国民不能投票,但这并没阻碍他们公开发出自己的声音,采取自己的行动,从而发挥自己的影响力。

一旦听众的情绪激发起来,演说者或活动组织者就多了一项考验,即控制住听众的情绪。经验表明,许多东西,比如不怀好意的诘难,都可能让一场精心策划的活动陷入混乱。任毕明建议,演说者可以利用自己潜在的"无形权力"来"控制会场"。② 然而,总可能有那么一两个"俏皮分子"来搅局,甚至"感染"其他观众。除了不怀好意的提问,演说者还需要时刻准备应对"引起吵闹、发出怪声、交头接耳或嘟嘟囔囔"的听众们。针对这些情况,任毕明建议,可以用犀利的目光让质问者闭嘴,发动全场观众一起压制捣乱不休的人,或者让打断演说的人等到提问时间再发问。在余楠秋看来,最理想的演说"是一个人说话","演说者并不让旁人开口"。③ 不确定性是大多数公共事件的一部分,余楠秋希望将不确定性彻底"防患于未然",是可以理解的;但这也显示出了罗兰·巴特(Roland Barthes)发现的一种趋势,即演说者坚决地扮演"权威的角色",这一转变"让每个演说者都在某种意义上成了警察"。④

在某种意义上,镇定和自制需要依赖原始的情感,以证实与它们对立的价值观,年轻人和女性运用起原始的情感来,往往比中老年男性更具有感染力。然而,这种姿态和策略并不严格受性别、年龄的局限。孙中山在压力之下镇定自若、不失风度是出了

---

① 转引自 Daniel Ellsberg, *Secrets: A Memoir of Vietnam* (New York: Penguin, 2002), 263.
② 任毕明:《演讲·雄辩·谈话术》,第42页。
③ 余楠秋:《演说学概要》,第15页。
④ Roland Barthes, "Writers, Intellectuals and Teachers," in Susan Sontaged. *A Barthes Reader* (New York: Hill and Wang, 1982), 380.

名的,但他偶尔也会公开表白心迹。孙中山与年轻的宋庆龄结婚,招致了很多反对,他不得不站出来为这段婚姻辩护,带着几分火气表白自己对宋庆龄的挚爱:①"我爱我国,我爱我妻""我不是神,我是人""我是革命者,我不能受社会恶习惯所支配"。此外,孙中山演说到"中国的危机,会近乎歇斯底里"。② 这就是孙中山魅力的一部分。教育家蒋梦麟如是回忆辛亥革命前的求学经历:"从梁启超那里,我们得到了精神食粮;从孙中山那里,我们得到了情感滋养。一般来说,当一个决定性的时刻来临时,行动正是由情感引发出来的。"③梁启超则反驳道,孙中山可以让观众发笑,但能让观众动情的还得是他梁启超。④ 毫无疑问,梁启超新鲜、活泼的写作风格之所以吸引了大批读者,一定程度上就是因为"饱含情感"。⑤ 而孙中山爱得多深,恨得就多深。到了晚年,他最恨的人主要是陈炯明。陈炯明是广东的一位革命党人,1922年,他发动了一场反对孙中山的军事政变。"一提起陈炯明的名字,孙中山和蔼可亲的表情马上就变成了杀气腾腾的怒目而视,谁敢为陈炯明说一句话,孙中山都得努力克制着冲上去掐他们脖子的冲动。"⑥

　　演说者和领导人也可以为煽动大众而利用大众的情绪。那些话都说不利索的驼背学究,至少不大可能煽动暴民生事。余家菊曾著书探讨"领袖学",认为成功的领导方法往往都可悲地利用

---

① 《孙中山轶事集》,上海:三民公司,1926年,第167页。
② Wilbur, *Sun Yat-sen*, 204.
③ Tang Xiaobing. *Global Space and the Nationalist Discourse of Modernity*, 161.
④ Chang Hao, *Chinese Intellectuals in Crisis: The Search for Order and Meaning (1890–1911)* (Berkeley: University of California Press, 1987): 121.
⑤ 陈建华:《"革命"的现代性:中国革命话语考论》,上海:上海古籍出版社,2000年,第14页。
⑥ Fitzgerald, *Awakening China*, 137.

了人性的弱点。他阐述并辛辣地讽刺了"迎合群众心理"的可怕后果,与鲁迅对群众潜在野蛮性的担忧可谓异曲同工:

> 人们喜欢激烈,自己便拼命的激烈;人们喜欢叫嚣,自己便努力的叫嚣。处处总是跟着多数跑,时时总是顺着潮流走。不但不与人违拗,而且加倍地比众人出色。领袖的资格便成功了。你们讲新文学,我便讲废除汉字;你们讲新文化,我便讲烧尽线装书;你们讲打倒偶像,我便讲打倒孔家店;你们讲自由恋爱,我便宣告兄妹结婚;你们讲家庭革命,我便来实行杀害父亲。如此的行动,可以表示自己的觉悟,表示自己的彻底,表示自己是站在战线之前。群众看着,当然鼓掌叫绝,钦佩你的勇敢。你的大名,便深深地印在人心之上,都仰你为他们的明星。至于有头脑的人,当然私自指摘你,不过只敢在密室内关门骂你。①

孙中山经常被批评"讲大话"和"吹牛",可余家菊担心的是,"大话"和"吹牛"如今已经用得驾轻就熟,可以猛烈地、激进地运用起来了。就像一个人可以通过夸大自己的履历和资质获得职位、找到对象一样,领导者也可以将大话"灌"到追随者的耳朵里,让大话"从他耳里,溜到他心内,将活活的一个脆薄的心灵慑伏了,麻木了。对于你再也不敢起反抗之念,有怀疑之心"。② 余家菊反对大多数改良和革命思想,而更倾向于老派的"家族式"领导,因为他认为,这种领导方式可以把"老的父,小的女儿"都维系在同一个社会。③

---

① 余家菊:《领袖学》,上海:大陆书局,1932年,第40页。
② 同上,第41页。
③ 同上,第14页。

孙中山、梁启超、袁世凯等人总是表现得泰然自若,而以激进青年为代表的另一些人则很容易涕泗横流,将自己的感情和盘托出,两者看似对立,却正如阴阳两极,在政治生活中紧密交织着。不同政治面相并存,也让个人和团体的政治策略更丰富了。视情况需要,唐群英既可以大哭大闹,也可以表现出冷静和威严的姿态。在诸如此类的政治表演中,年轻人扮演着特别重要的角色。有时,年轻人能胜过长辈,未必是因为他们能言善辩,而是因为他们把自己的"全部影响力"投入到斗争中。巴金的长篇小说《家》记录了五四运动期间成都的社会文化变迁,小说中那些满怀爱国热情的年轻学生们"出去演讲、宣传,带着行李,准备捉去坐牢",赢得了人们的关注和掌声。[①] 现实生活中也有这样的例子。当时的北京女子师范学校校长,听说年轻的女学生们打算和男同学、男教师一起走上街头,就把校门锁上了。[②] 他把学生们召集到一起,就此进行了"严厉"训话,但怒不可遏的学生们"一齐拼命把后门打开,蜂拥向外冲出,沿街讲演"。女同学用手帕包着钱,把这些用于帮助被捕学生的钱送到关押男同学的地方,这些钱里有一部分还是士兵和守卫捐出的。虽然鲁迅本人没有直接抗议政府虚浮专断的行径,而是选择了忍耐,但他对这些不假思索地采取行动的学生给予了高度赞扬,这是有目共睹的。

这类象征性行动的说服力不亚于任何书面文字,而且能引起精英和大众政治伦理观的共鸣。明朝有一位正直的官员叫海瑞,

[①] Pa Chin, *Family*(New York: Doubleday, 1972), 61. 引文译文来源:巴金著,李今编《家》,北京:华夏出版社,2008 年。——译者注

[②] 吴玉章:《中国妇女运动在五四运动中走上了自己解放的道路》,罗琼编:《妇女运动文献》,哈尔滨:东北书店,1948 年,第 101 页。

他给嘉靖帝递上奏本之前，"就买好一口棺材，召集家人诀别"。① 嘉靖帝听罢此事，"长叹一声，又从地上捡起奏本一读再读"。海瑞上奏的对象只是皇帝一人，但如今这些表明立场的行动，受众早已不是一个人或少数人，而是许多人。小说和报纸的读者，以及演说和抗议行动的观众，反复读到和听到向他们这些"国民"传达的时政信息。他们的反应，无论是哭泣、叹息、愤怒，还是呼喊，都在参与塑造中华民国的新政治惯例，其中就包括领导者和被领导者公开进行情感交流的新方式。

孙中山的继任者和对手——临时大总统袁世凯，向来不爱四处演说，但即便是他，也觉得有必要偶尔发表一次公开演说，确认——虽然不那么心甘情愿——某种"公众"如今确实存在于政治生活中。1912年春，中华民国首都和政府迁至北京；当年4月29日，袁世凯出席了北京参议院成立会议，并致欢迎辞。② 他从自己居住的中华民国外交部客房出发，乘马车前往位于内城里宣武门东面的参议院大楼，那是一座现代风格的建筑。一路上，上百骑兵簇拥着马车，士兵们沿街站立，端着步枪，枪上装着刺刀。袁世凯步入参议院时，议员嘉宾们报以雷鸣般的掌声。会议厅里挂着旗帜，一支军乐队在奏乐。参议院议长林森坐在高台上，其他议员坐在台下。袁世凯在林森身后落座，总理唐绍仪和内阁其他部长坐在左侧，下级官员则在下面列席。林森首先宣读了出席会议的参议员名单。接着，穿着灰色军装的袁世凯走到讲台上，像欧美政要一样，从上衣口袋里拿出一份讲稿念起来，"声音不太响亮，口齿也不大清晰"。台下的200人听得非常吃力。一位在

---

① Huang, *1587*, 135. 引文译文来源：黄仁宇《万历十五年》，北京：中华书局，2006年，第120页。——译者注
② *North China Herald*, May 4, 1912, 304–5.

场的记者反映,如果不是事先拿到讲稿的文本,要听明白袁世凯在说什么,几乎是不可能的。尽管如此,这位记者还是赞扬袁世凯"演说的每一点都体现出了他的大丈夫气概"。① 演说的中心内容是,民国面临经济和军事上的双重挑战,必须采取一些"实际"的手段解决问题,这些"实际"手段就是袁世凯过去十年中一直采取的措施,如此强调清末新政,可能会冒犯许多革命派。尽管如此,林森还是发表了简短的回应,向大家保证,参议院对袁大总统完全有信心。

一家报纸报道,听众中有"外宾、记者、平民和女子两名"。② 另一家报纸的报道则说当日有 7 名女性。③ 其中,"最特别"的是留着齐耳短发的女子。这一天值得注意的不仅是演说者,也包括听众。与会者中,"90%的男性"剪了辫子,穿着西式服装。鉴于头发——男性是否还留辫子,女性留长发或是剪短发——已经被广泛地赋予了政治含义,在公共场合,人们甚至不用开口,就可以表明自己的观点。休会时,袁世凯及其随从和参议院议员到大楼外拍合影,袁世凯坐在中间,旁边是唐绍仪和林森。④

但是,还是出现了不和谐的声音,与会的一位参议员对一些由南京北上的参议员的资质提出了质疑。这一问题在之后的几天突然爆发,林森因此辞去了议长一职。⑤ 就在参议院大楼外,一小部分"女国民"因为没能受邀进入参议院或合照,发动了又一波抗议行动,公开要求女子参政权。虽然有新闻报道指责这些妇

---

① *North China Herald*, May 4, 1912, 304-5.
② 《盛京日报》,1912 年 5 月 4 日,第 4 版。
③ 《爱国报》,1912 年 5 月 1 日,第 2 页。
④ 谷钟秀:《中华民国开国史》,文海出版社,1971 年,1917 年初版,第 96 页后图片。
⑤ *North China Herald*, May 4, 1912, 304-5.

女的行为是"怯懦"的,但考虑到当天出动的大量带枪士兵和骑兵,她们义无反顾地投入这番抗议中去,还是展现了惊人的决心。如果运动中出现了"懦夫",那就说明运动已经进入激烈斗争的阶段了。

  袁世凯本人很少发表公开演说,而是用一样又一样的仪式取而代之,而且并不掩饰采取暴力手段的可能。与袁世凯不同的是,大多数公众人物似乎都渴望成为焦点,不放过任何一个发表演说或公开露面的集会。孙中山的演说从来都做不够。1912年,孙中山访问上海,有一天他没有告知随行人员就不见了,后来他回来了,笑着告诉一位等着他的同事,自己去一所小学演说了,之后还留下来和孩子们交了朋友。① 孙中山的外号"孙大炮"既有大众对他欣赏的意味,也有不敬的意味。这也说明,频繁向各年龄段的民众发起呼吁,积极在会议厅一类的公共场所活动,体现的到底是权力在握,还是软弱无力,这是一个很难说的问题。一方面,1912年袁世凯严密地掌握着军队和官僚机构,用阴谋将人和军队调动起来,似乎压倒了大谈特谈未来前景的孙中山。有时,有力的雄辩会取得一时的政治胜利,就像1912年8月25日所发生的事情一样,但未必能在一整年中或整个政治局势中取胜。有学者认为,中国政治文化鼓励领导者韬光养晦,以便更好地操纵和控制局势。② 公开的仪式掩盖了真正的权力行使过程。

---

① 耿毅:《在追随中山先生的年代里》,尚明轩、王学庄、陈崧编:《孙中山生平事业追忆录》,第56页。
② Lucian Pye, "An Introductory Profile: Deng Xiaoping and China's Political Culture," In David Shambaugh, ed., *Deng Xiaoping: Portrait of a Chinese Statesman* (Oxford: Clarendon Press, 1995), 8; François Jullien, *The Propensity of Things: Toward a History of Efficacy in China*, Trans. Janet Lloyd (New York: Zone Books, 1995), 49.

然而，如果通过演说、宣言、集会、会议和游行掌握公共领域，仍然不足以获得和掌握权力，那么这些可以让人看到、听到的活跃行动，就更是袁世凯等政治强人阴谋下的必要补充，也更是大胆挑战政治强人权力的途径。

公开演说的女性

任何人都可以站出来演说，文盲和没有相当社会资历的人也不例外，这让公开演说和公共生活既富有种种可能，也充斥着激进气息。女性要进入公共生活，政治演说是一个非常适合的切入点，因为她们并不像受过教育的男性那样，有其他更方便的途径参与到公共生活中。

金天翮是一位赞成女权的男性，他设想着妇女们利用自己的一切——"以脑、以舌、以笔、以泪、以血、以剑、以枪炮"——来争取自己的解放。[1] 女权运动者认为，通过公开演说，既可以实现争取女子参政权等目标，也可以借机打破传统，让女子不再陷于沉默，不再局限在大门不出二门不迈的家庭生活。1912年9月的《妇女时报》上，江纫兰指出："登坛演说，女子粲花妙舌，能使满座倾心。"[2] 唐群英、沈佩贞、王昌国等女性在公共生活中的表现证明了这一点。

唐群英的朋友秋瑾是一位名垂青史的女性，她反抗传统的束

---

[1] 鲍家麟：《辛亥革命时期的妇女思潮》，"中华文化复兴运动推行委员会"编：《中国近代现代史论集》第18编：《近代思潮》（下），台北：台湾商务印书馆，1986年，第948页；何黎萍：《民国前期的女权运动：19世纪末至20世纪30年代初》，博士学位论文，北京：中国社会科学院研究生院近代史系，1996年，第12页。
[2] 江纫兰：《说女子参政之理由》，第1—2页。

缚,并于 1907 年为革命而牺牲。秋瑾写过一篇开创性的文章,探讨如何将演说用作政治工具。这篇文章名为《演说的好处》,发表于 1904 年,此时秋瑾正在日本留学,并开始参与政治。文中批评中国人"把演说看得很轻",[①]还用了相当的篇幅抨击报刊上那些琐碎、噱头和耸人听闻的东西,并批评报刊过于狭隘,仅仅迎合商人和政客。她还在文中讽刺清朝官员连读报的时间都没有,因为他们"今日迎官,明日拜客;遇着有势力的,又要去拍马屁;撞着了有银钱的,又要去烧财神;吃花酒,逛窑子,揣上意,望升官"。[②]后来发生的事情证明,秋瑾、唐群英这样的女性尤其容易成为小报上这类流言蜚语和人身攻击的对象。秋瑾断定印刷媒体是陈腐而肤浅的,两相对照,通过演说召唤民众,对秋瑾有着强烈的吸引力。她还提出了一个提倡公开演说的人经常会提到的观点,即中国人文化程度太低,能读懂一份报纸的中国人太少。而通过公开演说传播"开化人的知识",人人都能听得懂,"虽是不识字的妇女、小孩子,都可听的"。

秋瑾指出,"随便什么地方,都可随时演说",无须精心准备或财力支持。对于流亡海外的人,以及每一个渴望将政治意见传遍全中国的人,成本低、不受地点局限是传播手段至关重要的两个条件。由于演说不需要收入场费,观众可能会非常多。这样看来,演说似乎是一种理想的政治宣传方法。秋瑾大胆设想,只要有"三寸不烂的舌头",就没必要非得去动员军事和经济资源。在当时仍然强大的清朝军警势力下,公开演说和当今作为政治策略的互联网一样,具有某些"不对称战争"的效能,只要加以适当运

[①] 秋瑾:《秋瑾集》,上海:上海古籍出版社,1991 年,第 3 页。
[②] 同上,第 3 页。

用,就会生成一种新的政治战略,其基础是动员群众和引导公众舆论。

秋瑾最直接的一批听众是同在东京的留学生。1904年,秋瑾提议从身边的留学生开始,成立演说训练团体,让革命同志们准备好用演说"唤醒国民"。① 她创办了《白话报》,一方面是为了让更多普通人能读懂报纸,另一方面也是为了提倡公开演说。② 关于秋瑾创办和经营公开演说训练团体的信息,有一部分源自宋教仁的日记。当时宋教仁也在东京生活,在他的日记中,多次提及自己去参加演说团体的会议,其特色是每月一次的演说。③

秋瑾最终走上了武装起义的道路,而没有仅仅靠演说来革命。她的行动和她在讲台上的表现一脉相承。肯尼斯·伯克(Kenneth Burke)观察到,个人和群体表现的转变,通常既有行动上的,也有言语上的。④ 1906年秋瑾回国,在浙江的一次学生集会上,她"拔出随身携带的匕首,猛地扎进讲台",并放言如果自己有任何叛国之举,在场诸位可以把她"直接用这把匕首刺死"。⑤ 秋瑾专注于在革命政治的舞台上贡献演出,这可能为她早早牺牲的结局埋下了伏笔。秋瑾的一生,是身为激进宣传家的一生。从她以匕首刺讲台之类的举动,可见她以故事中的侠客自命,这意味着,她和传说中的大侠一样,敢说多大胆的话,就敢做多大胆的

---

① 秋瑾:《秋瑾集》,上海:上海古籍出版社,1991年,第4页。
② 邵守义主编:《演讲全书》,第588页。
③ 宋教仁:《我之历史》,吴相湘主编《中国现代史料丛书》,台北:文星书店,1962年,第17,41,76页。
④ Kenneth Burke, *On Symbols and Society*, Ed. and introd. Joseph R. Gusfield (Chicago: University of Chicago Press, 1989), 15.
⑤ Ono Kazuko, *Chinese Women in a Century of Revolution*, 61.

事。① 对于操控人群的领导者,以及向领导者个人施加情感需求的人群,鲁迅一直都持怀疑态度,他曾写过一篇著名的文章,说秋瑾是被"劈劈拍拍的拍手拍死的"。② 在秋瑾的崇拜者心目中,终其一生,秋瑾既秉承着旧式侠客的理想,也对自己崭新的革命信念矢志不渝。③ 人们觉得秋瑾说了对的话,因为秋瑾后来做了对的事。那把插在讲台上的匕首,是秋瑾表达想法的一个道具,也是秋瑾对自己后来行动的一个承诺。

---

① Hu Ying, "Writing Qiu Jin's Life: Wu Zhiying and Her Family Learning," *Late Imperial China* 25: 2 (2004): 132-33.
② Spence, *The Gate of Heavenly Peace*, 94.
③ Hu Ying, "Writing Qiu Jin's Life."

第三章　女性的共和

秋瑾毫不掩饰的激进主义并非孤例。辛亥革命和中华民国的建立,鼓舞了成千上万的妇女参与到国家和地方政治中来。辛亥革命一起,就涌现了很多为争取参政权而斗争的女性,妇女团体也如雨后春笋,纷纷出现,她们组织起来表达政治主张的强烈热情,唯有满人和旗人能与之相提并论。① 这一现象的原因也许是,民国取代帝制,女性感受到的收益最多,而满人认为自己的损失最大。清朝最后十年间,政府在教育等领域的改革,尤其燃起了精英女性的希望,让她们感到,自己身为女性所取得的进步,与中华民族的前途命运紧密关联。② 今人曾如是阐释当时妇女的参政潮:"女界为革命潮流所鼓荡,风气渐开,又参加种种军事、救济、募饷等实际革命工作,益复认识国民身份与责任之所在。"③ 这些为参政权而斗争的妇女"一若迷梦顿醒",热情投入风云变幻的时局,在建立共和的革命事业中"如鱼得水"。④ 女革命家唐群英扇在宋教仁脸上的一记耳光,扇出了当时女性的理想主义,也

---

① 李喜所、许宁:《民元前后(1911—1913年)国民"参政热"评析》,《天津社会科学》1992年第2期,第51—59页。
② Joan Judge, *Precious Raft of History: The Past, the West, and the Woman Question in China* (Stanford: Stanford University Press, 2008), 8.
③ 李喜所、许宁:《民元前后(1911—1913年)国民"参政热"评析》,第52页。
④ 同上。

扇出了理想破灭后的沮丧之情。

有"咏絮之才"的女革命家

以唐群英为代表的女性,无论是置身战场还是演讲厅,无论是与女性还是男性为伍,都一样从容自在,游刃有余。这充分说明,行动力强、热心于变革等特质,既造就了作为制度的民国政治,也在个体身上有着生动的体现。辛亥革命前后,这样的个体在各地纷纷出现——既可能在东京,也可能在北京;既可能在沿海城市或省会,也可能在偏僻的村庄。她们的身份也五花八门,让人眼花缭乱,有的当了记者,有的从政,有的写诗,有的从军;有的将自己伪装起来,有的直接以本来面目示人。

1871年,唐群英生于衡山县新桥乡(今新桥镇)。新桥乡位于湖南南部衡山县城以西,距县城约四十公里。这里风景如画,连绵起伏的丘陵环抱着村庄,山上的树林郁郁葱葱,精心耕耘的田地整整齐齐地排开。① 如今我们能详细了解唐群英不平凡的一生,很大程度上要归功于其嫡孙唐存正执笔的唐群英家族史和口述历史访谈。② 唐群英的家乡是儒家思想的重镇,正是这里的士绅武装,协助清政府将太平天国运动坚决镇压了下去。唐群英

---

① 袁韶莹、杨瑰珍编:《中国妇女名人辞典》,长春:北方妇女儿童出版社,1989年,第498页;盛树森、谭长春、陶芝荪:《中国女权运动的先驱唐群英》,《人物杂志》1992年第2期,第82页;李天化、唐存正主编:《唐群英年谱》,第5页。
② 蒋薛、唐存正:《唐群英评传》,长沙:湖南出版社,1995年;李天化、唐存正主编:《唐群英年谱》。唐存正是唐遂九之子,唐遂九为唐群英胞弟唐乾一之子,即唐群英之侄。唐群英在独生女夭折后,将唐遂九过继到门下为子,唐遂九就此成为唐群英家的后人(李天化、唐存正主编:《唐群英年谱》,第303页)。

的父亲唐星照就是一名武将,十岁时即披甲从戎。① 唐星照本人体格健壮,气魄勇武,还有在行伍中和仕途上表现不俗的兄弟们。当时,湘籍名臣曾国藩组建了镇压太平天国的湘军,唐星照这样的人,正是湘军兵士的合适人选。入伍后,唐星照步步高升,官至提督。② 但是,他痛恨清政府的腐败和官场的尔虞我诈,以母亲生病为由,于1863年辞官回乡。这一年,唐星照40岁。

唐星照结束了自己的官场生涯后,得以将精力放在其他事务上,他亲力亲为教育他的三个儿子和四个女儿。他在家乡建造的府邸在当地堪称一景,府内养着高头大马,仆从如云,光是看守大门的狗就有七八条之多。③ 没错,这可不是《傲慢与偏见》中赫特福德郡的班纳特家族(the Bennets of Hertfordshire),而是一个和班纳特家族一样显赫、无可挑剔的中国士绅家族:慈祥的家长,操劳的母亲,儿女双全,孩子们都很聪明。唐府坐落在今天新桥镇边缘的山脚下,主体建筑"三吉堂"保存至今,已辟为唐群英故居,向公众开放。"三吉堂"傍有书室,绕以花园,不仅有多间客房,还有一间装潢入时的"官厅",专门用来招待官员。作为当地的士绅领袖,唐星照不忘造福乡邻,经常主办公益事业,出资修缮了一座石桥,还主持修筑了一座茶亭给行人歇脚。④ 在家里,他特意延请名师,为自己的孩子们传道讲学。⑤

唐群英是唐家的三女儿,因为从小就颇具咏絮之才,在兄弟

---

① 盛树森、谭长春、陶芝荪:《中国女权运动的先驱唐群英》,《人物杂志》1992年第2期,第82页。
② 蒋薛、唐存正:《唐群英评传》,第2—3页。
③ 同上,第2页。
④ 同上,第4页。
⑤ 同上。

姐妹中尤其受到父亲唐星照宠爱。① 唐群英这样的女孩"颇有名声,和男性亲友赛诗斗文时,总能抢走他们的风头"。按照很多名门望族的惯例,唐群英和姐妹们从小就跟着家里的男孩子一起上学。唐群英聪慧好学,小小年纪就通读四书五经,诗歌写得也很好。生为女性,唐群英不可能去参加科举考试,但她仍然学会了标准的八股文,还特别喜欢花木兰女扮男装替父从军的故事。

唐群英小时候和亲戚、客人的一些对话,透着十足的机灵劲儿,有时还颇有孩子气。这些对话彰显着唐群英的才华,为唐家后人所津津乐道,也在唐群英的家乡广泛流传。十五岁时,唐群英还写了一首题为《晓起》的诗,诗作富于简洁之美,颇受赞扬:②

清流依村曲,绿树接丹崖。

晨烟连雾起,山鸟趁晴来。

读到这首诗,父亲唐星照"恨不是男儿身"的感叹虽然传统,但其中的赞美之情是发自肺腑的。这番感叹似乎也预示了日后唐群英为妇女权利奋斗的事业:③"诗写得好,真有点儿咏絮之才,若是男儿,定光门楣也。"④据说,唐群英大胆地回了父亲一句:"若女儿,就不可以光门楣吗?"唐星照听罢,什么也没说。目睹女儿的才华,唐星照的反应和19世纪美国女权运动领袖伊丽莎白·凯迪·斯坦顿(Elizabeth Cady Stanton)的父亲非常接近。伊丽莎白小时候,获得了当地学校的学术荣誉,而这项荣誉通常

---

① Susan Mann, *Precious Records: Women in China's Long Eighteenth Century* (Stanford: Stanford University Press, 1997), 91.
② 蒋薛、唐存正:《唐群英评传》,第14页。
③ 同上,第14—16页。
④ 同上,第16页。

只会授予男孩。① 她的父亲丹尼尔·凯迪（Daniel Cady）是一名律师,也是一位慈祥的父亲,但儿子们都不幸夭亡。美国没有"咏絮之才"这种可聊以安慰的典故,丹尼尔只能无奈地叹息一声:"啊,你本该是个男孩的!"在唐家和凯迪家对女儿的悉心培养中,唐群英和伊丽莎白日后的人生走向已经有迹可循,不过此时,无论是在父亲还是女儿眼前,这种走向都还隐而未现。

唐群英在"雅话诗书"的氛围中度过了童年,养成了直言不讳的性格。② 同时,唐群英还颇有些"假小子"之气。她援引木兰从军的故事,说服父亲教她剑术,并获准骑家里的马,当然从马上摔下来是免不了的。③ 目睹这一切,母亲骂唐群英是"野猴子",父亲却开玩笑地夸唐群英是"女侠客",谁知这句玩笑后来竟成了现实。④ 唐群英的这些举动看似不合规矩,实则在大众文化和精英文化中都有一席之地。正如王政指出的:"无论男女,都既可尚武,也可崇文。以'文'为追求的男子不会被指责'娘炮';女子像木兰一样致力于武功,也不会被说成是'男性化'。"⑤唐群英则喜欢练武,也喜欢读书。于是,在唐星照的眼中,自己聪明伶俐的女儿,既是战士,又是诗人;唐群英自己也这样认为。比起希腊神话中的亚马逊女战士,唐群英也只是少了一身行头而已。⑥

然而,唐群英就算是"假小子",就算是雄心勃勃的"女侠客",也还是被迫缠上了双脚。小唐群英看见兄弟们不用遭此自毁双

---

① Laurel Thatcher Ulrich, *Well-Behaved Women Seldom Make History* (New York: Alfred A. Knopf, 2007), 22.
② 蒋薛、唐存正:《唐群英评传》,第5页。
③ 蒋薛、唐存正:《唐群英评传》,第8页。
④ 蒋薛、唐存正:《唐群英评传》,第10页。
⑤ Wang Zheng, *Women in the Chinese Enlightenment*, 21.
⑥ Mann, *Precious Records*, 100-101.

足的折磨,又是不解,又是愤怒,不仅扯掉了自己的裹脚布,还劝姐姐们也把脚放开。唐群英的母亲看见了,又强令仆人重新给唐群英裹脚。① 裹脚布缠上一次,唐群英就扯掉一次,最终她的双脚长成了"半大",而不是"三寸金莲",不至于像其他妇女那样行动不便。例如后来和唐群英并肩战斗的沈佩贞,就因为小时候裹脚,走路跛得很厉害。②

尽管唐群英是女性,但因为天资聪颖,她的成长经历与其他革命派颇为相像,比如后来与她亦敌亦友的宋教仁。宋教仁从小就特别顽皮,喜欢"惹事",17岁时,他竟然在自己的婚宴上号召推翻帝制,满座皆惊。③ 这些年轻男女的骄纵与做人"正派""得体"的规矩格格不入,但他们有着足够的文采和自信去向这些规矩发起挑战。目睹他们恃才傲物的姿态,有人会高兴,也有人会恐惧。儒家的大男子主义,成了这些有文化的年轻男女攻击的对象,但也恰恰是儒家文化,给了他们发动攻击的武器——文学上的、军事上的、社会上的武器都有。

唐群英在文学方面的才能和学习,在后来从事报业和政治宣传时派上了大用场。唐群英在家里跟别人说话、争辩时,有时就会锋芒毕露,后来唐群英参加革命,与人唇枪舌剑的功力,可能就是在这些家庭生活中的小插曲中练出来的。有一次,唐群英看见哥哥打骂仆人,立马就批评了哥哥,还引用了孟子的一句话,说明

---

① 蒋薛、唐存正:《唐群英评传》,第 6 页。
② 唐存正访谈,2005 年 6 月 5 日采访于湖南省新桥镇。见 Mary Gray Peck, *Carrie Chapman Catt: A Biography* (New York: H. W. Wilson, 1944), 203 - 204.
③ Don C. Price, "Escape from Disillusionment: Personality and Value Change in the Case of Sung Chiao-jen," In Richard J. Smith and D. W. Y. Kwok, eds., *Cosmology, Ontology, and Human Efficacy: Essays in Chinese Thought* (Honolulu: University of Hawaii Press, 1993), 221.

恻隐之心的重要性,那年唐群英才13岁。唐群英的这番批评,得到了家庭塾师的赞扬。① 哥哥的反应虽然没有记载,但也是可想而知的。在以后的人生中,面对不公,唐群英会不假思索地"起身演说";面对特定的对手,比如更年轻的革命同志宋教仁,唐群英也会不假思索地一个耳光扇过去。不管唐群英后来履行了多少国民义务,为组织负了多少责任,她永远都是一个有咏絮之才的读书人,一位令人敬畏的姐妹。

1890年春季,唐星照去世了。次年秋天,19岁的唐群英遵从母命,嫁给了曾传纲。曾传纲的堂哥是曾国藩,是当地和整个清王朝的大英雄。② 曾家祖籍在新桥西北的荷叶镇,曾传纲全家也住在那里。新桥与荷叶之间的通婚非常普遍。③ 曾家大院位于一个小山谷的高处,保存至今,如今这里是曾国藩纪念馆。荷叶镇就在这个小山谷里,因为与外界交通不便,形成了独特的荷叶方言。④ 唐群英离开了三吉堂,但值得安慰的是,婆家离娘家只有40里地,而且唐群英还有一个姐姐也嫁给了曾家,在她之前来到了荷叶。唐群英的婆家家境不错,公公是主宰家事的大家长,比较严厉,婆婆和唐群英相处得很融洽。最后,唐群英与丈夫之间也生发出了真挚的爱慕之情。

在荷叶,唐家两姐妹结识了葛健豪,她也是一位有文化的年轻女子,16岁时嫁入当地一个文官家庭。葛健豪后来为人所称道的一点,在于她是一个思想开明的母亲,不仅典当了自己的首

---

① 蒋薛、唐存正:《唐群英评传》,第10页。
② 同上,第16—17页。
③ 赵世荣:《女杰之乡:荷叶纪事》,长沙:湖南人民出版社,2005年,第113页。
④ 同上。

饰支持儿子参与革命,还支持女儿反抗包办婚姻。① 三位二十出头的女子,常聚在一起饮酒、作诗、对弈、"对月抚琴"、互诉心曲。②

事有凑巧,未来的革命家秋瑾在荷叶也有亲属,她的丈夫王廷钧是曾国藩的表侄,而且王家一直在荷叶开店。所以,虽然秋瑾和丈夫在长沙附近的湘潭居住,但从19世纪90年代中期开始,秋瑾还是会来到荷叶王家。③ 当时,秋瑾早已名声在外,人们都知道她是位思想前卫、饱读诗书、善于骑马舞剑的女子。④ 就这样,在与葛健豪和秋瑾的交往中,唐群英接触到了当时的新政治思想和社会热点问题。⑤

虽然唐群英出嫁了,但她并未从此脱离娘家;相反,她的婚姻正体现着娘家与精英阶层联系的进一步加强。而且这门婚事还给了唐群英一个很好的机会,让她与志同道合的同龄女性建立起了友谊。但婚姻确实会悄然给女性套上一把沉重的枷锁。有一篇流传已久的文章《内训》,教导女性应有的德行,其中列出了七个休妻理由,"口多言"就是其中之一,但唐群英早就把"口多言"从错误变成了可贵之处。⑥ 虽然结婚了,但唐群英并没有停止学习和思考,而是一直在读书,与他人的交谈也仍然富有激情与才

---

① 袁韶莹、杨瑰珍编:《中国妇女名人辞典》,第545—546页。
② 赵世荣:《女杰之乡:荷叶纪事》,第114—115页。
③ 蒋薛、唐存正:《唐群英评传》,第20—21页;Arthur W. Hummel, *Eminent Chinese of the Ch'ing Period* (Washington, DC: U. S. Government Printing Office, 1943), 169;李天化、唐存正主编:《唐群英年谱》,第10页。
④ 赵世荣:《女杰之乡:荷叶纪事》,第114页。
⑤ 蒋薛、唐存正:《唐群英评传》,第21页。
⑥ 中华全国妇女联合会妇女运动理事研究室编:《五四时期妇女问题文选》,北京:生活·读书·新知三联书店,1981年,第167—168页;Lisa Raphals, *Sharing the Light: Representations of Women and Virtue in Early China* (Albany: State University of New York Press, 1998),20.

华。唐群英从小对精英们互相走动司空见惯,这种精英阶层之间的来往,加上"书香门第"间安排的联姻,让荷叶成了更广泛的社会文化交往的据点,乃至中心。从荷叶向东走一两天,就是流经衡山、北去长沙的湘江,向南 40 里地则是繁华的衡阳市。新桥和荷叶虽地处偏乡,但并非与世隔绝,在湖南和南北各地流动着的人口、思想和商品,也在新桥和荷叶流动着。

唐群英本可能就这样一直在荷叶生活下去,但此时她接连遭遇了两起人生悲剧的打击。1896 年,她和曾传纲不满三岁的独生女突然发烧夭折。① 次年,曾传纲也去世了。② 26 岁的唐群英就此成了寡妇。本来,唐群英可能要面临留在荷叶守活寡的命运。对于女子守节之类的老规矩,曾家的严格是出了名的。唐群英一两岁时去世的曾家大家长曾国藩,一直是礼教和家规的坚定捍卫者。③ 然而,唐群英决定要回到三吉堂,朋友秋瑾和葛健豪都支持她回去,娘家也表示支持。在娘家和好友的强烈支持,以及自我觉悟的强烈驱使下,唐群英做出了这个无视父权支配和宗族控制的决定。当时梁启超、康有为等学者推崇和提倡的精英"社会性",也使得唐群英等女性能够独立行事,并且有着为同一个目标奋斗的志向。后来秋瑾到日本后,曾给湖南的一所新式女子学校写信,信中坚称:"欲脱男子之范围,非自立不可;欲自立非求学不可,非合群不可。"④秋瑾、唐家姐妹和葛健豪,把这些原则在新桥、荷叶等地运用了起来。

于是,唐群英回到新桥娘家,照料母亲和兄弟们。她没有孩

---

① 蒋薛、唐存正:《唐群英评传》,第 27 页。
② 同上,第 32 页;李天化、唐存正主编:《唐群英年谱》,第 10 页。
③ 何贻焜、黎锦熙:《曾国藩评传》,北京:中国社会出版社,1999 年,第 906 页。
④ 鲍家麟:《辛亥革命时期的妇女思潮》,第 950 页。

153

子,后来过继了弟弟唐乾一的儿子为子。① 在娘家,唐群英与秋瑾、葛健豪保持着书信往来,待在家里的书斋钻研诗文,博览群书。② 1904年,秋瑾赴日本之前,还曾从北京给唐群英邮来一些书刊。③ 严复、康有为、梁启超等人主张改良的文章,唐群英读了不少,逐步熟悉了进化论等涌入中国的西方思想。④ 其中,她对提倡妇女解放的文章尤为感兴趣。⑤ 让唐群英最为着迷的,是康有为在《大同书》一书中对妇女境况的论述。⑥ 康有为指出,男性(不只是中国男性)——

> 忍心害理,抑之,制之,愚之,闭之,囚之,系之,使不得自主,不得任公事,不得为仕官,不得为国民,不得预议会,甚至不得事学问,不得发言论,不得达名字,不得通交接,不得预享宴,不得出观游,不得出室门。⑦

康有为的《大同书》是在其1901—1902年流亡印度期间出版的。⑧ 据说,唐群英读到这段话时,拍案叫好,后来还写了一首题为《读〈大同书〉抒怀》的诗应和康有为的文章,诗中满怀豪情:

斗室自温酒,钧天谁换风?

---

① 李天化、唐存正主编:《唐群英年谱》,第10页。关于唐群英过继侄子为子的细节,参见第146页注②。
② 蒋薛、唐存正:《唐群英评传》,第33页。
③ 蒋薛、唐存正:《唐群英评传》,第38页。
④ 盛树森、谭长春、陶芝荪:《中国女权运动的先驱唐群英》;蒋薛、唐存正:《唐群英评传》,第82页。
⑤ 蒋薛、唐存正:《唐群英评传》,第38—39页。
⑥ 同上,第39页。
⑦ 康有为:《康有为政论集》,北京:中华书局,1981年,第149页。
⑧ Rong Tiesheng, "The Women's Movement in China before and after the 1911 Revolution," In Chün-tu Hsüeh, ed., *The Chinese Revolution of 1911: New Perspectives* (Hong Kong: Joint Publishing Company, 1986), 143.

犹在沧浪里,誓作踏波人!①

唐群英的生活并没有康有为笔下的女性生活那么黑暗和压抑。她能与人交谈、学习、写作、旅行、辩论时事,尽管如此,通过这些活动,唐群英还是深深意识到,这个世界上还有许多事情是自己无法企及的。现实让唐群英恼火、愤怒,但如同鲁迅一样,唐群英把愤怒化为了新的思想和志向。在当时的中国,思想上的变革是普遍的,唐群英思想的转变,正是这万千变化中的一部分。

"烽烟看四起"

1904 年,唐群英 33 岁。这一年,她在刚与丈夫分手、赴日留学的秋瑾的鼓励下,离开新桥,与秋瑾一道入青山实践女校学习。② 青山女校的价值观较为保守,提倡改良主义、儒家价值观和泛亚一体思想的混合,旨在为现代国家培养"贤妻良母"。③ 后来,唐群英开始反对这种温和的立场,而主张妇女享有完全的国民权利。唐群英赴日留学得到了家人的支持,她的弟弟唐乾一还亲自把她送到了上海。④ 到了日本后,唐群英最先结识的朋友和同道,是一些湖南老乡,比如男性革命家、衡山人赵恒惕。⑤ 在日湖南人中有宋教仁、黄兴等著名革命家,唐群英作为这些人的老

---

① 蒋薛、唐存正:《唐群英评传》,第 39 页。
② 蒋薛、唐存正:《唐群英评传》,第 47 页;Wang Zheng, *Women in the Chinese Enlightenment*, 129.
③ Judge, "Talent, Virtue, and the Nation," 772.
④ 蒋薛、唐存正:《唐群英评传》,第 47 页。
⑤ Louise Edwards, "Tang Qunying," In Lily Lee, ed., *Biographical Dictionary of Chinese Women: The Twentieth Century, 1912 – 2000* (Armonk, NY: M. E. Sharpe, 2003).

乡,自然而然地进入了东京留学生和流亡者组成的新政治阶层。其中,黄兴对妇女问题持同情态度,吸收唐群英加入了革命组织"华醒会",后来又把唐群英介绍给了孙中山。①

1905年夏天,唐群英参加了组织中国同盟会的会议,这是孙中山在黄兴等革命党人的帮助下,将许多小社团、小派系捏合而成的政党。唐群英是同盟会的首批女会员之一,据唐群英后来回忆,创立同盟会的会员有六七十人,她是其中唯一的女性。② 因为唐群英做事总是冲在前面,加上她比会中大多数女性和许多男性都年长,大家都管她叫"唐大姐",以表尊敬,宋教仁也不例外。③ 这一时期,还有其他一些妇女也加入了同盟会,一部分原因是同盟会在性别方面很开放,无论男女均可加入。④ 这年的晚些时候,唐群英和秋瑾、何香凝等妇女一道赴横滨,在俄国"虚无党人教授"下学习制造武器和弹药。⑤ 虽然学习制造弹药非常危险,但是唐群英仍然一如既往地聪敏,学得又快又好。

1911—1913年,女权运动的一些关键人物,如唐群英、林宗素、张汉英、王昌国等,都是在日本留学期间加入同盟会的。⑥ 以上四人除了林宗素(福建人),都是湖南人。在同乡情谊之下,年轻人们不仅能做好赴日留学的必要准备,而且一到日本,就可以维系必要的社交和情感需求。不过,靠人脉出洋留学和加入政治

---

① 王家俭:《民初的女子参政运动》,第695页;蒋薛、唐存正:《唐群英评传》,第53页;姜纬堂、刘宁元主编:《北京妇女报刊考:1905—1949》,北京:光明日报出版社,1990年,第99页。
② 李天化、唐存正主编:《唐群英年谱》,第137页。
③ 蒋薛、唐存正:《唐群英评传》,第57页;Edwards, "Tang Qunying."
④ Edwards, *Gender, Politics, and Democracy*, 46.
⑤ 蒋薛、唐存正:《唐群英评传》,第60页;Edwards, "Tang Qunying;"Ono Kazuko, *Chinese Women in a Century of Revolution*, 78.
⑥ 王家俭:《民初的女子参政运动》,第678页。

团体的妇女人数相对较少。辛亥革命前的几年里,在国内、国外从事革命活动的女性只有约 200 人。① 她们在政治团体和广大参政者中显得不同凡响,而且她们对自己的信念非常执着,这一切既让参与政治生活的女性有了不同寻常的声望,也让她们背负了恶名。在海外流亡群体中,政治报刊很繁盛,唐群英等女性参与政治报刊工作的程度异常地高,这也反映出许多女性参政者都是有文化水平的。②

1906 年,秋瑾回国,唐群英继续留在日本。次年 7 月,唐群英就在报纸上看到了秋瑾起义失败、英勇就义的消息。③ 读到噩耗,唐群英大受打击,被宋教仁送进医院,住院治疗。出院后,唐群英决定回国继续秋瑾未竟的工作。当年冬天,唐群英踏上了回国的旅途,当时孙中山在越南北部领导中越边境的起义活动,闻讯非常鼓舞,写了一首诗赠给她,诗里写的就是唐群英:

> 此去浪滔天,应知身在船。
> 若返潇湘日,为我问陈癫。④

"陈癫"是个别号,此人大名陈树人,湖南湘乡人。湘江在衡山以北有一条东向的支流,名为涟水,湘乡就是涟水之滨的一个县城。陈树人于 1902 年赴日本骑兵学校学习,也是同盟会的早期成员。他在长沙有一帮革命同志,还掌握着一小股起义军和一批军火。⑤

1908 年 2 月,唐群英回国。她先回到新桥探望母亲,然后和

---

① 鲍家麟:《辛亥革命时期的妇女思潮》,第 936 页。
② Judge, "Talent, Virtue, and the Nation," 795.
③ 蒋薛、唐存正:《唐群英评传》,第 66 页。
④ 蒋薛、唐存正:《唐群英评传》,第 69 页。
⑤ 同上,第 70—74 页;Edwards, "Tang Qunying."

好友、革命同志、湖南老乡张汉英一起到长沙找到了陈癫。① 张汉英是醴陵人,醴陵位于湘江的另一条支流——渌水上,渌水在衡山以北汇入湘江。许多加入革命军的年轻人,家乡都位于湘江水系中。在中国南方,革命政治和商业一样,往往傍水而生。张汉英也是在日本加入同盟会的,当时她和唐群英在同一所学校读书。② 和唐群英一样,张汉英的父亲也有功名,她本人也颇具咏絮之才,备受父亲宠爱。③ 张汉英经常与唐群英共事,两人关系亲密,合称"一国双英"。两人站在一起,总是让人过目不忘。唐群英个子比较矮,还有点儿胖,活泼又自傲;张汉英身体更健壮,性格坚决。④ 唐、张二人都是人们口中典型的湖南人,既固执,又倔强。

　　从 1908 年回国到 1910 年 6 月回到日本期间,唐群英、张汉英等一行人在湖南和江西开展了一系列的宣传工作和秘密活动。⑤ 当时,同盟会惯常的策略是与各地的秘密会党分支合作,唐群英们也不例外。有一次,张汉英由当地清军中的线人带领,打扮成一个农妇,谎称自己知道有个地方有坏人,可能是强盗或叛军,成功骗过了当地的清军长官;唐群英则扮成采茶女,故意给清军指错路,成功把一波清军都引入了起义军的包围圈。伪装和诱骗是妇女在革命中起到的明显作用。革命党人有时会假扮成夫妻,以便建立据点,有时还会用"新娘"的轿子运送军火。⑥

---

① 李天化、唐存正主编:《唐群英年谱》,第 18 页。
②《古今中外女名人辞典》,北京:中国广播电视出版社,1989 年,第 554 页;蒋薛、唐存正:《唐群英评传》,第 70 页。
③ 蒋薛、唐存正:《唐群英评传》,第 70 页。
④ 王家俭:《民初的女子参政运动》,第 698 页。
⑤ 李天化、唐存正主编:《唐群英年谱》,第 18—19 页。
⑥ Bergère, *Sun Yat-sen*, 188.

因行刺沙皇而殉难的俄国女杀手索菲亚·佩罗夫斯卡娅（Sophia Perovskaya）善于"伪装和用智谋对付沙皇警察"，其骗术让人很受启发。① 对于受过古典教育的女性而言，她们做的事和《史记》赞誉的刺客们没什么区别，为了接近行刺目标，刺客也经常扮成犯人、屠夫、乞丐或乐工。② 唐群英扮成采茶女非常合适，这一方面是因为采茶女需要每天往返家和山里，走在大街小道上合情合理，另一方面也是因为采茶女是文人最爱的诗歌意象之一。③ 唐群英等着自己的猎物上钩时，说不定还背了那么一两首。

若干年后，即使是1912年在国民党大会上奋力制止唐群英激烈行动的张继，回忆起妇女对辛亥革命的贡献，也颇为赞许："历次起义都有女同志参加：她们或扮成新娘，坐在运炸弹的轿子里，或抱着小孩运炸弹，或保护男同志。勇哉！"④很多中国人都深信女性对政治是漠不关心的，这样一来，性别本身就成了一种掩护。在唐群英和张汉英的帮助下，起义军取得了胜利，并补充了一批军械。但是，整个湖南的起义还是以失败告终，唐群英回到了衡山老家，1910年6月又在黄兴的帮助下回到日本。⑤

唐群英喜欢音乐，常随身带着一支玉箫。于是，回到东京后，她选择学习音乐，至少有一部分原因是给政治工作打掩护。⑥ 她

---

① Spence, *The Gate of Heavenly Peace*, 77.
② "The Biographies of the Assassin-Retainers," in Ssu-ma Ch'ien, *Records of the Historian*, 45–67; Hu Ying, "Writing Qiu Jin's Life."
③ Weijing Lu, "Beyond the Paradigm: Tea-Picking Women in Imperial China," *Journal of Women's History* 15: 4 (Winter 2004).
④ 张继：《中国革命与妇女》，张继著，"中央改造委员会"、党史史料编纂委员会编辑：《张溥泉先生全集》，台北："中央文物供应社"，1952年。此引源的引文为译者翻译。
⑤ 李天化、唐存正主编：《唐群英年谱》，第19页。
⑥ 蒋薛、唐存正：《唐群英评传》，第75页。

还参与了"留日女学生会"的领导工作。① "留日女学生会"致力于实现女子与男子的完全平等,并发展女子教育,以实现"公义",不再活得"如奴隶,如散沙"。② 1898 年提出的纲领"男女平等",简洁明了,产生的影响更为广泛。③ 中国女权主义者及其支持者的基本目标有四:扩大受教育机会、婚姻自由、经济独立和参与政治。④ 到 1911 年时,虽然大多数女性还远远没有完成从家庭和亲属网络走向公共领域这一从"内"到"外"的过渡,但人们已经能充分想象这一过渡了。与其他革命和运动中一样,权利的"内在逻辑"也影响着热心政治的妇女及其支持者。有的事情曾经无法想象,但一定程度的"想象能力或思考能力"似乎让这些事情成了必然。⑤

作为一位政治思想家和政治活动分子,唐群英的成长可以从她当时写的东西中看出来。她的作品中流露着对精英社交和虚浮的文化气氛的不屑,但起初,正是这些她不以为然的东西,让她在东京成了俱乐部和社团中的重要政治人物。1911 年,唐群英在留日女学生会的宣传刊物上发表了一份宣言,称同学们和流亡者"以流离琐尾之余,适春假休暇之日,痛定思痛,正拟偕人就被,浇我块垒,览异乡之风情,赏天然之华丽,以赞以游,以歌以咏,追逐于人影衣香之队,附和于寻芳拾翠之流"。⑥ 异国风光曾让唐群英更快地接受新思想,如今却驱使她更牵挂故乡和祖国。这种

---

① 李天化、唐存正主编:《唐群英年谱》,第 19 页。
② 谈社英编著:《中国妇女运动通史》,上海:商务印书馆,1937 年,第 13 页。
③ 何黎萍:《民国前期的女权运动:19 世纪末至 20 世纪 30 年代初》,第 12 页。
④ 同上,第 18 页。
⑤ Lynn Hunt, *Inventing Human Rights: A History* (New York: Norton, 2007), 150.
⑥ 谈社英编著:《中国妇女运动通史》,第 18 页。

急迫心情的体现之一,是唐群英在工作中表现出的爱国情怀。她说:"'瓜分'的哭号……震聋了耳朵,模糊了泪眼。"

唐群英承认,过去"我国女界数千年来,浑浑噩噩……不知国家为何物,且不知国家与女子有何关系"。她认为,只有出现当得起"教育之起源,文明之根本"角色的女子,才能救国于水火。

> 东亚天地,任我飞翔。区区之女学杂志,不过着手进行之一耳。登高一呼,万山响应。……勇往直前之女子国民,钟声旗影,耳目增辉,我孟母太似木兰良玉诸贤哲之遗征。①

1902年,梁启超曾疾呼:"苟缺此资格②,则决无以自立于天壤。"③辛亥革命前夕,唐群英和姐妹们以与男子平等的"女国民"身份,回应了时势的挑战。

然而,妇女获取国民权利的道路依然障碍重重。别的不说,清末的立宪改革就是例子。1909年,清政府颁布的宪法大纲中,规定实行选举,其基础是各省谘议局在有限范围内的投票。④ 这一规定给了苟延残喘的清政府致命一击,因为谘议局后来成了辛亥革命的推手之一。然而,对于妇女而言,这次改革意味着一直奉行的"女子无权"传统被写入了近代法律。第二年,唐群英的家乡湖南省颁布了自治和选举规则,其中并没觉得将男女区别对待有任何不合适的地方。

> 女子的聪明才力不及男子,而且我国的女人,素来不读书,不识字,不晓得外面的事情,如何能充当选民来办公事咧?⑤

---

① 谈社英编著:《中国妇女运动通史》,第21页。
② 国民资格。——译者注
③ 梁启超《梁启超文选》上集,第108页。
④ Fincher, *Chinese Democracy*, 16.
⑤ 《湖南地方自治白话报》,1910年第6期,16:3。

161

诚然,从孟母三迁、木兰从军到近代女杰,女权运动者可以列举出许多有文化的爱国妇女,来证明女子在公共生活中能发挥作用,但湖南的自治规则仍然不承认女子参与公共生活的权利。由于流亡者和旅居海外者一直在关注国内动态,热心政治的湖南女性政治活动分子很可能对湖南自治规则中的相关内容有所耳闻——明明留学国外,却被说成对世界知之甚少;明明既会文言,又懂外语,却因为被视作"文盲"而没有投票权。面对这种规定,她们不可能不起来抗议。

此类限制在许多方面严重妨碍着女性的活动,但民族主义直截了当的力量成了女性克服这些限制的途径。李木兰(Louise Edwards)认为,带有种族色彩、旨在"驱除鞑虏"的全国团结,为最初的女权运动提供了有利条件。[1] "驱除鞑虏"的斗争需要每一个人。不管是谁,只要愿意造炸弹,拟宣言,当参谋,扛步枪,就都是革命同志。这和西班牙内战初期,乔治·奥威尔(George Orwell)在列宁兵营里见到的共和民兵团如出一辙。[2] 谁都可以应募入伙,政党不限,派别不限,性别不限。"这在革命时期似乎是很自然的事,"奥威尔写道。[3] 但是,在西班牙,自从有组织的革命开始取代自发的起义,情况马上就发生了变化。在中国的革命中,恐怖手段和军事斗争促进女子参与公共生活的效应固然存在,但这种效应并不是持续不断的。秋瑾等女性为反抗帝制而牺

---

[1] Louise Edwards, "Narratives of Race and Nation in China: Women's Suffrage in the Early Twentieth Century," *Women's Studies International Forum* 25: 6 (November-December 2002); Edwards, *Gender, Politics, and Democracy*, 22 - 23.

[2] George Orwell, *Homage to Catalonia* (New York: Harcourt Brace & World, 1952), 7.

[3] 同上。

牲了自己的生命。① 在流亡群体以及女子学校、报馆等新机构中,男权的压制有所放松,但并未消失。

有些人对女子权利如何成为国家发展动力表示疑虑,1911年辛亥革命前夕,唐群英针对这一问题予以回应：

> 去年英国开议会时,其全国女子提出要求选举权议案于两院。此皆轰轰烈烈尊重人权之见于书报者也。中国土地不亚英美,我辈女子不逊于英美之妇人。②

英国妇女虽然直到1918年才有了部分选举权,1928年才拥有完全的选举权,但1910年,她们确实和支持者一道,在议会内外为争取选举权进行了激烈的斗争,引来报刊纷纷报道。③ 唐群英等女权运动者还提出了宏伟的社会改革方案,以期在经济、教育、就业和政治方面给妇女更多机会。④ 女权运动者要求废止缠足,向妇女提供医疗服务。虽然缠足问题是进步女性及其支持者(男女均包括)所关注的一个重要问题,但是对于唐群英这样的女性而言,缠足问题绝非唯一或首要的关注点。在唐群英的脚上,缠足习俗的沿袭和唐群英早早觉醒的反抗,同时留下了痕迹。⑤ 虽然自己成了曾家人,但对于曾家及其压迫女性的规矩和观念,唐群英情不自禁地要猛烈抨击,斥责曾国藩"夫虽不良,妻不可以不顺"的言论是触目惊心的"宋儒迂腐之书毒"的例子。⑥ 唐群英的

---

① 谈社英编著:《中国妇女运动通史》,第4页;陈东原:《中国妇女生活史》,上海:上海书店,1928年,第352页。
② 蒋薛、唐存正:《唐群英评传》,第77页。
③ *New York Times*, June 13, 1910.
④ 蒋薛、唐存正:《唐群英评传》,第79—80页。
⑤ Dorothy Ko, *Cinderella's Sisters: A Revisionist History of Footbinding* (Berkeley: University of California Press, 2005), 12, 38-39.
⑥ 蒋薛、唐存正:《唐群英评传》,第77页。

这番批评中既有个人恩怨，也有政治意图。1912年8月25日，她登上湖广会馆的讲台时，心里大概很清楚，在她之前，曾国藩就曾经来到过这里。早在几十年前，曾国藩就曾在湖广会馆与其他观众一起看戏，在藏书室读杜甫的诗歌。①

如今，女性正在靠自己的努力成为公众人物。对于男性而言，当唐群英这样的女性开始阅读他们的大作，听他们讲话，并通过演说或给编辑写信公开回应她们的所见所闻时，无论是随意猜测，还是认真研究，都更难推定什么才是女性的美德，更不用说明白女性想要的或需要的究竟是什么了。唐群英等女性为同盟会造炸弹时，通过与男同志分担同等的危险，让女性地位取得了一些突破。但另一方面，她们仍然被贬为革命阵营内部的军火"厨子"。

1911年9月初，唐群英回国。回国后，她与其他女革命者一样，协助女子军事和政治团体的组织工作。② 虽然参与这类组织的妇女人数很少，但几乎每个主要城市都能找到她们的分支机构和关系网络。当年10月，唐群英在武昌的激烈战斗中忙得不可开交。当时，黄兴领导的军队奋力阻击清政府攻陷武昌，但并没有成功，只是拖延了武昌沦陷的时间而已。接着，唐群英又出任女子北伐队队长，参加了11月革命军争夺南京的战斗，这场血战足足持续了25天。③ 此战之中，唐群英的朋友张汉英主持了女

---

① Belsky, *Localities at the Center*, 161.
② 蒋薛、唐存正：《唐群英评传》，第84页；鲍家麟：《辛亥革命时期的妇女思潮》，第935页；陈东原：《中国妇女生活史》，第356页；Edwards, *Gender, Politics, and Democracy*, 48.
③ 袁韶莹、杨瑰珍编：《中国妇女名人辞典》，第499页；黄美真、郝盛潮主编：《中华民国史事件人物录》，上海：上海人民出版社，1987年，第50页；蒋薛、唐存正：《唐群英评传》，第86页；Young-tsu Wong, "Popular Unrest and the 1911 Revolution in Jiangsu," *Modern China* 3：3 (July 1977)：326–27.

子北伐队誓师大会,在学校的操场上,唐群英身穿军装,向军队发表了斩钉截铁的"不成功便成仁"演说。① 一位 1912 年造访南京的美国人听闻,在战场上,这些女战士直冲清军防线,往敌军阵列里投掷自制的炸弹。② 战斗中,好几位女性牺牲了。

唐群英是一位用兵有方、勇往直前的战场指挥官。张继曾写过一首诗,赞扬唐群英在南京争夺战中的贡献:

> 烽烟看四起,
> 投袂自提兵。③

唐群英策马提枪,带领几百名带着少量武装的女子向南京进发。其间传来前方有 1000 人左右的清军在撤退的消息,一些队员想立即发动进攻,彰显她们的士气。但是,唐群英以北伐队训练不足和武器有限为由,下令绕道行进,避开训练和装备占优的清军。当天晚上,在附近的一个县城,女子北伐队与陈癫带领的另一支革命军会合了。唐群英建议,陈癫的队伍在路上设伏,女子北伐队佯攻清军,然后假装撤退,把敌人引诱到伏击圈里,再发动攻击。最后,革命军成功用这一计谋击败了清军。④ 胜利后,唐群英把手下的"女战士"们召集起来发表讲话,呼吁"痛歼"清军,敦促大家"像班超之深入虎穴",以"不入虎穴,焉得虎子"的精神勇敢斗争。⑤ 毫无疑问,唐群英诱骗清军进攻他们眼中"一小撮孤立无援的娘子军",正是发扬了"不入虎穴,焉得虎子"的精神。这

---

① 蒋薛、唐存正:《唐群英评传》,第 86 页。
② Carrie Chapman Catt, "Diary of Carrie Chapman Catt," In Catt Papers, Library of Congress, XII, 41; *New York Times*, November 12, 1912, 18.
③ 蒋薛、唐存正:《唐群英评传》,第 87 页。
④ 蒋薛、唐存正:《唐群英评传》,第 88—89 页。
⑤ Renè Grousset, *The Rise and Splendour of the Chinese Empire* (Berkeley: University of California Press, 1965), 71.

类行动必定会让唐群英和其他女革命同志们获得强烈的满足感,因为在这些行动中,她们不仅融合了花木兰式的英雄气概、传统的治国之道和革命的意识形态,还打破了男性对于女性弱点的固有成见。

若干思想因素推动着唐群英及其他像唐群英一样的女性走向激进,从妇女在辛亥革命中扮演的"女战士"角色可见,女性在军事上的作用是其中一个很重要的因素。女战士的角色与自由主义观念中的女性认知不同,自由主义认为每个女性都是自由的个体,而女战士的角色发轫于本土,带有为解放而战斗的内涵。① 华中战场上的唐群英,既是正大光明的当代木兰、当代侠客,也是国民军的一分子。

"非先有女子参政权不可"

对唐群英和女子北伐队而言,烽火遍地的局势,为她们与其他妇女团体及其领导建立联系提供了绝佳的机会。② 1911 年 12 月,革命战争告一段落,南京政府解散了女子北伐队。③ 北伐队成员去向各异,有的回去继续学业,有的结了婚,其中还有人成了新政府的官太太。另一些人,比如唐群英,继续参与革命工作,推行女子参政。④ 许多人参加了全国性的女权运动。⑤ 辛亥革命的深远影响之一,在于全国性的政治行动具备了新的分量和意义。

---

① Wang Zheng, *Women in the Chinese Enlightenment*, 22.
② 蒋薛、唐存正:《唐群英评传》,第 89 页。
③ 陈东原:《中国妇女生活史》,第 357 页。
④ 蒋薛、唐存正:《唐群英评传》,第 90 页。
⑤ 陈东原:《中国妇女生活史》,第 357 页;黄美真、郝盛潮主编:《中华民国史事件人物录》,第 50 页。

唐群英等女性力图将这一点利用起来。

在女权运动中,唐群英是激进派的典型代表,早在1911年底临时政府成立之前,她就提出了妇女享有完全国民权利的要求。后来,她又分别向南京临时政府和孙中山提出了这一要求。①

> 兹幸神洲[州]光复,专制变为共和。政治革命既举于前,社会革命将起于后。欲弭社会革命之惨剧,必先求社会之平等;欲求社会之平等,必先求男女之平权;欲求男女之平权,非先有女子参政权不可。②

许多要求社会改良的呼声,例如民众识字、禁烟运动和孙中山此时仍然模糊的"民生"主义,都与判定革命是否成功的标准紧紧联系在一起,因为它们有着社会平等的内涵。在获取政治权利、迅速推进社会和文化转型方面,这些激进派女性提出的计划一点儿也不含糊。

唐群英在1912年初的政治能量,相当一部分直接体现在其对孙中山的影响力上,这种影响在孙中山辞去临时大总统前后都存在。孙中山明确赞扬了唐群英对革命的贡献。1912年2月2日,唐群英会见了孙中山,被孙中山誉为"巾帼英雄"。③ 孙中山还授予唐群英"二等嘉禾章"。当年唐群英拍过一张照片,照片里的她自豪地把这枚"二等嘉禾章"别在了胸前(图4)。④ 唐群英脚边还放着两个花篮,把她缠过的脚挡掉了一些。

在女权主义者看来,孙中山的妇女权利观很有吸引力。1912年,孙中山起初是支持对女子获得完全参政权的,这证明了孙中

---

① 李喜所、许宁:《民元前后(1911—1913年)国民"参政热"评析》,第52页。
② 陈东原:《中国妇女生活史》,第359页。
③ 李天化、唐存正主编:《唐群英年谱》,第20页;Wang Zheng, *Women in the Chinese Enlightenment*, 21;袁韶莹、杨瑰珍编:《中国妇女名人辞典》,第499页。
④ Harding, *Present-Day China*, opposite p. 42.

山拥护女权程度之高。3月3日,同盟会发布了9条新政纲,男女平等是其中的一项基本原则。① 此外,孙中山一向欢迎妇女加入革命阵营,共同为革命而奋斗。孙中山的私生活也颇为复杂。他与卢慕贞的结合是传统的包办婚姻,婚后生育了孙中山公开承认的三个子女。② 在辗转各地期间,孙中山还闹过许多绯闻,传闻他在日本还有一个女儿。③ 1915年,人到中年的孙中山与23岁的宋庆龄结婚,这边"一树梨花压海棠",那边却没正式与卢慕贞离婚,此事在孙中山的基督教教士、教徒支持者中成了一桩丑闻。④

图4　唐群英⑤

---

① Liew, *Struggle for Democracy*, 156.
② Bergère, *Sun Yat-sen*, 250.
③《孙文小史》,6页手抄本,1913年,第7页;胡去非编纂:《总理事略》,第52页。
④ Bergère, *Sun Yat-sen*, 249-54.
⑤ Gardner L. Harding, *Present-Day China: A Narrative of a Nation's Advance* (New York: The Century Company, 1916), plate oppositep. 42.

第三章 女性的共和

孙中山以让中国人民摆脱奴役的解放者自命。他在短暂的临时大总统任内,发布了30多项旨在消除不公的行政法令。他下令废除笞杖、枷号等肉刑,①赋予世袭"贱民"国民权利,改善理发师、戏子、妓女、侍者等受歧视职业从业者的生活状况。② 孙中山还重申了不久前清政府废止缠足的法令,并且似乎准备代表妇女坚决贯彻落实。③

1912年1月5日,女记者、女权运动者、同盟会早期在日本的支持者林宗素,在南京会见了孙中山,讨论妇女权利问题。④事后,林宗素在采访报道中写道,孙大总统在采访中表示完全支持女子参政权。采访报道发表后,对于允许妇女参政,以及孙中山对女子参政权的支持,章炳麟和张謇愤怒地提出了反对:⑤

> 女子参政之说,果合社会良习惯否? 虽未敢知,取舍之宜,必应待于众论。乃闻某女子以一语要求,大总统即片言许可,虽未明定法令,而当浮议嚣张之日,一得赞成,愈形恣肆。古人有言,慎尔出话。愿大总统思此良箴也。⑥

这段话引用了《论语》第一篇,这一篇的主要内容是"君子"如何孝顺和修身,教导君子应"敏于事而慎于言"。⑦ 几年前,章炳麟还

---

① 徐矛:《中华民国政治制度史》,第38页。
② 张启承、郭先坤编:《孙中山社会科学思想研究》,合肥:安徽人民出版社,1985年,第57页。
③ Ko, *Cinderella's Sisters*, 234 n. 3.
④ 徐友春主编,王卓丰等编撰:《民国人物大辞典》,石家庄:河北人民出版社,1991年,第916页;经盛鸿:《民初女权运动概述》,第3页;王家俭:《民初的女子参政运动》,第683页。
⑤ 周鸿、朱汉国主编:《中国二十世纪纪事本末》第1卷,第285页;Boorman, *Biographical Dictionary of Republican China*, vol. 1, 94.
⑥ 经盛鸿:《民初女权运动概述》,第4页。
⑦ *The Four Books*, 1: 14, 144.

169

在抱怨"如今这代人太蠢,不会把自己的想法说出来"。① 章炳麟向来警惕威胁中国文化本质的东西,于是,如今他反对妇女公开发表言论和投票。张謇则不一样,他坚定地拥护改良,但他主张的是循序渐进、纪律严明的社会变革进程,这一进程应排除一切可能打破现存社会等级秩序的因素。② 于是孙中山立马退缩了,接受了批评:

> 女子参政,自宜决之于众论。前日某女子来见,不过个人闲谈,而即据以登报,谓如何赞成。此等处亦难于一一纠正。慎言之箴,自当佩受。③

林宗素否认她与孙中山的谈话只是私下"闲谈",并指责章炳麟破坏女权运动。④ 孙中山知道林宗素是同盟会会员,而且不可能不知道林宗素是一名冲在斗争前线的女记者。⑤ 这一事件凸显出了"众论"在这个时间节点的强大威力和模棱两可。如今各方都接受了这样一种观点:帝制结束后,中国的国家事务应该"待于众论"。但是,对于公众想要什么,是可以有不同解读的——实际上,就连公众是谁也可以有不同的解读。

孙中山与中国女权运动的关系,与同时期伍德罗·威尔逊(Woodrow Wilson)在女权问题上逐渐变化的立场大致相同。在第一次结婚的前一年,威尔逊参加了一次选举会议,当时他还是一名研究生。威尔逊坦言:"当我看到、听到女人们在公共场合讲

---

① Tsou Jung, *The Revolutionary Army: A Chinese Nationalist Tract of 1903*, Introd. and trans. John Lust (The Hague: Mouton, 1968), 52.
② Qin Shao, *Culturing Modernity: The Nantong Model, 1890-1930* (Berkeley: University of California Press, 2003).
③ 经盛鸿:《民初女权运动概述》,第4页。
④ 同上。
⑤ Edwards, *Gender, Politics, and Democracy*, 71.

话时,总有一种战栗、可耻的感觉困扰着我。"①出任总统的第一年,威尔逊会见了全美妇女选举权协会(NAWSA)主席安娜·霍华德·肖(Dr. Anna Howard Shaw),后者要求他代表女权运动者游说美国国会。威尔逊的回答可谓与章炳麟、张謇如出一辙:"我不是一个自由人。只有代表自己身边的人讲话时,我才是自由的。"②但是后来,在威尔逊的第二个总统任期内,女权运动者给威尔逊算了一笔新的政治账,于是威尔逊觉得支持女子参政毫无问题。③ 虽然威尔逊后来支持女权的举动多少能说明其对女权的认可,但孙中山在女权问题上的立场可能比威尔逊更加出于真心,这也许是因为孙中山只需要冲破儒家的女性观,而不需要冲破维多利亚时代的女性观——后者对女性的束缚远远多于前者。④ 在私生活和政治生活中,孙中山会用自己的方式遵从传统。孙中山有时会批评妇女和年轻人太过个人主义。然而,孙中山的共和观念接纳了女权的普遍逻辑,比威尔逊的观念更新。大多数男性革命同志的观念也还达不到这一点。

妇女们参与到了中国女权问题的争论中,但她们并不总是主张立即获得选票。在这一过程中,她们也成了民国之是非的象征。一旦基于汉人认同的政治失去了"排满"的中心任务,妇女就不会再因替种族团结出力而受到嘉奖。相反,章炳麟这样的革命同志和张謇这样的改良主义者会建议她们回归"良家汉人妇女"

---

① Christine A. Lunardini, and Thomas J. Knock, "Woodrow Wilson and Woman Suffrage: A New Look," *Political Science Quarterly* 95: 4 (Winter 1980): 655.
② 同上,第 659 页。
③ Christine A. Lunardini, and Thomas J. Knock, "Woodrow Wilson and Woman Suffrage: A New Look," *Political Science Quarterly* 95: 4 (Winter 1980): 670.
④ 同上,第 656 页。

的角色。① 秋瑾牺牲后,她的诗歌结集出版,章炳麟为诗集作序,赞扬了秋瑾的勇气和德行,但也批评了她对演说的热衷。章炳麟说,"多嘴"是秋瑾的一个弱点。② 女性为事业而献出生命是一回事,但女性为同样的事业或任何其他事业,在公共场合发表演说,又是另一回事。

女权运动者不会拖延。她们中的许多人来自精英家庭,由此形成的特权感支撑着她们对权利的诉求。因为她们的社会地位,她们不仅能够获得充分的政局信息,有机会接触孙中山等高层领导人,而且深信自己有权在舆论的"法庭"上发声,"法庭"的"陪审团"还是自己的革命同志,就让她们更深信这一点了。她们愿意服从"众论",但前提是必须承认妇女是公众的一部分。1912 年 2月初,针对如何确保将保障妇女权利写入民国新宪法,女权运动者展开了讨论。③ 当月晚些时候,唐群英说服五个妇女组织合并为"中华民国女子参政同盟会",这一团体的名字本身,就进一步明确强调了新政权和共和制下的妇女权利。④ 200 名代表云集南京,由唐群英担任大会主席,大会上发表了许多态度坚决的演说,鲜明地表达了"共和者,女子所固有之共和,非男子所独有之共和"等立场。⑤

在这场关于女权的争论中,由于女权运动者在策略和战略问题上存在分歧,妇女的立场显得复杂了起来。林宗素和唐群英是

---

① Edwards, "Narratives of Race and Nation in China."
② Hu Ying, "Writing Qiu Jin's Life," 131.
③ Ono Kazuko, *Chinese Women in a Century of Revolution*, 81 - 82.
④ 蒋薛、唐存正:《唐群英评传》,第 97 页;Wang Zheng, *Women in the Chinese Enlightenment*, 130; Edwards, *Gender, Politics, and Democracy*, 75.
⑤ 蒋薛、唐存正:《唐群英评传》,第 97 页。

激进女权主义者的代表,她们要求立即实现男女平等。① 唐群英用来支持自己诉求的论据,不仅有妇女在革命中的表现,还有自然权利观:"各种之私权、公权等,实天赋人之原权,无论男女,人人本自有之。"②

以张昭汉(笔名张默君)为首的温和派,则主张先推动妇女教育的进步,提升妇女的文化水平,然后再实现妇女的解放。③ 张昭汉的背景与唐群英类似。她出身于湖南湘乡(即陈癫的老家)一个官员家庭,从小受"书香门第"熏陶,熟习传统经典和西方学问。④ 后来,她由黄兴介绍加入了同盟会,积极从事新闻事业和教育改革。在辛亥革命期间,张昭汉协助在上海集会募捐,会上"为了建立民国,数百名妇女把自己的首饰一股脑儿堆到台上"。⑤ 张昭汉还招募了 70 名学生,组成了一支"敢死队"。⑥ 革命之后,她写出了充满戏剧性的"三次革命的轮回,即乔治·华盛顿/美国革命、法国革命和拿破仑的一生,以及三次革命的高潮——中国革命的英雄"。⑦ 1912 年,美国女权主义者凯莉·查普曼·卡特(Carrie Chapman Catt)造访中国,她形容张昭汉"年轻,英姿飒爽,能言善辩,对整个的妇女与社会关系问题都了如指掌"。⑧ 加德纳·哈丁曾为伦敦报纸报道过英国女权运动,在他笔下,张昭汉"高大又严肃",是"一个典型的中国中产阶级女孩,不是基督徒,不受外国任何影响,在全城的外国人、传教士等群体

---

① 经盛鸿:《民初女权运动概述》,第 4 页。
② 蒋薛、唐存正:《唐群英评传》,第 102 页。
③ 王家俭:《民初的女子参政运动》,第 696 页。
④ 同上。
⑤ Harding, *Present-Day China*, 49–50.
⑥ Edwards, *Gender, Politics, and Democracy*, 50.
⑦ Harding, *Present-Day China*, 50.
⑧ Peck, *Carrie Chapman Catt*, 200.

173

中几乎不为人所知"。①

张昭汉领导的"神州女界共和协济社"呼吁开办女子法律学校，创办妇女报纸，并给予妇女旁听参议院会议等监督政治的权利。② 其时，温和派接受了"国民之母"这一更为狭隘的角色，而并未像激进派一样强烈要求内涵更广的"女国民"观念。③ 她们还批评为参政权激烈斗争的女权运动者"过于激进"。④ 不过，包括唐群英在内，许多激进派妇女都参加过"神州女界共和协济社"及其教育、文化活动。对于该团体，孙中山不仅表示热烈支持，还捐赠了 5000 元现金。⑤ 孙中山承诺"未来女子将有选举权"，并赞扬温和派"不急于争取选举权"，而是先努力让妇女为新的"国民"角色做好准备。⑥ 不过，在"神州女界共和协济社"的会议上，成员们表达的观点往往比上述目标更为激进，会上有人发言要求立即获取选举权，但又坚持要采取和平的行动方式。一方面，孙中山在党内男性批评者的约束下，只对妇女权利表示谨慎支持；另一方面，在女权运动中，激进派与温和派既有争执，又有合作。于是，在两方面因素的共同作用下，孙中山在女权问题上实现了微妙的平衡。

中国女权运动中温和派与激进派的分化，正是欧美女权运动派别分歧的翻版。张昭汉和唐群英的区别与凯莉·查普曼·卡

---

① Harding, *Present-Day China*, 49, 53; *Secretary's Third Report*, *Harvard College Class of* 1910(Cambridge, MA: Crimson Printing Company, 1917), 145.
② 王家俭:《民初的女子参政运动》,第 682—685 页。
③ Joan Judge, "Citizens or Mothers of Citizens? Gender and the Meaning of Modern Chinese Citizenship," In Merle Goldman and Elizabeth J. Perry, eds., *Changing Meanings of Citizenship in Modern China*.
④ Edwards, *Gender, Politics, and Democracy*, 77.
⑤ 经盛鸿:《民初女权运动概述》,第 4 页。
⑥ 王家俭:《民初的女子参政运动》,第 685 页。

特和爱丽丝·保罗（Alice Paul）的区别相似,后者无论在英国,还是在她的祖国——美国,都活跃在激进女权行动的前沿。此"女权主义者"非彼"女权主义者"。卡特虽然创立了国际妇女选举权同盟（IWSA）,但她领导的女权主义者"赞同温和、非暴力的策略",与英国的潘克赫斯特（Pankhursts）母女（艾米琳·潘克赫斯特及其女儿西尔维娅·潘克赫斯特、克里斯塔贝尔·潘克赫斯特）（Emmeline and daughters, Sylvia and Christabel）和美国的爱丽丝·保罗等人领导的"运动方式更为强硬"的女权主义者不同。① 虽然双方互相竞争,但这并没有阻碍她们为共同的事业而携手奋斗。② 1908 年,在阿姆斯特丹的国际妇女选举权同盟会议上,卡特对英国激进派表示了赞许。③ 1915 年,卡特接替安娜·肖担任全美妇女选举权协会会长,之后她和保罗一道,将温和派与激进派联合起来,以赢得伍德罗·威尔逊对联邦女性选举权的支持。国际女权运动中,在妇女权利可能、应该以多快的速度推进的问题上,产生了不少分歧,但也产生了不少政治成果。

到了 1912 年 3 月,两件事引爆了中国女权问题方面的冲突。一是南京临时参议院拒绝将男女平等写入宪法,二是女权运动温和派和激进派间的矛盾不断升级。3 月初,临时参议院公布了宋教仁起草的《临时约法》,约法第一条规定："中华民国由中华人民组织之。"④妇女可以合理推定,这条规定赋予了她们作为"中华

---

① Edith F. Hurwitz, "Carrie C. Catt's 'Suffrage Militancy,'" *Signs* 3: 3 (Spring 1978): 740.
② Hurwitz, "Carrie C. Catt's 'Suffrage Militancy,'"; Lunardini and Knock, "Woodrow Wilson and Woman Suffrage."
③ Peck, *Carrie Chapman Catt*, 159-160.
④ Cheng Sih-Gung, *Modern China: A Political Study* (Oxford: Clarendon Press, 1919), 316. 译文引文来源:参议院编著《中华民国临时约法》,上海:商务印书馆 1916 年版。——译者注

人民"的平等地位。然而,第五条又规定"中华民国人民一律平等,无种族、阶级、宗教之区别",而没有提及性别平等,从而以一种消极的方式否认了妇女权利。在两个月前公布的一版草案中,则只是简单地规定"中华民国人民一律平等",男女平等也就涵盖在其中。① 新的草案公布后,女权运动者被激怒了,因为新版草案的措辞似乎拒绝给予妇女平等权利的基本保证。妇女们决定争取将《临时约法》措辞修改得更简洁而有普适性,便马上行动起来,于2月26日上书临时参议院,要求临时参议院要么将"男女之区别"加进《临时约法》第五条,要么删去第五条中所有列举区别的文字。② 但是,大多数议员既拒绝加入"男女之区别",也不同意把列举区别的文字删掉。于是女权运动者警告道,如果这一次不接受她们的提议,下次她们就只能炸弹伺候了。③ 她们继续请愿,却仅仅在3月18日等来了临时参议院的一份声明,声称这一问题需要等到正式国会成立再着手解决。④ 唐群英亲自会见了孙中山,但无济于事。不管怎么说,孙中山这时已经辞职给袁世凯让位,虽然从提出辞职到正式离职的时间很长,但孙中山毕竟已经开始告别临时大总统的职位了。

于是,女权运动者把她们的注意力转向了临时参议院,在1912年4月迁至北京之前,临时参议院仍在南京举行会议。⑤ 在湖南路的一座西式建筑里,江西省代表、孙中山的忠实拥护者林森,以议长身份主持着来自17个省的42名议员组成的临时参议

---

① 王家俭:《民初的女子参政运动》,第687页。
② 蒋薛、唐存正:《唐群英评传》,第99页。
③ North China Herald, March 2, 1912, 567.
④ 李天化、唐存正主编:《唐群英年谱》,第21页。
⑤ 经盛鸿:《民初女权运动概述》,第4页。

院。这座建筑原本是为江苏省议会而建的,参议院的会议在建筑内的大厅举行,大厅的装潢很简洁,但"恰如其分地雅致"。① 建筑里有一些有意思的细节,比如采用玻璃窗,使得会场采光良好,似乎是在承诺政治的透明。② 座位和桌子排成一个半圆,面向一块围着栏杆的区域,栏杆后面是办事员,林议长高出一截的桌子也在这一区域。供参观者逗留的走廊环绕着临时参议院会场。参议员们就在自己的办公桌边,一边喝茶、抽烟,一边处理议院事务。③ 这些议员们普遍是年轻人,曾有外国记者为议员的年轻程度感到震惊。这位记者在走廊里数着会场里的人头,发现"在西方,此类会议的大多数与会者要么秃顶,要么头发花白,可是这群人里竟然一个秃头的、白发的都没有"。④ 在南京临时参议院的一张照片中,孙中山坐在林森之上主持会议,照片证实,全场议员都是满头秀发,但有人的头发已经开始一块块地稀薄下去了,想想他们在工作中承受的政治压力,这似乎也在情理之中(图5)。

3月19日上午8时,唐群英手持一把代表她激进立场的手枪(她没有开枪),带领一群妇女进入临时参议院大楼,对议员们拒绝在新宪法中明确妇女的平等地位和参政权提出抗议。⑤ 议长林森下令随从将她们引到走廊。⑥ 但是,这些妇女拒绝被带离会场,也不接受张昭汉等温和派主张的旁听地位,而是在议员中

118

---

① *North China Herald*, April 6, 1912, 21.
② Charles D. Musgrove, "Building a Dream: Constructing a National Capital in Nanjing, 1927 – 1937," In Joseph W. Esherick, ed., *Remaking the Chinese City: Modernity and National Identity* (Honolulu: University of Hawaii Press, 2000), 152.
③ *North China Herald*, March 30, 1912, 847.
④ 同上,April 6, 1912, 21.
⑤ Ono Kazuko, *Chinese Women in a Century of Revolution*, 82 – 84.
⑥ 经盛鸿:《民初女权运动概述》,第4页。

图5　孙中山主持南京临时参议院会议①

间任意落座。一等到关于女子选举权的辩论，她们就开始"奚落议员，声音大得会议程序无法往下走"。一位代表不满地说："当我们看到妇女以现在这种方式行事时，会发觉什么样的妇女都有，于是我们可能会因此坚定反对女权的决心。"②接着，另一名男子简单讲述了欧洲的妇女运动史，声称在"文明国家"中就找不到唐群英们这种"野蛮和违法的行为"。当然，任何仔细读报纸的人都会知道，此时此刻英国女权运动者采取的行动比唐群英们更激进、更暴力。

以林森为首的议员们似乎一度已经在原则上承认女子参政

---

① © Bettman/CORBIS.
② Ono Kazuko, *Chinese Women in a Century of Revolution*, 83.

权了。① 然而,当女权运动者们追问具体何时实现、如何实现女子参政权时,很明显,临时参议院拒绝改变延期讨论的决定,咬定这一问题要到全国选举产生国会后再讨论,这次国会选举,妇女还是没有投票权。经过这些挫折后,女权运动者们得出的结论,可以说与历史学家劳雷·撒切尔·乌尔里奇(Laurel Thatcher Ulrich)考察女权运动得出的结论如出一辙——"举止规矩的女性不大可能创造历史"。② 一位参议员"出言不逊",把清朝自治和选举条例中关于妇女的内容搬了出来,说"妇女没有国家观念和政治能力",只配操持家务和生育子女。这次抗议的另一位领袖沈佩贞听到这番话,忍无可忍,毫不客气地起来驳斥,"引爆了整个会议厅":

> 在前线打仗、冲锋陷阵的有我们女子,在后方搞宣传、搞救护的有我们女子,女子哪点不行?你们这些议员大人,有的晚上打麻将,白天开会打瞌睡,发言打官腔,又有什么治国安邦的高见?却对女子说三道四!③

经过一番调停,妇女们被劝离会议厅。但是,下午开会时,她们又回来了。当示意代表进场的铃声响起时,妇女们扯着男代表的衣服,继续跟他们争论女子选举权问题,不让他们进会场。④ 林森命令警卫把妇女们拦在会议室和公共走廊外边,但遭到了妇女们的反抗。终于,会议开始了,议员们再次确认了先前的决定,即等正式国会召开后再讨论男女平等问题。

---

① *North China Herald*, March 30, 1912, 847.
② Ulrich, *Well-Behaved Women Seldom Make History*.
③ 李天化、唐存正主编:《唐群英年谱》,第22页。
④ 经盛鸿:《民初女权运动概述》,第4页。

随后的几天里，女权运动者和当局之间的冲突日益升级。3月20日，女权运动者又一次聚集起来，向临时参议院进发。① 到参议院时，正赶上会议休息，于是她们砸碎了会场的窗玻璃，"弄得手上鲜血直流"。② 她们摔碎了议员们喝茶的杯子，把议员们的文件搞得乱七八糟。③ 警卫要求她们离开会场，她们直接回敬了警卫一脚，还把警卫推倒了。她们每撞见一个议员，就把他们的衣服袖子搜一遍，因为她们怀疑议员们把立法的相关文件藏在了袖子里。第二天，60名妇女手持武器，高喊口号，再次聚集在参议院。议员们被这番阵仗吓坏了，转身就逃。据说，其中有一位参加过南京争夺战的妇女，再次放话要采取暴力手段——"我们会造炸弹，也会扔炸弹。"④ 此情此景之下，一向温和端庄的临时参议长林森也心惊胆战，转而寻求加强安保。他打电话给孙中山，恳求大总统派遣军队来维持秩序。而这时，唐群英等妇女无法进入参议院大楼，已经转而前往总统府，向孙中山请愿，要求孙中山出面修改宪法。⑤ 孙中山接见了她们，温和地劝说她们解散，又警告她们："毋为无意识之暴举，受人指摘。"⑥

这次"大闹议院"不仅颇受当时报刊的关注，也频频见诸后来的历史记载，但其中很多叙述都是对唐群英等人不利的。⑦ 20年后，陈东原在书中如是写道："这消息传出后，全国都非常震惊，视为从古未有的奇事；便是外国也都很诧异。"⑧ 后来，还有一位希

---

① 《唐群英评传》中记载日期为3月21日。见蒋薛、唐存正主编：《唐群英评传》。
② Ono Kazuko, *Chinese Women in a Century of Revolution*, 83.
③ *North China Herald*, March 30, 1912, 847.
④ *New York Times*, November 17, 1912, 18.
⑤ 李天化、唐存正主编：《唐群英年谱》，第21页。
⑥ 经盛鸿：《民初女权运动概述》，第5页。
⑦ 蒋薛、唐存正主编：《唐群英评传》，第100页。
⑧ 陈东原：《中国妇女生活史》，第360页。

望增加女子教育机会的女教师,批评唐群英及其支持者任由"压抑的精力"冲昏了自己的头脑,采取了"错误的思考方式"。① 唐群英要求孙中山"重法律,申女权"。孙中山出面与参议院领导斡旋,以给予妇女定期进入参议院旁听的权利。虽然鉴于妇女们对议会秩序和议员人格造成的损害,这一让步已经不小,却恰如其分地体现了此时女性在政治生活中的地位。她们可以旁观,但不能充分参与。大概也没有什么其他成果会比这一成果更能进一步激发女权运动者的反抗和怒火了。

女权运动中的暴力行为反映了这样一个事实:许多妇女无论是在政坛上,还是在战场上,都习惯于使用暴力。在国外,特别是在英国,直接的,有时甚至暴烈的行动,在激进女权运动中也是司空见惯。历史学家小野和子认为,唐群英们1912年3月19日和20日的所作所为,是中国的女权运动者"有意识地效仿"英国女权运动的一个例子,并指出"中国报刊几乎无时无刻不在报道英国女权运动"。② 例如,林宗素的《妇女时报》就对国际女权运动做了详细报道。③ 欧美女权运动者采取的游行、演说、绝食、砸商店橱窗、往信箱里倒酸性溶液等手段,影响和启发了中国的女权运动者。④ 英国女权运动者的抗议活动和上述行为,在3月初尤为激烈,有报道称"潘克赫斯特夫人开车去(首相)阿斯奎斯(Asquith)先生的住所,用石头砸烂了首相家的窗玻璃"。⑤ 英国

---

① Cong Xiaoping, *Teachers' Schools and the Making of the Modern Chinese Nation-State, 1897–1937* (Vancouver: University of British Columbia Press, 2007), chap. 4.
② Ono Kazuko, *Chinese Women in a Century of Revolution*, 85.
③ Edwards, *Gender, Politics, and Democracy*, 71.
④ 王家俭:《民初的女子参政运动》,第681页。
⑤ *North China Herald*, March 9, 1912, 606–7.

女权运动者也同样关注着中国激进女权运动者。南京的暴力抗议行动后，4月初，激进女权组织妇女社会政治联盟（WSPU）的英国成员向中国女权运动者发来电报，对她们的斗争表示支持。① 电报赞扬了中国女权运动者的勇气，并预言未来她们"将成为文明世界的楷模"。② "Civilization"（文明）一词，在此时的中国意味着"现代"，这是一个充满争议的概念，既包含了秩序、进步等价值取向，也有挣脱束缚、寻求解放等价值取向。

与中国的女权运动者一样，政客的顽固立场和公众的冷漠、敌对情绪也是欧美女权运动者面临的问题，于是她们选择了擅闯议会、与男性政客当面对峙的斗争手段。1909年11月，爱丽丝·保罗在伦敦被捕，罪名是"在市长举办宴会时，往市政厅窗户里扔石头"，而此时另一名着晚礼服的女权运动者已经混进了宴会现场，向温斯顿·丘吉尔提出"个人的抗议"。她"在丘吉尔跟前挥着一条小横幅"，平静而明确地表示了自己的不满。③ 虽然丘吉尔在女权问题上的立场相对温和，但在1906年的竞选活动中，他曾在女权运动者潘克赫斯特一家的家乡曼彻斯特公开明示："在如此重要的问题上，本人绝不会屈服于女人的压力。"④

中国妇女的行为具有明显的象征意义，但这种象征意义更为微妙。妇女在公共场合像国民一样行事，很容易招来人们的眼光，被人们当笑话看。她们挥舞武器、高呼口号、直接用手触碰男性代表等行为，打破了传统的女性行为规范。这正是最为关键的

---

① 李天化、唐存正主编：《唐群英年谱》，第23页。
② Ono Kazuko, *Chinese Women in a Century of Revolution*, 85.
③ *New York Times*, November 12, 1909.
④ Roy Jenkins, *Churchill: A Biography* (New York: Farrar, Straus and Giroux, 2001), 109.

一点。唐群英们并没有屈服于异样的眼光和嘲笑,而是直接闯入了男性的专属区域,并且真的动手推搡、拉扯男性。她们还挥舞着男人常用的左轮手枪、香烟等物品。她们的所作所为就是故意要震惊别人。孙中山设法化解她们的愤怒,一边对她们的要求表示同情,一边"忠言逆耳"劝她们耐心些、务实些,告诉她们自己并非总能任意行事。

其实,在南京"大闹议院"前不久,女权运动者阵营内部就陷入了关于斗争目标和策略的公开争论。① 上海《民立报》上刊登了一篇署名"空海"的社论,作者虽然同样对女权问题表示了同情,但质疑了立即给予女性选举权的想法。② 社论称,正是男女之间的差异,在家庭内部赋予了女性更重要的角色。男女差异是"进化"的产物,如果无视男女差异,必然会给社会带来危害。妇女不仅缺乏参与选举所需要的智识和教育,而且她们维系家庭的作用非常重要,因为家庭是国家的基础。所以,如果将参政权和在"外"的地位给予妇女,社会秩序就会崩溃,"人道亦近乎熄矣"。

社论一出,信件雪片一般地飞来,既有赞成的,也有反对的。一位名叫张纫兰的女性嘲笑上海的女权运动者"以逞其炎炎不惭之大言,而演其光怪陆离、非中非西、非男非女、非僧非尼之异象"。③ 既然女性已经忙于家务,且在操持家务方面颇有成效,何必"在政治丛林中与食肉动物竞争?"所以,张纫兰赞成老话说的"男主外,女主内"分工。另一些支持者则抨击女权运动者"私德不检",臆想她们支持"无夫主义"等古怪的念头。此外,也有人批

---

① Dong, "Unofficial History and Gender Boundary Crossing in the Early Republic," 171-172; Edwards, *Gender, Politics, and Democracy*, 93-99.
② 王家俭:《民初的女子参政运动》,第691页。
③ 同上,第692页。

评"空海"的社论,支持女权运动,其中就有几位职业妇女,如上海神州女子学院院长杨季威、曾留学美国的医生陈唤兴,以及唐群英的朋友张汉英。三人坚称,妇女所要求的这些权利,是生来就赋予她们的。自然权利胜过社会稳定。张汉英根据历史的逻辑,提出了和唐群英类似的观点,认为"吾国政治革命既蹈于前,社会革命自踵于后"。①

1912年4月8日,临时参议院迁往北京的第二天,唐群英于2月组建的女子参政同盟会在南京召开成立大会,约有3000名妇女出席。会议在南京的湘军公所举行。② 有人猜测,选择在此开会,与唐群英的父亲曾在湘军效力多少有关系。与会代表们仍然在为参议院拒绝赋予女子参政权而愤怒。③ 至此时,全国已经有数以千计的女权运动者加入了1911年以前参加革命的几百名妇女的行列。作为对照,中国共产党从1921年成立到1925年五卅运动期间,党员人数一直维持在几百人的规模,可见1911年和1912年的短短几个月间,女权运动的发展速度有多么惊人。④

议院和其他国家政府机构一迁到北京,女子参政同盟会就跟进北上,持续不断地向袁世凯及国民政府请愿。⑤ 宋教仁和后来的孙中山把他们的宏图带到了北方,女权运动者也一样。4月,袁世凯特别指示总理唐绍仪,将进京的女权运动者限制在"一两

---

① 王家俭:《民初的女子参政运动》,第693页。
② 谈社英编著:《中国妇女运动通史》,第57页。
③ 李喜所、许宁:《民元前后(1911—1913年)国民"参政热"评析》,第52页。
④ Hans J. Van deVen, *From Friend to Comrade*:*The Founding of the Chinese Communist Party*, 1920 - 1927(Berkeley:University of California Press, 1991), 3, 100.
⑤ 经盛鸿:《民初女权运动概述》,第5页。

人",以"避免种种妨碍"。① 虽然袁世凯肯定读了南京方面的新闻,但他根本不清楚要来和自己对质的是什么人。唐群英带来的不是少数几位关系密切的同志,而是一百多人的大团体。②

如果说形势正在向着对女子参政不利的方向转变,那么符合政治逻辑的做法是奋起抵抗,而不是就此投降。妇女们在组织军事单位、建立女权团体和召开全国大会方面取得了成功,这意味着她们与男性专属权力的斗争有了自己的体制基础。她们越是遭排挤,就越是不可能被小恩小惠收买。整个夏天,作为同盟会中的某种妇女小团体,妇女们都在继续开会。8月4日,在北京的湖南会馆,举行了一次被报界称为"女子会议"的集会,59名妇女和28名男性出席。③ 唐群英、王昌国等领导的女权运动者,抨击了宋教仁在女权问题上的保守转向。为了游说参议院,女子参政同盟会会员一次又一次地堵在北京参议院门口,宣讲没有女子参政权的中国不能被视为"文明国家"。④

"新红楼梦"

关于妇女权利的冲突在媒体上引发了很多议论,其中还夹杂着一些淫秽猥琐的内容。董玥(Madeleine Yue Dong)分析了迎合大众消费的"野史",其中有一个故事很引人注目,其中的虚构女权运动人物"孙贝珍"捏合了唐群英、沈培珍和王昌国三个人的

---

① 何黎萍:《民国前期的女权运动:19世纪末至20世纪30年代初》,第83—84页;李天化、唐存正主编:《唐群英年谱》,第25页。
② 何黎萍:《民国前期的女权运动:19世纪末至20世纪30年代初》,第84页。
③ 《爱国报》,1912年8月5日。
④ 《大自由报》,1912年7月16日,第6页。

特点。① 比起高挑、端庄的沈佩贞,外貌上,孙贝珍与显得"口齿伶俐,性情活泼",身材又与有些敦实的唐群英更相像。有一次,男政客"仲晓润"——宋教仁名字的谐音——居然胆敢在参议院会议上贬低女性的政治角色,孙贝珍见状,也给了"仲晓润"一记耳光。② 故事对孙贝珍极尽讽刺之能事,把她写成了一个粗俗的荡妇,她一边在旅馆房间里和男同事聊天,一边往夜壶里撒尿,毫不避讳。大嗓门、举止下流、大脚(天足)、"四眼"、穿西式服装,所有这些都让一个女权运动者对男女平等的追求显得荒唐可笑。

当然,在公众想象中,咏絮才女和采茶女的形象会更容易接受一些,但激进派女权运动者并没刻意追求这些更容易让人接受的形象,实际上也没有人这样看她们。仍然有其他人在写社论时对她们冷嘲热讽,只不过来得没那么露骨罢了。③ 受过教育的年轻女性受害尤甚,报纸连篇累牍地批评她们行为"不规矩""不体面"。④ 对此,1912年9月,林宗素主办的《妇女时报》发文回击,称"舆论纷纷,莫衷一是,即女界同胞,亦有抒其伟见,倡为反对之词者,报章中历历可考也"。⑤

不过,也有欣赏女权运动者。8月25日,女权运动者对宋教仁连打带骂。四天后,上海《时报》发表了一篇带有赞赏意味的文章影射此事,文章把这出冲突叫作"新红楼梦",在这出"新红楼梦"里,女性理直气壮的愤怒让男性陷入了可悲的困惑中。⑥ 其

---

① Dong, "Unofficial History and Gender Boundary Crossing in the Early Republic," 173. 引源所用史料:陶寒翠《民国艳史演义卷一》,1928年。——译者注
② 同上,第174—175页。
③ Edwards, *Gender, Politics, and Democracy*, 97-98.
④ Bailey, "'Women Behaving Badly'," 179.
⑤ 江纫兰:《说女子参政之理由》,第1版。
⑥ 王家俭:《民初的女子参政运动》,第696页。

中,唐群英是"探春",探春是贾府一位庶出的姑娘,她曾蒙受冤枉,但敢于反抗。宋教仁是"王善保家的",即邢夫人的陪房婆子,生性猥琐狡诈。把宋教仁比作陪房婆子,就如同把女权运动者抹黑成"孙贝珍"一样,是一种极大的侮辱。

> 某报载唐群英女士殴打宋教仁,以手乱批宋颊,清脆之声震于屋瓦,不禁令人想起《红楼梦》中探春对于王善保家的之一掌,其声亦甚脆也。王善保家的被打后曰:"我第一遭挨打,明日回老娘家去!"我知宋君亦第一遭挨打,而"回老娘家去"之语,则于辞农林总长时已闻之。或曰:此一巴掌当打去晦气星不少,从此应有总理之望也。①

需要说明的是,虽然宋教仁之前确实挨过打,但打人的不是唐群英,而是王昌国和一位参议员。直到 8 月 25 日在湖广会馆台上当面对质时,唐群英才打了宋教仁。

《红楼梦》讲述的是京城一个豪门大族内部的生活与爱情故事,用《红楼梦》来解读民国政客在"外"的公开行为,显得有些奇怪。然而,如果说政治是一场攫取权力、争取上风的斗争,那么大观园里贾府的尔虞我诈,毫无疑问就是政治了。《红楼梦》里的贾府有"三百余口人,一天也有一二十件事",用这句话形容 1912 年8 月 25 日湖广会馆里的国民党,也毫不为过。② 中国革命不仅通过赋予工人、农民、妇女和年轻人权力,颠覆了整个世界,而且通过把私人关系政治化,彻底"外"化了家庭生活、社交生活等内部领域。中国的新革命精英阶层,是在代际冲突、性别冲突和个人

---

① 《时报》,1912 年 8 月 29 日,第 4 版。
② Cao Xueqin, *Story of the Stone*, Trans. David Hawkes (New York: Penguin, 1973-86), vol. 1, 150.

冲突之中推动革命的,即便革命者本身努力摆脱旧式家族的权威和权力模式,在这些冲突下,家族式的关系也是不可避免的。

除了同样被扇了一记响亮的"耳光",宋教仁和"王善保家的"还有哪些会让人对号入座的地方呢？1912年,宋教仁非常忙碌：他在南京协助建立民国,起草了《临时约法》,就迁都问题与袁世凯进行了谈判,出任北京政府第一届内阁农林总长,继而辞职,这是同盟会在国会中争取战胜袁世凯的举措之一。宋教仁善于挑事,曹雪芹笔下的"王善保家的"也是"出了名的最会惹是生非"。① 在挑事方面,其他很多公众人物可以与宋教仁一争高下,比如才华横溢但反复无常的章炳麟。可能是受了唐群英带枪"大闹议院"的启发,据报道,1912年5月,他在内阁总理唐绍仪面前拔枪相向,成了拙劣的笑柄。② 不过,"王善保家的"不仅能惹是生非,还相当愚蠢,"心里没成算"。③ 宋教仁则恰恰相反,精明至极。

宋教仁和"王善保家的"最像的地方,是他与政治后台、上级,以及正直刚烈的唐群英之间的关系。李木兰认为,"王善保家的"的主子邢夫人就是一个"无知、自私、愚蠢"的人物,是小说中众多麻烦和痛苦之源——"有毛病、管理不善的'母系父权制'"的代表。④ 如果宋教仁是"王善保家的",那孙中山、黄兴等同盟会元老就是这出"新红楼梦"里的邢夫人。这种把孙中山、黄兴等人讥为老婆子的影射方法,在现代中国的政治讽刺中也能找到踪迹。

---

① Price, "Escape from Disillusionment," 218; Cao Xueqin, *Story of the Stone*, vol. 3, 466, 472.

② 《中国日报》,1912年5月22日,第2页。

③ Cao Xueqin, *Story of the Stone*, vol. 3, 466, 472.

④ Louise Edwards, "Women in Hongloumeng: Prescriptions of Purity in the Femininity of Qing Dynasty China," *Modern China* 16: 4 (October 1990): 416.

由于1912年夏天时，宋教仁已经暂时取代了活跃在同盟会/国民党领导层的前辈，所以很难说清此时谁是宋教仁的后台。邢夫人的姓是"行"的谐音，亦即"跟随"，她的所作所为，只不过是给丈夫贾赦做替身。① 这样一来，邢夫人和"王善保家的"这一次可以掌权，下一次权力又会被收回。如果说宋教仁背后的"邢夫人"是孙中山，那么在1912年夏天扮演"贾赦"角色的大概就是袁世凯，他掌握着大部分政治阴谋的绳线，控制着孙中山这个政治木偶。在这出活灵活现的"新红楼梦"里，除了唐群英这位既有原则又不失灵活的"探春"，其他人表现得都不怎么样。《时报》这篇讽刺文章的作者巧妙地抓住了本质，即在议会和党代会的新环境下，宋教仁掌握的权力并不稳定。宋教仁协助搭建一套议会和政党体制的同时，自己也在试图附着这套体制往上爬。

唐群英和《红楼梦》里探春的相似之处就很明显了，除了打人耳光，她聪明伶俐，脾气急躁，也跟探春很像。② 因为大观园里发现了偷情的证据——绣春囊，夫人们派了一队陪房抄检大观园，而在抄检期间，"王善保家的"对探春实在欺人太甚了。"王善保家的"仗着探春只不过是个地位低下的小妾的女儿，决定跟探春动动手脚。她假装搜探春的身，把探春的衣襟一拉一掀，然后咧嘴笑道："连姑娘身上我都翻了，果然没有什么。"③探春一愣，立马扇了"王善保家的"一记响亮的耳光，"大怒"道：

> 你是什么东西，敢来拉扯我的衣裳！我不过看着太太的面上，你又有年纪，叫你一声妈妈，你就狗仗人势，天天作耗，

---

① Michael Yang, "Naming in Hongloumeng," *Chinese Literature: Essays, Articles, Reviews* (CLEAR) 18 (December 1996): 82.
② Cao Xueqin, *Story of the Stone*, vol. 1, 89.
③ 同上，vol. 3, 472—73.

专管生事。如今越性了不得了。你打量我是同你们姑娘那样好性儿,由着你们欺负他,就错了主意!①

唐群英扇过去的那一记响亮耳光,则是因为宋教仁背弃了妇女权利。然而,与《红楼梦》中一样,唐群英这记耳光也掺和了地位和个人感情因素。唐群英既是女权运动者,也是革命家。说唐群英既是一位作风清白的寡妇,也是年轻男女同志们的大姐姐,大概也没什么问题。宋教仁的行为既是一种令人不快的政治倒退,也是革命阵营中"弟弟"对"姐姐"个人的冒犯。此前,唐群英也曾严惩过行为不端的兄弟。

唐群英这样的女权运动者是复杂的,她们的所作所为又让自己复杂化。有时,她们是人们眼中的"坏女子",不仅掺和中国革命,还在另一些运动中肆意妄为,无视社会习俗和礼仪规矩。② 但是,中国的女权运动者也会运用较为保守的旧价值观。乌尔里奇指出,对激进派来说,表现出正经端庄的样子,有时还是非常有用的,这一点与她笔下行为不端的女性历史创造者稍有不同。在美国废奴运动中,那些外貌可敬的白人女性废奴主义者,就凭借自信的姿态和"正义"的态度,让反对者感到不安。③ 中国的激进女权运动者,则并没有选择通过展现全新形象与传统划清界限,而是选择为新的目的重塑传统及价值观。女权运动者们固然把自己的愤怒表现得淋漓尽致,但她们并没有就此挣脱亲友和社会的期望,也没有就此失去这些人际关系中蕴含的道德和物质资

---

① Cao Xueqin, *Story of the Stone*, vol. 3, 472—73.
② Maria Magro, "Spiritual Autobiography and Radical Sectarian Women's Discourse: Anna Trapnel and the Bad Girls of the English Revolution," *Journal of Medieval and Early Modern Studies* 34: 2 (Spring 2004).
③ Ulrich, *Well-Behaved Women Seldom Make History*, 133.

源。当然,没有人会把唐群英和《红楼梦》中弱不禁风、处境凶险的主人公林黛玉联系到一起。有现代意识的中国人开始期待女性能像男性一样,在扮演国民角色时,更活跃、更自信,乃至更粗暴地行动起来。①

唐群英在同盟会中的地位,就和探春在大观园的地位一样,在政治上是很模糊的。在同盟会里,性别、年龄、籍贯,以及与孙中山、黄兴等主要人物的关系,都会影响一个成员在会内的影响力及地位稳固程度。1912年,唐群英41岁,比孙中山(46岁)稍小,比年少得志、不可一世的宋教仁(30岁)要大得多。唐群英和宋教仁、黄兴一样,都来自政治要地——湖南,且在同盟会成立当年就加入其中。这些都可以与大观园里的"女儿国"对号入座。②李木兰分析了《红楼梦》中的"性意识形态",指出曹雪芹笔下的未婚女性人物,例如探春,往往令人敬畏,因为她们品行高贵;而以邢夫人为代表的已婚女性则"恶毒、擅权、好妒"。③ 民国的男性政客也很像是"嫁"给权力的无耻之徒。相比之下,唐群英和探春一样,虽然得以凭借同盟会员身份和人脉关系进入政坛的"大观园",但游离在同盟会的核心领导层外。唐群英没有官职,也没有与谁联姻,因此根本没有条件腐败。别人当然可以诋毁唐群英的女性身份,但唐群英是个清白的寡妇,这样的诋毁很容易激起她的怒火。

在中国革命的"家庭罗曼史"中,唐群英不仅是宋教仁的姐

---

① Harrison,*The Making of the Republican Citizen*,77-78.
② Edwards,"Women in Hongloumeng," 416.
③ 同上,第415页。

姐,还是很多其他女权运动者的姐姐。① 唐群英接受孙中山的领袖权威,但未必会把孙中山当成大家长。一方面,孙中山的年龄不够大;另一方面,唐群英自己也没有宋庆龄那么年轻。林·亨特(Lynn Hunt)分析了法国大革命时期的家庭罗曼史,认为其是"集体无意识的家庭秩序想象,是革命政治的基础",这部家庭罗曼史中有两种强劲的冲动,一是摆脱威信扫地的"政治父王"的自由,二是建立孩子——"尤其是兄弟"——当家作主的新家庭的自由。② 辛亥革命中,被打倒的政治父王是正在归化成"同胞"的"鞑虏"(满人),选择这样一个对象很合适,当然可能也让人费解;而共享权力的朋友、同志们又是彼此的兄弟姐妹。这些年轻的政治人物正等待着新政治父王的出现,或者更确切地说,他们等待着在"好父亲"孙中山慈祥的监管下,自己逐渐拥有父王权威的人。对于革命者而言,有时旷日持久的革命是好处,而不是挫折,上述的这种等待便是一个例子。更古老的传说中也有类似的故事,特别是那些直率而有德行的传奇女性的故事,她们"先是违反了礼教",但最终又为了家庭和国家的利益"做了正经的事,维护了礼教"。③ 虽然回应冒犯的耳光和对德行的呼吁,会让人们想起更老、更深层的东西,但是代表既是国民,又是女儿、姐妹、朋友和妻子的妇女群体采取行动,还是重新定义了"举止正经"的内涵。④

1912 年 8 月的国民党大会结束后,唐群英继续留在北京。9

---

① Lynn Hunt, *The Family Romance of the French Revolution* (Berkeley: Universityof California Press, 1992).
② 同上,xiii – xiv. 译文引文来源:林·亨特著,郑明萱、陈瑛译《法国大革命时期的家庭罗曼史》,北京:商务印书馆,2008 年。——译者注
③ Raphals, Sharing the Light, 46, 58 – 59.
④ Judge, *Precious Raft of History*, 83.

月4日,唐群英发表了一份很长的宣言,继续为自己的激烈斗争辩护:"女虽不振,男顾何如?"①唐群英对此时政坛的不满在这篇宣言中喷薄而出,她斥责"政党会一奔竞场也,代议院一茶话会也,行政官厅一市侩流氓,不负责任者之栖息所也",结果"女权者,盖其亡灵不绝如线矣"。

> 往者,民国政府成立于金陵,吾与二三同志联络女界,组织参政同盟会,上书于孙大总统,陈说于南京参议院,宣布本会同盟宗旨于各报章。今又北来久矣,呼号奔走,不惮烦劳。岂不知我国女界程度尚未进于英美之域……人权予夺,关于全体之利害。②

唐群英还成立了女子同盟会本部,并协助创办了《女子白话报》和偏重文学内容的副刊。③ 报纸报道妇女运动,并发表社论抨击参议院的"污点"和"践踏人权"的行径。

无论是带着自己的想法和感受步入公共生活,还是把隐秘的个人和社会生活代入斗争之中,唐群英都有充分的理由。由于性别和政治理想,唐群英被排除在最高领导层之外,但她要求认可她目标的纯洁性的同志们保持忠诚。麻烦的是,唐群英既不是探春那样的未婚女子,也不是"王善保家的"那样的已婚妇人,而是拒绝再嫁的寡妇。她保持清白,坚守原则,这样就很危险。在讲究德行的政治下,唐群英是可以彻底颠覆代表着政治互惠、父权制和国家传统的更为强大的权力的。

---

① 蒋薛、唐存正:《唐群英评传》,第258页;李天化、唐存正主编:《唐群英年谱》,第84—88页。
② 李天化、唐存正主编:《唐群英年谱》,第85页。
③ 姜纬堂、刘宁元主编:《北京妇女报刊考:1905—1949》,北京:光明日报出版社,1990年,第99页;Harding, *Present-Day China*, 58。

凯莉·查普曼·卡特的中国行

1912年8月21日至9月27日,凯莉·查普曼·卡特访问了中国。女权运动者对这年秋天卡特访华的反应,不仅反映了温和派和激进派之间的分歧,还让这种分歧进一步扩大了。卡特在两次担任全美妇女选举权协会(NAWSA)会长(1900—1904年和1915—1920年)期间,都积极参与国际女权运动。① 1911年,卡特宣称"妇女团结的要义必须超越对本国、本种族的忠诚;这种要义在于,女子为世界之母"。1911年在荷兰女权主义者阿莱塔·雅各布(Aletta Jacobs)的陪同下,卡特开始了一次环球之旅。次年,她和雅各布来到中国,访问了香港、广州、上海、南京、汉口和北京,发表演说,竭力争取人们对国际妇女选举权同盟(IWSA)的支持。卡特非常善于政治演说,她靠着逻辑严密的论证和扣人心弦的故事,赢得了不少听众。为自己的事业四处奔走,对卡特而言是家常便饭,就和孙中山一样。② 她作为女权运动的代言人,到世界各国的首都去,在宏伟的会议厅里演说;到美国西部女权斗争正酣的州去,在冰冷的粮仓和草原上的人家中演说。③ 在访问中国前,卡特刚访问了中东和南亚,她在日记中满足地写道:"至今为止,我已经和穆斯林、印度教徒、佛教徒和儒教徒中的女

---

① Peck, *Carrie Chapman Catt*, 6.
② David S. Birdsell, "Carrie Lane Chapman Catt (1859 – 1947), Leadership for Woman Suffrage and Peace," In Karlyn Kohrs Campbell, ed., *Women Public Speakers in the United States*, 1800 – 1925 (Westport, CT: Greenwood Press, 1993), 323 – 24.
③ 同上,第322页。

权主义者握过手了。"①

在广州期间,卡特和雅各布访问了省议会,观摩其中的女议员。在美国,女子参政在西部的犹他、怀俄明等州率先实现;在中国,位于南方的革命摇篮——广东开了女子参政的先河,10名妇女被任命为省议会议员。② 她们得以进入省议会,是因为女性革命派强烈要求,且她们得到了同盟会领导人胡汉民的支持。③ 卡特注意到,虽然大会并没有明显遵循正式的程序,但会场秩序仍然良好。卡特向来坚持以罗伯特议事规则指导会议流程,广东省议会中看起来自然而然的凝聚力,让卡特印象深刻:④

> 议员们在发言前并不用示意主席,而是直接站起来开始讲话。不过,如果有两个或更多人同时想要发表意见——就像我们这里会出现的情形一样——会是什么情况,我没有看到,因为每个人起来讲话时,其他人都会礼貌地倾听,直到他讲完为止。投票以举手的方式进行,我们注意到,女议员的投票并不总是相同的。⑤

三天后,北京的打人事件中出现了扇子。无独有偶,卡特也注意到,在广东8月的酷热中,"全场人手一把扇子,但男性们拼命挥着扇子,妇女们则很少用"。⑥

卡特在日记中坦言:"这是我生命中最美好的一天。"⑦卡特

---

① Catt,"Diary of Carrie Chapman Catt," XII,29.
② YauTsit Law, "Canton Women in Business and the Professions," *News Bulletin* [Institute of Pacific Relations] (December 1926):12.
③ Edwards, *Gender, Politics, and Democracy*, 87-88.
④ Peck, *Carrie Chapman Catt*, 197-98, 139.
⑤ 同上,第198页。
⑥ 同上,第198—199页。
⑦ Catt, "Diary of Carrie Chapman Catt," XII,29.

此行的目的之一,就是传播较为先进的西方女权运动状况。但是,在这里,在遥远的东方,她看到了西方女权运动者努力开创的政治前景。正如后来卡特在上海对记者说的:"她们在那里的所作所为,看起来完全是对的。这正是她们应该有的样子。"① 基于自己在广州的经历,卡特 11 月返回美国后,向人们宣布,不仅中东地区的女权运动如火如荼,"在中国的部分地区和缅甸,妇女已经有投票权了"。②

在上海,卡特会见了张昭汉,她发现,虽然张昭汉的神州女界共和协济社和唐群英的女子参政同盟会没有明显的分歧,但两个团体是有明显区别的。③ 不过,为了掩盖两者的争论,大家还是做了一些努力的。9 月 3 日,卡特在酒店向美国妇女俱乐部发表讲话时,一名共和协济社成员告诉记者,共和协济社和女子参政同盟会的共同目标是为女子赢得选举权,但共和协济社更强调教育工作,而"唐夫人"领导的女子参政同盟会为了立即实现这一目标,在政治活动方面很积极。共和协进社的妇女们送给了卡特一面锦旗,上绣"同心共济"四字,以表达她们赴布达佩斯参加下届国际妇女选举权同盟会会议的意愿。④

卡特在上海期间,还于 9 月 4 日赴张园——一个发表公众演说的主要地点——出席了更为激进的女子参政同盟会举办的一个会议,并发表演说。⑤ 会场里人山人海,"中间有一张长桌,男

---

① *China Press*, September 2, 1912, in Catt, "Diary of Carrie Chapman Catt," XII.
② *New York Times*, November 5, 1912, 12.
③ Peck, *Carrie Chapman Catt*, 200.
④ Jacqueline Van Voris, *Carrie Chapman Catt: A Public Life* (New York: Feminist Press, 1987), 99. 锦旗文字参见《女子参政会长之临别赠言》,《申报》1912 年 9 月 10 日,第 7 版。——译者注
⑤ *China Press*, September 3, 1912, in Catt, "Diary of Carrie Chapman Catt," XII.

子坐在一边,女子坐在另一边,演说开始前,长桌上备有茶、水果和瓜子"。① 卡特在讲话中批评了英国女权运动者的激进策略。虽然卡特支持为妇女权利向政府请愿,但她同时强调了教育的重要作用——让妇女为未来做好准备,并提出了为实现男女平等目标而奋斗百年的前景。卡特并没有意识到不久前女权运动者和民国政治精英之间的冲突,还在建议妇女们加入政党,并"向政党领导人请教政治和公共事务"。② 具有讽刺意味的是,就在卡特演说当天,唐群英在北京发表了那篇痛斥党内政客腐败自私的宣言书。此时,卡特仍然认为,中国缺少真正意义上的全国性女权组织,并把这一缺位归咎于城市之间、乡镇之间交通困难。③ 卡特确实声明,根据她访华期间的所见所闻和亲身经历,国外普遍以为中国妇女"没文化、幼稚、软弱",显然是错误的。《时报》报道了卡特的这次讲话,称会上"由中外女士次第登台演说,词旨皆激昂慷慨,一时掌声如雷",会后又照例拍了一张大合照。在卡特演说期间,以及演说结束后,听众中有人反对她演说中的一些内容,理由是"尔中国人不受叱斥"。此举在听众中激起了愤怒,但终究"会场乃最文明之地"。④

张昭汉以卡特的中国行及其观点为据,论证了循序渐进争取妇女权利的意义。她翻译了卡特的一些文章,发表在自己编辑的月刊上。⑤ 此外,卡特所提及的"本国、本种族的忠诚",在张昭汉这里,比在卡特的女权国际主义中更受重视。随后在张园举行的

---

① Peck, *Carrie Chapman Catt*, 201.
② *China Press*, September 5, 1912, in Catt, "Diary of Carrie Chapman Catt," XII.
③ Van Voris, *Carrie Chapman Catt*, 99.
④ 《时报》,1912 年 9 月 5 日,第 5 页。
⑤ Harding, *Present-Day China*, 50.

共和协济社会议上,张昭汉强调,必须为了国家的深切需要团结起来,哪怕女子参政权会因此推迟实现,也在所不惜:"国土不能保全,则人人虽有参政能力,亦无所用之。"①

卡特的国际主义预设了一系列对相关文化的刻板印象,这当然是可以想见的;但这些印象与她在中国的许多所见所闻大相径庭。卡特当然知道中国文化是女性苦难的根源。她最早的一些演说中,有一篇发表于19世纪80年代后期的,讲述了一个中国女孩在中国被卖到妓院,然后又被送到美国的故事。这个女孩后来没有回到旧金山的妓院,而是选择了自杀。② 然而,看到活跃在政界的女性,卡特似乎感到很宽慰,这些女性的着装和礼节是"儒家"的,但已经为西式或中西结合的潮流和个性所影响。正如60年后尼克松访华期间,美国人为毛泽东时代的中国公众散发的魅力所倾倒一样,在卡特参加的一些会议中,有女招待员服务,这些"脑后垂着长辫子的亲爱的小女佣",给卡特的影响尤为深刻。③ 相比之下,卡特在南京时,与女子同盟会一位强硬派干部的第二次会面就很令人不安了。吴木兰等许多激进女权运动者都以"木兰"作为自己的化名。和唐群英一样,吴木兰从1905年起就是同盟会的一分子,并且也掌握了制作炸弹的技术。④

吴小姐穿着一身欧式服装出现了,让我们大吃了一惊。她脚边摇曳着丝绸的裙摆,脚蹬欧式鞋子,搭配背心和夹克,还戴着一顶白色的大宽檐帽,帽子上的羽毛一动一动的。我们还是喜欢她头一天穿中式服装的样子。她很聪明、很有活

---

① 王家俭:《民初的女子参政运动》,第698页。
② Van Voris, *Carrie Chapman Catt*, 15.
③ Catt, "Diary of Carrie Chapman Catt," XII, 32.
④ 王家俭:《民初的女子参政运动》,第697页。

力，但穿着这一身衣服的她显得很不伦不类。现在流行的一种发型是把前面的头发剪短，而让两边的头发像直刘海一样垂下来。但吴木兰的头发很短，因为她是一名女士兵，而大多数女士兵都把头发剪短了。①

在卡特进步的西式世界观中，这种混搭装束或许太像是种族文化的奇怪杂烩，很难让人舒服。② 但实际上，吴木兰的穿着是辛亥革命后许多年轻女性的首选，她们热衷于穿"夹克和喇叭裙，常见的是黑绸裙子"，"让自己看着现代一些"。③ 此外，吴木兰表现出的极端狂热也让卡特非常震惊（"我们觉得她是个疯子"）。不过，为了表示对卡特的敬意，举行了一次集会，当吴木兰应要求在集会上演说时，卡特明白了吴木兰的情绪状态从何而来："现在我们觉得，她的疯狂是一种具备国际特质的情感，这比演说更加重要。"

按照安排，9月26日，在离开中国的前一晚，卡特在北京一家河南会馆发表了最重要的演说。现场仍然像卡特在南方见到的一样，男女分隔而坐。然而，在北京的会场，女性的座次地位更高。女性听众坐在一楼主厅中，她们中"有许多人是小脚"；而男性则只能在回廊里。④ 当天的听众有1000多人，唐群英和沈佩贞也在会上讲了话。⑤ 卡特对沈佩贞的印象尤为深刻，认为沈佩贞既是"我见过的最有趣的人"，也是一位"狂热的女战士"。沈佩

---

① Catt，"Diary of Carrie Chapman Catt，" XII，37.
② Mineke Bosch，"Colonial Dimensions of Dutch Women's Suffrage：Aletta Jacobs's Travel Letters from Africa and Asia，1911 – 1912，" *Journal of Women's History* 2：2 (Summer 1999)：19 – 20.
③ Harrison，*The Making of the Republican Citizen*，177.
④ Peck，*Carrie Chapman Catt*，203.
⑤ Catt，"Diary of Carrie Chapman Catt，" XII，62.

贞是浙江人，曾是女子北伐队的领袖之一。① 虽然人们说沈佩贞"身体强壮"，但她的身体仍然遭到了缠足的伤害。她的脚放开后，就只能长期忍受脚部变形带来的痛苦，用当时挖苦的说法，她的脚是"黄瓜脚"：②

> 她走路一瘸一拐的，就像有先天足部畸形一样，但比起那些"三寸金莲"来还是好多了。在我听过的演说家里，她是最会运用感情的一个。那天她向着台下的男男女女演说，听众们跟着她的演说哭哭笑笑，就像一群任她摆布的孩子……不过，谈到世界各地女性的服务机会时，她的观点完整程度，远比她的演说天分更有意思。她认为，性别平等、妇女对教育和就业机会的需求、男女等同的性道德标准、对所有人一视同仁的法律和选举制度，所有这些在理想的民国都应该实现。③

卡特在日记中指出，观众中的男性虽然很礼貌，但并不太接受沈佩贞的主张，其中有些人听着她的演说，流露出了"不屑"的神态。④ 虽然在上海的演说中，卡特曾多次明确表示更赞成温和的策略，但卡特在中国也见到了一些主张更为激烈的女性，在中国之行即将结束时，卡特对她们的激进主张也表示了同情：

> 南京和北京的妇女平静地说着要用炸弹解决问题。她们说，到了民国，男子什么都没有为她们做过。当他们谈教育时，他们谈的是男子的教育……他们在废除纳妾上无所作

---

① 王家俭：《民初的女子参政运动》，第698页。
② 经盛鸿：《民初女权运动概述》，第7页。
③ Peck, *Carrie Chapman Catt*, 203—4.
④ Catt, "Diary of Carrie Chapman Catt," XII, 63.

为,连袁世凯自己都纳妾,那可是堂堂的民国大总统!新政府反倒要把选举权给那些从没要求过选举权的男子,其中有些人干脆连辛亥革命发生了都不知道。①

确实,袁世凯不仅有9个小妾,还特别偏好小脚女子。② 他的子女有30人之多,其中一半是女儿。③ 袁世凯的女儿们都接受现代教育,学习外语,但婚姻还是由袁世凯包办的。

在访问北京期间,卡特得知了国民党成立前的交易,以及取消男女平等条款的事情。"换句话说,"她说,"就像西方女性此前一次又一次遭遇的那样,中国女性被彻底'出卖'了。"④卡特不带批判色彩地讲述了在上海听说的一个故事,当然这个故事未必是真事:一群女权运动者被派遣到北京见袁世凯,当面警告他"我们可还记着怎么造炸弹、扔炸弹"。袁世凯回道——照例口无遮拦——"好啊,来吧。炸了我啊!"卡特还听说,4名妇女被派到北京刺杀袁世凯,因为袁世凯是反革命。这些女性可能参加了傅文郁等女性领导的那类女子暗杀团,但她们进京后,"从此杳无音信"。⑤

卡特对中国等非西方世界的看法有着东方主义的特点,她列举了中东妇女用面纱遮脸和中国妇女缠足等习俗,来确认她自己的西方思想和生活方式是有力量的、优越的。然而,她的"女权东方主义"也生发出了在相当程度上打破文化畛域的一些观点,因为她认识到,西方世界和非西方世界的女性都在受着共同的父权

---

① Peck, *Carrie Chapman Catt*, 204.
② 廖大伟:《1912:初试共和》,第159页。
③ Boorman, *Biographical Dictionary of Republican China*, vol. 4, 89.
④ Van Voris, *Carrie Chapman Catt*, 103.
⑤ Peck, *Carrie Chapman Catt*, 202; Bailey, 183.

制压迫。① 卡特可能并不理解中国文化中那些微妙的东西,但当她看到男性"不屑"的表情时,还是能明白这是什么意思的。而且,通过这次环球旅行,卡特还摒弃了民族沙文主义的观念。1913年,她在新泽西州的一次演说中讲道:"我曾是一个标准的沙文主义者,但那是在我访问其他国家之前。我原以为,在所有方面最为进步的,只有美国;但后来我惊觉,事实并非如此。"② 考虑到卡特曾怀着种族主义和本土主义,将印第安男性贬为"野蛮人",还认为与"文明"的白人女性相比,男性欧洲移民不配拥有投票权。她如今能说出这番话,已经是重大的让步了。③ 在1913年初写给纽约一家报纸的信中,卡特告诉读者,中国的女权运动者有着"唤醒世界各国妇女的共同愿景"。④ 虽然一般认为卡特属于女权运动的温和派,但她在世界各地和在中国的经历,似乎促使她朝着更为激进的方向发展,一个例子是她写于1913年春季的一篇未发表的文章,在这篇文章中,她赞同在某些情况下,激进的乃至暴力的策略是正当的。⑤ 卡特以赞许的口吻,把西尔维娅·潘克赫斯特比作废奴主义者约翰·布朗(John Brown);而此时她也许也想起了沈佩贞、唐群英和吴木兰。

后来,阿莱塔·雅各布在写作这次环球之旅的回忆录时,重申了她自己对激进女权的反对,但同时也写道:"在非洲和亚洲最

---

① Charlotte Weber, "Unveiling Scheherazade: Feminist Orientalism in the International Alliance of Women, 1911 – 1950," *Feminist Studies* 27: 1 (Spring 2001).
② 同上,第132页。
③ Birdsell, "Carrie Lane Chapman Catt," 325.
④ Leila J. Rupp, and Venta Taylor, "Forging Feminist Identity in an International Movement: A Collective Identity Approach to Twentieth-Century Feminism," *Signs* 24: 2 (1999): 379.
⑤ Hurwitz, "Carrie C. Catt's 'Suffrage Militancy.'"

偏远的角落,当地的女权运动者一次又一次地影响着我们。"她和卡特"不得不承认,激进的行动必然会让世界察觉她们,关注她们"。① 早在1908年的阿姆斯特丹国际妇女选举权同盟会议上,卡特就在演说中认可和赞许了激进分子可以为推动女权事业发挥的作用。

> 当保镖在街上替英国内阁大臣们挡着手无寸铁的女人的消息传到世界最偏远的角落时,当人们看见英国首相缩在紧锁的门后,偷偷摸摸地在街上走,去哪里都要官员护着,只是因为怕遇到女权运动者,在她们的拷问下一败涂地时……从这一刻起,(世界)就将胜利让给了女权运动者。②

在中国,女权主义者搞大事的本领引起了相当的关注。1913年2月,长沙的无政府主义报刊《天民报》报道了"英国女权党"(English Women's Rights Party,简称WSPU)在伦敦打断审判该组织成员的过程;而更为保守的《长沙日报》1913年3月初也报道了女权运动者烧毁伦敦邱园茶亭的新闻。③ 当加德纳·哈丁访问唐群英领导的团体在北京办的学校时,"第一个被问到的问题永远是:'给我们讲讲英国的女权运动者吧。'"④

卡特和雅各布的中国行可能进一步强化了张昭汉的温和立场。然而,卡特很钦佩沈佩贞,认为沈佩贞在激进与温和的问题上很有说服力,虽然沈佩贞对卡特的耐心和渐进的主张提出了异

---

① Jacobs, *Memories*, 161.
② Peck, *Carrie Chapman Catt*, 160.
③ 《天民报》,1913年2月19日,第3页;Edward S. Krebs, *Shifu, Soul of Chinese Anarchism* (Lanham, MD: Rowman and Littlefield, 1998), 102;《长沙日报》, 1913年3月9日,第7页;New York Times, February 21, 1913.
④ Harding, *Present-Day China*, 56.

议,但她似乎没有意识到,自己已经悄然把卡特推向了更激进的方向。当然,沈佩贞主要针对的肯定不是卡特或雅各布,而是张昭汉及其他温和派,更是那些反对女性获得完全国民权利的男性。卡特(和张昭汉)强调教育以及个人和职业发展的意义,沈佩贞对此也赞同。① 这一点是激进派和温和派合作的共同基础。然而,沈佩贞坚持认为,建立共和使得给予妇女完全的参政权势在必行。赋予女子参政权,这是1911年对"作为革命同志"的妇女的承诺。妇女也理应享受"共和的果实"。

沈佩贞主张,如果男子拒绝支持妇女获得完全的参政权,妇女就必须在个人生活中直接采取行动。比如,希腊戏剧家阿里斯托弗(Aristophane)的《吕西斯忒拉忒》中,希腊妇女为了停止战争,拒绝与她们的丈夫发生性行为,沈佩贞就很好地仿效了这个故事,主张中国妇女"未结婚者,停止十年不与男子结婚;已结婚者,亦十年不与男子交言"。② 如果男人想让女人闭嘴,那就让他们体验一下女人闭嘴的滋味,报复他们。大概与沈佩贞提出不合作主张同时,美国和英国的女权运动者也开始演出《吕西斯忒拉忒》来宣传和募捐了。③ 在此几年前,因男性坚决拒绝赋予女性参政权,西方一些女权运动者很失望,提出开展包含拒绝结婚在内的"女性罢工",直到女性获得完全的权利为止。④ 在中国历史上,也有过这类在家庭生活中奋勇抵抗的故事。启发沈佩贞的,也可能是《左传》中息国夫人妫的故事。春秋时期,楚庄王⑤为了

---

① 王家俭:《民初的女子参政运动》,第699页。
② 王家俭:《民初的女子参政运动》,第699页。
③ *New York Times*, September 20, 1912, 11; February 18, 1913, 5.
④ 同上,September 24, 1909, 10.
⑤ 据《左传·庄公十年》,应为楚文王。——译者注

息夫人的美貌,攻打息国,杀了息国国君,带着"战利品"息夫人凯旋。很快,息夫人就和楚庄王生了两个儿子,但从来不跟庄王讲话。最后,楚庄王终于忍不住问息夫人,为什么她跟了自己之后,从来不跟自己讲话呢？息夫人终于开口了,回答道:"吾一妇人而事二夫,纵弗能死,其又奚言？"①楚庄王听了,大为所动,于是攻打蔡国替息夫人报仇,因为正是蔡国国君最先不怀好意,提议掠夺正直的息夫人。沈佩贞也许认为,息夫人的遭遇与当下女性的困境不无相似之处:她们最初宣誓效忠的是男女共享的共和,如今却被迫为男子的共和服务。

从凯莉·查普曼·卡特和阿莱塔·雅各布的中国行中,沈佩贞得到了一个深刻的教训:如此富有聪明才智的妇女,以温和的方式进行了整整 20 年的斗争,都仍然没有争取到参政权,那么中国妇女还有什么希望呢？在中国,妇女不能投票,但可以上女子法律学校。而与此同时,又有人跟她们说:"如果妇女仍然没有投票权,她们怎么能上法律学校呢？"沈佩贞说,如果中国妇女走这条路,"我们妇女永远不会有投票权……这就是我做一个政治活动分子的原因"。

中国和西方的女权运动者都在对方的身上寻找着进步的迹象。1912 年春夏的大部分时间内,关于中国女子参政运动的报道以讹传讹,让美国女权运动者误以为中国妇女已经赢得了参政权。1912 年 3 月 22 日,《纽约时报》报道称,南京临时参议院已经在两天前承认了女子参政权,但实际上南京妇女们奋力抗争换

---

① *The Tso Chuan*: *Selections from China's Oldest Narrative History*, Trans. Burton Watson (New York: Columbia University, 1989), 11; James Legge, ed. and trans., *The Chinese Classics*, vol. 5, *The Ch'un Ts'ew with the Tso Chuen* (Hong Kong: Hong Kong University Press, 1970), 92 - 93.

来的唯一让步,仅仅是可以自由坐在走廊里旁听。① 有些参议员,包括林森在内,原则上支持女子参政权,却迟迟不愿付诸行动,这种言行不一可能是此类误会的原因所在。② 3 月 21 日,妇女政治联盟(Women's Political Union)在纽约库伯联盟学院发起集会,会上通过了祝贺中国给予妇女选举权的决议。以激情澎湃的演说风格和犀利的论辩技巧闻名的全美妇女选举权协会成员安娜·肖附议了这个动议,并感叹道:"我多么希望自己有辫子可剪! 我多么希望我有被缠住的脚可放开! 可是,我只有无法放开的头脑。"③此外,纽约还有一位女权运动者,请中国派人来帮助为争取选票而斗争的美国妇女们。④ 西尔维娅·潘克赫斯特在回忆其参加女权运动的经历时,提及了英国对这一消息的类似反应:"这条新闻激起了英国人的怒火:一成不变的东方给了妇女选票,而为获得选举权奋斗了半世纪的英国妇女则碰了一鼻子灰。"⑤

虽然这些新闻报道错误百出,但它们关于中国妇女参与革命斗争的报道,倒是符合事实的。妇女甘愿冒着生命危险走上战场,这是全世界女性争取选举权时都会提出的理由。纽约全美女权运动者新闻局(National PressBureau of Woman Suffragists)的一位女发言人宣布:

中国不仅赋予了妇女选举权,而且用行动回答了一个反

---

① *New York Times*, March 22, 1912, 4.
② *North China Herald*, March 23, 1912, 768.
③ *New York Times*, March 22, 1912, 3; November 12, 1912, 18; Linkugel, "Anna Howard Shaw."
④ Colin Mackerras, *Western Images of China* (Oxford: Oxford University Press, 1989), 37.
⑤ E. Sylvia. Pankhurst, *The Suffragette Movements: An Intimate Account of Persons and Ideals* (London: Virago Press, 1978), 382.

女权运动者特别强调,但其实并没有困扰女权运动者的问题——妇女无力保卫自己的国家,因此她也无法为治理国家出力。但是,中国的青年妇女已经组成了一支娘子军,照片中的她们聪明、有才干……谦虚、自重,虽然她们已经脱下了自己宽松的衣服,换上了整齐的军装。①

1912年5月4日,纽约爆发了支持女子参政的大规模游行集会,美国妇女举着横幅,上面写着"追赶中国""中国妇女去投票,纽约妇女被当作罪犯乞丐之流"。② 安娜·肖告诉成群参加游行集会的妇女们:"美国本有机会在给予妇女选举权方面引领世界,但现在世界上最古老的国家已经胜过了我们。"她的听众中就有一些妇女身着中国服装,以此向中国的同志表示敬意。③ 当年11月,卡特回到纽约,展示了在上海获赠的锦旗,并告诉记者们,关于早先中国妇女赢得选举权的消息,真实情况应该是:"中国妇女没有选举权……但是,社会上争取女子参政的风气很盛,如果中国妇女不能在短时间内获取选举权,她们可能也会走上以激进手段争取选票的道路。"④

与20世纪10年代末和20年代在中国开展政治工作的共产国际不同,国际妇女选举权同盟并无意将其意志强加于投身政治的中国妇女。中国的女权运动者也并不仅仅是在模仿西方女权运动者。以女权为基础的西方模式传播到中国,然后中国人一味回应和适应西方模式——事情并没有这么简单。中西之间的联系在本质上是相互的,是一个由于真真假假的双向信息流动以及彼此

---

① *New York Times*, March 23, 1912, 13.
② 同上, May 5, 1912, 1-2.
③ 同上;同上, May 2, 1912, 11.
④ *New York Times*, November 12, 1912, 18.

之间的文化理解和误会,而使得共同价值观和共同的境遇复杂化的过程。卡特承认,作为政治活动分子,中国的女权运动者是真正致力于女权事业的,不是半吊子的热心人士,也不是一味邯郸学步的人。

图 6　凯莉·查普曼·卡特①

虽然安娜·肖为了演说效果,感叹宁要畸形的身体,不要残废的心灵,但西方女性仍然觉得缠足骇人听闻。但与此同时,她们认为中国文化中有其他一些积极的元素,这些元素又引起了她们的兴趣。卡特对中式服装的关注,以及她对"吴小姐"混搭服装的不赞同,反映的不仅仅是卡特对东方异域风情的喜爱。从中国回到美国后,卡特称,妇女们需要放弃束身衣和紧致的衣服,而换

---

① 美国国会图书馆提供,LCUSZ62-109793。

上中国妇女穿的"宽松的衣服"。① 卡特和雅各布提出,"为健康改革服装"需要提上女权工作的日程,中国女性的服饰正好提供了佐证这一观点的榜样。② 此时,女权运动者推崇的"灯笼裤"已经不再受美国妇女的青睐了。③ 就算中国服装没有真正为美国人所接受,提倡中国服装至少也成了一个契机,让人们重新开始争论束缚人的服装所具有的政治意义。在环游世界后不久拍摄的一张照片中,卡特不仅展现了唐群英、沈佩贞一般的自信和泰然,还穿着一身中国风的丝绸外套(见图6)。

中国妇女把西方的自然权利的观念拿来"为我所用"。女权运动者采取直接行动的策略,许多人受此启发,也开始要求立即获得参政权。包括卡特这样的温和派在内,欧洲和北美的女性从中国激进女权运动者的成就中获得了鼓舞,无论这些成就是真实的,还是想象出来的。这些成就中,就包括她们为共和征战沙场的瞩目贡献。如果女子参政权是一种普遍的价值,就必须在类似中国的地方找到证据来证明这一点。卡特需要中国妇女是女权运动者,以此证实男女权利平等价值观的普遍性,正如唐群英、沈佩贞需要依靠进步的国际形势,努力在中国继续开展她们的革命一样。

"难道'国民'这两个字,划开女子单就男子讲的吗?!"

1912年,中国的女权运动者并没有立即放弃希望,仍然认为北京参议院有可能在冬季的选举前改变立场,让妇女与男子一样拥有投票权。然而,正如唐群英在9月4日的宣言中痛陈的,整

---

① *New York Times*, December 12, 1912, C4.
② Bosch, "Colonial Dimensions of Dutch Women's Suffrage," 19.
③ Ulrich, *Well-Behaved Women Seldom Make History*, 28–29.

个夏天,为了在全国实现这一目标,女权运动者及其支持者一次次尝试,但所有的努力都失败了。8月颁布的选举规则规定,拥有选举权的国民必须是年满25岁的男性,必须在其选区居住满两年,并且必须符合下列条件之一:参选前一年纳税额达到2元,或总资产额达到500元,或接受过小学教育(或同等学力)。① 这样一来,妇女就完全被排斥在选举人和被选举人范围之外了。

有几位政界人士,包括3月在南京参议院受到女权运动者威吓的谦谦君子林森在内,同意继续向参议院提交赋予妇女参政权的动议。② 但是,北京参议院对此关注寥寥,更没有采取任何行动。在让卡特印象深刻的广东省议会女代表们支持下,又举行了三次请愿,终于在1912年11月6日,参议院就女子选举权问题进行了辩论。赞成赋予妇女参政权的参议员,大多数都是唐群英的湖南老乡。他们指出,约法中没有任何一条条文禁止赋予妇女参政权。反对者则回应道,早在春天时,南京参议院就已经平息了有关争论,决议等选举产生正式国会后再行讨论。此外,妇女们提交的请愿书中,提到参议院时使用的"侮辱性语言",也让反对者颇有微词。③ 女权运动者在请愿书、宣言和演说中一再把参议员斥为沉迷麻将、生活放荡、遇事懦弱的机会主义者,到此似乎已经产生了负面作用。这次辩论异常激烈,两次陷入混乱之中(又两次恢复议会秩序)。在最后的投票中,只有6名参议员投支持票,女权运动经历了一年的挫折后,终究遭遇了滑铁卢。对此,唐群英激烈地回应道:"既然袁世凯不承认妇女有投票权,我们也

---

① 徐矛:《中华民国政治制度史》,第54—58页。
② 王家俭:《民初的女子参政运动》,第700页。
③ Ono Kazuko, *Chinese Women in a Century of Revolution*, 88-89.

不必承认袁世凯是大总统。"①12月9日,在离开北京回湖南前不久,唐群英来到了参议院走廊,等着投票反对女子参政权的议员们进来,痛骂他们出卖了曾为革命而战斗的妇女们。②

女权运动者一边在北京遭受失败,一边仍然在向国民党施压,要求其恢复原来的男女平等立场。9月8日,在国民党本部举行的选举委员会会议上,沈佩贞和王昌国成了报纸记者笔下的"大活剧",她们要求在会上演说,但起初被拒绝了,理由是发言名单里没有她们。③ 对此,在场的女党员一通责骂。不出所料,沈佩贞最终还是登上了讲台,她的演说最终引起了会场里上百人"雷鸣般的掌声"。10月,在北京的一次女权运动会议上,沈佩贞和王昌国指出争女权是全世界的普遍现象——既然卡特和雅各布都来华访问,中国女子更要"一次争不到手,二次再争"选举权。"难道'国民'这两个字,划开女子单就男子讲的吗?!"④

尽管女权运动者在国家政治层面屡屡受挫,一再失望;尽管许多妇女离开了北京,回到老家,但由于沈佩贞等人的努力,女权运动者的身影从来没有在北京消失过。每当参议院开会时,都会有十来名妇女被派到公共走廊去观摩。当她们听到令人不满的内容时,有时还会抄起空金属烟罐,朝议员扔过去。⑤ 像烟罐这么大的东西,如果真砸到人,足以把人砸伤了。⑥ 女子参政同盟会还在好几个城市设立了分支机构,派出成员代表,就妇女问题

---

① 何黎萍:《民国前期的女权运动:19世纪末至20世纪30年代初》,第84页。
②《时报》,1912年12月11日,第2页。
③《时报》,1912年9月15日,第3页;《爱国报》,1912年9月10日;《亚细亚日报》,1912年9月9日,第3页。
④ 蒋薛、唐存正:《唐群英评传》,第115—116页。
⑤ 经盛鸿:《民初女权运动概述》,第5页。
⑥ 源自与高家龙(Sherman Cochran)的私人交流。

发表演说。

与此同时,根据9月4日新颁布的一项全国法律,广州的女议员被逐出了省议会,该法律规定只有男性才有选举和担任政治职务的权利。① 广东省女权研究会抗议说,临时约法规定"中华民国人民一律平等","人民"显然是包括妇女在内的。② 妇女及其支持者们没有忍气吞声。9月18日的广东省议会会议上,9名女议员和15名男议员试图通过投票废除驱逐令,但以失败告终。③ 一名女议员愤怒地谴责多数男性压制妇女权利。

1912年底,唐群英回到湖南。唐群英曾考虑次年夏天参加国际妇女选举权同盟在布达佩斯的大会,但此时她很清楚,赴布达佩斯参会在经济上和政治上都不可行。④ 唐群英回湖南后,长沙妇女界为她举办了一个欢迎会,到场者有5000人之多,足见唐群英的影响力和知名度。⑤ 当时,在中国的任何一个城市,有5000人参与的政治活动都是规模很大的了。

虽然湖南是许多革命者的故乡,但是长沙在文化上仍然很保守,投身政治的女性仍然会因为她们的外貌举止,饱受批评和嘲讽。⑥ 1913年2月,与国民党和地方政府官员关系密切的《长沙日报》发表了一篇关于唐群英的报道,令唐群英很是难堪。⑦ 报道里称,唐群英即将与一位名叫郑师道的记者结婚。一个清白的寡妇,一个女权运动者,要再婚了!很难想象还有什么政治流言

---

① Ono Kazuko, *Chinese Women in a Century of Revolution*, 91.
② 何黎萍:《民国前期的女权运动:19世纪末至20世纪30年代初》,第84页。
③《时报》,1912年9月27日。
④ 蒋薛、唐存正:《唐群英评传》,第146页。
⑤ 同上。
⑥ 同上。
⑦ 李天化、唐存正主编:《唐群英年谱》,第48页。

能比这更伤人了。唐群英虽然在政治生活中得到了解放,但据说她仍"恪守传统的贞节烈妇的观念"。①张汉英等朋友只要一提起唐群英再婚的事,唐群英都是两个字"不谈"。据说唐群英并不乏追求者,其中"有达官贵人,也有英雄才子;有异国同学,也有故乡战友",给唐群英"献鲜花,赠红叶,题诗笺",但她一概拒绝了。唐群英和并肩作战的女权运动者认为,这则新闻报道是有政治目的的,是为了中伤唐群英和整个女权运动。②事实上,因为这一事件以及唐群英和郑师道的关系,后来发表的很多故事和"野史",都在讲唐群英的爱情故事,或是唐群英缺少爱情的生活。③唐群英做事一向直截了当,并且像探春一样绝不忍受任何侮辱。于是,她带领好友张汉英以及其他一批女权运动者,到报馆要求撤回报道。编辑和工作人员不仅一口回绝,还对她们冷嘲热讽,大打出手,于是唐群英们奋起反击,召集支持者袭击了报馆。

在袭击中,报馆严重受损,于是报社将唐群英等人告上了法庭,最终还是主张改良的湖南省领袖谭延闿出面调解了事。谭延闿家就在唐群英家所在村子的南边。④谭延闿还起用了赵恒惕做副手,赵恒惕家在衡山县,是唐群英年轻的朋友,也是未来的湖南省长。⑤后来,女权运动者们决定创办自己的报纸《女权日报》。⑥《长沙日报》则转而以更隐晦的方式继续攻击女权运动,发表一些有关海外女权运动猖獗的骇人听闻的文章。⑦

---

① 蒋薛、唐存正:《唐群英评传》,第147页。
② 同上。
③ 车吉心主编:《民国轶事》,济南:泰山出版社,2004年,第1442—1446页。
④ Boorman, *Biographical Dictionary of Republican China*, vol. 3, 22.
⑤ 同上,vol. 1, 143.
⑥ 蒋薛、唐存正:《唐群英评传》,第151页。
⑦《长沙日报》,1913年3月9日;1913年3月19日,第7页。

两年后的 1915 年 7 月,沈佩贞也与报馆起了类似的冲突,她在北京以相似的方式回敬了一篇关于她的下流报纸文章,结果却大相径庭。1912 年女权运动受挫后,沈佩贞继续在北京生活和工作,除了参加其他民众活动,她还与女演员刘喜奎合作,推出了多部戏剧作品,这些作品与张昭汉在上海时创作的革命题材戏剧类似,不过也把女权主义包含在了戏剧内容中。① 1915 年,沈佩贞遭到报纸诽谤后,也带着一队同志到了报馆,与工作人员发生了口角。沈佩贞因此上了法庭,但受到的指控是性方面的不检点,而与她和报馆的争端本身全无关系。② 沈佩贞没有像谭延闿这样的后台和盟友,加之身处对激进女性充满敌意的境地,最后被判入狱。很明显,被当成脾气不好但正直的"探春"还是比被当成德行不靠谱的"孙贝珍"更好。湖南分布着老革命派的人际网络,有时革命同志们还好争论长短,比起北京,这样的地方对投身政治的女性可能更有利,因为北京不仅小报密布,还集中着腐败的民国机关。

唐群英很快开始着手修复与宋教仁的分歧。1912 年秋天留在北京期间,唐群英找到了宋教仁,还找到了林森,当年春天他在南京参议院与唐群英发生了争执,8 月 25 日在湖广会馆台上还挨了唐群英的打。③ 唐群英承认自己有"失礼之举",据她说,宋、林二人很理解自己,对此并没有过多计较。不过,唐群英对自己行为迟来的悔恨,似乎从来未能阻止她日后的激进言行。唐群英

---

① Cheng Weikun, "The Challenge of the Actresses: Female Performers and Cultural Alternatives in Early-Twentieth-Century Beijing and Tianjin," *Modern China* 22: 2 (April 1996): 226.

② Dong, "Unofficial History and Gender Boundary Crossing in the Early Republic," 176–77.

③ 李天化、唐存正主编:《唐群英年谱》,第 133 页。

的同志们也大体上接受了她性格中的这一方面。孙中山曾写信给唐群英检讨道,国民党大会上发生的事情是男人的责任。① 对此,唐群英无法不赞同。宋教仁为唐群英创办的《女子白话报》创刊号写了一篇充满共和精神的贺词,其中写道,"视女为奴兮,视男为主;天秩紊乱兮,人理丧沮"。②

1913年春,宋教仁遇刺身亡。噩耗传来,唐群英写了一篇悼词,文中颂扬了宋教仁的一生,痛斥了袁世凯,并检讨了自己早先公然与宋教仁争吵的行为。③ 这篇荡气回肠的悼文题为《群英之痛,社会之扰》,文中赞扬宋教仁"心存邦国",他波澜壮阔的革命事业则如同江河一样浩荡,"江汉滔滔,益表高洁"。但"不挠不折"的宋教仁成了"奸人酣仕"的眼中钉,他们害怕宋教仁,最终痛下杀手。唐群英还检讨道,在宋教仁奋力团结全国反对袁世凯时,"不幸唐氏,用志不协"。如果说,唐群英夸大了妇女运动团结或分裂国民党的潜力,也夸大了宋教仁动机的纯洁性,那么可以说,唐群英对倒下的宋教仁是毫不吝惜溢美之词的,但唐群英自己为此付出了代价。随后,在自己主办的妇女刊物中,唐群英痛骂袁世凯是蝇营狗苟的民国叛徒,北京政府为此悬赏10000银圆捉拿唐群英。④ 唐群英没有像孙中山等其他国民党领导人一样逃往国外,而是先在上海躲了一阵,然后绕道昆明和河内,回了衡山。⑤

唐群英是袁世凯出了名的死对头之一,在全国都声名显赫,

---

① 蒋薛、唐存正:《唐群英评传》,第152页。
② 同上,第122页。
③ 同上,第153页。
④ 蒋薛、唐存正:《唐群英评传》,第151页。
⑤ 李天化、唐存正主编:《唐群英年谱》,第49—50页。

以性格坚韧、有斗争精神著称。1913年,哈丁记录下了唐群英开展革命活动和女权运动的范围之广:

> 她就是那种性情,可以在她书写的每一页上都留下崭新的一笔。是她,第一次带领一个妇女团体,在南京的国家立法机关要求选举权……在北京和天津,她活跃在演讲台上,一次次发表慷慨激昂的演说……中国的每一个革命者都知道她,尽管并非所有人都……赞成她的主张。但我相信,说起辛亥革命可以让一个中国妇女在多大程度上成为全国性的人物,唐群英已经几近做到极致了。①

全国报刊报道唐群英的所作所为,支持者和反对者中流传的唐群英的传说,以及唐群英本人以宣传者、组织者和从政者身份在主要城市中心的公开发声,共同构成了唐群英形象的基础。

唐群英富有战斗精神的主张、广泛的社会关系、对全世界动向的敏感,以及对奔波各地的热衷,让她成了闻名全国的人物。唐群英则借典故轻描淡写地形容自己:"对于自己选定的目标,或是该办的事,无论遇上多大困难,也不动摇,更不会打退堂鼓,心诚志坚,才能成事,像刘备的'三顾茅庐'。"②中国人一般认为,虽然刘备在建立蜀国方面确实很有德行,也明显非常成功,但他对于忠诚等美德极其看重,并身体力行,甚至会因此犯下错误。刘备固然让才华横溢的战略家诸葛亮对自己忠心耿耿,但兄弟关羽死后,刘备一门心思要为关羽报仇,强烈的复仇心蒙蔽了他的政

---

① Harding, *Present-Day China*, 59.
② 李天化、唐存正主编:《唐群英年谱》,第133—134页。

治判断。① 与刘备不同的是，唐群英一以贯之忠于的是事业，而不是自己的朋友或后台。同其他近代知识分子一样，这种思想上的矢志不渝，是唐群英政治人格中最有现代性、最激进的一面。②

1911年和1912年发生的种种事情，一方面体现了妇女参与公共生活的程度之深，尽管参与公共生活的妇女还是极少数，但正在日益增加；另一方面也体现出对政治异见等形式的政治表达，民国的开放和接纳程度之高。尽管女子参政权的实现需要男性的支持，而这一点在短时间内还争取不到，但报刊、学校、俱乐部和协会构成了20世纪头20年典型的、影响广泛的社会结构，这一结构使得动员工作一直有着坚实的基础。《神州女报》失望而愤怒地指出："今吾国非中华民国也，乃中华男国耳。不然何以女子不得参政？"③然而，在1912年的失败和失望中，确实有某种"中华女国"在较小规模的倡议和组织中存续了下来，成了一种社会和体制基础，让妇女可以贯彻施行更广阔的国家和国际层面的战略，而不仅仅依赖弱者的防御策略和武器。④ 当"中华男国"步履蹒跚时，人们很难去指责女性。

唐群英的好友秋瑾有一张著名的女扮男装照片。⑤ 但是，一身女性打扮的女国民，呈现出的挑战姿态也绝不亚于男扮女装，

---

① Peter R. Moody Jr., "The Romance of the Three Kingdoms and Popular Chinese Political Thought," *Review of Politics* 37: 2 (April 1975): 185.
② Hao Chang, "Liang Ch'i-ch'ao and the Intellectual Changes in the Nineteenth Century," *Journal of Asian Studies* 29: 1 (November 1969).
③ Charlotte L. Beahan, "In the Public Eye: Women in Early Twentieth-Century China," In Richard W. Guisso and Stanley Johannesen, eds., *Women in China: Current Directions in Historical Scholarship* (Lewiston, NY: Edwin Mellen Press, 1981), 237.
④ Certeau, *The Practice of Everyday Life*, 25, 31; Scott, *Weapons of the Weak*.
⑤ Spence, *The Gate of Heavenly Peace*, fig. 7.

哪怕她们没有采取唐群英不时采取的锋芒毕露策略，哪怕她们没有齐耳短发、浮夸的帽子、点燃的香烟等典型的外貌特征。妇女在公共场合讲话，是对儒家"妇人之言不出闺阁"教条的一种背离。① 与此同时，正如曼素恩（Susan Mann）所指出的那样，即使是这些严格限制妇女在公共场合发挥影响的保守观点，也认为女性在家里或"幕后"的声音，只要明示了具有普遍意义的道德观念，仍然是"公共的"。② 尽管唐群英等女权运动者公然违抗传统规矩，但鉴于儒家认为"真正的女性声音都是道德的声音"，女性在参政权问题上的义愤有着深厚的根源，根源就在孟母、花木兰等中国本土的模范女性中。③ 但是，参与政治的妇女还必须反驳由此而来的另一种论点，即如果一位女性真的要学习花木兰，那么她一旦完成了革命工作，就应该回归家庭和闺阁。④ 当凯莉·查普曼·卡特和美国公使馆秘书 E. T. 威廉姆斯（E. T. Williams）的妻子罗丝·威廉姆斯（Rose S. Williams）谈及沈佩贞的演说能力时，这位长住北京、讲汉语的外国人回道："没有中国人会觉得在公共场合讲话的未婚女子有德行。"⑤因为女性此时在公共场合"不吐不快"的常常是一些关于国家或自身的教化言论，所以很难仅仅因为这些言论出自女性之口，就无视其本身及其所处的公共场合。

事实证明，在幕后斗争中以及参议院、国民党等男性主导的机构中取得胜利，是一个漫长而艰难的过程。民国初年，唐群英及其并肩战斗的姐妹们并没能获得完全的宪法权利。但是，她们

---

① Mann，*Precious Records*，89.
② Mann，*Precious Records*，91.
③ Mann，*Precious Records*. 译文引文来源：曼素恩著，定宜庄等译《缀珍录：十八世纪及其前后的中国妇女》，南京：江苏人民出版社，2005年，第119页。——译者注
④ Edwards，"Narratives of Race and Nation in China."
⑤ Catt，"Diary of Carrie Chapman Catt，" XII，63.

在发表言论方面丝毫不亚于男性,甚至比男性还要出色。由此,她们确实成功地让一部分公众生活中有了更多女性的身影。这既让文化保守主义者和男性革命同志懊恼,也给了她们自己时而严厉,时而愉悦的满足感。妇女积极参与政治活动的史实证明,共和吸引的不仅仅是那些从清朝的遗产中继承权力的人,还有像妇女一样的,需要通过建立女权社团等新团体,开展投票选举等新实践,采取新领导形式,从而获得国民权利的人。唐群英、沈佩贞等女性,用身为国民的目光,回敬着男性向她们投来的目光。

第四章　国民的视角

在政治斗争中，多种多样的中国形象产生了，这些不同的形象也在互相竞争。先是1911—1912年冬季帝制和共和并存，1912年春季孙中山和袁世凯又同时在任大总统，所有这些都为多个国家权力并存，效忠不同势力者彼此竞争的模式定了调，这一模式在内战和革命中持续了数十年之久。因此，在唐群英等女革命家眼中，一个"民国"有时会变成"中华男国"和"中华女国"两个针锋相对的重影，也就不足为奇了。

说到1910年代、1920年代和1930年代中国领导人及国民眼中的政治全景，人们当然可以举出一些标志性事件，如军阀冲突、内战，以及其他形式的政治暴力、抗议和示威，还有周期性的地方、体制和国家重建。但是，要记录这些事件对人们认知和情感的影响，就要困难一些了。如果把民国看作"人"而不是"物"，那么"看"这种行为本身——结合"看"见的东西产生的情感影响——可能就会成为政治参与的前奏。虽然爱国主义是构建这一政治认知和反应框架的最常见方式，但是其他政治身份和议程也发挥着作用。例如，女权运动者们奋力向政府施压，要么在临时约法禁止民族、阶级、宗教歧视的条文中写入禁止性别歧视的内容，要么只写"人民一律平等"，而不限定任何具体范畴。但让她们愤怒的是，1912年她们既没有争取到明确的男女平等条文，也没有争取到不限定范畴的"一律平等"。不过,在唐群英等妇女的努力下,"女国民"还是活跃在上海等大城市和新桥等小地方,代表她们的姐妹和她们的国家行使国民权利。类似地,国民身份与不同的阶级、地域和其他意识形态、文化观点结合在一起,也产生了齐头并进的各种身份组合。有很多事实证明,一个人可以既是广东人,也是爱国者(或女权主义爱国者、无产阶级爱国者、资产阶级爱国者、共产主义爱国者,甚至军阀爱国者)。尽管语言、职业、意识形态、性别等各不相同,但人们仍然可以团结在一起,这种观念是民族主义主张的一部分。不过,因身为不同政党、社团和同盟成员而强化的差异意识,究竟会为国家统一铺平道路,还是继续让中国处于"一盘散沙"的分裂状态,并不是那么容易说清的。

浮萍般的共和

看清中国,并据此行事,无论是对于领导者,还是被领导者,都是一个挑战。如果领导者和被领导者之间缺乏某种形式的公众认可和积极的互惠互利,那么无论是国家体制层面,还是自觉的民众层面,民族国家都是实现不了的。衡量政治认同的标准,再也不是消极的"没有叛乱"了。国民需要在场。这并不是说,中国国民的爱国主义和政治情操可以不受国家的注意和管控,而是说,当身为权力中心的中国政府难以有条不紊地运作时,为"中国""民国"等语词增加实质内容的重任,落在了国民身上,而"国民"的角色对他们而言也是全新的。这一重任也创造了政治机会。只需几句话和几句手势,"民国"就可以被迅速鼓吹起来,用于政治目的。有谁能说这样做的人不是中国人,又有谁能说他们口中的"民国"不是民国？1913年的一个晚上，加德纳·哈丁就在北京亲眼见识了，在没有大量体制资源的情况下，如何只靠几句话和几个手势，就不假思索地把"民国"展现出来。①

1913年5月，在宋教仁遇害不到两个月后，哈丁到了北京，发现袁世凯和国民党之间的冲突日益升级并公开化。一次，哈丁和一个讲汉语的同伴正在内外城的城门——崇文门附近散着步，碰见了一个年轻人正在讲话，他边上围了一群人，大概有50来个。年轻人的声音充满生气，突然，他嘴里就冒出了"共和"一词：②

我们走到一条小道上，最引人注意的，是一片安静的人群中闪烁的点点灯光——和一个声音。这些灯光是人力车上的灯发出来的，大约有十多辆车停在人群中，或沿墙根儿停着；声音则源自一个人力车夫，他神情真挚，胡子刮得干干净净，外表很能吸引人们的目光。他就站在他那辆铁制旧人力车的车把中间，其他人就在车边上围了一圈。

这位年轻的演说者称，自己不幸家道中落，如今不得不上街拉车。人力车夫是北京等中国大城市里常见的行当，也是中国贫穷、落后和剥削的显著象征。人力车夫们在政治上的老练程度，常常让专家、学者和读书人感到惊讶。他们如此老练的一部分原因是，当时的一些车夫本是职员、学生等有文化的人，他们因为时运不济，被迫拉起了车。③ 就像后来的三轮车夫和出租车司机一样，人力车夫可以揣摩公众的情绪，还可以从乘客和其他车夫嘴

---

① Harding, *Present-Day China*.
② Harding, *Present-Day China*, 第104—106页。
③ Strand, *Rickshaw Beijing*, chaps. 2, 3.

里听到种种流言。哈丁曾是哈佛大学辩论队的领导,还拿过演说方面的奖项,虽然他不懂汉语,但听了朋友给他翻译的演说内容,哈丁觉得这位年轻人颇有演说能力。① 年轻人的讲话既雄辩,又犀利:

> 他用炉火纯青的街头演说风格,抛出一系列反问句针砭时弊:"但是为什么如今我们要受如此的贿赂和压榨洗劫呢?"他问道,"如果他们仍然只想向我们要钱,然后把我们的钱塞给脑满肠肥的官员,那要共和有什么用呢? 共和之下,难道我们不应该更加欣赏美德和优点,而非腐败吗? 别忘了,民众现在强大了。我们凭什么让这些不正派的官员为所欲为?……现在我们再也没有君王了,再也没有皇帝了。我们有大总统(**袁世凯——作者注**),他应该做我们人民希望他做的事,但这位大总统像满人那样发号施令,他冲着我们说'我命令,我宣布',然后等着我们答'我们诚惶诚恐,唯您马首是瞻'。但他不是神,甚至连读书人都不是,只是狼子野心的一介武夫。除非我们看着他,让他害怕我们,否则他就会像此前的满人那样,欺骗民众,背叛民众。"②

社会主义"英特纳雄耐尔"的语言("再也没有君王了,再也没有皇帝了""他不是神"),以及"诚惶诚恐,唯您马首是瞻"等臣服于皇帝的语言,在同一段演说中交织到了一起。在哈丁看来,人群似乎听得很入迷,但他们在有意克制着自己的反应。从警察和

---

① *Intercollegiate Debates on the Income Tax*: *Harvard vs. Yale at Woolsey Hall*, *New Haven*, *Harvard vs. Princeton at Sanders Theatre*, *Cambridge*, March 22, 1910(Cambridge, MA: Harvard Debating Society, 1910).
② Harding, *Present-Day China*, 107.

安保的严密程度来说，1913年春天的北京是属于袁世凯的，而且袁世凯对北京的控制还在与日俱增。年轻人向人群宣布，明天他还来演说，还是老时间、老地方；加之他整洁的外表，可见他的"正业"也许就是开展政治活动，人力车夫的身份只不过是个幌子。①对于在城市里四处游走的政治活动者而言，人力车夫的行头和装备是很好的掩护手段，和唐群英在湖南农村装扮成采茶女有异曲同工之妙。这位演说的年轻人离开时，嘴里也在说着"国民党"。哈丁的同伴在给哈丁翻译完这番讲话后，兴奋地说："这说明他肯定是搞政治宣传的，而且他不是唯一一个传说中（虽然我自己从来不信）在北京的胡同和暗处旮旯里鼓动人心的人力车夫——甭管是真的，还是假的。"②"这就是新的中国，"他继续说道，"我在这儿住了也有三十来年了，但今天晚上，这个新的中国显得前所未有地生动真切。"③

　　如果这位车夫真的为国民党工作，那么可以说，他的街头演说是反对袁世凯、复兴共和的有组织政治运动的产物。1913年夏，二次革命爆发，国民党与袁世凯公然展开了武装斗争。然而在1910年代，包括国民党在内的政党，往往无力把支持者有系统地动员起来。④ 大约与哈丁访问北京同时，《长沙日报》发表社论称："在中国，政党如雨后春笋般涌现，但其权力和组织水平都不完备。"⑤尽管早在近一年前，同盟会就从南京派遣了五个人，到长沙成立了一个党部，但在长沙这个革命中心，人们还是对政党

---

① Strand, *Rickshaw Beijing*, 33, 40.
② Harding, *Present-Day China*, 109.
③ Harding, *Present-Day China*, 110.
④ Chang Peng-yüan, "Political Participation and Political Elites," 302.
⑤《长沙日报》，1913年3月9日，第2版。此引源的引文为译者翻译。

第四章 国民的视角

感到悲观。①

据称,同盟会在改组为国民党之前共有55万成员,在长沙等许多省会城市都设有分支机构。② 同盟会的分支机构主要负责宣传工作,例如出版《长沙日报》等党报。③ 在尽可能多的城市创建分支机构,同样也是其他政党的目标。在1912—1913年选举期间,梁启超领导的民主党首脑之一汤化龙,从上海启程溯江而上,沿途一面演说,一面创建党部。④ 中国社会党规模更小一些,在册党员5000人,分属130个地方党部。⑤ 不过,各政党有时会主动给没有申请入党的潜在支持者邮寄党员证,因此很难说这些党员数目的统计在多大程度上是可信的。⑥

有人目睹这番新的政治景象,也描述道,当时"集会结社,犹如疯狂,而政党之名,如春草怒生,为数几近百"。⑦ 民国建立后的短短一个月内,向南京临时政府登记注册的政党和政治团体就有85个之多。⑧ 民国的头两年内,活跃着约300多个政治团体,这些团体规模和成分各异,不过大多数都是新成立的。⑨ 也有学者估计,这一时期"公开的团体"有700来个。⑩ 据张玉法的统

---

① 《长沙日报》,1912年4月24日,第2版。
② 张玉法:《民国初年的政党》,第47页。
③ 同上,第49—50页。
④ 李喜所、许宁:《民元前后(1911—1913年)国民"参政热"评析》,第53页。
⑤ Kojima Yoshio, "Reformist Parties in the Early Years of the Republic," In Etōand Schiffrin, *China's Republican Revolution*, 91.
⑥ 鲁迅:《鲁迅全集》第14卷(2005年版),第6页; Li Chien-nung, *The Political History of China*, 276. 1912年夏鲁迅居住在北京绍兴会馆期间,曾收到袁世凯共和党的一封信,信中还附上了党员证,但鲁迅没有回复。
⑦ 丁世峰《民国一年来之政党》,《国是》1913年第一期,转引自李喜所、许宁:《民元前后(1911—1913年)国民"参政热"评析》,第51页。
⑧ 张玉法:《民国初年的政党》,第31页。
⑨ 李喜所、许宁:《民元前后(1911—1913年)国民"参政热"评析》,第51—52页。
⑩ 周鸿、朱汉国主编:《中国二十世纪纪事本末》第1卷,第269页。

计，当时全国共有370个政治团体，其中位于上海(132个)、北京(78个)和广州(25个)的最多，在长沙、成都、福州等省会城市也零星分布着一些。① 有些组织非常短命，经人赞助在报纸上发表一个宣言，然后就沉寂了。还有一些团体只留下了一些隐晦的信息，比如胡同十二号、大街二百号之类的名字，就像随便选了个幸运数字命名似的。② 同盟会/国民党等少数组织，持续时间则更长，影响力也更持久。中国社会党、自由党等由意识形态驱动的小团体，则大力向每一个听众宣传他们的宗旨和规划。③ 社会党人除了大力支持妇女权利，还坚持"社会革命是一切的根本"，并承诺"不断(推动)"关于社会主义的"公开讨论"。④ 自由党人则宣称，"与生俱来的自然权利，给了我们完全自由的快乐"。孟子曾把人分为"治人"的"劳心者"和"治于人"的"劳力者"，自由党呼应了孟子的这一思想，承诺"愿以毕生之脑力、腕力(挥笔作文——作者注)"来帮助同胞获得解放。他们的重点是宣传自己的事业，而不是立即改变中国。

虽然各政党下了工夫派遣工作人员，开办分党部，发布纲领，邮寄信件和党员证，但它们的政治和意识形态理念往往既模糊，又肤浅。女子参政同盟会这样的组织之所以能在公共生活中保持很大的影响力，一个原因是它比当时的大多数政党组织得更好，领导层的能力也比大多数政党更强。自戊戌变法以来，妇女们一直在为政治目的而自我组织。⑤ 武昌起义爆发前六个月，她

---

① 张玉法：《民国初年的政党》，第33—34页。
② Li Chien-nung, *The Political History of China*, 279.
③ 李喜所、许宁：《民元前后(1911—1913年)国民"参政热"评析》，第51—52页。
④ Kojima, "Reformist Parties in the Early Years of the Republic," 90.
⑤ Qian Nanxiu, "Revitalizing the Xianyuan (Worthy Ladies) Tradition," 400.

们参加了在东京举行的一个妇女大会,出席的政治活动分子达100人,她们选举了唐群英出任主席。① 相比之下,1912年的大多数政党,还更多地是"精英联盟",而不是有组织的机构。② 一个人同时加入多个政党并不是什么新鲜事。③ 国民党领导人黄兴一度同时加入了11个政党。④ 曾在南京临时政府短暂任职的外交家、法律专家伍廷芳,也曾受邀成为横跨多党的荣誉成员,跨党数目与黄兴不相上下,而毫不考虑这些组织的意识形态色彩。⑤ 章炳麟虽然在任何一个政党中都待不久,连自己创立的政党也不例外,但他在1912年也同时加入了5个政党。⑥ 1912年春,孙中山和黄兴为了表示对自由党的支持和赞助,都同意在未来的某个时候出任自由党的领导。⑦

1906年加入同盟会并参加了辛亥革命的李剑农,对这一时期的研究很是精到,用他的话说,民国初期的这些政治组织都如"水上无根的浮萍"一般漂着。⑧ 据李剑农总结,当时的政党所拥护的纲领"不过是一种空洞的招牌罢了"。⑨ 不过,喊在嘴边的纲领有时也会产生很大影响。例如自由党这样的政治团体,其核心

---

① Kojima Yoshio, "The Chinese National Association and the 1911 Revolution," In Etō and Schiffrin, *The 1911 Revolution in China: Interpretive Essays*, 178.
② Chang Peng-yüan, "Political Participation and Political Elites," 301.
③ Li Chien-nung, *The Political History of China*, 286;王业兴:《论民国初年议会政治失败的原因》,《历史档案》1996年第4期,第111页。
④ 张玉法:《民国初年的政党》,第35页。
⑤ Boorman, *Biographical Dictionary of Republican China*, vol. 3, 455;王业兴:《论民国初年议会政治失败的原因》,第111页。
⑥ 王业兴:《论民国初年议会政治失败的原因》,第111页。
⑦ Martin Bernal, "The Tzu-yu tang and Tai Chi t'ao, 1912-1913," *Modern Asian Studies* 1:2 (1967):135.
⑧ Li Chien-nung, *The Political History of China*, 286;李剑农:《中国近百年政治史》,第371页。
⑨ Li Chien-nung, *The Political History of China*, 278.

就是出版广受欢迎的报纸,向热心读者提供详细的政论文章和社论观点。① 在地方社会根基不稳的问题,是可以随着时间的推移纠正的。然而,包括1913年夏天被袁世凯镇压的自由党在内,大多数政党还没来得及在地方上站稳脚跟,就已经消亡了。②

如果某些公共事件在全国各地一而再、再而三地发生,"共和""民众"之类的词儿响彻街头巷尾,那么,也许可以套用卡尔·马克思对19世纪中叶法国人生机勃勃的政治生活的解释,来解释哈丁和朋友碰见的那位车夫演说家。马克思的这个解释颇为简洁,从社会角度,认为公开的政治讨论是可以传染的:

> 靠辩论生存的议会制度怎能禁止辩论呢?既然这里每种利益、每种社会措施都变成一般的思想,并被当作一种思想来解释,那么在这种条件下怎么能把某种利益、某种措施当作一种高出思维的东西而强使人们把它当作信条来接受呢?发言人在讲坛上的斗争,引起了报界的低级作家的斗争;议会中的辩论会必然要由沙龙和酒馆中的辩论会来补充;议员们经常诉诸民意,就使民意有理由在请愿书中表示自己的真正的意见。既然议会制度将一切事情交给大多数决定,那么议会以外的大多数又怎能不想也做决定呢?既然你们站在国家的顶峰上拉提琴,那么你们又怎能因为站在下面的人们跳舞而惊奇呢?③

---

① Bernal,"The Tzu-yu tang and Tai Chi t'ao, 1912–1913," 133.
② 同上,第139页。
③ Karl Marx,"The Eighteenth Brumaire of Louis Bonaparte," In *Karl Marx and Frederick Engels: Selected Works* (New York: International Publishers, 1970), 132. 引文译文来源:[德]马克思《路易·波拿巴的雾月十八日》,北京:人民出版社,1962年,第46页。——译者注

第四章　国民的视角

尤尔根·哈贝马斯(Jürgen Habermas)在其对欧洲公共空间的研究中,曾评论过马克思的这篇文字。哈贝马斯解释道,马克思认为,站在下面的人跳的舞,预示着议会政权的最终崩溃,一个喧嚣的、富有革命性的市民社会,最终压倒并消解了国家权力。不过,在这番熙熙攘攘的大众政治中,哈贝马斯看到,公共空间失去了"其政治功能,也就是说,失去了让公开事实接受具有批判意识的公众监督的政治功能"。① 为了获取经济利益,加强政治控制力,宣传工作揭露了私人生活的各种细节和层面,而国家事务却越来越秘而不彰了。演说成了政客用来蛊惑人心的专利,而且随着印刷和电子媒体的发明和肆无忌惮的使用,演说的效力越来越强,越来越能操纵他人。

20 世纪初,中国所面临的风险和现实处境有所不同。1912 年 8 月,中国有一个国会、一位大总统和一位总理(在闭门谢客),但这些都没能明确界定政权的性质。中央和地方都控制不了这个国家。毫无疑问,中华民国是一个好空谈的政权,政策往往湮没在论争和言辞之中。国会中的争论和混乱,形成了政治积极分子和激进主义网络的一角,这一网络绵延甚广,推动着人们自发参与到当时的重大问题中去。后来,哈丁还描述了一番 1913 年时位于北京的国民党本部,其中记录下了批判的中国公众所表现出的活力,这种活力一部分在于组织,一部分在于运动;一部分是理性辩论,一部分是情绪爆发。党部办公室坐落在一个典型的北

---

① Jürgen Habermas, *The Structural Transformation of the Public Sphere: An Inquiry into a Category of Bourgeois Society*, trans. Thomas Burger (Cambridge, MA: MIT Press, 1989), 140. 着重号为引文作者所加。引文译文来源:[德]哈贝马斯著,曹卫东等译《公共领域的结构转型》,上海:学林出版社,1999 年,第 157 页。——译者注

229

京四合院里。

  国民党不仅仅是一个政党;它是一个民族运动,一次大规模的社会动员。国民党在北京的本部,让人想起法国大革命期间的雅各宾俱乐部。在这里,每天都在举行会议,每天都有数百党员在这里讨论当下的政策,并根据最强烈的共识拍板决定,这是一种有中国特色的革命实践。

  我记得……党部中有一个阳光明媚的庭院,庭院离街道有一段距离,周围是凉爽、宽敞、低檐的中式建筑。斜穿过两道前门通道,就会看见几十位年轻的中国人,三三两两地站在庭院中,随意而生龙活虎地聊着天。他们给人的总体印象是满面红光、精神焕发的。径直往前走,就到了一个大会议室,插满了中国旗帜,挂满了外国彩旗,一百多人已经在此就座,等着今天的会议开始了。与会者中青年人占绝大多数,一大半人穿着欧式服装,剩下的人穿着灰色长衫,这是典型的富人衣着……会场里谈话的嗡嗡声不绝于耳;值得注意的是,这些在场的人中有多少人——往往是其中最孩子气的人——佩戴着金色和银色的星,这是议员身份的象征。报纸的地位也相当突出;在一边有一排小办公室,其中一间里存放了近来全国各地如雨后春笋般涌现的报刊,可以自由取阅;几乎每一群讨论问题的人中,都有人拿着一份报纸,用于概述论点。①

  汇聚一堂的参政者、手中的报纸、谈话的"嗡嗡"声,都将中华民国推到了最高潮,然后逐渐回落,形成革命派及其支持者的新

---

① Harding, *Present-day China*, 122–23.

政治阶层。1912年9月8日，沈佩贞也来到此地，在国民党选举委员会上，向党员同志们陈述了自己的观点。可以理解，为什么沈佩贞先是被那些颐指气使的男同志拒绝发言，然后，当沈佩贞展示出共和所固有的"基于辩论的"政治的流动性，针锋相对地发表她标志性的、激动人心的演说时，又会收获热烈的掌声。[1] 1913年春哈丁访问这里时，陪同他的不是别人，正是张继。哈丁觉得张继是个"年轻、有活力"的人。两人看着一个"穿浅棕色绸子西装的高个子中国年轻人，他站在讲台上，在交叉的五色旗下演说。"[2]这位年轻人"精彩的、内容密集的汉语演说"，收到的反响很强烈，"每一两分钟，台下听得入迷的观众就会热情地……报以雷鸣般的掌声"。年轻人的演说又引发了进一步的讨论，特别是对袁世凯的谴责，引起了"一大片强烈的赞同之声……这时，一个激愤的声音喊道：'谁杀了宋教仁？'会场里对袁世凯的声讨一下子又激烈了十倍。"[3]

马克思把法国看作一个多层次的政治实体，在不同的行政和社会层级间，各种政治潮流和形式相互模仿并呼应着，同时这些潮流和形式又从巴黎向各省蔓延。这番景象，很像是许多中国人眼中举步维艰的民国。即使共和国组织不良，且帝制仍然阴魂不散，但它仍然让政治和社会组织从上到下、从中心到外围的扩展有了前景。

推翻帝制后，强有力的国家政权的缺失，对公共生活和政治参与的普及与发展方式产生了重要影响。如果早期的民国战胜了外敌，并将其意志有效地施加给国民，那么中国政治和社会的

---

[1] Peitit, *Republicanism*, 140.
[2] Harding, *Present-day China*, 127.
[3] 同上，第130、133页。

发展很可能会遵循"发令——控制模式",这一模式与近代以来的理性化、官僚化紧密相连。清末"新政"倡办商会等向政府注册,并支持和执行国家政策的"法团",目的就在于此。以清朝最后十年推行的新政为基础,袁世凯的种种举措,预演了后来蒋介石自上而下的控制策略、官僚主义驱动的中国国家社会主义,以及第二次世界大战后"新独裁者"——例如韩国的朴正熙——在另一些国家的出现。1913年秋天,国民党军队被击败后,袁世凯关闭了国民党党部,哈丁拜访过的北京党部自然也不例外;其他类似的政治团体、俱乐部和女权组织也遭到查禁。袁世凯的目的,在于摒弃杂音和喧嚣,以落实种种目标,完成民族国家的初步创建。①廖大伟认为,袁世凯"更容易羡慕和相信西方政治中的效率与秩序,但他无法忍受议会和宪法的制约"。② 袁世凯凭借个人意志的力量,在军队、警察和官僚的协助下,努力让中国合而为一,为自己赢得了赞誉,他在发迹期间,能够"求变求新",在周围的人中显得"鹤立鸡群"。③

然而,由于袁世凯当上总统、复辟帝制的政治失败,也由于公众要求解决国家危机的民意压力一直存在,其他综合的、非官僚主义的政治方案便必然开始崭露头角。这些方案的发展过程有着各自不同的开拓性,其间孙中山、唐群英等一批"鹤"出现并站稳在了"鸡群"里,上层人物与广大公众之间的关系也更明晰、更有生命力了。在更加清晰明了的共和国中,哪怕只是"鸡群"中的一员,也会被推上领导的位子。

---

① Ernest P. Young, *The Presidency of Yuan Shi-k'ai: Liberalism and Dictatorship in Early Republican China* (Ann Arbor: University of Michigan Press, 1977).
② 廖大伟:《1912:初试共和》,第160页。
③ 同上,第157页。

第四章 国民的视角

在缺乏高效而彻底的官僚秩序时,还有哪些力量或机构可以推动政治变革呢？马克斯·韦伯提出,富有个人魅力的领袖是典型而有革命性的,可以替代官僚和传统的事物。以五四运动为代表的运动式政治大行其道,一部分原因就是政府机关和类似的领导者的失败。然而,仅仅是步履蹒跚的国家建设,以及抗议运动的个别力量,并不能解释民国时期公众政治参与的广度和深度,比如开会和演说的数量之多,以及政治活动分子撰稿、阅读的"雨后春笋"般的报刊。人们无时无刻不在谈政治。到了1918—1919年的冬天,也就是五四运动的几个月前,谈政治在北京大学已经蔚然成风,连教师休息室都得了一个"群言堂"的绰号。① 不论是学生宿舍、教职员工休息室,还是各地会馆和党部,都充斥着争辩和讨论,成为公众抗议的舞台。

此外,还有两个推动政治和社会融合与创新的因素,也促进了参政热情的风行,这一参政的热情贯穿了整个20世纪早期的中国政治实践,既塑造了领导者,也塑造了被领导者。② 其一是看似很简单的一个事实,即当人处于压力之下时,如果有一些东西承诺可以在某种程度上解决他们的问题,他们是会照搬这些东西的。关于这一点,在当代美国的一个例子是,企业和学术管理层在采纳"最佳实践"解决棘手的社会经济问题时,往往更像是在使用"最佳猜想"的招数。③

这种模仿行为可以从伦敦海德公园的一场演说、曼彻斯特一

---

① Weston, *The Power of Position*, 160. 引文译文来源:魏定熙《权力源自地位》,第166页。
② Paul J. DiMaggio and Walter W. Powell, "The Iron Cage Revisited: Institutional Isomorphism and Collective Rationality in Organizational Fields," *American Sociological Review* 48 (April 1983).
③ Alexandra, Kalev, Erin Kelly, and Frank Dobbin, "Best Practices or Best Guesses? Assessing the Efficacy of Corporate Affirmative Action and Diversity Policies,"*American Sociological Review* 71: 4 (August 2006): 590.

位女权运动者打破的商店橱窗、巴黎一次会议上摇响的铃声开始——于是有了长沙的公开演说、被砸碎的南京临时参议院大楼窗户、北京的国民党会议上维持秩序的铃声。有些东西或只是东京、上海旅行中的走马观花,或只是在报刊上读来的东西,但在缺少周密计划和督导者的情况下,仍然传播开来,并且付诸实践。模仿会导致机构之间、个人之间的同构现象,换句话说,他们的形象、形式和行为都像同一个模子刻出来的。在这种模仿中,一个政治、商业或文化团体只要是明显能带来好处的榜样,很快就会有人着手照搬——没人命令,没人教学,也没人给钱,全凭自觉。① 齐耳短发和西式服装都在中国城乡风靡一时。公共演说、学习社团、政治会议也是如此。

同样地,"中国"和"民主"之类的思想,也在中国的政治和社会生活中广泛流动着。梁启超创作、阐释和传播了其中的许多思想,他如是形容20世纪头几年的情形:

> 新思想之输入,如火如荼矣。然皆所谓"梁启超式"的输入,无组织,无选择,本末不具,派别不明,惟以多为贵,而社会亦欢迎之。盖如久处灾区之民,草根木皮,冻雀腐鼠,罔不甘之,朵颐大嚼。②

梁启超恰如其分地点明了新思想的燎原野火凸显出的绝望、希望和热情交织的劲头。在新思想迅猛的野火中,不时会燃起几股所谓的"热"。当"目标模棱两可,或环境产生了象征意义上的不确定性"时,有样学样的政治运动往往会蓬勃发展;而主导20世纪

---

① DiMaggio and Powell, "The Iron Cage Revisited," 151.
② Liang, *Intellectual Trends in the Ch'ing Period*, 114. 引文译文来源:梁启超《清代学术概论》,第82页。——译者注

初的中国的,不是整齐划一的旗帜、领袖、意识形态、宪法、法律秩序、历法或政权,而恰恰是这种模糊不定的状态。①

官僚和领袖魅力之外的第二个变革引擎,是更深层的智识和情感元素,主要途径是内化一种精神或一套标准,其目标在于完善政治家、商人、学生、医生和外交官等的新技能、新角色。"规范压力"会带来人们对职业的投入,或者叫"专业精神",其中固然可以包括女性的短发、男性的高帽等广泛流行并被奉为时尚的杂七杂八的东西,但从根本上说,更重要的是坚定不移地信奉一套原则。② 1900 年左右,演说开始在中国风行,但一些学者、社论作者和政治家开始认为,如果说言语艺术和政治宣传是个人与国家进步的关键,那么需要做的是完善这些东西,而不是一味邯郸学步。对这些专家来说,演说是一门艺术,或者说是一门"学",是训练学生和干部达到专业标准的基础。穿得像个现代人固然是一方面;但以女权运动者、银行家、记者等身份做一个现代人,会切切实实地推动更持久、更个人化的变化,并最终推动更大的制度变化。无论是对于自发模仿、追随流行的照搬,还是对于知识驱使下的自觉、规范化的学习,拥有稳定的、到处插手的政府都不是必要条件。两者都有利于共和政治的发展,在这一发展过程中,通过分享热情或恐惧情绪、用新思想和方法创造全新的生活方式,国民们扮演着至关重要的角色。前者有助于解释,借由引人入胜的姿态或口号,一种变化何以蔓延得如此迅速;后者则生发出了多种多样的意识形态和思想观念潮流,这些潮流又导致了政治意识的转变。

---

① DiMaggio and Powell,"The Iron Cage Revisited,"151.
② DiMaggio and Powell,"The Iron Cage Revisited,"第 152 页。

模仿式的整合促进了政党和其他社会团体的迅速发展,并在全中国的政治生活中迅速风行起来。清政府原本希望通过特许建立商会,实现对地方商人群体自上而下的引导和控制。然而,商会很快就具备了独立性,而且遍及全国,在省城、一般城市,甚至县城中都建立了商会。① 1912 年,全国商会数量达 1000 个;到 1919 年,这一数字增长到 1500 以上。② 这些商会中,有的组织完善,资金也很充足;而有的不过是象征着商业活动和国民生活新方式的"招牌"罢了。与中国不同,日本的商会紧紧追随国家的领导,发展也更为审慎。1900 年,全日本仅有 56 家商会,到 20 世纪 20 年代末,商会仅增加了 5 家。这并不是说,因为日本的商会是精心筹立和监管的产物,而中国的商会尽管数量要多得多,但是是东一榔头、西一棒子建立起来的,所以商会在中国的重要性就不如在日本。这个"东一榔头、西一棒子"的过程本身——也就是梁启超说的"惟以多为贵"——将公共生活和国民信念扩散到了中国异常广阔的领土和异常庞大的人口中。如此之广的覆盖面,其本身重要程度之高,就和无可避免的差距、泪水和弱点给认真对待"商学"的人带来的麻烦一样。③ 虽然政府可以促进或规范发展,介入其中弥合差距,改革不规范的做法,但只要个人和团体有必要的内部资源储备和规范的指示,他们自己也可以采取此类补救措施。

对社会运动的研究证实,新思想和新策略的传播并非只能依

---

① 虞和平:《商会与中国早期现代化》。
② 亦观:《全国商会之现况与将来之希望》,《东方杂志》第 16 卷第 3 页(1919 年 3 月),第 219 页;虞和平:《商会与中国早期现代化》,第 75—76 页。
③ Wen-hsin Yeh, *Shanghai Splendor: Economic Sentiments and the Making of Modern China*, 1843 - 1949(Berkeley: University of California Press. 2007), 31.

赖于官僚或列宁主义所青睐的那种"强"或正式的联系。①"弱"的、非正式的关系,比如同住一间地方会馆、一个学校宿舍或同在一个政治俱乐部,也可以让人们有机会谈论当前存在哪些问题,哪些解决方法有效或者可能有效,从而提高政治参与水平。在20世纪初的中国,开放式的、有时散漫的公共生活,对模仿式的融合是有利的。致力于一种形式或"外观",或许从表面上看非常肤浅,但会悄然提升灵活性和适应性。例如,运动式政治的力量,就在于依靠学生和工人之间的非正式关系,引爆和扩大即时力量和长期影响兼具的政治运动。一个国家如果缺少领导力、财政收入和合法性,就会异常软弱;而一个运动如果看起来有着平等、爱国等正确的革命基调,或者有着正确的打击对象,那么即使其主要参与者并非专门从政,也可以异常强大——例如1789年7月14日巴黎革命群众攻打巴士底狱,或者1919年5月4日北京学生火烧赵家楼。人们必须在之后的某个时刻,为这些意识形态和组织买单,届时理论家、专业人士和官僚们将迎来他们的时刻和时代。

由此产生的1910年代中国政党和民间团体发展模式,既不稳固,也没有深厚的根基。政治是多层的,但缺少紧密的金字塔状结构。社会学理论家吉尔·德勒兹(Gilles Deleuze)和菲力克斯·加达里(Felix Guattari)用植物来形容政治状态,根据他们的观点,民国不是"树状"的,而是如同"根茎型的"植物那样,生长的

---

① David Strang and Sarah A. Soule, "Diffusion in Organizations and Social Movements: From Hybrid Corn to Poison Pills," *Annual Review of Sociology* 24 (1998): 273.

随机性强，难以预测。① 在以精心照料的家庭、村落和农业帝国为特点的文化环境中，如此野蛮的生长方式，即便不用现代官僚制的标准衡量，看起来也会显得一团糟。然而，对于湖南人李剑农等熟悉中国中南部的池塘、湖泊和植物生长的人来说，这种"野蛮生长"的脉络或许还是能看清楚的。

李剑农用浮萍形容民国的政治，显得极其恰当：民国政治如浮萍一样，虽然一往无前，本质上却既缺少严密的组织，也没有稳固的根基。并非每个人都清楚政党如何运作，但政党似乎对现代政治至关重要，因此应该效仿。另一些人反对政党，却连政党是什么、如何运作都一无所知。② 黄兴在解释自己为何同时加入多个政党时，承认"我本不晓得什么叫作党的"，因此他一面对各种政党的邀请来者不拒，一面也没有退出其他党派。③ 1912年夏天，为打破同盟会和袁世凯之间的僵局，黄兴给出的建议是，让袁世凯先选出内阁，然后所有内阁成员都加入同盟会。④ 黄兴本人能参加多少政党就参加多少，并鼓励其他人也这样做，由此认同了政党作为现代化组织的极度重要性。在这个过程中，黄兴及其在公众中的崇高地位，又使得政党越来越流行、有影响力。据说，1911年孙中山回国时，对左翼的江亢虎说："我也是中国社会党的一员。"⑤

---

① Mayfair Yang, *Gifts, Favors, and Banquets: The Art of Social Relationships in China* (Ithaca: Cornell University Press, 1994), 307-8.
② 张玉法：《民国初年的政党》，第3页。
③ 同上，第35页。此处作者的引用有误，根据引源，这句话是赵秉钧告诉记者的。——译者注
④ Li Chien-nung, *The Political History of China*, 285.
⑤ Friedman, *Backward toward Revolution*, 23.

第四章 国民的视角

共产党员、女权运动者、银行家、会计或护士的修养

与黄兴的观点形成鲜明对比的,是1939年刘少奇在延安的演说《论共产党员的修养》中所宣扬的只效忠于一党的观点。① 刘少奇批评部分党员"身上的旧东西积累得很多",而这种思想观念的混乱需要通过"坚定纯洁的无产阶级的立场和理想"消除。② 鉴于梁启超指出的那种不分青红皂白吸纳思想的现象,提出有必要重新整理和更新思想的观点,是很能让人信服的。将价值观与能力挂钩的评价标准,就可以起到这一作用。刘少奇要求党员将共产主义思想内化为系统的、行动导向的形式,以准备好应对长期、广泛但松散的革命。刘少奇认为,这样一来"即使在他个人独立工作、无人监督、有做各种坏事的可能的时候,他能够'慎独',不做任何坏事。"③正如他在注解中指出的,这种"慎"不是来自马克思主义文本或列宁青睐的"科学管理法",而是来自儒家的教条。④ 尽管刘少奇也认同组织纪律,但他认为,解决共产党员修养问题,靠的是树立良好品行,改正贪婪、懒惰或愚昧的弱点,而不是仅靠"发令—控制"的模式。⑤《四书》有云:"莫见乎隐,莫显

---

① Klein and Clark, *Biographical Dictionary of Chinese Communism*, vol. 1, 620.
② Liu Shaoqi, *Selected Works of Liu Shaoqi* (New York: Pergamon Press, 1984), vol. 1, 122 - 23. 引文译文来源:刘少奇《论共产党员的修养》,武汉:湖北人民出版社,1980年,第18页。——译者注
③ 同上,第138页。引文译文来源:刘少奇《论共产党员的修养》,群众书店,1948年,第51页。——译者注
④ 同上;Lawrence R. Sullivan, "The Role of the Control Organs in the Chinese Communist Party, 1977 - 83," *Asia Survey* 24: 6 (June 1984): 598.
⑤ Craig R. Littler, "Understanding Taylorism," *British Journal of Sociology*. 29: 2(June 1978): 188.

乎微,故君子慎其独也。"①

苏联派来的代表早已向中国共产党展示过,训练有素、积极进取的专业干部可以怎样独当一面。在这方面,1923年苏联驻北京使团的成员,显得尤为高效和专注:

> 人们管这些初出茅庐的代表叫"红色外交官",不管在什么政治场合,他们都可以当众即兴演说。他们可以滔滔不绝地讲上一个多小时,即便此前没有准备稿子,也能晓之以理,动之以情,令人心悦诚服。②

不过,这种专业性也有自己的局限性。这些苏联年轻人缺少贵族遗风的熏染,更不用说儒家的社会风度了,其中许多人在与中国同志打交道时,也缺乏足够的社交能力。

在动荡不安、激情澎湃的民国,缺少上述的内部和外部纪律,而仅有思想本身,就使得政治激进分子来得快、去得也快,政治组织也只是接连昙花一现。章炳麟就是这样一位典型的大思想家,他1906年加入同盟会,1911年与同盟会分道扬镳。此后不到两年间,他先后组织、加入了统一党、共和党,然后又脱离,其中统一党还加入了两回。此外,他还心猿意马地和旧时的同盟会同志一起反对袁世凯,然后又试探着重振袁世凯的共和党(这是1913年袁世凯忧心忡忡地"把他软禁起来"的时候)。③ 比起意识形态或制度的连贯性,无论是随随便便入党的黄兴,还是接二连三"三分钟热度"的章炳麟,都更倾向于变化无常。

---

① *The Four Books*, I. 3, 384.
② A. I. Cherepanov, *As Military Adviser in China*(Moscow: Progress Publishers, 1982), 187.
③ Boorman, *Biographical Dictionary of Republican China*, vol. 1, 94-95.

与黄兴、章炳麟形成鲜明对比的是宋教仁,1912年,他基于自己对现代政党运作方式的深刻理解,计划着创建一个更一以贯之的、应变更迅速的国民党。唐群英对女权运动也有同样的全面计划。宋教仁、唐群英和刘少奇设想的政治道路截然不同:宋教仁设想的是议会民主,唐群英设想的是市民社会,刘少奇设想的是列宁主义。但是,三人有一个共同点:都强调指导思想和明确专业身份的重要性。相比之下,黄兴在党籍问题上的漫不经心显得很幼稚,而章炳麟则显得很草率。1918年,积极参政的章炳麟突然退出政坛,这必定让很多人——不仅仅是他的对头——松了一口气。宋教仁、刘少奇、唐群英、黄兴、章炳麟运用政党和民间团体的不同方式,也可以结合在变动不居的环境中建立共和的艰巨任务来理解。这一过程中,非常重要的是对人们最新追捧的东西做出迅速回应,同时也要认识到一个严峻的事实:革命是长期的、持续的,在此过程中,所有共事的人都过上一致的、有组织的生活,对成功乃至生存都至关重要。

20世纪30年代,刘少奇和同志们对共同职业身份的重视,以及此前包括中国女权运动者在内的许多改革者、革命者对共同职业身份的重视,符合保罗·J.迪马乔(Paul J. DiMaggio)和沃尔特·W.鲍威尔(Walter W. Powell)所称的"界定自己工作环境和方法"的现代、专业的冲动,无论男女,无论在什么专业领域,这种冲动都存在。[①] 英国和湖南的女权运动者固然是由她们"男女平等"的信念定义的,但她们采取的行动,如创办报刊、游说政府、兴办教育和社会服务事业、发表演说、组织抗议等,也定义了她们的身份。对女权事业的忠诚,让她们成为激进分子。熟练掌

---

① DiMaggio and Powell, "The Iron Cage Revisited," 152.

握推进这一事业所需的技能和策略,让她们成为专业的女权运动者,而非业余女权运动者。加德纳·哈丁访问唐群英在北京开办的女子学校时,曾有一位年轻女子向他详细询问了"数不清的有关军事斗争、绝食、游行、烧信箱等的精细问题"。① 这样的中国女性,不仅严于律己,对同志们要求也很严格,对于她们和英国的女权运动者来说,政治是一种职业,不仅要适应性别平等的目标,还要适应在这方面最容易成功的行为。

20 世纪初,面对崩溃的旧秩序和不完整、不完善的共和,许多中国人最关心的是如何同时在伦理和技术层面把自己的工作做好。一个人可能从商、从政,也可能开展社会问题的宣传工作。但不论是什么行当,要称得上专业,都必须基于公认的标准,把相应的工作做好。虽然这些标准可以由法律或政府法令规定,但在从业人员内部,专业人士也会制定准则和规范。专业人士会判定,在职业实践中什么有用、什么没用,然后把这些结论总结成规矩条文,并加以理论化。

上述专注于职业的精神,在近代中国政治、经济和社会中,是一股崭新的、强大的、融合了多种要素的力量。其源头可能在于,人们很重视旧式读书人精英中有约束力的社会风气,也很重视圣人总揽一切的使命。人们认为,文官应该是"通才"而非"专才",因为主政时可能碰到五花八门的问题。即便如此,地方官们还是编制了工作手册,指导工作的道德要求和技术细节。② 有时,一

---

① Harding, *Present-Day China*, 56.
② E-Tu Zen Sun, "Wu Ch'i-chün: Profile of a Chinese Scholar-Technologist," *Technology and Culture* 6: 3（Summer 1965）: 405; Huang, Liu-hung, *A Complete Book Concerning Happiness and Benevolence: A Manual for Local Magistrates in Seventeenth-Century China*, Trans. and ed. Djang Chu (Tucson: University of Arizona Press, 1984).

个官员也会为完成任务而学习专门知识,比如清朝官员吴其浚,就曾撰文研究采矿技术,因为他出任了云贵总督,而冶铜业在云南具有重要地位。所以,其实可以说,吴其浚成了"学者型技术员"。① 20 世纪早期,许多走在前列的政治家和专家,或从小接受传统教育,或出自书香门第,因此,一方面,他们服膺的价值观和学说很驳杂;另一方面,他们对于这些价值观和学说有着强烈的信念,以此表现同僚和同志之间的团结。刘少奇在演说的注解中援引儒家思想,和唐群英援引孟母和木兰的故事异曲同工,都是有意让自己显得更有说服力。就像文官一样,职业革命者面临的挑战,从出版报刊到开展秘密行动,可谓是五花八门。在这样的环境下,最吃香的是在"通才"的基础上,掌握一门或多门适应需要的交叉专业技能的人才,如外交家兼语言学家、军人干部、学生组织者、女权律师、女权记者等。

在天津,近代银行家的新专业标准开始出现;在湖南,女权运动者有了全球意识;在上海和延安,有着具备革命献身精神的共产党员和干部。所有这些,都促使组织锐意创新,力争上游,从而表现出了群体中深切的共同信念。史瀚波(Brett Sheehan)研究了天津的银行家卞白眉,讲述了其在北洋军阀时期努力开展好贷款业务的经历。② 在 20 世纪 10 年代和 20 年代,分裂割据、各自为政的政权一方面给放贷者的工作增加了不少难度,另一方面也给了专业人士实行内部自治的空间。如果政府无意或不能有效地监管银行交易,那么银行家就必须自行承担监管责任。银行家

---

① Sun, "Wu Ch'i-chün."
② Brett Sheehan, *Trust in Troubled Times: Money, Banks, and State-Society Relations in Republican Tianjin* (Cambridge, MA: Harvard University Press, 2003), 107.

们通过"利用专业知识,遵从一定的游戏规则",极好地应付了并不稳定的政局,比如贷款给存续时间比较靠谱的政府机构,而拒绝贷款给有可能卷款跑路的军阀个人。① 与刘少奇一样,卞白眉在形成自己的银行家职业准则的过程中,吸纳了古今中外的多种思想要素。他坚定不渝的信念,一部分是"追寻百多年来中国士大夫的为民救国之传统,一部分是拯救众生的佛教之业,还有一部分是通过经济繁荣建设社会的西方式职责。"②

虽然政治干部和职业银行家的知识基础有很大差别,但两者都非常热衷于了解和辨别能让自己把工作做得更好的事物。用刘少奇的话说,两者都是为"坚定的正义事业"服务的,刘少奇代表的是"觉悟的无产阶级的先锋战士",卞白眉则代表着银行业和金融业的先进分子。卞白眉受到赫伯特·斯宾塞(Herbert Spencer)社会达尔文主义的影响,郑重其事地自称"拔苦众尊者"。③ 如同唐群英成为女权运动者一样,卞白眉忠于职守的现代银行家身份,源于复杂的创造和自我创造。

这些由志同道合的个体组成的群体,既有对共同价值观的认识,也有形成关系网的取向,所有这些都说明了某种"认识共同体"的存在,这种"认识共同体"在近代政治和跨国政治中发挥着越来越重要的作用。④ 虽然把公开演说、劳工组织等领域的专门知识与法律、商业、医学专业知识相提并论显得有些牵强,但是近

---

① Sheehan, *Trust in Troubled Times*,第 124 页。引文译文来源:史瀚波著,池桢译《乱世中的信任:民国时期天津的货币、银行及国家—社会关系》,上海:上海辞书出版社,2016 年。
② 同上,第 124—125 页。引文译文来源:《乱世中的信任》,第 160 页。
③ Liu Shaoqi, *Selected Works of Liu Shaoqi*, 138; Sheehan, *Trust in Troubled Times*, 24—26, 125. 引文译文来源:《乱世中的信任》第 160 页。——译者注
④ Peter M. Haas, "Introduction: Epistemic Communities and International Policy Coordination," *International Organizations* 46: 1 (Winter 1992): 2.

代中国人在接触一切新技术时,用的确实都是一样的术语,即掌握、传习和完善各种新的"学"。法律学、现代医学等,也是产生英雄、模范和社会组织的、知识驱动的专业领域。同样,公开演说的艺术或科学是"演说学",参议员在立法机关的所作所为是"议学"。卞白眉作为银行家的专业性,展示了以"商学"为基础,寻找和推行合理的商业活动标准的更广泛的努力。① 如果说刘少奇在成为革命英雄和模范的同时,仍然在将革命理论化,那么卞白眉在银行业的所作所为也是如此。民国时期上海首屈一指的会计师潘旭伦,同样是业内的风云人物。潘旭伦在哈佛大学获得硕士学位后,又在哥伦比亚大学获得了商业经济学的博士学位,曾在中国会计学会执行委员会任职,并时常公开发表中文、英文演说。② 由于潘旭伦卓越的业务能力,风行一时的《生活周刊》赞誉其不仅仅是会计和商人的"成功典范",还是所有具备现代思想的人的"成功典范"。③

每一个新的社会和政治角色,都可以看作一项改造和自我修养的工程。人们认为,职业的发展也会推动中国的进步。20 世纪 30 年代后期,中国护士协会(China Nursing Association)会长伊芙琳·林(Evelyn Lin)曾预言:"我国的护理事业将越来越进步,并在专业领域名列前茅。"④对于自己的职业,伊芙琳·林在全国和全世界范围内的抱负,与唐群英作为女权运动者的抱负、潘旭伦作为会计的抱负以及刘少奇作为共产党员的抱负不谋而

---

① Yeh, *Shanghai Splendor*, 31.
② 同上,第 34 页。
③ 同上,第 32—33 页。
④ Evelyn Lin, "Nursing in China," *American Journal of Nursing* 38: 1 (January 1938): 8.

合。不过，制定一个单一的标准，也可能引起争议和论战。女权运动有激进派和温和派的分歧。在行业标准上，护理行业也出现了分歧。因为中国出台的新标准中不要求学习《圣经》，一些由基督教会开办的护理学校拒绝向政府登记立案，伊芙琳·林对此很不满。作为一位关注医学进步的专业人士，伊芙琳·林带着一丝恼怒写道："我希望我们的外国朋友能理解，虽然中国不是一个基督教国家，但是没有任何规定禁止这些学校继续学习《圣经》。"关于护理学校是否学习《圣经》的矛盾充分说明，界定一个领域的正确规范时，大大小小的分歧都是有可能出现的。

鉴于中国广袤的土地和庞大的人口规模，不管要实行什么全国性的计划，三种普遍的整合形式——由国家或类似国家机关的组织推行、借潮流和热情流行开来、通过真正有信念的人组成关系网——都是最为基本的要素。三种形式彼此竞争，有时也有互相促进或排挤的现象。在一段时间内，领袖魅力的权威、官僚政治或社会运动的集体力量可能会让三种力量合而为一，也可能会让三种形式全部失效。中国的商会起初是国家权力的延伸，然后像浮萍一样蔓延开来，最终成为表达独立商人诉求和形成行业道德规范的平台，直到党国开始重新建立对商会的政治权威。[1] 只要对自己在国家和世界文化中的身份充满自信，国民个体和民众团体就不必在国家权力面前屈服。顾德曼准确地指出，缺乏稳固的法律和政府基础的"自由浮动"，是民国时期民主思想的一大特点。[2] 虽然如此，但可能让人的腰杆子一下子硬起来，或让一个

---

[1] Zhang Xiaobo, "Merchant Political Activism in Early 20th Century China: The Tianjin Chamber of Commerce, 1904-1925," *Chinese Historian* 8 (1995): 49, 51.

[2] Goodman, "Democratic Calisthenics."

主张突然更坚决的,也正是这些思想,因为它们已经像空气一样渗透到了人们的政治生活中。据张謇称,随着商会的扩展,商人"即渐有不受留难需索于局卡之思想,一遇前害,辄鸣不平,不复如以前噤声忍受"。① 政府控制的缺失,文化不确定性的日益增加,强烈的意识形态信念,新的知识领域以及广泛的政治活动分子网络,所有这些,都为政治诉求的表达和组织的创新提供了有利条件。

国民党和共产党后来的发展,都是专业和意识形态信念与自上而下的指令和控制系统共同作用的结果。模仿要素在其中起作用的形式,是树立高度结构化的模范和典型人物,而不是自发模仿最新的时尚或培养自治的潮流。毛泽东时期,树立了战士、工人榜样——雷锋,成为组织严密的群众运动的一部分。但在此很久之前,上海就有了模范会计潘旭伦,这既是职业导向的商业文化的一种表达,也是对独特的中国现代性的一种更大的追求。所有这些要素共同作用,形成了复杂的中国式共和,它尽管"东一榔头、西一棒子",但不乏行动,也存在于制度中,不仅体现在新国民的表面,更渗透到了新国民的深层。

革命买卖

民国政治文化的混乱表象下,掩盖着一种多方面的、有创造性的冲动,即在中国播撒参与政治生活的个体和团体的种子,这些种子能够深深扎下根来,并最终蔓延到全国,或者构成国家。当民众运用国民政治中常用的表达和组织工具,抗议自己过去和

---

① 虞和平:《商会与中国早期现代化》,第 98 页。

现在受到的盘剥时，他们就让共和政治的形式有了实质性的东西。必须通过演说、宣言书、文章和通电，向选民和追随者解释自己的所作所为，这就定下了问责的最低标准。允许（或无法阻止）政治异见分子发表自己的言论，也将政治透明度的标准提高了一些。1912年，在将声音转化为选票，将选票转化为政策，将政策转化为成果的压力下，中国已非常接近于建立制度化的民主政治，这让宋教仁以及参与投票的许多（如果不是全部4000万人的话）中国人非常兴奋，备受鼓舞。

虽然如此，但结果会民主或集权到什么程度，既取决于环境，也取决于参与其中的个人或团体。在形势所迫下，中国的商人倾向于选择秩序，而不是民主，而唐群英等女权运动者则恰恰相反。他们和其他参政者、政治团体同处一个政治场域，在这里，高税收、男性压迫等问题，都充分为政治宣传、激进主义和公众舆论所利用。

1911—1913年，中国在很大程度上错过了在国家制度层面实现民主的机会。但是，在这一过程中，在真正辩论重大时事问题等方面，中国人也变得更加健谈了。虽然黄兴等许多人散漫的政治社交很容易因其肤浅而遭到轻视，但由此产生的政治，绝不仅仅是一些人的装饰品，或是另一些人眼中不堪入目的东西。类型多样、组织性强弱不一的政党和协会，让人们有了机会向别人讲话，创办报刊和社团，为同一个问题或事业聚在一起，并练习领导任何愿意追随的人，由此让不止一代中国人卷入到了政治生活之中。

毛泽东下了决心，不仅自己要成为一个优秀共产党员，而且要帮助刘少奇这样的同志树立好与坏的标准，其后他撰文回顾了自己在政治上走向成熟的过程，那是他20世纪10年代在长沙的时候。毛泽东自嘲道,那时自己非常认真地——有时甚至是笨拙地——努力试图让自己与动荡的时代保持一致。早在表现出自己的领袖魅力,并找到适合表达领袖魅力的权力手段之前,毛泽东就已经是一个站在政治潮流前线的少年,一个为己为国探求最佳道路的人。人们应该并且可以将个人的前途命运与国家的前景联系起来,这一想法的吸引力与日俱增。毛泽东一边如饥似渴地吸取并模仿着梁启超的写作风格、孙中山的爱国主义、激进杂志《新青年》中的政治思想,以及在受过教育的年轻人中盛行的"学会"潮流,一边"与其他城市的许多学生和朋友建立了广泛的通信联系",由此建立起支持者和共事者的网络。① 他有些懊悔地回忆道,所有这些带来的切实后果是,自己的思想"是自由主义、民主改良主义和空想社会主义混合而成的大杂烩","对'19世纪的民主'、乌托邦思想和老式的自由主义,都怀有某种模糊的向往",但"反对军阀和反对帝国主义"。②

在杂乱无章、充满新意、竞争激烈的政治文化中,无论是传播女权言论,以政治活动分子的身份开店,还是试着做演说家,都极其重视产生即时的视觉和听觉冲击,以吸引有可能成为同道的人,比如年轻时的毛泽东。职业、教育和意识形态上多种多样的道路,确保了竞争的存在,竞争又使得信息更加清晰、更具时效性。这一时期,对所有政治参与者都至关重要的一个资源,是有能力将已经有人买账或令人信服的形象和想法模仿或再现出来,从而快速获得回报,或向播种更深层的价值迈出第一步。斯蒂

---

① Snow, *Red Star over China*, chap. 2, 147. 引文译文来源:斯诺《红星照耀中国》,第 109 页。——译者注
② 同上,第 148—149 页。引文译文来源:斯诺《红星照耀中国》,第 110 页。——译者注

芬·格林布拉特(Stephen Greenblatt)在一部以社会和文化模仿为主题的文学历史著作中,将这一关键要素称为"模仿资本"。① 不管只是成了流行语,还是成了深入人心的信念,"中国"这个专门的词儿一出,人们就非常买账;同样的还有"共和""权利""公开演说""男女平等""商会""民生""开会""学会"以及上文中毛泽东列举的那些思想,这可能是更让人始料不及的。

有时,推销政治和文化需要花心思。1903年,有人在苏州南部的一个小镇宣讲政治改良,听众中有人"闻民权自由而惊,闻革命而诧"。② 1906年,梁启超在东京,一边忙着与孙中山的同盟会争夺支持者,一边致信康有为,敦促其把他们的改良团体从"保皇会"改名为"帝国宪政会"。③ 当时的情况是,用"保皇会"的名字"很难发展成员",特别是在清廷计划召集谘议局并起草宪法之后。作为一种政治营销策略,梁启超建议保皇会在中国改名,但在海外华人中仍沿用旧名称,因为保皇会在海外已经有着良好的成绩,而在中国改名能增强竞争力,更有利于吸纳支持者。

中国对"富"和"强"的追求开始相互交织,于是两个方兴未艾的领域——政治宣传和商业广告,也开始出现交集。④ 毛泽东回忆道,当年自己翻着长沙报纸上的广告,想找一所学校上学,但他可不是那么容易就被广告忽悠动的。在最后决定去师范学校之前,毛泽东考虑过一所警察学校、一所爱国皂业学校("它说造肥皂可以大大造福于社会,可以如何如何富国富民")、一所包学生

---

① Stephen Greenblatt, *Marvelous Possessions: The Wonder of the New World* (Chicago: University of Chicago Press, 1991), 6.
② 闵杰编著,刘志琴主编:《近代中国社会文化变迁录》,第258页。
③ 杨家骆主编:《梁任公年谱长编》,第216页。
④ Sherman Cochran, "Marketing Medicine and Advertising Dreams in China, 1900 – 1950," In Yeh, *Becoming Chinese*, 70 – 73.

日后成为"法官和官员"的法学院以及一所商业学校,但最后都放弃了。① 20世纪30年代,林语堂撰文批评道,一切公开的陈述,无论是政治的、商业的,还是其他方面的,都离不开国家主权遭到侵犯的套话,这样的"热"是一种"极端的无聊","有如一个宣传丝袜的广告,用五百字以上的论文的形式,开端写起'慨自东省失陷……'云云"。②

认真的政治创业者,比如孙中山,会努力挖掘世界、民族和地方文化,以寻找一个生动的字眼,让既兴趣盎然,又非常容易被牵着走的听众兴奋起来,或打消他们的顾虑。高家龙(Sherman Cochran)研究商人如何用各种各样的西方形象——例如骑自行车的中国妇女、穿着暴露的中国妇女——来销售自己的产品,在近代中国商业中发现了米歇尔·德·塞托称为"盗用"的元素,这是面对具有象征意义的产品大量涌入市场时,商家采取的一种防御策略。③ 高家龙还指出,一旦这些印在香烟包装或专利药瓶上的形象抓住了人们的注意力,就可以迅速推广,实现盈利。对商人来说,复制文化通常没什么意义,除非复制文化能让他们赚钱。政治家为了获得权力,把自己所借用、改编或发明的东西传达给潜在的支持者,对于他们来说,道理也是一样的。孙中山三民主义中的第三条"民生"带着社会主义色彩,宋教仁在1912年合并成立国民党时,不得不将其淡化;孙中山被要求解释"民生"时,也不再说"我也是中国社会党的一员"之类的话,而是信誓旦旦地告

---

① Snow, *Red Star over China*, 143. 引文译文来源:斯诺《红星照耀中国》,第104页。——译者注
② Lin Yutang, *My Country and My People*, 236. 译文引文来源:林语堂《吾国与吾民》,沈阳:万卷出版公司,2013年,第198页。——译者注
③ Cochran, "Marketing Medicine and Advertising Dreams in China," 76, 91.

诉支持者,实际上民生主义指的不是别的,正是过年时"恭喜发财"的吉祥话。① 只不过以前是一个人"发财",而如今每个人都要"发财",整个国家都要"发财"。"发财"的运气和特权要从少数人扩展到多数人。废除农历新年的计划不仅没能让人们停止过年,也未能抛弃新年贺词的这句的惯用结尾所蕴含的民间智慧,这句老话如今又能塞到新的政治辞令中,于是孙中山可以非常方便地借用其来解释自己的政治思想。孙中山认为,在引起一些更普遍、更能受到认可的共鸣之前,提及亨利·乔治(Henry George)或卡尔·马克思等知识分子的影响是没什么意义的。

孙中山作为近代领袖,极其善于提出以引起全国一系列反响为目的的提议。他很清楚,政治优于商业的一点在于,有时自己可以向别人推销他们已经拥有的,或不知道自己其实拥有的东西。于是,有些中国人惊讶地发现,自己其实是社会主义者,因为他们认为财富应该共享;有些中国人发现,自己原来是演说家,因为自己能够起身演说。哈丁看见的人力车夫演说家当然可能是国民党的地下工作者。但他也可能是政治宣传册的狂热读者,可能是从日本或欧洲归来的留学生,也可能是晃荡在北京国民党本部的那帮政治活动分子中的一员。当然,他也可能就如自称的那样,是一位从小报、偷听到的八卦以及在北京街头工作的经历中汲取观点的人力车夫。民国时期,看起来像普通国民,也是政治家专业素养的一部分。要做一个国民,可能就要模仿孙中山、唐群英们,照搬他们的话,学他们的姿态。

为了能接触到尽可能多的个人、团体和社群,政治思想的表达方式必须不受地点限制,通俗易懂,能吸引人。指望一个虚弱

---

① 邹鲁:《回顾录》第一册,南京:独立出版社,1947年,第175页。

的国家政府或其代理人独立完成政治"商品"的生产、储备和发放,是不大现实的。根据格林布拉特的说法,要附着在语言和文化中,思想和与之相关的实践不仅需要能够服众,传播开来,还必须被放置和保存在某些地方,"好比把它们积累、'储存'在书籍、档案、收藏品或文化仓库中,这就如同财富储存在金融机构里,士兵在营地或堡垒里随时待命一样"。① 新闻报道、社论或广告中的一个想法、形象或事件,从记者或作家的妙笔生花开始,一路经历发表、发行、读者的消费,最后可能变成油条包装纸。其间,文化产品一路被展示、使用和储存,并且可能会多次进行自我复制。②

在这一文化辗转的过程中,阅报处是一个很典型的新环节。1907 年,日本学者在研究北京社会文化时,对阅报处展现的模仿和变革的力量,既印象深刻,又非常警觉:

> 任何人均可到此阅览其所备之报刊等。还有格外之有识者在此讲解报纸、论说新闻等,而发表演说。但关于此类阅报处有一应予注意之处,即其为鼓吹排外思想等政治热之机关。清国虽一向禁止众人相聚设会团谈论政治,但阅报处并非集会之所,仅对偶然来聚者发表演说,故纵令谈论政治亦不属于触犯禁令,因此阅报处对于欲政治者实乃极好之场所。③

报纸和杂志的激增,让种种思想和形象在中国的广大城乡地区迅速地传播着。另外一些临时机构和正式机构,如钻国家监管空子的政治小团体,以及对消费者偏好非常敏感的出版企业,也

---

① Greenblatt, *Marvelous Possessions*, 6.
② 同上。
③ 张宗平、吕永和译,吕永和、汤重南校:《清末北京志资料》,第 471 页。

起到了这方面的作用。1903年,武昌的学生们开办了一个假的商业办事处,以此为掩护散发革命材料。① 他们还筹集资金购买了电影放映机,在武昌和邻近的汉口,一边放映电影,一边演说,作为其宣传工作的一部分。辛亥革命后,为对新成立的民国表示支持,上海商务印书馆出版了一部13卷的辛亥革命纪念影集,又印制了300张纪念明信片。在报刊指导和鼓励下集体参与政治讨论的读者,省城里被电影这一新鲜事物所吸引又被向着革命政治引导的电影观众,以及给内地的熟人寄政治明信片的上海市民,都真切地实践着作为一种"社会关系"的模仿。在这一过程中,原始文本、口号和图像传播到一个又一个地方,于是政治和社会变化有了第二次、第三次生命。报纸、电影、政治宣传册和私人信件从此"不仅是产品,而且是生产者,能够决定性地改变产生它们的力量"。②

当然,民国仍然存在于政府机构中,尽管有时是以林语堂所谓的"喜剧"形式存在,比如卖鸦片的禁烟局。但与此同时,民国也存在于街头、音乐和戏剧表演、信件上的邮戳、货币,以及新闻中堆叠出的形象、思想和声音的集合。阅报处等"社会教育"领域的实验,产生了越来越多致力于国民教育和问题讨论的机构。整个民国时期,生产、传播和存储形象和思想所需的基本设施,都在不断地拓展到更多地方。1931年,昆明进行的一项教育调查记录了昆明的文化资源,其中当然包括近代学校,但除此之外还有"巡回文库、巡回演讲、妇女宣讲所、书报阅览所、护国纪念博物馆、市立图书馆、公共体育场等"。③

---

① Liew, *Struggle for Democracy*, 26.
② Greenblatt, *Marvelous Possessions*, 6.
③ 陆丹林编:《市政全书》,上海:道路月刊社,1931年,第16页。

现代学校传播着关于更大的世界的知识,尽管传播的知识并不均衡。同时,现代学校向教师和学生高度强调着国民身份的价值。① 到20世纪30年代时,中学课堂上教的东西既有鲁迅和胡适的作品,又有亨利克·易卜生(Henrik Ibsen)戏剧的译本。② 新的政治思想往往是从沿海向内地传播的。阅读、讨论与"归档"这些政治思想的地点和方式有很大不同。在清政府垮台前的几年,安徽省一位有功名的有钱人在上海看到了邹容煽动排满的小册子《革命军》,读得热血沸腾,随即把这本禁书买了100册带回安徽,逢人就塞上一册。这位有钱人经常吃喝嫖赌,于是,他即使去妓院,也不忘带上《革命军》,向年轻的妓女们宣讲爱国精神。③

像孙中山这样四处奔走的领袖,也通过巡回"运动"和演说,让政治思想得以更为系统地传播。孙中山特别擅长根据到访的团体和地域调整自己的观点,让自己的观点与其保持一致。1912年春天,孙中山访问武昌时,直截了当地问当地的大地主是谁,让负责接待的同盟会员惊诧万分。孙中山想说明自己的土地税政策,于是他笑着问道:"你们不是要我向民众讲演么?我想先了解一下本地实际情况。"④后来毛泽东也倡导了类似的战略,但组织性强得多,即与人民群众交换意见,这样人的认识会"循环往复,螺旋上升"。他在1943年关于"群众路线"的指示中,正式将这一过程总结为提出观点、采纳意见、推行政策几个步骤。⑤ 孙中山

---

① Robert Culp, *Articulating Citizenship: Civic Education and Student Politics in Southeastern China, 1912–1940* (Cambridge, MA: Harvard University Press, 2007).
② 同上,第1章。
③ 李孝悌:《清末的下层社会启蒙运动:1901—1911》,第125页。
④ 王耿雄编:《孙中山史事详录1911—1913》,第272页。
⑤ Stuart R. Schram, *The Political Thought of Mao Tse-tung* (New York: Praeger, 1963):70.

为让自己的思想切实扎根当地而采取的做法，必然比毛泽东的做法更具不确定性，但也更有利于实现真正的交流，进而更容易获得民众的坚定支持。公开演说和公开会议的形式鼓励了这类交流，在思想从一个地方传播到另一个地方的过程中，这类交流保证了思想的生命力。

在北京积极参与五四运动的学生们，就认识到了走向地方，走进大众，与地方社会势力打交道的价值。只要是读报纸的中国人，都知道北京的学生们在1919年取得的成绩。许多人也效仿学生们，举行了自己的示威游行。学生们把自己看作是国家舞台上的政治演员，也渴望在路途中传达他们的主张。暑假是近代教育学年制的一部分，学年结束了，学生们会启程回家，一路走一路宣传。这与19世纪90年代梁启超的学生回家过年时做的事如出一辙，只不过他们的宣传范围比梁启超的学生大多了。曾有学生演说队给准备回家过暑假的成员发通知，建议他们留意一切机会继续宣讲爱国和进步的主题：

> （1）所交接的人，如认为有输入我们主义之必要时，不管他是人多人少，我们就要与他攀谈。Sokrates的对话法似乎可以采用。（2）所到的地方，如已有演讲会所，我们便要乘时加入讲演。（3）若该地没有演讲会所，便要提倡设立一个或数个。最好是联合该地的学生或比较好点儿的绅士一致进行。①

当然，"比较好点儿的绅士"参与这类进步主题的公开讨论和宣传工作的历史，已经有二十多年了。苏格拉底式的对话与孟子

---

① 张允候编：《五四时期的社团》（二），第182页。

喜欢采用的对话方式没有太大的不同,这种对话方式不仅孟子爱用,地方上的教书先生也爱用,他们仍然在把旧学的元素教给学生,通过这些旧学的元素了解新情况。在风行全中国的近代政治文化中,要成为某个角色的先行者,未必需要是第一个吃螃蟹的人,甚至不必意识到自己以五四学生的身份宣讲民族危机的行为,与19、20世纪之交时年迈而"不雅"的士绅改革者做的事情,近乎是一个模子里刻出来的。有意无意地重复和复兴种种东西,是长期而广泛的中国革命中的一部分。

政治领导工作一开始需要花费很大工夫来照抄和分享需要争论的国家问题,然后因地制宜加入实例,从而为孙中山、蒋介石、毛泽东的革命提供有力的理由。共产党员邓小平年轻时曾远赴法国,在海外为国奋斗期间,他花了很多工夫,把种种有用的理论和事例手抄下来,再送去用机器复印,于是同志们给他起了个"油印博士"的绰号,后来有人回忆起来,也管他叫"油印同志"。① 奈地田哲夫认为,如果说晚清政治执迷于以"大量记忆"典籍作为其政治文化再生产的关键,那么可以说,手写或机器复印的大量工作,以及书面和口头上的改写与重现,都为建构民国打下了基础。②

只要是可以坐火车、船、车、公共汽车或步行到达的地方,领导人都有可能出现,并公开演说,这既取决于随行人员的规模,也取决于另一个重要因素,即政治条件允许。一个本身就致力于政治运动的群体,只要自行投入一点儿资源,再借用其他资源,就可

---

① Richard Evans, *Deng Xiaoping and the Making of Modern China* (New York: Penguin, 1997), 18-19.
② Benjamin A. Ellman and Alexander Woodside, *Education and Society in Late Imperial China, 1600-1900* (Berkeley: University of California Press, 1994), 12.

以相对轻松地复制和再现遥远的政治事件。在中国非常明确的国家、地区和地方市场体系下，用来买卖的思想和产品（包括政治方面的思想和产品）几乎没有到不了的地方。难怪孙中山本人有时会被讥为"东游西荡的政治郎中，花言巧语的江湖骗子"。① 白吉尔给了孙中山一个审慎的评价，即孙中山实际上是"革命的流动推销员"。② 到了 20 世纪初，社会上一个不可避免的事实是，商业既成了"商学"，也成了思想、商品和人在全国流动的基础。即使是与国民党和城市资本主义截然不同的共产党（如 20 世纪 30 年代末其在中部农村建立的新四军基地），也要依靠商业化的上海媒体来招徕潜在的支持者，而且共产党也需要在上海为农村的革命战争招募技术熟练的"人力资本"。③ 政治组织者就算没有被误认成税吏，也可能会被会意地嘲笑为推销员。就这样，政治组织者们扮演着自己政治创业者的角色。

"大公无我"

虽然暴力事件在 1911 年和 1912 年期间席卷中国城乡，死亡人数高达 200 万人，但孙中山等许多（如果不是大多数的话）支持中国革命的人，在军事行动外，还采取了公开宣传、政治鼓吹等其他非暴力手段；有的人干脆只从事这些非暴力工作，而不诉诸武力。④

---

① Chang Kuo-t'ao, *The Rise of the Communist Party*, 22.
② Bergère, *Sun Yat-sen*, 140–141.
③ Allison Rottmann, "To the Countryside: Communist Recruitment in Wartime Shanghai," In Cochran, Strand, and Yeh, *Cities in Motion*.
④ Wong, "Popular Unrest and the 1911 Revolution in Jiangsu." 另，据史景迁（Jonathan Spence）估算，民国初年全国死亡人数达 200 万。见 Spence, *The Gate of Heavenly Peace*, 105.

第四章 国民的视角

这不是一场"天鹅绒革命",但也不是像20世纪20年代末至30年代内战那样的持久战争。虽然回看这段历史时,实现和平与统一的愿望显得很幼稚,但在当时,这就是广大革命派的共同愿望,孙中山尤其渴望和平统一。

在缺少国家控制和指导的情况下,中国动员充分,声势浩大,情绪激昂的局面也加剧了分裂。不出所料,在清帝退位后应该做什么、由谁来做的问题上,国内就出现了分歧。20世纪前20年出现的"公论"或"舆论"观念倾向于统一,人们在这一点上的意见高度整齐划一,用1913年一名评论员的话说,就是"全体民众的公意"。[1] 冉玫烁充分研究了清末地方精英的意见,据此提出,"虽然统一的政治与社会秩序在现实中不断被侵蚀,但这一普遍观念在理论上一直很强势"。[2] 虽有实现全中国民众完全的大联合的诉求,但男性与女性、满人与汉人、北方人与南方人等不同群体之间的意见分歧,不仅让统一的过程越发复杂,也阻碍了这一诉求的实现。

在此不久之前,将一位君主、数千官员和汲汲于官方认可与回报的数百万精英家族成员组成的君主国家统一起来,就是一个巨大的挑战。这种模式也有其内在的优势,以朝廷为中心,权威层层扩散,于是激进政治陡然失势。在这种和谐的统治下,叛乱和其他民众起义是特殊情况,人们认为,叛乱和起义的出现,证明稳定的道德秩序遭到了违背。

近代共和的统一理想,是经由持续而广泛的(如果不是普遍的)激进政治行动达成的,但其对近代中国的统一和激进政治都

---

[1]《长沙日报》,1913年3月9日,第2版。
[2] Rankin, *Elite Activism and Political Transformation in China*, 301.

是一个严峻的考验。在这样一个幅员辽阔、情况复杂的国家,实现统一不是一件容易的事。激进政治经常遭受破坏中国统一前景的质疑。这是中国近代政治和公共生活中的一个中心矛盾,历史上是,现在仍然是。季家珍(Joan Judge)在关于中国近代政治话语的研究中指出,辛亥革命前,立宪派为了解决这个问题首先聚焦于"民本"传统。他们一直鼓吹"极度和谐的'上下一心'的理想",但"实际上他们用行动打破了这一理想,因为他们要求赋予公众充分参政的权利,远远超出了传统'民本'思想中'民'作为顺从国家的'本'的范畴"。① 孙中山等革命党人,一面坚守理想的绝对统一的信念,一面接受了这种打破"上下一心"理想的激进主义。此后的一些地方和地区领导人则会反对——以至于鼓吹联邦制——并批评国家领袖和政府"错把划一当统一"。② 但作为一种强烈的政治诉求,"大一统"的诱惑力几乎是不可抗拒的。③

一直以来,相互竞争的政党、团体和派系数量都在激增。在同一天之内,湖广会馆里的政治活动分子可以先向孙中山号召的伟大而公正的团结脱帽致敬,接着党派之间就开始费尽心机钩心斗角,可快到晚上的时候,孙中山号召团结的一番讲话,又会让他们(基本)恢复团结。这一曲折的过程在近代政治生活中很有代

---

① Judge, "Public Opinion and the New Politics of Contestation in the Late Qing," 86.

② 黄旭初:《中国建设与广西建设》,桂林:建设书店,1939 年,第 8 页;David Strand, "Calling the Chinese People to Order: Sun Yat-sen's Rhetoric of Development," In Kjeld Erik Brødsgaard and David Strand, eds., *Reconstructing Twentieth-Century China: State Control, Civil Society, and National Identity* (Oxford: Clarendon Press, 1998), 56.

③ Harald Bøckman, "China Deconstructs? The Future of the Chinese Empire-State in a Historical Perspective," In Brødsgaard and Strand, *Reconstructing Twentieth-Century China.*

表性,但是,虽然张继对团结的迫切呼吁,打断了富有煽动性的女权演说和男性的质问,但混乱被控制住后,张继等人应付局面的任务并没有更轻松。对于唐群英等坚决反抗多数的人而言,这一曲折的过程也并没有让她们的行动更轻松。唐群英要求的统一,必须基于尚未实现的男女平等。

袁世凯在担任大总统期间,力图通过自上而下的领导统一舆论,但失败了。他多次尝试发表演说,可见其一开始的确试着表现出民国大总统的样子。他还要求人们称他为"袁先生",以展现一个拥护共和的人应有的谦虚。① 更有甚者,1912年民国还发行了一张邮票,上面印有袁世凯的肖像。② 1912年,袁世凯宣布北京国会成立两天后,又在对军官的一次演说中,引用了一句老话"大公无我",大打"民本"牌。③ 这种对无私精神的反复呼吁,是儒家对近代中国政治话语最显著的贡献之一,④由此既涌现了许多好事,也产生了极度的虚伪。袁世凯对政治反对派的惯常反应,一是呼吁团结,二是暗地里的威吓和暴力手段。袁世凯没能把国民团结起来支持他的事业,于是他转而采取了很现实的权宜之计——花钱雇人假装"国民"。1913年秋天,袁世凯部署了1000名便衣警察,拙劣地拼凑成了一个"公民团",以让北京国会中余下的议员再次投票把他选成大总统。⑤ 如果说革命者可以装成采茶女或人力车夫,那么便衣警察就可以装成普通国民,而袁世凯则是装成了民主主义者。两年后,袁世凯决定登基称帝,

---

① Young, *The Presidency of Yuan Shi-k'ai*, 78.
②《大自由报》,1912年8月25日,第7版。
③《盛京日报》,1912年5月2日,第1版。
④ Donald J. Munro, *Images of Nature：A Sung Portrait* (Princeton：Princeton University Press, 1988), 212-13.
⑤ 徐矛:《中华民国政治制度史》,第63页。

为了让这一国体变革显得受到国民及其代表拥护，袁世凯可谓煞费苦心，但这番企图注定要失败。胡适把这类企图称为"制造国民意志"，可谓是一句准确而颇有先见之明的概括。①

因为必须竭力争取民众的支持，领导人千方百计地寻找实现这一点的捷径。1923 年，广州的学生问孙中山，政府如何知道中国"要什么"时，孙中山回答的语气之强烈，震惊了在场的听众们："问我。中国的想法就是我的想法。看看人们给我办的欢迎会。他们知道我是他们真正的领袖。"②孙中山知道或猜想的也许是，步入近代，政治合法性的唯一真正考验，在于国民表现出来的反应，哪怕只是积极地确信领袖是英明的。对政治冒牌货和政治造作的怀疑，也来自比袁世凯的复辟迷梦和孙中山的唯我独尊更为真实的言行。政治合法性是从公共生活和民众之中得来的。但是，要玩转政治舞台，是向台下的民众眨个眼、点点头就可以，还是需要建立某些更真实的关系，还不是那么清楚。

理想情况下，所有公开行为——不论是官员，还是政府之外的人的行为——都是公正的，而非偏袒于某一党某一派的，这是关于"公"的另一个含义。皇帝、官员或其他公众人物万一想法狭隘，鼠目寸光，背弃了这种信任，那么由此导致的行为会被人们认为是"私"（即"公"的对立面）。1912 年，有关注民国命运的人士称，"中国最需要的是公正无私，热爱国家的人才"。③ 不过，这并不意味着所有不公开的事情都会因为自私自利而很糟糕。相反，正如季家珍提出的重要观点，"从个别到公众"之间，存在一个连

---

① Hu Shi [Suh Hu]. "Manufacturing the Will of the People," 319 - 28.
② Wilbur, *Sun Yat-sen*, 188.
③ 《论中国政治之危机》，《大自由报》1912 年 6 月 16 日，第 1 版。此引源的引文为译者翻译。

续统一体。① 1915年，袁世凯精心策划了从总统转变成皇帝的过程，声称自己此举是为了民众福祉，而不是为了自己和家人。但是，除了被袁世凯武力威胁或金钱收买的人表示拥护，全国各地都是一片反对之声。大大小小的报纸社评人、演说家、政治家和公众人物，都强烈谴责袁世凯这一自私之举是对民国的背叛。

过去的政治观假定，政治在最好的情况下是朝着更高的道德目标发展的，是"君子"政治，而非"小人"政治。长期以来，辛辣的政治讽刺——因为人们明白理想与现实之间的距离无可避免——都是中国政治和文化生活观念中的一部分，从晚清戏剧中嘲讽主人摆学究架子的仆人，到近代政治生活中出来诘问、嘲讽公众人物的人，比比皆是。② 就此看来，仔细审视公共生活就很有意义了，而一番审视后的结果足以让幻想破灭。林语堂回忆道，一位来华访问的美国人，在演说中"诚恳引证"蒋介石的"新生活运动"，结果学生"辄复哄堂大笑"，让美国人始料未及。20世纪30年代，"新生活运动"试图通过儒家伦理和法西斯式的组织，矫正民众插队、随地吐痰等坏习惯，并推行文明行为，但收效甚微。③ 毕竟，那些声称服务民众的"鹤立鸡群"的领导人，其实在人们眼里可能只是"鸡"而已。"有声的中国"必须具备对腐败和可笑的东西保持警醒的白话文化。与此同时，把公众利益放在前头，将个人利益置之度外的"君子"领袖的理想，仍然支配着公众。

---

① Judge, "Public Opinion and the New Politics of Contestation in the Late Qing," 78.
② Stephen Owen, "Salvaging Poetry: The 'Poetic' in the Qing," in Huters, Wong, and Yu, *Culture and State in Chinese History*, 109–10.
③ Lin Yutang, *My Country and My People*, 69; James E. Sheridan, *China in Disintegration: The Republican Era in Chinese History, 1912–1949* (New York: Free Press, 1975), 218–19. 译文引文来源：林语堂《吾国与吾民》，沈阳：万卷出版公司，2013年，第60页。——译者注

20世纪30年代,有人写了一篇随笔,毫无保留地赞美阿道夫·希特勒,但诡异的是,文中以希特勒是单身汉,并有着苦行僧式的个人习惯为由,认为他是一个值得信赖的、可以真心实意代表德国民众的人。①

20世纪40年代,为了公众的福利,革命派、前清官僚、军阀、国民党人和共产党人已经努力谋求了几十年的国家统一,但此时人类学家费孝通撰文哀叹,"公"的理想已经几乎无可救药地堕落了;相反,各家自扫门前雪的观念越来越普遍了。他举了一个简单的例子:苏州的运河、园林、语言和女子之美是出了名的,可当地人会直接把排泄物倾倒在他们自己和邻居洗衣服、洗菜的水道中:

> 为什么呢?——这种小河是公家的。一说是公家的,差不多就是说大家可以占一点儿便宜的意思,有权利而没有义务了。②

如果说苏州运河和民国政坛都沦为了"粪池",那么至少有一部分可以归咎于对个别利益的无限追求——此时个别利益已经通过"权利"实现了合理化。对此,聂其杰可能还会补充一句,排泄物很容易通过堆肥和循环利用处理掉,政治腐败则不然,除非重新树立对公德的信念。

针对中国人为何会既一边赞扬、一边糟蹋"公",又一边鄙视、一边偏袒"私",费孝通给出了一个简练明了的理论解释。他将

---

① 龙大均:《评"民治"与"独裁"的论战》,第A16—17页。
② Fei Xiaotong, *From the Soil: Foundations of Chinese Society*, introd. and epilogue Gary G. Hamilton and Wang Zheng(Berkeley: University of California Press, 1992), 60;汉语原文见费孝通:《乡土中国》,香港:三联书店,1995年,第25页。

"人伦"形容为"以'己'为中心,像石子一般投入水中"的同心圆模式,个体可以据此选定共同利益的核心所在,并衡量自己要忠于多大范围内的利益。① 相应地,一个人的效忠对象会因时而变,在某一个特定的时刻,他/她可能忠于国家而不忠于家庭,可能忠于家庭而不忠于国家,甚至可能忠于个人而不忠于(拥护国家或站在国家对立面的)家庭。好的官员忽视自己的家庭。父亲做了错事,子为父隐,是维护公德的行为。接受近代思想的孩子选择维护政治价值观和个人自由,而非家庭的利益。从这个意义上说,相互冲突的并不是私人利益和公共利益,而是五花八门的公共利益,它们根植于不同的境况之中,小到个人、家庭需要,大到国家大势、世界风云。共同的"社会"和危机四伏的"国家"的新理念,给个人和团体施加了更大的压力,在越来越广泛的舆论审判中,他们需要将自己的行为合理化。个人权利在中国的出现,伴随的是越发紧迫但充满矛盾的社会义务意识。正如梁启超批评的,在中国,个人对个人有责任,但对社会没有义务。② 梁启超的急切呼吁,一定程度上催生了一种更宽泛的社会责任感。

放足、剪辫等这一时代的标志性事件,在公共场合、团体和家庭中发生着,抵抗着公众和个别利益的诉求形成的逆流。每个事件都有着各自不同的含义,取决于一个人站在政治舞台的哪个位置、演给谁看、演得怎么样,以及谁在看表演。1912 年 8 月,北京的报纸刊登了一则报道,南京的一位农民穿过城门去市场时,被警察拦下,干脆利落地剪了辫子。沈艾娣指出,在辛亥革命期间及革命后,剪辫是一种典型的大众行为和公开行为。③ 报道中的

---

① Fei Xiaotong, *From the Soil*, 65.
② Munro, *Images of Nature*, 223.
③ Harrison, *The Making of the Republican Citizen*, 30-40.

农民没有就这么一声不吭地认了。他非常生气,嘴里埋怨着:"我还怎么有脸回家见人啊?"所有在场的人——可能还有许多报纸读者——都对他的小题大做大加嘲讽。① 这个"乡巴佬"究竟有没有意识到中国如今是共和国,而他是一位共和国国民呢? 不过,对他来说,剪辫既不意味着打击满族统治,也不意味着拥护民国和进步,而是在侮辱他作为中国男人的尊严。② 他成了别人发动革命、建立共和的成绩,可在与他关系最密切的观众——家人和同乡眼中,他已经丢尽了脸。当袁世凯命令他手下的兵士都剪掉辫子时,其中一些人"抑制不住地潸然泪下",袁世凯不得不给他们每人发一元钱,抚慰他们的情绪。③

城门口的警察,抑或是当天采写新闻的记者塑造出的新政治版图,将公共生活的领域扩展到家里和村里、家族成员和社区成员中。帝国主义、共和主义等振奋人心的重大问题,把全国各地、社会各界的男男女女拉到了公众的视线中。在这些事件中,一些人受了伤害,另一些人却感受到了解放和团结。同样是1912年的夏天,北京的店员和工匠们会三五成群,一起去理发店剪辫子。④ 这样,整个团体——可能并不是每个个体(当然会有一些人,虽然跟着大伙儿去剪了头发,但还是为外表的明显变化而疑惧不安)——就选择了共和主义和民族主义的道路。报刊上把人们成群结队地去理发店剪发的现象称作"剪发编年史"。虽然剪发是成群结队去的,但剪发对每个个体的含义无疑是不同的。正如鲁迅《头发的故事》中的"我"所言,剪辫"并没有别的奥妙,只为

---

① 《大自由报》1912年8月23日,第10版。此引源的引文为译者翻译。
② Harrison, *The Making of the Republican Citizen*, 32.
③ Young, *The Presidency of Yuan Shi-k'ai*, 78.
④ 《大自由报》1912年8月8日,第5版。

他不太便当罢了"。① 剪去数百万人的辫子,花的时间比推翻皇帝要长得多,由此可见,这种个体的惰性可以强大到何种程度。到了1928年,一位热心的民国警察局局长,还在北京附近的一个县成立了一支"剪发队",给当地民众剪辫子,剪下来的辫子居然有几十箱之多。②

如此种种,无数的采取行动和拒绝行动,既造就了中国革命的嘈杂和壮观景象,又在为从表层和深层适应新政权与新政治而调整的个体和群体中,激起了更细弱的声音和更微妙的转变。接下来,无拘无束、非常开放、充满争议、无法预测的政治,在国民党和共产党手中向着更官僚化、军事化的方向发展,受到的控制也更强了。然而,就像剪辫一样,这一过程也需要几十年才能完成。1912这一年,以及民国成立前后的那段时期,与其说是演说、新闻自由、街头政治和公共生活的黄金时代,不如说是一个双金属时代,就像当时由于纸币信用不佳,而依然在同时流通着的银币和铜币一样。新生的民国既光彩夺目,又黯淡无光。它既让政治话语迅速发展,也带来了无休止的争吵和毁谤;既为建设新的中国提出了长远的纸面规划,又执意确保新旧掌权者都不会为女子参政、民主选举等新思想起刺儿。

通过延展"私"或非官方的范畴,费孝通对"公"含义的解释,承认国家在界定公共利益中的重要作用,同时也容许合法的社会和政治抵抗。在中国,家庭或公司、秘密会社等类似家庭的组织,可能并非一个人不容侵犯的堡垒。人们的观念仍然深受传统权利观的影响,其中并没有隐私权或自治权的位置。但也可以把一

---

① Lu Xun, *Diary of a Madman*, 72.
②《顺天时报》1928年9月27日,第7版。

个人的家庭或家乡当成宽泛的帝国或"独立王国"。这种特权既源于个人的责任,也源于个人的权利。毕竟,从某种意义上说,整个帝国都是皇帝的家族,皇帝的父权权威能激励他好好统治,这是件好事。袁世凯在公德领域的失败,部分原因在于,他抛弃了自己在共和之下的"袁先生"角色,而与此同时,越来越多的中国人将自己和领袖都视为国民。在旧的政治阵线上,袁世凯突然大张旗鼓地宣称自己是中国这个"家族"的新家长,也许可以让一些人信服。但对于其子孙以及其他亲属如今将得到的私利,还有一些人是反对的,在这些人看来,袁世凯此举非常可耻。

这个时代,值得争取胜利的斗争,有的在新战线上进行,比如权利与暴政的战线;有的在旧战线上进行,比如公共利益与自私自利的战线。① 袁世凯偏爱的是自己的儿子,而不是"子民",不过,不管怎么说,他的"子民"们已经像唐群英和宋教仁那样,选择把自己当作国民。虽然看待政治的方式呈现出明显的连续性,但时代毕竟变了。肯尼斯·伯克说:"观念的诱因不是别的,正是道德冲动。道德冲动让观念有了强度,为观念指示了方向,并告诉人们要追寻什么、提防什么。"② 基于道德冲动的旧观念,教育着中国人提防对公共利益漠不关心的权威。建设新的中国、寻找自己在其中的位置,是为了追寻什么? 这是一个艰巨的问题,刺激着放眼更广泛政治领域的新观念出现。

"国民看见了什么?"

新参照系的灵活性,给统治者和臣民、领导人和国民之间带

---

① Munro, *Images of Nature*, 212-13.
② Burke, *On Symbols and Society*, 104. 着重号为引文作者所加。

来的,既有机遇,也有困扰。国民党领导人们担心,国民会无视大局和不远的灿烂未来,转而被个别的、私人的利益和愿景牵着走。

1912年12月,北京的《中国日报》在社论中提出了一个醒目的问题:"国民看见了什么?"①和上文中费孝通对苏州居民不良卫生习惯的批评一样,这篇社论写得义愤填膺,警告公众,当下俄国在入侵蒙古,英国也在算计着新疆和西藏,国人万万不可安于现状。整个1912年,沙俄帝国通过扶植库伦的一个独立蒙古政权,在蒙古攫取商业利益和地缘政治利益;英国人以其在印度的殖民地为大本营,也对中国西部的偏远地区做了类似的手脚。② 这篇社论发表之前的1912年秋天,在沙俄宣布承认蒙古独立后不久,《中国日报》刊登了一幅漫画,画中是一面印着"纪念"二字的民国五色旗,五色分别代表了中国的汉、满、蒙、回、藏五个民族(见图7)。③ "俄"的手正把代表"蒙"的条纹从旗上扯走,"英"的手在扯走"藏"的条纹。

中国国民对库伦问题的态度"忽冷忽热",让《中国日报》的社评人感到很痛心,希望"告国民以现状",让库伦问题成为一个"可见"或"有形"的问题。为此,中国人必须要改变看待事物的方式:"如果中国国民能转变一点点视线,减少一点点私人权利思想,那不就更好了吗?"④

领土问题的画面越清晰,传达给人们的感受就越强烈。通过

---

① 《中国日报》1912年12月8日,第1版。此引源的引文为译者翻译。
② E. T. Williams, "The Relations between China, Russia, and Mongolia," *American Journal of International Law* 10: 4 (October 1916): 802−7;郭廷以:《近代中国史纲》,第440页;Melvyn C. Goldstein, *The Snow Lion and the Dragon: China, Tibet, and the DalaiLama* (Berkeley: University of California Press, 1997), 26.
③ 《中国日报》1912年10月23日,第7版。
④ 同上,1912年12月8日,第1版。

中国地图，一个幅员辽阔，但主权备受践踏的国家展示在人们眼前，不仅起到了地图本身的作用，还可以形象生动地展示时局。① 为了让学生们能充分理解，学校的地理课本中采用了一些运用想象"形容损害的修辞"，比如把中国地图比作一片正在被帝国主义蛀虫"蚕食"的海棠叶。② 随着中国的国土轮廓越来越深入人心，国界线在中国国民四周画出了一个形状不规则的圈，提醒着人们要有紧迫感，要负起更大的责任，要更忠于国家。1913年，鲁迅供职的北京政府教育部委托出版了一本书，题为《中华民国的国土演说》，旨在帮助教育工作者以爱国主义的眼光看待和教授中国地理。③ 书中的中国疆域图旁边画着一片海棠叶，以帮助理解。地图上标示着西藏和外蒙古是中国领土的一部分，而台湾在当时还是"日本的"。书中还分别有独立章节叙述外国势力对云南、西藏、新疆、蒙古和"东三省"的威胁。通过这一"社会教育"的实践，作者倪炎旨在"唤醒"中国人的"痴梦"，使他们"同入国民之正轨，享共和之幸福。"

但是，中国人毕竟分属许多不同的群体、地区，有着许多不同的立场，数亿中国人——哪怕只是沿海地区和大城市的数千万中国人——能及时看到同样的东西，产生同样的感受吗？担忧这种团结和统一前景能否实现的人，不只是孙中山和梁启超。何鲁之借把国家比作人体的常用比喻，将中国比作神经系统功能不完备的"未进化阶段的社会组织"。于是，外国势力攫取中国领土，其他地区的国民却可以浑然不觉，哪怕外国的侵略就如同在"切去"国家的胳膊和腿一样。这一比喻明显是源自帝制时期处置反贼

---

① Fitzgerald, *Awakening China*, 127.
② Culp, *Articulating Citizenship*, chap. 2.
③ 倪炎：《中华民国的国土演说》，上海：国民教育实进会，1913年。

等重罪犯的"凌迟"刑罚。①

图7 《纪念》②

社会的一部分虽然糜烂,他一部分尚不知感觉,如中国虽然失去东北四省,而多数官吏人民尚在恬熙自如……日本人骂我们不是一个国家,我们虽然气愤,但是也要平心静气地回想一下,我们究竟已具备近代国家组织的条件与否。

何鲁之认为,一个国家能够感受集体痛苦的必要条件是"有

---

① 何鲁之编:《国家主义概论》,上海:中国人文研究所,1948年,1929年初版,第14—15页;Brian E. McKnight, "Sung Justice: Death by Slicing," *Journal of the American Oriental Society* 93: 3 (July - September 1979): 59 - 60.
② 《中国日报》1912年10月23日,第7版。

选举以使人民参加政治,有自由的出版物以传达具确的消息,有各种性质的自由结社以团结一部分人的感情,有各种交通器具以使全体国家生活日趋密切。"何鲁之的观点,已经包含了后来本尼迪克特·安德森(Benedict Anderson)"想象的共同体"民族国家理论中的一些要素,他所呼吁的通过种种举措而生的紧密社会政治关系以及"紧张"意识,与安德森描述的爱国者间"深刻的、平等的同志爱"相似。① 民族主义作为一种心态,既需要政治的基础结构,也需要足以支持爱国情绪、思想、言论和行为的市民社会。从这个角度看,政治表达既是个人的权利,也是国家的需要。

但是,以上种种借地图和解剖学知识进行的政治教育,推导出的要务可能会彼此冲突。1921年,北京学生实行罢课,要求政府恢复为他们的教育提供财政支持,他们提出,"失去山东就像失去了我们的手脚,而破坏教育就像砍掉了我们的脑袋。没有手和脚还可以活,但没有脑袋是活不成的"。② 正如费孝通的理论所预言的那样,即使在爱国心极强的学生中,维护自己的利益看起来也有更大的好处。

作为公共利益准绳的中国意识,会让各种社会背景和身份的国民个体都更有可能以更大的视野看问题,但并非每个个体都必然如此。对国家的忠诚鼓励自我牺牲,涵盖的范畴越来越大,不断把对其他事物的忠诚,以及一些与之竞争的忠诚包含进来,也在某些情况下削弱了国际主义的信念。为了说明这一点,费孝通举了一个外交官的例子:外交官本人对世界和平有着热切的信

---

① Anderson, *Imagined Communities*, 6. 引文译文来源:[美]安德森著,吴叡人译《想象的共同体:民族主义的起源与散布》,上海:上海人民出版社,2011年8月,第7页。——译者注
② Weston, *The Power of Position*, 217.

念,但基于国家利益,牺牲了这一高于国家的价值。张昭汉等一些女权倡导者已经准备好做出这种牺牲,但沈佩贞等另一些女权倡导者是拒绝的,其中一部分原因是,她们认为权利是在个人、地方、国家和国际社会等多个层面上行使的。中国之行让凯莉·查普曼·卡特不再那么"沙文主义者"了。身为或成为中国人施加了一系列不同的压力,但持有一些人眼中"不爱国"的观点,也不是完全不可以的。根据费孝通的解释,"当他牺牲国家为他小团体谋利益、争权利时,他也是为公,为了小团体的公。"①

看问题的立场如何,很大程度上取决于人们认为自己在哪里,与谁一起。公众舆论和公众两个概念是有机统一的,可以掩饰不计其数的缝隙、崩裂和明显的冲突,但并不总能把这些东西压下去。也就是说,就算你在苏州运河里倒夜壶,你仍然可以以优秀的爱国者自命,除非有像费孝通这样的批评家能够让你扩大对公共责任的感知范畴,改变你的"视线",从而说服你改变想法。这就是中华民国的本质,于是这类交涉确实发生了。那些自认为是优秀共和主义者的男性反对赋予女子参政权时,面对的是以唐群英为代表的女性的批判。唐群英等人用口头和书面形式驳斥反对女子参政的观点,用扇子扇人耳光,朝别人脑袋扔烟罐,努力改变对手和公众对这一问题的看法。

20 世纪初,公众舆论明显具备了评价、赞扬与谴责亲眼见闻和报刊内容的新能力。此前,一些外国人从他们的西方视角看中国,认为中国是一个没有公众的政治体;在他们眼中,公众舆论的这些新能力尤为醒目。如果说 1912 年时,能证明中国存在独立舆论的东西还很庞杂,那么到了 1910 年代末,自我组织的公众不

---

① 费孝通:《乡土中国》,第 32 页。

仅确实存在，而且发挥着很大的政治作用，政治意义与日俱增。1919年，中国在巴黎和会上接受秘密条约，将德国在山东放弃的势力出让给日本的消息传到国内，五四学生运动爆发，并蔓延全国。此情此景下，法国驻北京公使奥古斯特·柏卜（Auguste Boppe）感叹道："我们正面临着有史以来最惊人、最重要的事情——为了积极采取行动，全中国的公众舆论都组织了起来。"①

一个吊诡的现象是，顺应国家和社会而生的理想主义，是由日益增长的犬儒主义所推动的。1912年，许多人越来越怀疑民国治理国家和为公众利益代言的能力。正如布鲁斯·林肯（Bruce Lincoln）指出的，在理想主义和犬儒主义的斗争中，受到攻击或正在形成的政治权威会被更深地理解为一种效应，而非一个抽象的、空洞的实体。② 即使假定新的或旧的公共利益是政治考量的一部分，人们仍然需要在理性思考、爱国热情、利益政治或三者的结合中，为该权威找到事实基础。林肯以演说为例，说明权威是如何在公众中实时生产出来或被"侵蚀"掉的，并将演说作为这一过程的典型示范。他的方法与一些关于政治发展的研究有异曲同工之处，这些研究强调，国家在人们生活中"日常"的存在是其合法权威的基础。③ 在政治上，还有许多其他东西同样很能说明权威的高低，比如是否定期纳税，比如选举日的投票率是否合理，比如胆怯的人是否勇于面对袁世凯的步枪和刺刀。结合社会和文

---

① Paul S. Reinsch, *An American Diplomat in China* (Garden City, NY: Doubleday, 1922), 373.
② Lincoln, *Authority*, 116.
③ 参见 Gilbert M. Joseph and Daniel Nugent, *Everyday Forms of State Formation: Revolution and Negotiation of Rule in Modern Mexico* (Durham: Duke University Press, 1994); Philip Corrigan and Derek Sayer, *The Great Arch: English State Formation as Cultural Revolution* (New York: Basil Blackwell, 1985).

化背景看,演说集中展现了国家和社会、领导人和追随者坐到一起,以大大小小的方法来决定合法性问题的过程,而各种方法的作用是可以叠加的。经受住如此考验的权威,将在有利的"形势"下持续下去。林肯认为,这一切都取决于"正确的演说者、正确的演说内容和方式、正确的舞台和道具、正确的时间和地点,以及受众,这些受众的期望是历史和文化共同制约的,确立了是否'正确'的判定标准"。① 在其他不太有利的条件下,其影响则可能大不相同,而这些情况在 20 世纪初的中国司空见惯:"闲话、流言、笑话、谩骂;诅咒、怪叫、浑号、讥讽;讽刺画、乱涂乱画、夹枪带棒的文字、阴阳怪气的话;说反话、取笑、粗鲁的杂音、下流的手势,以及其他一切给人当头一棒、伤人自尊的行为。"②

1912 年的政治希望很快又被很多人以牢骚的方式重新提起,他们抱怨道,民国所谓的民主与富强的承诺,只是一个空壳罢了。新生的民国是一个夸夸其谈的政权,对于这样一个政权,这番批评还是很公道的。十年后,共产党人、教育家、1927 年广州起义的领袖恽代英(1931 年被国民党杀害)回忆道,1911 年,革命派"把皇帝的尊严这个偶像打破了,只得挂个民治政治的招牌出来。因为人民都还不知怎样过民治生活,所以把皇帝的偶像打破了,在民治招牌之下,徒然造成了群雄争长的局面"。③

那么,在 1915—1916 年袁世凯企图颠覆民国时,民国是怎样保存下来的呢?袁世凯企图"制造国民意志",但遭遇到了报界的

---

① Lincoln, *Authority*, 116.
② 同上,第 78 页。
③ 恽代英:《民治运动》,《东方杂志》第 19 卷第 18 期(1922 年 9 月 25 日),第 7 页;徐友春主编,王卓丰等编撰:《民国人物大辞典》,石家庄:河北人民出版社,1991 年,第 1169 页。

275

谴责、军政人物的讨伐通电以及民众的示威，于是袁世凯的权威未能树立起来。袁世凯在他的顾问、美国著名政治学家弗兰克·古德诺（Frank Goodnow）的帮助和教唆下，一厢情愿地认为偏好帝制是中国国民性，但他的言行激起的实际反应，把这种一厢情愿砸了个粉碎。① 袁世凯盛装到天坛出席庄严的帝王仪式，却被嘲笑是"猢狲象"，一方面是因为他着急或困惑时搔头的样子很像猴子，另一方面是因为他的姓"袁"和"猿"谐音。②

　　1916年2月，在袁世凯宣布建立新的"中华帝国"一个多月后，上海的国民党报纸《民国日报》刊登了一幅题为《目前大势》的漫画，漫画中民国和袁世凯正在下围棋。③ 围棋的棋盘比国际象棋的更大，其目标不是吃掉对方更多的棋子，而是控制更多的地盘，用围棋来形容漫长而广泛的中国革命正合适。④ 袁世凯没有出现在漫画里，不过从棋盘上可见，袁世凯执的是白子，一个代表民国的人伸手要把写着"帝"字的白子提掉。在提子前，民国刚刚落下最后一着写着"民"字的黑子，彻底把袁世凯连在一起的四个白子围死了。把"帝"字和下面三个白子上的字连起来，先从上往下再从左往右念，就是形容袁世凯自私和背叛民国的"帝制自为"四个字。根据围棋的规则，一片棋子要在一步之内不被提走，必

---

① Noel Pugach, "Embarrassed Monarchist: Frank J. Goodnow and Constitutional Development in China, 1913–1915," *Pacific Historical Review* 42: 4 (November 1973): 512.

② 关于人们嘲笑袁世凯"猢狲象"，见冯耿光：《孙中山和袁世凯的第一次会见》，第238页；关于人们用"袁"的谐音"猿"来嘲讽袁世凯，见《孙中山轶事集》，上海：三民公司，1926年，183—184页。

③ 《民国日报》1916年2月8日。图片中的人物在说："提！（围棋术语，即吃子。——译者注）吓！"

④ Scott A. Boorman, *The Protracted Game: A Wei-Qi Interpretation of Maoist Revolutionary Strategy* (New York: Oxford University Press, 1969).

须至少有两个"眼",但袁世凯的白子由于缺"眼",已经不是"活棋",而是"死棋"了,马上要被民国提走。

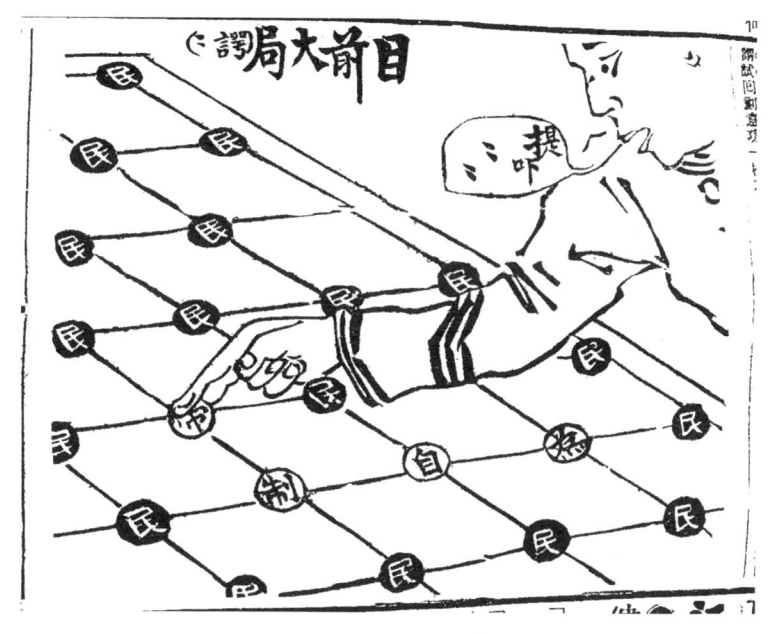

图8 《目前大局》①

在图中的这方棋盘上,袁世凯已经动弹不得。这是一幅宣传反袁的漫画,反映了当时的政治现实。不管其定义多么模糊,共和都成功地成了权威的新原则,使得帝制在中国政治中几乎再无立足之地。或许共和一直没有坚实的根基,但它已经散播开来,开出花朵,并且有一种流动的政治文化支撑着。在这种文化中,讲出自己的想法如今既是国民的权利,也是国民的义务。虽然民国无力像拳击高手一样一击制胜,但它可以像围棋高手一样占领整个棋盘。袁世凯坐拥大量官僚和军事资本,却在零散如招牌碎片、根基浅如浮萍的民国面前一败涂地。民国本身以及大量拥护民国的言

---

① 《民国日报》1916年2月8日。

语和口号,加上军队和政治组织实体的支持,虽然只是一支弱小的力量,但在适当的情形下,也可以挑战和击败袁世凯这样的强人。

詹姆斯·C. 斯科特(James C. Scott)在其代表作《国家的视角》中指出,现代政府有一种强烈的欲望,即让社会与公民"清晰化和简单化"到可以轻易管理的程度。[①] 从这个角度来说,20世纪初的中国,可谓是烫手的山芋。出于这种欲望,政府会倾向于把复杂的现实情况简化乃至过于简单化,斯科特也展示了这种倾向对群体和个人造成的损害。斯科特承认,要办成公共卫生方案这样的好事,必须简单明了地展现疾病的起因和病程。[②] 然而,国家的视角并不意味着一个人会像健康状况不佳的病人一样看待疾病问题。于是,所谓的"治疗"带来的可能是损伤甚至死亡。作为拥护民族国家的个人和集体义务,国民身份也可能造成损伤和死亡。斯科特承认,国民身份可能会带来法治和解放受压迫群体的好处。但是,其代价是人们更容易遭受武断而无意义的国家行动带来的损伤,斯科特认为,这种代价其实非常高昂。[③] 20世纪早期,许多迫不及待想采取行动的中国国民转换了视线,将中国视为一个强大的国家,一股全国上下团结一心的力量。中国国民在充分感受到现代政府的重要性之前,就已经接受了现代政府的观念。在中国,既然国家在行政或社会建设方面是形式大于实质,那还能有什么危害呢?

[①] James C. Scott, *Seeing Like a State*: *How Certain Schemes to Improve the Human Condition Have Failed* (New Haven: Yale University Press, 1998).

[②] James C. Scott, *Seeing Like a State*: *How Certain Schemes to Improve the Human Condition Have Failed* (New Haven: Yale University Press, 1998), pp. 339 - 340.

[③] 同上,第32页。

第五章　下不来台

　　作为演说家,孙中山是成功的,一个重要的体现就是他很少有下不来台的时候。当女权运动者成为女性演说家时,面临的挑战更为艰巨,在演说中,她既会赢得胜利,也会遭遇失败;既会收获掌声,也会受到质问。孙中山在1912年8月25日国民党大会上的表现,展现了他排除混乱干扰以完成演说的能力,鉴于孙中山的政治生涯多灾多难,与灾难擦肩而过的情形也不少,能具备这种能力实在是万幸。孙中山运用言辞和公开表达想法的能力,不是每个人都有的。一种政治手段——比如公开演说——的至关重要性,不仅体现在它日渐普遍,并成为权力和影响力之源时,还体现在因其运用不当或不充分导致失败时。说服追随者采取某种行动、推销自己的规划,以及自我解释的需要,驱使各种各样的参政者站到了讲台上。人们在讲台上的一言一行,不仅反映了他们的立场,还常能反映出个体在巨大政治和公众压力下的内在生活。

"不怕过于欧化"

　　1912年7月18日上午11时,时任内阁总理陆徵祥抵达参议院大楼,准备将6名新内阁成员的名单提交表决。根据南京临时

187 参议院通过的临时约法,内阁部长由大总统——也就是此时由袁世凯临时出任的职位——提名,"同时"经国会"表决同意",方为有效。① 陆徵祥本人已经于6月29日走完了立法机构批准上任的程序,当天参议院通过了任命他为内阁总理的决定,因为他曾是清政府的主要外交官,民国成立后又继续出任了一小段时间的外交总长,工作成就卓著,颇有声誉。然而,7月18日上午,仅仅一个小时之内,陆徵祥看似不可动摇的公众人物地位就动摇了,他的个人权威也被全面打破了。一时之间,无情而尖酸的批评纷纷朝陆徵祥涌来,最后陆徵祥干脆躲进了医院,把自己与政治的喧嚣隔离开。

陆徵祥到底说了什么、做了什么,才遭受了如此彻底的命运反转?原来,他坦言了自己对政治生活本质的一些真实感受。陆徵祥痛陈新生民国政权中的腐败和任人唯亲现象,并坚称自己是出于好意,没有任何不纯粹的动机。陆徵祥发表这番演说的原因,这番演说在听众中激起的恼怒之情,以及导致他突然——当然也许只是暂时——失势的各种政治因素共同揭示出,在新生的民国,公共生活是多么混乱和迷茫。有观察者称,整个国家政坛就如同一个"政治旋涡"。② 如此情形固然为政客和政治活动分子提供了机会,但也使得人们一不小心就可能在公共生活中犯错。孙中山等领导人和国民党等组织广为人知的起起落落,反映了民国政治中一种更为普遍的趋势。他们说的话及其引发的反应都很重要,其重要性不亚于他们在公众面前的实际政治行动。

陆徵祥时年41岁,与唐群英同岁,衣冠楚楚,留着挺长的小

---

① Cheng, *Modern China*, 32.
② 李守孔:《民初之国会》,台北:台湾商务印书馆,1964年,第38页。

胡子,胡子上打了蜡,身着优雅的欧式服装(图9)。如果说陆徵祥代表了中国政府的新形象,那么大概真的可以说,民国和清朝彻底不一样了,长袍马褂、顶戴花翎的朝廷官员不见了,取而代之的是身着晨礼服、头戴大礼帽的官员。除了外表引人注目,陆徵祥还是一批受过专业训练的官员和专家的典型代表,他们正在中国的政、商、学界崭露头角。陆徵祥的打扮,既是为了贴合自己的使命和资历,也是为了迎合世界对活跃在国际舞台的外交官的期望。

图9 陆徵祥①

1871年,陆徵祥出生于上海的一个基督教新教家庭。他的父亲为伦敦教会工作,先是安排陆徵祥在家学习中国典籍,后来

---

① 美国国会图书馆提供,LC-USZ62-138906.

又送他去江南制造总局附设的语言学校学习法语。① 1890年,陆徵祥又被送进北京总理衙门附设的同文馆学习,1892年从同文馆毕业。② 后来,陆徵祥在国外接受外交训练期间,又学了俄语和英语。③ 由于精通法语,在整个外交生涯里,陆徵祥在同行中都很吃得开。④ 虽然包括英语在内的其他语言也逐渐运用在外交中,但在第一次世界大战之前,法语一直是主要的外交语言。⑤ 19世纪末,各国在国际会议上的座次已民主化,席位是按法语字母顺序排列的。⑥ 根据这一规则,"中国(Chine)"是排在大厅前列的,陆徵祥在就职外交官期间,一直强烈支持这一对各国一视同仁的安排。⑦

陆徵祥成为知名语言学家和外交家,靠的是其在欧洲接受的专业训练,这与中国士大夫所受的传统教育截然不同。他不是后来学会了流利的法语和近代外交知识的传统读书人,而是会读文言文的外交专家。在陆徵祥的事业起步时,许多士大夫还在为如何调和中国的"体"与西方的"用"而苦恼。与这些士大夫不同,陆徵祥全力倒向西方。陆徵祥出任的第一个职位是中国驻圣彼得堡使馆的翻译。⑧ 当时,带领陆徵祥工作的是驻俄公使许景澄,

---

① Boorman, *Biographical Dictionary of Republican China*, vol. 2, 441.

② Knight Biggerstaff, *The Earliest Modern Government Schools in China* (Ithaca: Cornell University Press, 1961), 150, 195.

③ Boorman, *Biographical Dictionary of Republican China*, vol. 2, 441.

④ 石建国:《陆徵祥传》,第77页。

⑤ Vladimir D. Pastuhov, *A Guide to the Practice of International Conferences* (Washington, DC: Carnegie Endowment, 1945), 122; Ernest Swatow, *A Guide to Diplomatic Practice* (New York: Longmans, Green, 1932), 28–29.

⑥ Pastuhov, *A Guide to the Practice of International Conferences*, 79–80; Swatow, *A Guide to Diplomatic Practice*, 290.

⑦ 石建国:《陆徵祥传》,第78页。

⑧ 张茂鹏:《陆徵祥》,杨大辛主编:《北洋政府总统与总理》,天津:南开大学出版社,1989年,第225页。

他告诉这位年轻后生,"不怕过于欧化,怕就怕学不到欧洲的精髓"。陆徵祥把许景澄的教导牢牢记在心上。① 许景澄与西方列强的直接接触,增强了他在1897—1898年列强"瓜分"中国前夕的危机感。② 他对陆徵祥说:"我要努力把你培养成外交官",而且说到做到,非常成功。③ 从衣着和举止,到流利的法语、比利时妻子、对天主教的虔诚信仰和位于瑞士的度假别墅,陆徵祥全心全意地接受着西方的东西。

陆徵祥在欧洲担任外交职务,以及代表清政府参加1899年和1907年海牙和平会议等双边和国际会议的经历,可谓光彩夺目。1899年,只有20岁出头的陆徵祥在海牙以法语发表了演说,这是中国代表团成员在会上唯一一次有记录的发言。陆徵祥的发言字字珠玑地捍卫了中国的利益,并郑重声明,中国愿意在某些条件下与国际社会合作。④ 陆徵祥的这番发言赢得了全场代表们的掌声。

1907年的第二次海牙会议,陆徵祥出任中国代表团团长。这次,陆徵祥没有像1899年那次会议上一样穿西服,而是身着长衫,奋力驳斥英法两国试图将"治外法权"排除在国际仲裁之外的企图,收到了较好的效果。⑤ 陆徵祥先是用绵里藏针的外交辞令,云淡风轻地说,保护中国和其他地方治外法权的条文"写在国际公约中很不对劲",然后更直截了当地要求把这条侵犯中国利

---

① Boorman, *Biographical Dictionary of Republican China*, vol.2, 441.
② Arthur W. Hummel, *Eminent Chinese of the Ch'ing Period*, 312.
③ Lu Zhengxiang [Lou Tseng-Tsiang/Dom Pierre-Célestin], *Ways of Confucius and of Christ*, trans. Michael Derrick(London: Burns Oates, 1948), 8.
④ *The Proceedings of the Hague Peace Conferences: The Conference of 1899*[1 vol.] *and The Conference of 1907*[3 vols.], ed. James Brown Scott(New York: Oxford University Press, 1920[1899]), 213.
⑤ *Proceedings*[1907], vol.2, 84.

益的条文"删除,就这么简单"。① 最后,中国获得了32对2的有利投票结果,美国投了支持票,而君主制的法国和英国投了反对票。尽管取得了这样一些小胜利,海牙会议上西方列强个个趾高气扬的样子,还是深深印刻在陆徵祥脑海里。尽管会议上的座次安排等一系列东西都象征着国家的平等,西方人仍然把中国当成"最低等的国家"。② 1907年赴海牙的中国代表团里,除了两位美国顾问——约翰·W.福斯特(John W. Foster)和他的孙子、未来的大外交家约翰·福斯特·杜勒斯(John Foster Dulles)——所有人都穿着清朝的服装,显得特别扎眼。其他代表都照例穿了西式外交礼服,只有中国人"颜色沉闷的衣服"和土耳其人的菲斯帽显得与众不同。③ 约翰·W.福斯特在回忆录中称赞陆徵祥是一位"卓越的法语学者",并赞许"作为首席代表的陆徵祥先生、陆先生的欧洲妻子,以及代表团的其他成员,自始至终展现着良好的社交礼仪。"④而且,事实证明,陆徵祥的妻子伯特博维(Berthe Bovy)与包括比利时皇室在内的精英阶层的关系,对年轻外交官陆徵祥很有帮助。⑤

有时,陆徵祥也会很强硬地采取对抗措施。1908年,陆徵祥在谈判中要求在荷兰殖民地建立中国领事馆,但他的努力并未成功,于是他要求清廷把自己从海牙召回,以示抗议。在荷兰殖民地建立中国领事馆,对于保护远离故土的弱势中国侨民至关重

---

① *Proceedings*[1907],第115页。
② Lu Zhengxiang, *Ways of Confucius and of Christ*, 24.
③ *Times of London*, June 17, 1907.
④ John W. Foster, *Diplomatic Moments* (Boston: Houghton Mifflin, 1909), vol. 2, 240-41.
⑤ 石建国:《陆徵祥传》,第77页。

要。① 当时袁世凯负责外交事务，很赏识陆徵祥在海牙表现出的演说能力，并强烈建议任命其为驻荷公使。② 之后，陆徵祥又回到了欧洲，在成功完成了与荷兰的谈判工作后，被任命为驻俄公使。

在自己的外交和从政生涯中，陆徵祥并不怕争议。陆徵祥是清末新政时期的一位进步人物，1911—1912年冬天，他率先身体力行，和其他中国驻欧外交官一起致电北京，要求清帝退位。③ 鉴于辛亥革命持续的时间并不长，陆徵祥等人致电的时间其实已经不早了。于是，驻欧洲外交人员此举既像是大胆与清政府决裂，又像是及时改换门庭表忠心。

1912年民国建立之初，陆徵祥因其政治家和国际事务专家的声誉，先后出任外交总长和总理，1912年底、1915年和1917年又先后三次担任外交总长。但陆徵祥也被看成是袁世凯的卒子。1915—1916年袁世凯帝制自为时，人们非常痛心地看到，陆徵祥屈从了。虽然陆徵祥曾声称自己反对袁世凯称帝的野心，但"经过漫长而痛苦的思考"，他还是同意参与这出拙劣的、以失败告终的政治大戏。④ 陆徵祥在回忆录中说，这次溃败是"我的公众人物生涯中最为悲伤的时期之一"。⑤ 此外，1915年，日本政府向中国提出了屈辱的"二十一条"，陆徵祥还奉袁世凯之命，参与了其中许多协议的谈判工作。尽管他凭借不屈不挠的谈判风格把日本的一些咄咄逼人的要求顶了回去，但参与"二十一条"的谈判，

---

① Boorman, *Biographical Dictionary of Republican China*, vol. 2, 442.
② 同上。
③ 徐友春主编，王卓丰等编撰：《民国人物大辞典》，第993页；Lu Zhengxiang, *Ways of Confucius and of Christ*, 29-30.
④ Lu Zhengxiang, *Ways of Confucius and of Christ*, 38.
⑤ Lu Zhengxiang, *Ways of Confucius and of Christ*, 37.

191 还是成了陆徵祥的污点。① 对此,陆徵祥自己是这样解释的:"国家元首要求我这样做……我认为牺牲自己是我的责任。"② 不过,1919年,陆徵祥终于还是展现了拥护共和的爱国者的光辉形象,他以中国代表团团长的身份出席巴黎和会,与巴黎的同事们一起,拒绝签署最终的和约,因为很明显,为了和稀泥,将德国在山东的特权出让给日本的安排,将在和约中得到承认。不过,历史学家质疑,陆徵祥在巴黎和会中的表现并不像他自己说的那么英勇,而只是被当时发生的各种事情所左右,随波逐流罢了。③ 巴黎和会上,顾维钧等更年轻的外交官,在公开场合发挥的领导作用要比陆徵祥有力得多。④ 一个很明显的例子是,日本外交官认为,陆徵祥很容易摆布,且在山东问题上与日本立场一致;而顾维钧则相反,会议开始没多久后,他就冲着日本代表做了一番雄辩,掷地有声地维护了中国的权利,折服了日本代表。⑤ 1907年海牙会议上的中国外交明星陆徵祥,到了1910年代末,似乎已经失去了作为公众人物的光彩。

当时,许多政治人物都不可避免地被发生的各种事情所左右。在最后一刻突然宣布改弦更张,引起轩然大波的人,陆徵祥当然也不是唯一一个。他的后台袁世凯,就曾在1912年2月突然(暂且)宣布拥护共和。1926年,在妻子去世后,陆徵祥开始从

---

① Madeleine Chi, *China Diplomacy, 1914–1918* (Cambridge, MA: Harvard East Asian Research Center, 1970), 41–43.
② Lu Zhengxiang, *Ways of Confucius and of Christ*, 36.
③ 同上,第42页; Stephen G. V. K. Craft, *V. K. Wellington Koo and the Emergence of Modern China* (Lexington: University Press of Kentucky, 2004); Chow Tse-tsung, *The May Fourth Movement: Intellectual Revolution in Modern China*, 165.
④ Craft, *V. K. Wellington Koo and the Emergence of Modern China*, chap. 2.
⑤ 同上,第51—52页; Lu Zhengxiang, *Ways of Confucius and of Christ*, 40.

事宗教事务,并于1935年成为本笃会神父,在比利时的一所修道院里度过了余生。据他自己解释,这是因为他终究向自己"不为人知的放弃政治生活的渴望"屈服了。① 陆徵祥最后这一消极遁世的举动,虽然符合他虔诚的宗教信仰和对政治的矛盾心理,但还是为他的公众人物生涯增添了一层复杂性,并强化了人们对于陆徵祥的这一看法——对公共生活和官员生涯,陆徵祥是真心诚意的,但并没有很坚定的信念。陆徵祥是充满矛盾的时代中的一个矛盾的人物。陆徵祥们的人生,横跨广阔的地理和文化范畴,不可避免地要穿越一道道深刻的社会和文化断层。唐群英带着咏絮之才的女权主义,以及孙中山对政治利他主义的积极营销,也是在同样艰难的形势下形成的。

对于用政治手段改良中国,陆徵祥有着深刻的信念,他不像孙中山,而更像1912年夏天的鲁迅,对政治产生了强烈的敌意,认为政界的许多东西是危险的、恼人的。1912年,孙中山一度离开政界,规划铁路,发表演说,但并没有真正离开政治舞台。孙中山也许会暂时称自己对权力没有兴趣,但此举显示的是孙中山在政治上的精明,以及为重归政坛而重新进行自我定位的愿望。陆徵祥的观点和专业角色更像是女权运动者中的温和派,她们寻求的是继续将家庭生活的"内"作为避风港,由此走出一条渐进的改革之路。对于陆徵祥来说,政治也是要尽量绕开的一趟浑水,他更想做好更安静、更内敛的专业工作。

陆徵祥的这些感觉,可以从他外交生涯早期的栽培者、引路人——许景澄的命运上找到一部分原因。1897年,时任驻俄公使的许景澄被召回,而陆徵祥继续留在圣彼得堡。许景澄回

---

① Lu Zhengxiang, *Ways of Confucius and of Christ*, 43.

国后，奉命到新成立的京师大学堂出任总教习，但是没过多久，京师大学堂就垮在了许景澄手上，于 1900 年暂时停办，一是因为清廷直斥京师大学堂里"满是洋汉奸"，二是因为义和团运动的冲击，大学堂的教职员工也有遭到直接袭击的。① 当年夏天，因反对清廷与进京拳民注定要失败的联合，许景澄等 5 名官员被处决。②

许景澄被杀的噩耗让陆徵祥心灰意冷，他一度考虑退出官场，但最终还是决定留下来。后来，陆徵祥在回忆录中称，自己留下来是因为决心守护许景澄从事改良的遗志。③ 许景澄建议，不要把个人的命运同清朝的命运捆绑在一起，陆徵祥将此铭记于心。④ 像其他有着改良思想的官员一样，陆徵祥放弃了对满洲皇帝的绝对忠诚，转而忠于大清国，这是他迈向抛弃清王朝，转而效忠民国的一步。⑤ 义和团被镇压后，清政府为许景澄平了反，并于 1909 年向许景澄追授荣誉。⑥ 后来陆徵祥出任中华民国外交总长，代表外交部将许景澄等舍生取义的改良派供奉了起来。⑦ 私下里，陆徵祥还排印了许景澄的文集和外交通信，并在欧洲打

---

① Weston，*The Power of Position*，38. 引源译文来源：魏定熙《权力源自地位》，第 40 页。——译者注
② Nicholas M. Keegan，"From Chancery to Cloister: The Chinese Diplomat Who Became a Benedictine Monk，" *Diplomacy and Statecraft* 10:1(March 1999): 174; 石建国：《陆徵祥传》，第 101 页。
③ Lu Zhengxiang, *Ways of Confucius and of Christ*, 20.
④ 同上，第 9 页。
⑤ Bastid, "Official Conceptions of Imperial Authority at the End of the Qing Dynasty."
⑥ Hummel, *Eminent Chinese of the Ch'ing Period*, vol. 1, 313.
⑦ Alphonse Monestier, "The Monk Lu Cheng-Hsiang: An Ex-Prime Minister of China Enters the Benedictine Order," *Bulletin of the Catholic University of Peking* 7(December 1930): 16.

第五章 下不来台

造了许景澄肖像勋章,当作礼物送给自己青睐的同事和中外政要。① 于是,陆徵祥的恩师许景澄成了众多刚正不阿的官员之一——他们的直言敢谏先是惹来了杀身之祸,后来却赢得了人们对其高尚政治品格的赞誉。

许景澄之死激发了陆徵祥对中国近代化事业的信念,这种信念同时也夹杂着对政治暗箱操作的不信任。② 陆徵祥在履行职责时一向小心翼翼,但与此同时,他还是表现出了一定的独立性,有时这种独立性甚至近乎抗争。1899 年,陆徵祥决定在圣彼得堡与伯特博维结婚,这当然符合许景澄"欧化"的建议,但其他外交官并不能接受。③ 陆徵祥生性不循规蹈矩,有时还很冲动,一个典型的例子是,1902 年,陆徵祥剪去了辫子,而此时离他 1903 年的第一次回国探亲短假已经没多久了。④ 陆徵祥深爱的妻子伯特博维,鼓励陆徵祥剪去了辫子。⑤ 剪辫是一种激烈而莽撞的象征性行为,对于仍在政府里任职的人尤其如此。

当时,不仅仅是政治激进分子,许多中国人都开始剪去辫子,比如运动员,他们参加国际体育赛事,觉得拖着辫子非常碍事。⑥ 士兵们也获准剪去辫子,这样就可以像西方军队一样训练。然而,直到 1911 年 12 月,清政府才在法律上允许剪去辫子。⑦ 陆

193

---

① Hummel, *Eminent Chinese of the Ch'ing Period*, vol. 1, 313; Lu Zhengxiang, *Ways of Confucius and of Christ*, 23.
② 石建国:《陆徵祥传》,第 101 页。
③ Boorman, *Biographical Dictionary of Republican China*, vol. 2, 441 - 42;罗光:《访问陆徵祥神父日记》,《传记文学》第 19 卷第 2 期(1971 年),第 51 页。
④ Boorman, *Biographical Dictionary of Republican China*, vol. 2, 442.
⑤ 石建国:《陆徵祥传》,第 70 页。
⑥ Andrew D. Morris, *Marrow of the Nation: A History of Sport and Physical Culture in Republican China* (Berkeley: University of California Press, 2004), 13.
⑦ Rhoads, *Manchus and Han*, 209.

289

徵祥回国时,先是戴了一条假辫子,后来干脆连假辫子也不戴了。他还鼓励其他外交官也把辫子剪掉,于是,陆徵祥1906年至1911年领导的荷兰公使团成了人们口中的"和尚会"。① 1907年,陆徵祥在巴黎参加了一次中国学生举办的宴会,席间,他剪去辫子的事情被清政府的出访代表团发现了。陆徵祥非常细致地回忆了当时的情况:他察觉到"当时两江总督强颜欢笑,而礼部尚书则皱着眉头"。② 陆徵祥这样一位高级别公使也以剪辫表明政治立场,无疑激起了旅欧中国学生们的兴趣,他们赞许地称陆徵祥为"和尚团团长",这既是对陆徵祥剪辫之举的戏谑式认可,也在冥冥中预言了陆徵祥以宗教(当然是基督教)为业的未来。随着清朝一步步走向末路,剪辫也越来越不算是激进的行为了。到了1910年,连军官都剪了自己的辫子。③

康有为访问荷兰时,陆徵祥也会见了他,并与他成了朋友。陆徵祥警告康有为,不要按计划访问俄国,坦言慈禧太后曾秘密要求俄国抓捕康有为。④ 后来,陆徵祥在1920年将父母和祖母遗骸迁葬北京,康有为还为其写了墓志铭。⑤

此外,陆徵祥也以更正式的方式表达了自己的改良主义观点。辛亥革命爆发前的十年间,陆徵祥就建议清政府进行宪政改革,以避免重蹈朝鲜遭受日本侵略的覆辙。⑥ 在辛亥革命期间,陆徵祥从海牙致电北京,敦促清政府速开国会。此举表明,陆徵

---

① 石建国:《陆徵祥传》,第75页。
② Lu Zhengxiang, *Ways of Confucius and of Christ*, 22.
③ Rhoads, *Manchus and Han*, 163.
④ 石建国:《陆徵祥传》,第73—74页。
⑤ 同上,第74页。
⑥ E-Tu Zen Sun, "The Chinese Constitutional Missions of 1905—1906," *Journal of Modern History* 24:3(September 1952):252.

祥即使并非倾心共和，至少也认同宪政，为他此后要求清帝退位埋下了伏笔。① 在许景澄的推动下，陆徵祥形成了一种观点，即俄国沙皇这样的西方君主比中国的君主更进步，部分原因是他们与朝廷成员有着更规律、更密切的接触，陆徵祥在圣彼得堡期间，目睹了俄国政治精英的这种互动方式。② 此外，陆徵祥还比恩师更进了一步，认为中国外交的一个弱点是缺乏民意代表机构，如果有民意代表机构，公众对外交失败——比如法国失去阿尔萨斯-洛林地区——的愤怒之情，就可以强有力地表达出来。陆徵祥认为，1895年台湾被迫割让给日本时，中国没能诉诸公众的力量，是非常令人痛心的。③

许多清朝官员日益把自己的工作置于国内外公众眼前，与他们一样，陆徵祥也被公共舆论所吸引，一方面借助舆论为自己的行为辩护，另一方面像其他国家一样，在公众中开展政治宣传。从某些方面看，陆徵祥身处欧洲的视角与留学生或海外商人的视角很相像，在这种视角下，他能够将中国公众视为一种政治资源，尽管此时他在中国运用这种资源的亲身经验少得可怜。陆徵祥追求的是非政治化但又有声的公众，这又是一个矛盾，但也是对全国统一理想的一种呼应。

陆徵祥有着西方化的观念，身为公职人员却早早决定剪辫，与许景澄、袁世凯等抱有近代化思想的清朝官员有联系，愿意帮助康有为这样的异见分子，且对自由主义持同情态度——至少在加强中国的国际政治地位方面，陆徵祥愿意让民意代表机构发挥

---

① 石建国：《陆徵祥传》，第75页。
② Monestier, "The Monk Lu Cheng-Hsiang," 15.
③ 同上。

作用——所有这些，都让陆徵祥有可能支持新生的民国。① 在这方面，他与革命前夕的大多数改良派官员——特别是那些与袁世凯有关系的官员——没有什么不同。② 除了在私生活的某些方面，陆徵祥并不是一个那么叛逆的人。20 世纪 40 年代，陆徵祥在回忆录中写道，自己由于职业的选择，成了一个与中国社会和外国社会都隔绝开来的人。

> 在中国，我既不懂官场，也不懂社会。[许景澄]教给我的第一法则是不要把自己和江河日下的清王朝捆绑在一起，既不要往里钻营，也别出言抨击，而只要管好自己，做好自己的工作，一边仔细留意那些最显赫的欧洲大臣，一边过自己的生活、干自己的事就行了。所以，面对那些不可避免的羞辱和谩骂，我要学会闭嘴。中国权贵们骂我，因为他们鄙视任何不拍他们马屁的人；欧洲官员和欧洲社会也骂我，他们把整个中国称为"病夫"，认为所有中国人都是劣等人。③

像同时代的许多中国人一样，如何完成自己选择的分内事，也是陆徵祥面临的挑战。他虽然缄口不言，但他在处理着装、个人职业操守等复杂问题时，还是表达出了自己的观点。

陆徵祥对天主教日益虔诚的信仰（1911 年秋季正式放弃家庭的新教信仰，改信天主教）也可能助长了他对个人信仰的公开表达和政治表达。在中国近代史中，基督教与政治异见之间的联系非常耐人寻味。在陆徵祥的身上，这一点体现在既保持独立于权威的自主性，又对权威怀有高度尊重。在某些情况下，像陆徵

---

① Keegan, "From Chancery to Cloister," 175.
② Young, *The Presidency of Yuan Shi-k'ai*, 72.
③ Lu Zhengxiang, *Ways of Confucius and of Christ*, 9.

祥这样的个人宗教信仰,也许增强了个人逆政治潮流而上的决心。① 同时,陆徵祥信仰的天主教反对宗教改革,具有等级秩序明确、奉行家长制权威的特质,推崇尽职尽责、服从权威的价值观,这也坚定了他坚持管住嘴、服从指令的决心。② 他写道:"出于政府工作人员的身份,我越来越向天主教会靠拢……我发现,在天主教中,政府、教义和道德指示是一致的。"③以上宗教价值观都可以与儒家忠实维护等级制的精神结合起来,这一事实有助于解释陆徵祥在纪念许景澄,以及长期——虽然有时很痛苦——效忠袁世凯时,日益增长的忠于职守的精神。对上帝、国家和孔子的忠诚,指向的都是一种服务精神。

像同时代许多背景相似的官员一样,陆徵祥最后得出结论,清朝皇帝是不值得费工夫保下来的。他可能也清楚,在新生的民国,拥有自己这样的能力和经验的人是必不可少的。1912年1月,陆徵祥与其他外交官一起敦促清帝退位,此时他正担任驻俄公使。两个月后,他应袁世凯之邀出任外交总长,并于5月抵达首都北京,开始履职。后来,陆徵祥回忆起当时自己有多么兴高采烈:"在国外住了二十年之后,能回到北京真是太好了。"④

陆徵祥与梁启超、孙中山一样,对中国之外的世界有着亲身的体会。外面的世界为晚清的政策和生活方式提供了思想、典范和其他可能性,从而极大地推动了辛亥革命。由于从事外交工作,陆徵祥和政治流亡者一样,长期在海外生活,当然,陆徵祥在

---

① Nien Cheng, *Life and Death in Shanghai* (New York: Penguin, 1986), 347.
② Richard Madsen, "Hierarchical Modernization: Tianjin's Gong Shang College as a Model for Catholic Community in North China," In Yeh, *Becoming Chinese*, 163-64, 184-87.
③ 转引自 Keegan, "From Chancery to Cloister," 181.
④ Lu Zhengxiang, *Ways of Confucius and of Christ*, 30.

293

此期间会不时回国，而大多数政治流亡者是回不去的。在国内的中国人努力调整着自己，以适应引进的新思想和新技术，而陆徵祥既是上海本地人，又长期在欧洲各国首都居住，对这些东西已经非常熟悉了。然而，1912年春天返回北京时，陆徵祥也有自己需要努力适应的东西。出国时的中国还是帝制，回国时中国已经成了共和国，这时回国就成了一件复杂的事，陆徵祥回国的过程也不例外。

"手提公文包"

接下来发生的一系列事情很快就会证明，中华民国外交总长的技术官员角色远比政治家的角色更符合陆徵祥的才能和利益。当只专注于外交部这样一个面向外部世界的政府机构时，陆徵祥显得相当游刃有余。他既具备这一职位所需要的专业资历，又与新任大总统袁世凯私交甚笃。1908年，陆徵祥在回国休假期间，第一次见到了袁世凯，当时袁世凯相当赏识这位年轻的外交家，邀请陆徵祥到自己手下工作，但陆徵祥谢绝了。[1] 然而，陆徵祥仍然备受袁世凯照顾，并受益于此。实际上，陆徵祥成了杨格（Ernest Young）所谓的"袁世凯集团"中的一员。所谓"袁世凯集团"，指的是民国政府中由袁世凯钦点任命、拥护袁世凯领导的一群前景大好的官员。[2]

据陆徵祥称，1912年他与袁世凯重新取得联络时，袁世凯对这位新任外交总长关怀备至。在早期的一次面谈中，袁世凯亲切

---

[1] 罗光：《访问陆徵祥神父日记》，第50页；Boorman, *Biographical Dictionary of Republican China*, vol. 2, 442.
[2] Young, *The Presidency of Yuan Shi-k'ai*, 71.

地说:"陆先生留洋多年,肯定学了不少好东西。现在陆先生回来了,肯定会教我们很多有用的知识。"当时总理唐绍仪也在场。① 陆徵祥则作谦虚状,回答道:"我也没带什么好东西回来,除了一样事情:每天我会拎着公文包走进办公室上班,下班时再拎着公文包回家。"表达了自己作为外交总长希望履行的职责。

在外交部管理上,陆徵祥希望推行近代欧洲的官员纪律,比如严格规定办公时间,要求部员都用公文包把文件装起来,以此悄然实现一场政务处理方式的革命。鉴于袁世凯本人就是一个工作狂,早在担任清朝官员时,就每天从早上 5 点一直工作到晚上 9 点,陆徵祥的这番主张很可能让袁世凯颇有共鸣。② 几十年后,陆徵祥苦笑着回忆道,早期自己尝试劝说部员按时(上午 10 点)上班,部员们却不买账。③ 有一次,陆徵祥还对部员来了一通典型的道德说教,把这些"坏习惯"归咎于部员们混乱的家庭生活,以及他们家里拒绝起床为丈夫做早餐的妻子。

陆徵祥"新官上任三把火",推行了一系列所需的修缮工作和改革措施。小到解决外交部门前水坑的积水问题,因为外国外交官抱怨水坑泡湿了鞋子,有损庄重的形象;大到提高外交部官员在政府中的地位,收发电报时坚决贯彻保密,并努力招募青年才俊加入外交部。④ 与陆徵祥共事的另一位外交官颜惠庆,称赞陆徵祥推行了一种新的"商务式"外交,阻止外国外交官"一个劲儿敲桌子""使用不礼貌的语言,面红耳赤",并停止向外交部职员提

---

① 罗光:《访问陆徵祥神父日记》,第 50 页。此引源的引文为译者翻译。
② 廖大伟:《1912:初试共和》,第 157 页。
③ 罗光:《访问陆徵祥神父日记》,第 51 页。
④ Monestier,"The Monk Lu Cheng-Hsiang," 16.

供免费膳食。① 陆徵祥要求袁世凯保证，外交部不受外界干涉，在人员任命方面也不例外。此外，还要允许他选派精通英语的人出任外交次长，与他本人的法语能力互补。② 他辞退了袁世凯的一个侄子，表明了他坚持政府不得插手外交部人员任命的决心。③ 陆徵祥对国内外政治和社会压力的回应，体现的是一种身为外交官和公务员的独特职业精神。

掌握了从日本和西方引入的新知识领域的专家，比如陆徵祥，既受到重视，也备受怀疑。当时的精英文化固然重视人才，但某种政治社交形式同样必不可少，这种形式将私交和人脉置于与专业能力同等的位置。在这方面最为杰出的是李鸿章，他通过私交笼络了一批有才干的官员，从而增强了自己的势力。对此，李鸿章引用了《论语》中的一句话："子曰：'举贤才。举尔所知。'"④ 在美国，"你知道的东西"和"你认识的人"常常分得很清楚；但在中国的政治文化中，区分这两者并没有什么意义，因为可以发挥才能的框架正是"你认识的人"提供的。不管怎样有助于推举贤能，让政府的运行更顺畅，汲汲于经营人际关系，都为腐败和裙带关系开了方便之门，而这在陆徵祥眼里，既不道德，又不专业。陆徵祥对此的态度，既像是孙中山通过倡导"一种新的个人自制风格"回应殖民者和种族主义者对中国文化与性格的攻击，又像是刘少奇要求共产党干部在"个人独立工作、无人监督"时有足够的

---

① Yen, *East-West Kaleidoscope*, 76–77.
② 罗光：《访问陆徵祥神父日记》，第 50 页；张茂鹏：《陆徵祥》，杨大辛主编：《北洋政府总统与总理》，第 226 页。
③ Boorman, *Biographical Dictionary of Republican China*, vol. 2, 442.
④ Kenneth E. Folsom, *Friends, Guests, and Colleagues: The Mu-fu System in the Late Ch'ing Period* (Berkeley: University of California Press, 1968), 194. 引文译文来源：[美] K. E. 福尔索姆著，刘悦斌、刘兰芝译《朋友 客人 同事：晚清的幕府制度》，北京：中国社会科学出版社，2002 年，第 187 页。——译者注

自制力。① 如果说陆徵祥与孙中山和刘少奇有什么不同,那就是陆徵祥更信奉基于专业能力的精英政治。孙中山和刘少奇对专业能力的热衷,是由各自鲜明的意识形态信念所支配的——在刘少奇这里是"又红又专",在孙中山这里是三民主义——而陆徵祥认为,自己除了爱国,没有其他任何政治信仰。

陆徵祥坚信西方模式在中国外交改革中的价值。1912年回国前,他在巴黎和布鲁塞尔都待了一段时间,"目的是实地考察研究法国和比利时外交部的工作"。② 陆徵祥改良中国外交的设想,与民国政治、社会、文化生活要素——比如政党——中所常见的毫无章法、邯郸学步的变革方式,可谓是迥然不同。他的世界观一方面基于新知识,另一方面基于其与外国外交官同属一个认知共同体。当陆徵祥努力争取中国的国家利益时,这些外国外交官是潜在的敌人;但当树立职业操守的标准时,他们与陆徵祥又站在一起。而这些职业操守的标准,是陆徵祥一以贯之奉行的,即便在面对脸红耳赤地拍着桌子的西方人时,也不例外。

身处北京官场,尽管受到了袁世凯全方位的关照和提携,陆徵祥的自我定位也只是外语和外交专家,而非某个政治派别的成员。当他不上班、不执行公务时,就和妻子待在家里,做自己的天主教徒。在中国的官场传统中,下班后的吟诗、宴席和风雅的举杯畅饮,重要性不亚于官方在政治和政府实际工作中的举措。陆徵祥关于守时,以及用西式皮包携带文件上下班的要求,暗示了其与中国文化和社会在某种程度上的疏离,这也是他7月在参议

---

① Fitzgerald, *Awakening China*, 12. 引文译文来源:费约翰著,李恭忠、李里峰等译《唤醒中国:国民革命中的政治、文化与阶级》,北京:生活·读书·新知三联书店,2004年,第19页。——译者注
② Lu Zhengxiang, *Ways of Confucius and of Christ*, 33.

院痛心疾首地谴责政界的一个原因。

作为专业职责的象征,陆徵祥的公文包可以像东亚其他一些典型的手提行李一样,成为随身携带的物件。三岛由纪夫的历史小说《奔马》以1930年代的日本为背景,书中平庸而痛苦的律师本多繁邦,被宿命和情感的沉重负担压得喘不过气来,他在上下班时,总是背着日本传统的风吕敷,里面塞满了枯燥无味的工作文件,这些文件支配了他作为现代人的生活。① 小说中,本多的风吕敷在一家现代百货店买的,是一种濒死文化的空洞遗产。陆徵祥把自己的公文包送给袁世凯,既是作为自己效力政府的象征,也是对理性而商务化的行政方式表示推崇。假设上海或北京为陆徵祥建一个纪念馆,就像长沙给李富春建纪念馆那样,那么陆徵祥的公文包必定是充分展现其外交生涯的一件展品,就像李富春身为共产党干部,在从事经济规划工作期间所使用的文件箱一样。

从袁世凯方面说,他很乐意利用陆徵祥尽职尽责的态度和专业主义精神来达到自己的政治目的。② 鉴于陆徵祥对政治阴谋抱有深切的怀疑,他不太可能寻求与袁世凯的对头结盟,就像他必然会谨慎稳妥地执行上级的合法指示一样。这一立场与袁世凯的意图和密谋非常符合。在高度政治化的环境中,专业自治既缺乏行业团结的支撑,又缺乏法律的保护,这样一来,陆徵祥这样的人只能更依赖于袁世凯,而非更独立于袁世凯。当然,陆徵祥也可以选择辞职。不过,在他1919年拒绝签署巴黎和会的和约之前,或者说,直到他最终离开政坛,进入教会和修道院以前,他

---

① Mishima Yukio, *Runaway Horses* (New York: Knopf, 1973), 4.
② 石建国:《陆徵祥传》,第101—102页。

都没有这么做。爱国主义和专业主义精神会阻止人们抛弃自己身为官员的职责,哪怕这些职责与爱国主义背道而驰。陆徵祥遵循着许景澄的传统儒家式告诫,说话非常谨慎。陆徵祥极不情愿被卷入自己眼中的政治问题,这种态度有时甚至让袁世凯也觉得很失望。有一次,袁世凯问陆徵祥对一件事的看法,陆徵祥却扭扭捏捏,甚至以身体羸弱为由推脱,于是袁世凯急了,称自己愿意"代负责任",坚持要陆徵祥发表意见。① 陆徵祥可能已经意识到,向袁世凯坦白自己的观点,而不仅仅是执行袁世凯的命令,会让自己更容易受到伤害。

从陆徵祥对权力的看重程度来说——毕竟很难想象一个在官场中度过整个职业生涯的人会对权力无动于衷——他必定曾抱有希望,在袁世凯的领导下成为一名改革者,从而为自己的计划获得政治和物质支持。② 令陆徵祥备受鼓舞的是,他 1912 年春天加入的北京政府内阁中,还有许多杰出的改革家,例如教育学家蔡元培和宪法理论家宋教仁。这样的内阁阵容,似乎应了一句袁世凯最爱说的话:"不问党不党,只问才不才。"③但事实上,由于大家只顾效忠各自的政党或主子,政府已经深深地分裂了,内阁很快就会被陆徵祥厌恶的那种对效忠对象的顺从所动摇。

总理陆徵祥

陆徵祥就任外交总长时,内阁总理是唐绍仪。唐绍仪似乎是一位非常适合弥合意识形态和派系分歧的政治家。长期以来,唐

---

① 石建国:《陆徵祥传》,第 103 页。
② Young, *The Presidency of Yuan Shi-k'ai*, 55.
③ 张玉法:《民国初年的政党》,第 14 页。

绍仪都是袁世凯的亲信和盟友,曾在袁世凯领导的北方官僚、军队与以孙中山为首的南方革命者之间斡旋,协助推进和谈。在和谈过程中,借着人们对跨党派的宽容态度,唐绍仪加入了同盟会,自此在政治上"脚踏两只船"。① 因为唐绍仪与南方革命派的密切关系,当袁世凯无法有效阻止女权运动者潮水一般涌入北京时,他求助的对象正是唐绍仪。然而,唐绍仪的种种努力,并没能在袁世凯和革命派的目标间取得平衡。袁世凯忙着巩固他在北京和各省的权力,而革命派希望在北京政府中获得有实权的位置。袁世凯很擅长分而治之的策略,他精心打造了一个由唐绍仪领导的"混合"内阁,其中有伙伴、盟友,也有对头。② 此外,袁世凯还挑选了自己的人把控民国的军警机关,而分派蔡元培、宋教仁等同盟会成员执掌中华民国教育部、农林部等战略上不那么重要的部门。

春季,唐绍仪前往南京,将袁世凯拟定的内阁成员名单提交给尚未北上的临时参议院。4月1日下午晚些时候,唐绍仪在孙中山等内阁成员和军官的陪同下,来到了一座现代的建筑里,这正是不久前女权运动者与参议员起冲突的地方。当孙中山、唐绍仪一行人列队步入参议院时,议员们就这么默不作声地坐着,全场"一片死寂"。③ 孙中山被带到他惯常就座的位置,就在议长林森比会场高出一块的桌子后面,而且比林森的桌子还要高。唐绍仪和其他文官则坐到林森的左边,黄兴和一群军官在林森右边落座。随后,林森邀请唐绍仪上台,台下对这位身着长衫的首席代表报以热烈的掌声。不过,一位外国人目睹了这番场景,还是为

---

① Li Chien-nung, *The Political History of China*, 280.
② 石建国:《陆徵祥传》,第98页。
③ *North China Herald*, April 6, 1912, 21-22.

议员们没有起立或鞠躬向其致敬而感到惊讶。① 唐绍仪的演说只持续了五分钟,而且"声音不高,语气平实,没有任何华丽的辞藻"。他先是自谦德不配位,然后总结了国家正在面临的种种问题。在强调民国政府经济危机的严重性,以及为应付当下开支而借款的必要性后,唐绍仪"逐一宣读了内阁成员的名字,并解释了任命每一位内阁成员担任职务的理由"。

宣读完名单,唐绍仪请求参议院表决通过。林森正式将名单表决问题提交参议院,随后,针对是否需要延期以便详加讨论这一问题,议员们展开了激烈的辩论,争论点包括是否需要将任命提交一个委员会,以及是否可以在当天投票。通过举手表决,参议员们同意立即开始闭门会议,进行辩论和投票。会场里一个观众也没有。唐绍仪、孙中山等受邀列席的官员也离开了会场。最后,唐绍仪的名单中只有一人遭到否决,其他任命都获得了批准。四天后的4月5日,南京临时参议院通过了迁往北京的最终决议。唐绍仪这次造访参议院的性质,以及参议员们的举止,都体现着各方相关人士对待这个共和国的国家机关是多么认真。

连着几个月在南北之间奔走斡旋,把唐绍仪累坏了。4月20日,唐绍仪回到北京出任总理,有人看到,从火车上下来的唐绍仪"看起来既疲惫,又消沉"。② 走出车站,唐绍仪立马去见袁世凯,此时他和袁世凯的关系正在越来越紧张。从一开始,唐绍仪就在抵制袁世凯的独裁企图,并努力维护内阁的宪法权威。更有甚者,袁世凯给唐绍仪发公文,唐绍仪却把他不赞同的文件寄了回去。即使袁世凯及其下属向其本人施压,唐绍仪在某些问题上也

---

① *North China Herald*, April 6, 1912, 21-22.
② *North China Herald*, April 27, 1912, 242.

毫不退让。① 这样的政治独立给了宋教仁等改革者希望，让他们认为民国的宪政秩序会朝着民主的方向发展。但是，袁世凯不断插手内阁政府，引起了人们的不安。

这届由袁世凯钦点、唐绍仪领导的内阁，几乎是一成立就陷入了困境。内阁会议总是充满了火药味。在6月8日的一次内阁会议上，就连一向温文尔雅、品行高尚的教育总长、同盟会领导人蔡元培都一反常态，扯着嗓门反对共和党员熊希龄的一项声明。② 袁世凯一派的内务总长赵秉钧，则从来没有参加过内阁会议，因为他只服从大总统的命令。③ 原则上，设置内阁、国会等机构，就是为了包容和沟通各种彼此冲突的激情、利益与想法。政治精英们当然存在共识，那就是把中国建设成一个强大的国家，并大刀阔斧地应对国家的危机。但是，如果一个强大的国家意味着独断专行的袁世凯，或者同盟会操持的政党政府，那么其他参与竞争的政党就不会觉得合作有那么大意义了。

在唐绍仪的斡旋下，袁世凯和革命派之间达成的和平协议中，承诺了某种形式的权力共享，或者说是分权制衡：袁世凯掌控大总统职位，而政党可以在国会中自由建立自己的基本盘。只要他们有机会通过选举削弱袁世凯，从而有所收获，包括同盟会在内的政党都是愿意接受这种权力划分的。同时潜伏着的，还有更大的社会、经济和文化隐患。与袁世凯联合的一些国家和地方实力派，反对将"排满"的政治革命扩展到社会和经济改革领域。宋教仁等进步派则非常渴望建立在国会中占据优势的联盟，于是，

---

① Li Chien-nung, *The Political History of China*, 281.
② Liew, *Struggle for Democracy*, 164; Boorman, *Biographical Dictionary of Republican China*, vol. 3, 297.
③ Li Chien-nung, *The Political History of China*, 281.

为了将同盟会转变为政治上占主导地位的国民党,他们也努力迎合了保守派的想法。到 1912 年夏天时,支配北京的大多数政治领袖行动的,已经不是意识形态问题,而是权力问题,这让女权运动者和其他一些主张改良的人都备感痛心。讽刺的是,正是这种党派倾轧的氛围,让陆徵祥这样一个政治中立的人物成了替代唐绍仪的理想人选。

　　1912 年 6 月 17 日,唐绍仪以"身体欠佳"为由辞去总理职务,袁世凯宣布以陆徵祥为首,成立无党无派的"超然"政府。① 内阁中的同盟会员也集体辞职,以强调其支持公开的、以政党为基础的议会政府,而反对袁世凯一手操控政府。② 众所周知,唐绍仪辞职的真正原因,是在权力和政策问题上与袁世凯冲突不断,而其辞职的导火索是袁世凯插手都督任命。③ 同盟会希望己方的王芝祥统领京畿直隶省的军队。不出所料,亲袁世凯的军队反对这一任命,袁世凯本人也反对。④ 不久前,袁世凯成功将首都从南京迁到北京,一个主要目的就是阻止同盟会削弱自己在北京和北方地区的军事优势。另一件让唐绍仪愤怒的事是,在北京参议院里,袁世凯的支持者挖空心思对他发动人身攻击。在 5 月 20 日的一次闭门会议上,袁世凯共和党的一位参议员骂唐绍仪是"亡国总理"。此时民国财政困难,列强正在逼迫民国政府接受条件苛刻的"善后大借款"方案,这时被叫作"亡国总理"可谓奇耻大辱。⑤ 除此之外,在迁都问题上,唐绍仪也遭受了参议院的尖

---

① 张茂鹏:《陆徵祥》,杨大辛主编:《北洋政府总统与总理》,第 227 页。
② 石建国:《陆徵祥传》,第 102 页。
③ Li Chien-nung, *The Political History of China*, 281-82.
④ 廖大伟:《1912:初试共和》,第 116 页。
⑤ 同上,第 119 页; O. Edmund Clubb, *Twentieth-Century China*(New York: Columbia University Press, 1964), 46.

303

锐质疑,因为有报道称,为了让孙中山支持迁都北京,民国政府给了孙中山100万元。①

选择陆徵祥来接唐绍仪的班,是因为陆徵祥具有外交专长,有着无党无派的名声,还愿意执行上级的指示。袁世凯想要的总理,就是既能干又听话的人。他的第一选择是与自己关系密切的支持者、前清官员徐世昌,溥仪退位后,徐世昌从政府中辞职,在青岛的德国租借地闲居。同盟会反对徐世昌出任总理,并将"亡国"的帽子又扣回了徐世昌头上。② 一位参议员开玩笑地说,如果徐世昌可以当总理,那么"我们也可以任命"庆亲王奕劻来当总理——庆亲王是1903年至1911年间清政府中的一位满族权臣,他的腐败是出了名的。③ 于是,袁世凯选择了陆徵祥,因为陆徵祥也符合自己对总理的两个要求,即个人能力强和效忠自己。起初,这一招似乎奏效了。陆徵祥凭借自己的资历和声望,以74票对10票的巨大优势,在参议院的公开会议上轻松通过了批准。④ 黄兴等同盟会领袖认为,支持陆徵祥是避免与袁世凯公开争斗的一种方式。⑤ 此外,陆徵祥成功以巨大优势通过表决,也离不开许多同盟会参议员的投票支持。

任命陆徵祥为总理的另一个原因,是中国当时面临的外交政策压力。据外媒报道,1912年6月10日,曾在甲午中日战争中指挥一支军队,并在日俄战争期间出任首相的日本前首相桂太

---

① North China Herald, May 18, 1812, 468. 孙中山对此表示了否认。同上,June 29, 1912, 912.
② 廖大伟:《1912:初试共和》,第127页。
③ North China Herald, June 29, 1913, 912; Hummel, Eminent Chinese of the Ch'ing Period, 964 – 65.
④ 石建国:《陆徵祥传》,第104页;North China Herald, July 6, 1912, 30.
⑤ 廖大伟:《1912:初试共和》,第121页;North China Herald, July 6, 1912, 30.。

郎,正计划着 7 月到欧洲进行一次"观光之旅"。据说,桂太郎此行的目的是访问圣彼得堡,与俄国人进行磋商。① 早在 1907 年和 1910 年,日本和俄国就趁着中国国力虚弱,就它们在外蒙古的共同利益谈妥了两项秘密协议。有人怀疑,此次日俄又要谈判第三项关于外蒙古的协议,后来事实证明的确如此。② 一面是俄国在日本的助纣为虐下,从中国的国旗和地图上撕扯着蒙古民族和疆域;一面是英国采取行动,迫使民国政府从西藏撤军,这一局势在当时广为人知。③ 袁世凯大力渲染外国威胁的急迫,让人们进一步觉得,选择外交家陆徵祥出任首相非常及时。④

事实证明,袁世凯组建无党派政府,只是与同盟会/国民党的长期斗争中比较早的一招,为了胜过和击败同盟会/国民党势力,袁世凯可谓无所不用其极。正如廖大伟指出的,袁世凯精于"又打又拉"。⑤ 陆徵祥正是袁世凯在这一招中运用的诱饵,代表着团结和无党无派,这也是许多人对陆徵祥的印象。在接下来的一年半时间里,袁世凯还是攻击了他的敌人,并通过政治合作运动、恐怖活动和军事镇压,使自己从宪政的束缚中极大地解放出来。所有这些,都为两年后袁世凯帝制自为铺了路。

然而,1912 年夏天,中华民国国会和参议院成员的意见和表决结果仍然影响着中国领导人的政治命运。只有议会政府存续,宋教仁才可能争取把起义组织同盟会变成能够赢得选举、治理国

---

① *New York Times*, June 10, 1912, 4; James L. McClain, *A Modern History of Japan* (New York: Norton, 2002), 324 – 25.
② Carlton H. Hayes and Edward M. Sait, "Record of Political Events," *Political Science Quarterly* 27:4(December 1912):773.
③ 同上;Paul S. Reinsch, "Diplomatic Affairs and International Law, 1912," *American Political Science Review* 7:1(February 1913):78.
④ Li Chien-nung, *The Political History of China*, 283.
⑤ 廖大伟:《1912:初试共和》,第 121 页。

家的国民党。即使是袁世凯也认为,自己需要国会的支持,以批准外国贷款方案,为自己的官僚和军队势力提供资金。此时,还没有外国政府正式承认中华民国,美国等一些国家表示,希望中国先建立和维持法国政府要求的"定期改选的议会政府"。① 由此,西方列强以宪政民主之名,实施着自己的帝国主义侵略计划。正如陆徵祥任清政府外交官时所指出的那样,在对付外国势力时,实行宪政是一道挡箭牌。此外,袁世凯还需要获得参议院的多数票,才能把"临时大总统"的"临时"去掉,巩固他作为中国最高政治领导人的权威。② 当时的美国总统是新当选的威尔逊,一直等到第二年,即1913年5月2日,美国才宣布承认中华民国。1913年10月10日,在袁世凯的一手操纵下,服从于袁世凯的国会终于选举其为正式大总统,于是,在华拥有利益的另一些国家也效仿美国,宣布承认中华民国。③ 此时,宪政的形式是次要的,外国最希望的是袁世凯可以扮演维持政治秩序的强人角色。1912年夏天,议会政治还是政治程序的核心。

在南京和北京开会的参议院

民主和宪政政权的实际前景可能并不明朗,但当时人们并没有办法确定这一点。如果不能再指望皇帝充当政治权威的来源,民众和他们的代表就必须成为国家的基础。但对民主革命者而言,不幸的是,即使辛亥革命有着广泛的民众参与,1912年,所谓

---

① Meribeth E. Cameron, "American Recognition Policy toward the Republic of China, 1912—1913," *Pacific Historical Review* 2:2(June 1933): 220.
② Boorman, *Biographical Dictionary of Republican China*, vol. 4, 86.
③ Clubb, *Twentieth-Century China*, 49–50.

民众仍然是一个抽象的概念,与国家政治进程的联系微乎其微。虽然北京参议院中的大多数代表都是由省政府任命的,而不是由直接选举产生的,但其至少还有代表民众权威的倾向。因此,参议院这一机构就成了政治合法性的来源,谁也不愿轻易放弃。参议员出自某一省、市、地区的地方身份,让他们在赴京履职时带有一种"民意"代表的气息。①

召开地方议会和后来的省议会的做法始于1907年。1910年,在北京召开了中国第一次全国性的议会(即资政院),其中一半议员由选举产生,一半由清廷指定。② 尽管被1911年的革命派拒斥,但资政院作为立法机关,在国家治理中发挥的作用越来越大,例如,在1911年初任命了一个预算委员会。③ 所以说,议会政治不仅走在辛亥革命之前,也有力地塑造了辛亥革命。④ 在革命期间,各省的议会成员利用自己的官员身份以及与报刊的联系,将舆论调动起来,领导各自的省份脱离清政府。⑤ 诚然,议会可能是由清政府一手安排的,并且,随着军阀政治和党国的兴起,议会注定会成为徒有其表的"橡皮图章"机构。但在1912年,议会起到的实际作用并非如此,议会也没有立马流于形式。

1912年在北京履职的参议员们,半年之内,经历了许多政治上的起起落落。1912年1月1日,他们还在南京街头手舞足蹈,庆祝孙中山当选为临时大总统,也庆祝他们参与促成的革命。⑥ 无论是作为个体,还是整个群体,参议员都代表着政治和文化的

---

① 廖大伟:《1912:初试共和》,第169页。
② Fincher, *Chinese Democracy*, 16; Clubb, *Twentieth-Century China*, 37.
③ *North China Herald*, January 6, 1912, 12.
④ Fincher, *Chinese Democracy*, 16.
⑤ 同上,第19页。
⑥ Harrison, *The Making of the Republican Citizen*, 14–15.

变革。1912年1月底,43位南京临时参议院议员拍了一张合照,照片中大多数人都穿着西式服装,其中有几个人穿的还是燕尾服,另外还有10人左右穿着近代军装。① 参议员们在针对两份草案进行了32天的辩论后,通过了新的宪法,接受了孙中山辞职让位给袁世凯的请求,经受了愤怒的女权运动者的袭击,在最后迁往北京之前,还为定都何处而争吵不休。② 在这几个月里,参议院是一个生机勃勃的地方。虽然同盟会确实在南京参议院中占据主导地位,但其中还是出现了两三个反对党。③ 议院里的演说和辩论慷慨激昂,令人瞩目。④ 因为当时奉天和直隶省还没有宣布脱离清政府,起初这两省的代表没有投票权,于是奉天和直隶代表一度威胁要退出。⑤ 在争论民国应该定都北京还是南京时,一位代表威胁道,如果投票结果与他的意见不合,他就当场自杀。⑥ 至于对其他问题的讨论,则彬彬有礼、深思熟虑,比如宋教仁和胡汉民就中央集权与地方分权何者更优进行的讨论。宋教仁着眼于控制北京政府,因此希望建立强有力的中央集权;而胡汉民身为家乡广东省的都督,希望地方拥有的权力与其革命时承担的责任相称。⑦ 宋教仁宣称"中央必有大权,而国力乃可以复振";而曾利用省自治权帮助妇女进入广东省议会任职的胡汉民反驳道,中央集权只会加剧"专制之余毒"。在政府适应公开辩论、投票、政治曝光、利益矛盾、政治分裂等种种尖锐冲突的事物

---

① 周鸿、朱汉国主编:《中国二十世纪纪事本末》第1卷,参见正文前图片页。
② 周鸿、朱汉国主编:《中国二十世纪纪事本末》第1卷,第294页。
③ 张玉法:《民国初年的政党》,第27页。
④ 李守孔:《民初之国会》,第19页。
⑤ 同上,第20页。
⑥ 同上,第25页。
⑦ 同上,第31页。胡汉民祖籍江西,但其祖父迁往广东定居,胡汉民遂在广东出生。Boorman, *Biographical Dictionary of Republican China*, vol. 2, 159.

时,在公众关切的眼神下发生的以上种种事情,都是意料之中的"成长的烦恼"。

很快,这一时期的历史记载就表明,中国早期的议会政治实践并没有让参议员获得与袁世凯匹敌的权力地位。虽然参议院的提议有时会形成决议和法律条文,但参议员们更多是忙于表达意见,而对实际参与治国理政并没有那么上心。然而,如果说民国初期留下的建设性遗产中,最为重要的是民众积极参政的共和政治文化,那么在国家层面的政治舞台上,参议员展现的辩论和演说能力就至关重要。

考虑到清政府的专制性质,民国初期组织不善的状况,以及袁世凯的独裁野心,参议院作为权力机构起到的作用很有限,也就不足为奇了。参议院尚未形成与其法定权威和审议职能相匹配的议事程序,原因是多方面的。清政府垮台,袁世凯出任大总统,让议院中的各方力量获得了一年多的时间去落实这项工作。而与此同时,事实证明,参议院就是一团乱麻,即使是参议院的领导人,也很难对其实现掌控和引导。时政记者黄远庸指出,虽然新议长吴景濂等议院中的重要人物是很有威望的政治家,但参议院从根本上就缺少主心骨。① 有时,议事程序的拖拉程度显得不可理喻。即使在何时休会吃饭等一些日常问题上,参议员们也倾向于以"集体同意"决定,而非让领导者决定讨论的进度和主要过程。虽然大多数参议员并不主张当时风行中国的无政府主义,但他们与无政府主义者一样,对领导者和制度性的权威缺乏信任。他们赞成进行"认真的、遵照宪法的、严肃的讨论",但由于既缺乏

---

① 黄远庸:《远生遗著》,吴相湘主编:《中国现代史料丛书》第 1 卷,台北:文星书店,1962 年,第 149 页。

对所讨论问题的基本了解,又容易陷入党派和个人间的意气之争,结果往往让讨论变成黄远庸所贬斥的"无结果之茶话会"。①

有时,参议院也会给人留下彬彬有礼的印象。1912年9月凯莉·查普曼·卡特访华期间,观摩了参议院的一次会议,当天气氛相当平静,出席议员约有60名,与平时的情况大致相当。在观后感中,卡特既表达了一直以来对中国政治家举止和惯例的好奇,也赞赏了议员安静高效的作风:

> 其中7人穿欧式服装;6人穿cues(原文如此——作者注)。大多数人都穿着普通的丝质长衫,为了舒适起见,再套上一件短外套。像广东[省]议会一样,发言者并不照顾议长的面子,而只是各抒己见;而争论的各方也互相尊重,所以一切都在良好的秩序下平和地进行。②

而当矛盾出现时,作为一个机构,参议院里就几乎只有议员激昂的情绪和咄咄逼人的姿态,而机构的规则也确实会起一些作用。整个5月,在北京参议院成立第一个月的会议期间,就参议员资格认定等问题爆发了激烈的争论,"讨论变得异常激动,最终会场一片喧哗"。③

1913年——此时袁世凯和国民党的关系已经开始滑向军事冲突——加德纳·哈丁观摩了参议院,他看到了"南方拥护共和的人标志性的、漫不经心的理想主义",议员们没完没了地对一些形式上的问题钻牛角尖,用"非常难听、有侮辱性"的话招呼袁世

---

① 黄远庸:《远生遗著》,吴相湘主编:《中国现代史料丛书》第1卷,台北:文星书店,1962年,第149页。
② Catt, "Diary of Carrie Chapman Catt," xii, 79.
③ *North China Herald*, June 1, 1912, 609.

凯的代表,并为直接反抗大总统的行为欢呼。① 宋教仁的遇刺和袁世凯的专制行为,助长了这种病态的气氛。

如果参议院没有热烈的争论,没有不绝于耳的谩骂,也没有进入较安静的好好说话的状态,那可能是因为,根本就没什么人来开会。按照参议院的规定,只有当出席会议的人数达到参议员总数的五分之三时,会议才有效。② 1912年4月底参议院在北京重建时,议员总数已从43人增加到120人左右。③ 所以,参议院若要投票表决,出席人数必须达到法定的72人。虽然每日例会(周日休息)的出席人数偶尔能有近100人,但多数情况下,出席人数在60至80人之间。④ 如果议事日程上没有太吸引人的问题,出席人数就会少很多。1912年的一次参议院会议,除了议长吴景濂等领导人,只有一位共和党的普通参议员出席。⑤ 对着空荡荡的会议厅,吴景濂发表了一番痛彻心扉的讲话,他为议员们的失职行为痛哭流涕,决心要说服参议员按时出席今后的会议,就算自己可能因此折损威信,也在所不惜。

参议院的确遵循了自身的规定:"参议院成员须得自由表达意见。"⑥于是,北京参议院成立仅仅几周,就涌现出了许多做派独特的人,这类人在辩论机构中很是常见。有一篇新闻详细报道了1912年5月15日的参议院会议,其中提到,来自直隶的统一共和党领导人谷钟秀"完美地卡着时间发言辩论",而来自湖北的参议院张伯烈则"只揪着湖北人民的利益,反反复复争辩着同样

---

① Harding, Gardner L. *Present-Day China*, 33.
②《中华民国参议院法》,"民国",无确切日期(似为1912年制定),第2页。
③ 张玉法:《民国初年的政党》,第101页。
④ 李守孔:《民初之国会》,第46页。
⑤ 同上。
⑥《中华民国参议院法》,第5页。此引源的引文为译者翻译。

的问题,而且越争越激烈,越争越空洞,最后搞得听众昏昏欲睡"。① 参议院讨论的问题五花八门,从妇女权利到内阁官员的任命,从教育部、内政部是否应对宗教有管辖权,到省政府和更基层政府之间的关系,到代表蒙疆地区牧民和文盲所需的机制,再到民国国民的着装规范。② 针对着装问题,虽然许多参议员都穿西式服装,但参议院还是下了定论,认为要求所有人都穿西式服装尚不可行。③ 当年6月,参议院还质疑了宋教仁领导的农林部的部员规模,要求政府提供详细的预算信息,讨论了内阁的适当职能,并多次应要求解释了各种法案。④ 参议院还处理了是否应在议院中设置、如何设置海外华人代表的问题,并且鉴于许多中国人都住在远离家乡的城市乡镇,参议院也认真研究了地方团体对特别席位的要求。⑤

虽然作为立法机关,参议院还称不上完善,甚至没有充分发挥作用,但参议院对待工作内容和工作程序的态度是足够认真的,在辩论各种当下问题时,参议院不仅投入了相当的精力,也相当审慎。的确,有时北京下一场雨,来开会的议员就特别少,使得工作不能正常开展。这也可以理解,毕竟在北京,一阵雨过后,没铺过路面的街道和胡同就满是泥泞。天气不好时,上午的会议可能会推迟到下午或取消,当天的事务则放到第二天处理。⑥

正如孙中山、袁世凯等领导人遭到批评和攻击一样,参议院

---

① 《中国日报》1912年5月16日,第3版。此引源的引文为译者翻译。
② 同上,1912年8月13日,第9—10版;1912年8月3日,第9版;《爱国报》1912年7月21日,第2—3版。
③ 《中国日报》1912年8月1日,第9页。
④ *North China Herald*, June 15, 1912, 763; June 22, 1912, 847.
⑤ 同上,1912年6月1日,第609页。
⑥ 《爱国报》1912年7月7日,第3版。

也不能幸免。1912年,上海的一家报纸在一篇题为《私争亡国论》的文章中,斥责参议院的工作过程是就是毫无意义的斤斤计较和门户之争:

> 甲党之人发言,姑无论其言之是否,亦未明其言之意,而乙党之人群起反对。凡是乙党之人自发言,则姑无论其言之是否,亦遂鼓掌赞成之,若是者皆不以国家政治为前提也。亦皆不以政见为讨论也,私争而已。①

参议院面临的挑战,大到抗衡袁世凯赤裸裸的权势和令人生畏的阴谋,小到雨天的出席人数达不到法定标准。除此之外,在这个人们认为国家和公共利益高于一切的时期,参议院还要设法让民众信服,张伯烈等湖北地方保护主义者,以及宋教仁等野心勃勃的政治家之间的"私争",是国家政治中的一个合法部分。这样的冲突推动着世界各地立法机构形成决策的过程,无论形成决策的过程是顺利还是艰难。但是,在1912年的中国,人们热切盼望有意义的决策,于是,对于投票之前充满争吵的过程,人们普遍抱着怀疑的态度。

动荡和碰撞中的政党

人们在议会中的表现有着缺少定规、热衷表达、难以预测和随心所欲等特点,这一现象的一部分原因是政党相对比较薄弱。这一时期,政党成了政治舞台的主角,而且可以为各方力量——比如亲袁派和反袁派——提供足够坚实的组织基础。但是,当需

---

① 李守孔:《民初之国会》,第38页。

要凝聚力来进行议会斗争时,政党将成员团结在一起的能力就没那么强了。1911—1912年形成的近代中国政党,是政治组织、俱乐部和政治倾向的大杂烩。十多年后国民党和共产党标志性的强组织性,在这一时期的政党中几乎看不到。民国初期,只要有利于达到自己的目的,政客们就会精神百倍地反抗所属政党的领导。各个政党也会反复更换所支持的联盟。在任何议会制度中,这都是相当常见的策略。更令人惊讶的是,黄兴等许多人都喜欢同时加入多个政党。1912年的参议院及接替其的1913年参众两院中,因为跨党议员,党员总数比议员人数还多,这一奇特的现象很能说明问题。1913年选举中,近600位议员当选,但据称其中各个政党的成员总数达到了700人。①

民国是稚嫩的,但大多数政党在民国建立之后才成立,比民国还稚嫩。相比之下,成立于1905年、有着7年历史的同盟会/国民党已经是老资格的政党了。从某种程度上说,各政党只是一心想占据上风的政客们组成的松散组织,它们为一些人带来了权力的光环,也让另一些人染上了相互倾轧的污点。然而,要让中国成为名副其实的"共和国",一些政治算计和协调是必要的;在议会制共和之下,如果没有各个政党,还能怎么实现这些算计和协调呢?只要是巴望着当官或一展才华的人,几乎都坚定地投入了政党政治。② 与此同时,据称,普通民众无处陈述他们的担忧和关切,只能在报纸上阅读冗长的政治故事,以及首都传出的"黑暗阴谋"的消息。沈阳《盛京时报》、湖南《长沙日报》等地方报纸详细报道了参议院的工作进展,标志着人们对代议制政府的殷切

---

① Li Chien-nung, *The Political History of China*, 285;徐矛:《中华民国政治制度史》,第60页。
② 李守孔:《民初之国会》,第38页。

期望。参议院里发生的一切都被当成国家新闻,而这些新闻是议员个体及其领导或所属的政党共同炮制的。

1912年5月,陆徵祥抵达北京,看到"首都在骚动,政界在沸腾,全国都处在焦躁不安的状态中"。① 在担任外交总长期间,陆徵祥揶揄道,自己口中的"钓名求官之流"几乎无处不在。② 陆徵祥这番话,点出了民国新政治的另一个可以预期的特点:大批官员们满怀希望地涌向首都。陆徵祥没有意识到,除了自己谴责的阴谋、人情关系和腐败,民国也活跃着各种想法和愿景,从实现政治民主和赋予女子选举权,到赋予内蒙古草原地区的居民和中国侨民国民权利。陆徵祥盘算着一些规划,既是为自己,也是为自己如今协助领导和管理的政府;而民国政治中的种种想法和愿景,从精神上而言,与陆徵祥的规划没有什么不同。

到1912年夏天,参议员们已经分成了几个党派,不过这些党派或多或少地具有一致性。此时,北京参议院的议员人数已是最开始的3倍,于是同盟会失去了初期的绝对人数优势。早在四五月时,报刊记者已经注意到了这一点,在议员们抵达北京时,记者们分别统计了"旧议员"和"新议员"的人数,并预测"新旧议员之争"将要发生。③

仅仅半年后,革命派就因为议会经验更多而成了"旧"人,包括前清官员在内的保守派反而突然"新"了起来。拥有约40名参议员的同盟会,仍然把孙中山三民主义中关于社会和经济变革的内容——包括妇女权利在内——作为正式(虽然并不坚定)的纲

---

① Lu Zhengxiang, *Ways of Confucius and of Christ*, 30.
② Lu Zhengxiang, *Ways of Confucius and of Christ*, 31.
③ 《爱国报》1912年4月28日,第3版;《盛京时报》1912年5月7日,第4页。

领。① 随着总理唐绍仪和内阁中 4 名同盟会领导人的辞职,革命派与袁世凯心照不宣的联合也就告一段落。虽然这一变化并没有影响陆徵祥提名和当选总理,但从本质上讲,政党政治削弱了对袁世凯"超然"内阁的支持,进而新内阁提名成员受到的支持也削弱了。陆徵祥当选总理的前一天,同盟会在北京湖广会馆举行会议,决定不再参与由不同党派组成的"混合内阁",而要争取成立"政党内阁"。②

另外,还有一批统一共和党的参议员,人数少说有 25 名,他们的政治倾向并不确定,但为了在 8 月并入国民党,正在从支持袁世凯转向支持同盟会。有人嘲笑统一共和党"变化无常",因为统一共和党明显是机会主义。③ 同盟会成员景耀月没能按照自己的意愿改革同盟会,于是一拨人脱离同盟会,成立统一共和党,这仅仅是几个月前的事情。④

第三个政治团体,也就是共和党,在参议院中约占 40 席,与同盟会在参议院的席位大致相当。共和党支持袁世凯,立场保守,他们嘲笑同盟会是有民粹主义倾向的"暴徒党"。而同盟会也反唇相讥,称共和党为"奴隶党",这是用非常典型的共和主义话语来嘲讽他们对袁世凯的支持。⑤ 同盟会和统一共和党之间发起的新合作,将可以形成一个占据参议院 65 席的集团(相对亲袁的 40 席具有优势),从而在力所能及的范围内控制议会,并掌控

---

① Li Chien-nung, *The Political History of China*, 277.
② 周鸿、朱汉国主编:《中国二十世纪纪事本末》第 1 卷,第 305 页;*North China Herald*, July 20, 1912, 185.
③ 周鸿、朱汉国主编:《中国二十世纪纪事本末》第 1 卷,第 299、300 页。
④ 同上,第 299 页。
⑤ 同上,第 277 页。

第五章 下不来台

内阁任命的否决权。① 但是,同盟会必须先阻止会员加入袁世凯手下新的陆徵祥内阁,要实现这一点,同盟会此时的党内纪律性还是不够的。

陆徵祥需要充分运用为自己和"超然"政府赢得的支持,获得参议院的多数票,以支持袁世凯刚刚选出的六位部长,他们顶替的是6名同盟会内阁成员,其中4人主动辞职,两人遭到袁世凯弃用。在一个充斥着党派斗争的环境中,陆徵祥却在推行着超然主义。超然主义略微具备的精神内涵和明确的非政治内涵,与陆徵祥处理国际事务的道德化、专业化方式有些相似,但与此时北京的政治环境格格不入。

政治和政党给人们留下了在首都暗箱操作、操弄权术的负面印象,在此情形下,"超然"的理想的确显得熠熠生辉。"超然"是很有吸引力的,它与机关算尽的政治操作针锋相对,是中国传统中"公"的另一个方面。如果一个政治主张温和的计划可以赢得同盟会的多数票,那么一个公开的非政治化计划,也许会在所有政党之间建立有利于袁世凯的共识。1912年,政党固然缺乏支配政治生活的力量,但已经非常突出,以至于人们把北京的冲突和僵局归咎于政党。陆徵祥拟具并提交的内阁名单,被认为是超越了党派界限的,因为其中有陆徵祥等不偏不倚的人物,他们只会做对国家有利的事情。6月底,一家报纸满怀希望,热烈地赞美陆徵祥内阁为"大舞台上冉冉升起的新星"。②

虽然无党无派的标签很有吸引力,虽然总理是陆徵祥,但在大多数政界人士和报纸读者看来,超然内阁具有明显的政治色

---

① 张玉法:《民国初年的政党》,第101页。
② 《大自由报》1912年6月28日,第6页。此引源的引文为译者翻译。

彩。因此,即便从其本身的性质看,也很难为人们所接受。陆徵祥提名的6名内阁成员,再加上唐绍仪内阁留下的其他成员,构成的仅仅是政治效忠对象不一的内阁而已。令同盟会领导人尤为气愤的是,同盟会禁止成员加入该内阁——虽然是最后关头才禁止的,但禁令非常明确——但还是有2名前同盟会成员被袁世凯说动了,违背同盟会的指示,加入了内阁。① 袁世凯基本上控制了内阁的人员任命,陆徵祥提名的6名新成员中,有5人是袁世凯亲自挑选的。6人之中,由陆徵祥推荐的只有外交官胡惟德,陆徵祥推举其出任交通总长。胡惟德和陆徵祥一样,毕业于上海广方言馆,还曾在圣彼得堡的清政府驻俄公使馆与陆徵祥共事。② 袁世凯乐于让与同盟会有联系的个人进入内阁,展示出了中立的姿态。同盟会不久前才声明,在接下来的选举之前不愿参政,但袁世凯这一包容的姿态,削弱了这一声明的力度,激怒了许多同盟会会员,其中也包括出任参议员的同盟会会员。③

在这番混乱的政治形势下,袁世凯掌握了主动权。在让"积极参政"的公众站到自己一边,或引导公众"积极参政"从而实施自己的计划与政策方面,袁世凯并不算是佼佼者。④ 但是,论操纵已经行动起来的势力,袁世凯的策略水平可谓是顶级的。袁世凯本人并不是政党领袖,但他抓住了政党作为政治参与者的重要意义,并做出了调整,以适应政党为国家政治带来的影响力和活力。唐绍仪内阁结束后,在陆徵祥的帮助下,袁世凯一面将新内阁重新包装成提倡"无党无派"的样子,一面鼓动他人叛变党派。

---

① 周鸿、朱汉国主编:《中国二十世纪纪事本末》第1卷,第305页。
② 尚海等主编:《民国史大辞典》,北京:中国广播电视出版社,1991年,第944页。
③ 石建国:《陆徵祥传》,第106页。
④ Harding, *Present-Day China*, 149-50.

这一策略非常巧妙,是又一个"诱敌深入"的例子。一些人被超然内阁的主张劝服或分了心,思想上发生了混乱;还有人看穿了"超然内阁"的画皮,却无法集中归咎于一人,而只能把愤怒之情分散到袁世凯、陆徵祥及背叛同盟会的人身上。

根据宪法的规定,议员与总统、内阁本来就是分立的,上述政治因素又让双方的分立加重了。虽然内阁成员可以同时兼任议员,但这并不是强制要求,而且无论是议院的惯例,还是议院的实体布局,都不鼓励内阁和参议员之间的密切接触。在1918年一次参众两院大会的记录中,可见由此导致的一些运转不灵的后果:

> 北京的参众两院中,部长的席位在台上,分列议长席两侧,与普通议员的席位隔得很远。部长要发言时,必须到高高在上的讲台上;发言一结束,就马上离开议院。部长和议员之间并没有共同体的感觉;立法机关和政府的行政部门之间也缺乏合作的动力。双方都对对方充满敌意和蔑视,都认为对方在侵犯自己的权力。①

在6月下旬提名和当选总理之前,陆徵祥并未对参议院发过言,在当选之后也没有马上对参议院发言,由此可见内阁与议会之间的隔阂。陆徵祥并没有在当选后马上概述自己的政治计划,而是拖了接近三个星期才去做陈述,这也是他第一次在议院露面。② 与此同时,在自己信手拈来的外交政策方面,陆徵祥发表了几个公告。③ 他还给各省官员发了一封电报,既提出了老生常

---

① Cheng, *Modern China*, 72.
② 石建国:《陆徵祥传》,第106页。
③《大自由报》1912年7月4日,第6版。

谈的批评,又"告诫"他们支持民国政府。① 此外,陆徵祥还制订了经济和金融计划。②

按照惯例,陆徵祥演说时,不是从参议员中起身的,甚至也不是从部长席上起身的,而是像唐绍仪4月1日到访南京参议院一样,手拿讲稿,从自己的办公室赶来演说。但与唐绍仪不同的是,陆徵祥面对的参议员中,大多数与他关系比较疏远,基本上不受他的意志左右。这一政治现实既是因为许多参议员不久前参加革命的经验,也是因为袁世凯不愿分享权力,于是,其他不属于同盟会的参议员,就更敢反对陆徵祥了。如果参议院不能与行政主导的政府实现充分合作,那么他们还可以严加审查袁世凯派来的代表。参议员们质疑唐绍仪实行错误政策、不爱国、人品有问题,让唐绍仪的政治道路雪上加霜。现在,接替唐绍仪的陆徵祥正努力将理论上的权威转变为事实上的、有影响力的权威,所有人的目光都集中在陆徵祥身上。

下不来台的陆徵祥

1912年7月18日,当陆徵祥准备提名6名部长时,许多同盟会的参议员都将他和新内阁视为袁世凯的卒子。只有对袁世凯最为忠心耿耿,但在议院中是少数派的共和党,才有可能坚定地支持陆徵祥及其新内阁,以表示对袁大总统和统一国家政府的支持。只要陆徵祥还能记得,党派的确存在,而且到目前为止,自己并不能指望自动赢得多数支持,他就有良好的条件,充分利用人

---

① *North China Herald*, July 6, 1912, 34.
② 同上,July 20, 1912, 181.

们对党派威胁团结的担忧。只要那些不久前投票支持陆徵祥的参议员能够认为，新内阁是在陆徵祥总理领导下的专家内阁，而不是袁世凯的亲信集团，那么陆徵祥还是有可能说服他们同意新内阁名单的。但是，随着北京政坛进一步滑向拉帮结派和互相倾轧，任何说服议员支持自己的努力都会是一场极其艰苦的斗争。而从事态的发展中可以明显看出，陆徵祥并没有充分意识到这场斗争的艰巨性。陆徵祥的辩解是，在6月底误导自己的不是别人，正是参议院议长吴景濂。他告诉自己，参议院对新内阁成员名单和陆徵祥本人没有反对意见。① 但事实上，随着陆徵祥造访参议院的日期越来越近，反对陆徵祥的呼声已经越来越强烈了。

1912年7月18日上午9时30分，参议院开始了一天的会议，首先讨论的问题似乎是例行公事，即何时表决内阁成员提名。参议院在一大早就准时开始工作，陆徵祥大概会非常赞许的。不出所料，袁世凯的支持者要求在陆徵祥讲话后马上投票。同盟会员则希望推迟至少一天投票，以充分考虑6名被提名者的资格，同时也可以申明立法机关的独立性。4月1日在南京，唐绍仪提名内阁成员之后，议员们就针对是否需要延期或休会后再投票的问题展开了辩论，而此时的辩论可谓是4月1日那场辩论的重演。彼时，参议员最后达成一致，召开了闭门会议，批准了大多数提名。但是如今，不同党派的参议员之间营垒分明。此时担任议长的是统一共和党领导人吴景濂，于是上午的时间开始消磨在越来越激烈的辩论里。一开始，议员们在什么对国家最有利的问题上产生了分歧，但态度还比较平和；而到最后，议员们已经展开了尖锐的人身攻击。

————————
① 《大自由报》1912年6月29日，第6版。

当日出席会议的参议员有 95 名,足见陆徵祥的造访和随后可能进行的投票有多重要。① 这个出勤人数比卡特两个月后见到的要多得多,比起那次令议长吴景濂潸然泪下的流于形式的大会,就更是多太多了;比平常日子的出勤人数也多出了 20～30 人。议程上的主要项目是讨论新内阁部长的提案。吴景濂向大会宣布,他已经电话通知陆徵祥,请他在上午 11 时发表演讲,介绍六位被提名者。然后,辩论开始了。

按照程序,议员要针对某一问题发言,首先要获得议长的许可,然后向全场报出自己的姓名和座位号码,这一次也不例外。②不过,正如卡特所见,这条规则实际执行起来并没有那么严格。1912 年的参议院会议记录中,会同时记录议员的座号和名字,例如"52 号"谷钟秀。但在辩论中,参议员们通常只用座号互相称呼,例如称谷钟秀为"52 号",而很少用"谷先生"之类的名字称呼对方。这种称呼方式与世界各地的标准议院惯例相同,旨在淡化辩论中的个人色彩。在之前的一次会议上,因为很难在规定时间内完整地讨论问题,一位参议员颇为不悦,于是"极为端庄"地站出来维护秩序规则,敦促大家"如果要发言,请先向议员报告座次"。③

然而,7 月 18 日,用座次指代参议员的办法,并没能把讨论激发的纷争压下去。讨论是从参议员李素提议推迟表决开始的,不过在提议时,他用了对无党无派表示同情的口吻。"同意不同

---

① 《中华民国史事纪要:初稿 中华民国元年(一九一二)七月至十二月份》,台北:"中华民国"史料研究中心,1971 年,第 50—54 页。
② Chih-Fang Wu, *Chinese Government and Politics* (Shanghai: Commercial Press, 1934), 186.
③ 《盛京时报》,1912 年 5 月 10 日,第 4 版。此引源的引文为译者翻译。

意明日投票?"他问道,"须经审查方为慎重。吾辈到院非为维持政党而来,乃为国家支撑危局而来。"①但 27 号参议员战云霁不同意:"本席以为今天可以投票,何必更待明日?"这些温和的交流,很快演变成另一位参议员更为尖锐的反驳:"27 号之言太无理由,今日大总统有咨文来今日即投票,万无事理。"当议长吴景濂试图介入引导辩论时,一位参议员反对道:"议长可以干涉议员之发言,议员不能干涉议员之发言。"②吴景濂警告议员们:"诸公发言均应遵守议事细则,否则不能维持秩序。"这番话与之后 8 月 25 日的国民党大会上,张继痛心地呼吁大家遵守秩序的话没什么两样。

随着辩论的继续,越来越多的发言者把陆徵祥出席参议院会议当成提名程序的节点,其中既有人支持在陆徵祥介绍被提名者并解释推选理由后马上投票,也有人认为在陆徵祥介绍完后,应该推迟一天投票,以便让参议员有时间考虑被提名人的资格。支持延迟投票的议员——其中就包括统一共和党领导人谷钟秀,当时的报刊称赞他讲话"得体"、时机拿捏很准——认为,出席的参议院人数不足以立即完成有效力的表决。

> 此事关系重大,须先登载于议事日程。今日临时提出,下午投票似乎不可。若谓议员有未出席者不能投票则不成理由,议员本应天天出席,无故不到,过在自己。陆总理来说明之后,明天即可投票。③

鉴于参议院进行表决的法定最低出席人数就是 95 名,谷钟秀声

---

① 《中华民国史事纪要:初稿　中华民国元年(一九一二)七月至十二月份》,第 50 页。
② 同上,第 51 页。
③ 《中华民国史事纪要:初稿　中华民国元年(一九一二)七月至十二月份》,第 52 页。

称出席人数不足以进行有效表决,必定会让其他一些议员觉得不太对劲儿。因为实在有太多议员要插话,讲讲自己认为什么合适、什么不合适,所以在讨论中,规则本身成了突出的关注点。李国珍指出:"应按照参议院法三十二条办理,参议院议事日程由议长编定,先二日通知各参议员,并登载公报。"①

到这时,连更为基本的议院惯例都被破坏了:按惯例,议员只有得到主席许可后才能发言,但此时"23号、30号、119号、45号同时发言"。在相互尊重的基础上,以不成文的规矩协调彼此的发言,已经不可能了。议员李述膺坚称,"45号"刘成禹"发言已过四次以上,请议长付禁止"。刘成禹反驳道:"本员并未发言四次以上。"(根据记录,他发了两次言,和另外3名议员抢话失败的那次不算。)紧接着,刘成禹话中带刺地称自己是人身攻击的受害者:"不可信口诬人,诬人者(李述膺——作者注)亦应禁止!"其他人也开始为刘成禹说话,其中当然就有同样来自湖北的28号参议员张伯烈。② 虽然明白刘成禹在争执中占上风,但议员陈同熹还是对愤愤不平的刘成禹反唇相讥:"45号何以恶言伤人?"这时,也许是担心场面失控,也许是不耐烦了,来自云南的革命派学者议员张耀曾说道:"刘君确已发言四次,须遵重议事细则为要。"③

为了厉行秩序,吴景濂使出了最后一招,作为会议主席,为了让议员们平静下来,他呼吁大家为更高的国家利益着想:

> 投国务员之票系国家之事,非个人之事,不可因此事而起冲突。今日之过全属本席不能维持秩序,俟陆总理来院说

---

① 《中华民国史事纪要:初稿 中华民国元年(一九一二)七月至十二月份》,第52页。
② 尚海等主编:《民国史大辞典》,第768页。刘成禹是广东人,但在湖北武昌长大,并在武昌求学。
③ 尚海等主编:《民国史大辞典》,第885页。

明六人之历史,明天再行投票,相差不过一日而已,若抱定主义以为同意者仍同意,不同意者仍不同意。①

吴景濂决定短暂推迟投票,固然可能表明其出于党派之见,偏袒同盟会主张的投票程序,但也很难想象当天投票和第二天投票之间还能有什么合理的妥协办法了。吴景濂或许也可以决定举行闭门会议并投票。但吴景濂没有这样做,这可能意味着他知道自己面对的这群议员基本没法达成共识。辩论表明,参议员们非常清楚,党派斗争与国家和公众对良好结果的关注之间存在冲突。而不那么明显的是,他们相信,只要遵守议院礼节,公共利益是可以显现在党派斗争中的。

会场里的争吵继续着,一直到陆徵祥走进大厅。尽管1912年夏天的民国还很年轻,但作为一个整体,参议员已经很擅长运用辩论策略(党派人士披上国家利益和无党无派的外衣)、拿合法性说事(为占上风而引用同僚不熟悉的规定)和人身攻击(粗鄙之语和血口喷人)。会场中的许多人,都在近几个月、几年来的政治会议、地方大会以及南京、北京参议院会议上,磨炼出了这些技能。政治活动分子在全国各地活动时,时而会显得随心所欲;参议员们也一样,会随意即兴发挥,发出不和谐的声音。事实证明,参议院并不一定能发挥制定政策或制衡行政权力的作用。然而,在表达各种慷慨激昂的观点,并将辩论重点置于公众真正关注的问题方面,参议院能起到相当大的作用。议员们知道公众的目光盯着他们,并在议院中争取优势,而议院充分曝光在向公众开放的旁听走廊下,也充分展现在走廊里的记者写出的新闻报道里。参议院这样的议会机构,无论在原则上多么赞赏共识和统一,按照

---

① 《中华民国史事纪要:初稿 中华民国元年(一九一二)七月至十二月份》,第52页。

其规则,都是为了将问题付诸"这样还是那样,同意还是反对"的表决,由此自然会带来一定程度的怨气和分化。① 没有人动手打架,没有人扔椅子或墨水瓶,更没有人拔枪或冲着讲台刺匕首。陆徵祥来演说时,也不用任何道具或乐队奏乐来渲染效果。

上午11点,陆徵祥抵达参议院演说时,会场里就算不说是剑拔弩张,至少也是充满了紧张的空气。表面上对陆徵祥不偏不倚的支持,只是掩盖了同盟会和袁世凯之间更深层次的冲突,而这一冲突在辩论何时投票的问题时更加尖锐了。人们难免怀疑,陆徵祥是否清楚自己已经入了"虎穴"。像这类需要抛头露面的场合,按照陆徵祥的做派,可以确信,他一定精心挑选好了服装,并提前准备好了讲稿。

陆徵祥步入参议院时,议员们报以掌声,并"恭敬"地站起来,期待着后来他们口中关于"共和之重大事务"的讨论。② 看起来,陆徵祥的待遇比4月1日唐绍仪在南京参议院的待遇更友好。当然,参议员们站起身来,也许是因为他们还非常兴奋,随时准备把上午的争吵继续下去。陆徵祥开口了,然而一开始,他几乎对政府的政策和时下的政治要务只字未提。唐绍仪提名内阁成员时,做了五分钟内容实在的演说,获得了成功,但陆徵祥并未沿用唐绍仪的做法。相反,他开始探讨当下的礼节和风气问题。陆徵祥推行外交部改革,在与裙带关系泛滥和专业精神缺乏的现象作斗争时,礼节和风气问题无疑盘桓在他心上。在演说中,陆徵祥抨击了赌博和宴请无度的现象,更斥责宴请无度的现象"鄙俗不

---

① Alexander Moore, "From Council to Legislature: Democracy, Parliamentarism, and the San Blas Cuna," *American Anthropologist* 86:1(March 1984): 29-30.
② 谷钟秀:《中华民国开国史》,第104—105页;《盛京时报》1912年7月23日,第4版。此引源的引文为译者翻译。

堪",让参议员们大吃一惊。① 此外,陆徵祥还把提名新内阁成员比成"开菜单"。② 陆徵祥可能是想把中国的政治人物比作一家高级餐馆中最好的菜,但在参议员们看来,这种自鸣得意的抖机灵是一种侮辱。

陆徵祥一如自己教养良好的公众形象,带着标志性的外交官风度,开始了自己的演说,就如同当年在海牙与其他外交官侃侃而谈一样:③

> 徵祥今日第一次到贵院与诸君子相见,亦第一次与诸君子直接办事,徵祥非常欣幸。

接着,陆徵祥简要陈述了自己在政府部门任职的经历,这些经历是他先被任命为外交总长,如今又被任命为总理的资本:

> 徵祥二十年来一向在外,此次回来又是一番新气象。当在外洋之时,虽则有二十年,然企望本国之心一日不忘。公使三年一任之制尚未规定,所以,二十年中,回国难逢机会。然每遇中国人之在外洋者,或是贵客,或是商家,或是学生,或是劳力之苦民,无不与之周旋。因为,徵祥极喜欢本国人。在衙署时,不过一小差使而已,并无了不得。厨役一层,亦要烦自己之开单。此次回来,本国朋友非常之少,尚望诸君子以徵祥在外洋时周旋本国人来对待徵祥,则徵祥非常厚幸。

作为一名外交官,陆徵祥一直由衷地为公使馆人员和赴海外旅行、侨居的中国人的鸿沟所困扰。这些海外的普通中国人并不愿

---

① 李剑农:《中国近百年政治史》,第 377 页。
② 张茂鹏:《陆徵祥》,杨大辛主编:《北洋政府总统与总理》,第 227 页;侯宜杰:《袁世凯一生》,郑州:河南人民出版社,1982 年,第 208 页。
③ 以下演说原文引自石建国:《陆徵祥传》,第 106—107 页。——译者注

意"去叨扰中国的使节"。后来陆徵祥回忆道:"我担任使馆秘书时,经常问他们为什么不愿意见使馆官员;他们回答,他们不敢见——不敢。"①陆徵祥还表示,看在自己作为外交官、在海外任职许久的份上,希望自己的提议可以获得批准。他还暗示大家,自己帮助了国外的中国同胞,现在理应获得批准。至于提及自己为国效力时愿意做卑微的工作,是不是为了证明自己够格在共和政府任职,与自己无懈可击的着装和优雅的仪容形成对比,或进一步凸显自己的服务精神,就不得而知了。在表达与同胞团结一致的愿望方面,陆徵祥的方式确实比袁世凯要别人"叫我袁先生"的伎俩走得更远一些。

陆徵祥那句"徵祥极喜欢本国人",一定让台下的一些人有种居高临下的感觉。陆徵祥把自己回国比作中国人到欧洲,说自己需要大家像自己在欧洲帮助中国人一样支援自己,这就有让祖国变成异乡之嫌,这是专业外交官面临的一种职业风险,不过外交官一般会努力不让人注意到。以这种方式公开表达对同胞的爱,反映了一种文化分歧,这种文化分歧塑造了陆徵祥无可置疑的爱国情怀。为了中国(也为了实现自己和家庭的抱负),陆徵祥"欧化"了自己,由此,他的个人习惯和宗教信仰已经与大多数中国人不一样了。陆徵祥努力与他人交流,但他演说时的礼节和讲的东西,则让事情更复杂了。陆徵祥操着法语在海牙取得了外交胜利,当然,他回国后不会跟别人讲法语。可是陆徵祥操着一口上海口音的官话,声音又压得很低,这是他作为公使的标志性讲话方式,但此时的会议厅里,许多人都很难听见、听懂陆徵祥在说

---

① 罗光:《访问陆徵祥神父日记》,第46页。着重号为引源中所标注。

什么。①

陆徵祥虽然有着作为公众人物的职业生涯,但他并不认为自己是训练有素、成绩斐然的演说家。25年后,在比利时洛佩姆布鲁日圣安德烈修道院,陆徵祥与为他作传的罗光进行了一次对谈,谈话中,罗光告诉陆徵祥,在罗马的神学院学习的年轻中国学生,如今正利用暑假练习用汉语演说作文,为传教工作做好准备。听到这里,陆徵祥非常高兴:

> 练习公开演说吧!我在俄国的时候,俄国政治的改革正蓄势待发,正准备采用议会制。有一次,俄国外交部部长在讨论中,[当着别人的面]用一种令人不悦的方式对我讲话。按照咱们(中国)的讨论习惯,咱们开始谈判的方式,更倾向于双方看在彼此的份上互相照顾,而不是像俄国这样。我没有在数百人面前公开演说的经验,我可以有条不紊地、提纲挈领地写报告。但是,如果让我在大会上做报告,我就只能念稿了。有人站起来提问,我也难以应对自如。②

220

尽管陆徵祥能够在外交领域谈判协议、锱铢必较,也善于写讲稿并照稿演说,但他还是对议院中针尖对麦芒的演说和辩论望而生畏,甚至觉得这不像中国人的做派。在1939年的回忆中,陆徵祥还有意无意地提及了1912年7月18日,自己又一次"在大会上被点名"的情景。

接下来,陆徵祥所讲的话,更可谓语惊四座,令议员们瞠目结舌:

---

① 石建国:《陆徵祥传》,第107页。
② 罗光:《访问陆徵祥神父日记》,第47页。

二十年间，第一次回国仅三个月，在京不过两个星期。第二次回国还是在前年，在本国有十一个月左右。回来之时，与各界之人往来颇少，而各界人目徵祥为一奇怪之人物。而徵祥不愿吃花酒，不愿恭维官场，还有亲戚亦不接洽，谓徵祥不引用己人，不肯借钱，所以交际场中极为冷淡。此次以不愿吃花酒，不愿恭维官场，不引用己人，不肯借钱之人，居然叫他来办极大之事体。

陆徵祥一定以为，对贪污腐败、淫荡好色、享乐主义、裙带关系和徇私偏袒来一番猛烈抨击，可以向别人说明，自己是一名真正无党无派的"超然"官员。陆徵祥当然反对这些不道德的、滥用权力的行为。诚然，自从陆徵祥回国出任外交总长以来，他就已经提着公文包，以自己的专业主义精神，一点点地与这些现象斗争着。后来，陆徵祥解释自己对袁世凯称帝并不情愿的原因，也并未批判袁世凯颠覆民国，而是批判其称帝"只是为了他本人、长子以及家里其他孩子的利益"。① 在陆徵祥眼里，维护公共利益意味着节制个人的欲望和利益。从这一点看来，陆徵祥虽然明显有着基督徒对肉身罪恶的敏感，但思想似乎更接近儒家，而非欧化。在回忆录中，陆徵祥特别提到，袁世凯称帝后也下令授衔给其他支持称帝的人，而自己谢绝了袁世凯授予的贵族头衔。② 尽管陆徵祥习以为常的思想和打扮是西式的，但他的道德信仰是中式的，他相信无私意味着善意。③ 陆徵祥的上司袁世凯很爱把"大公无我"挂在嘴边，而陆徵祥自己也把"大公无我"牢记在心。

---

① Lu Zhengxiang, *Ways of Confucius and of Christ*, 37.
② Lu Zhengxiang, *Ways of Confucius and of Christ*, 38.
③ Munro, *Images of Human Nature*, 212–13.

众所周知,台下的听众是沉迷于感官享乐和特权的政治阶层;在向这些人讲话时,直言这些负面的东西,是很冒险的行为。听众中的许多人,被女权运动者用同样的批评刺伤过,划清过界限。其实,陆徵祥本人也是依靠私人关系起家的,在生涯早期靠的是时运不济的公使许景澄,1908年之后靠的是他现在的老大袁世凯,而且如今陆徵祥对袁世凯的依赖更明显了。陆徵祥是一个自信的道德家,并不觉得自己与别人的这种联合是腐败。然而,在攻击了家人、朋友和政治盟友的不良行为之后,陆徵祥基本不可能战胜自己的敌人了:他们在意识形态和党派归属上有所不同,但他们的政治文化靠的都是人情和交易。

陆徵祥是一个有道德感和内省倾向的人,面对这群性情顽固、脾气暴躁且已经很不耐烦的听众,他接下来的演说,个人色彩反倒越来越重了:

> 徵祥清夜自思,今日实生平最欣乐之一日。在外国时,不知有生日,因老母故世颇早,此回实可谓徵祥再生之日。

陆徵祥不仅在六岁时就失去了母亲,而且曾劝阻他出国从事外交事务的父亲,也在1901年陆徵祥在圣彼得堡期间去世了。① 当时陆徵祥请求回家丁忧,但并未得到批准,反倒升迁到了更高的职位。在陆徵祥的生活中,既有极大的牺牲——漂泊在外的中国人对这些牺牲并不陌生——也有相应的回报。在以自身为圆心推出的一系列的个人、家庭、社会和政治关系中,陆徵祥重新确定了自己的效忠对象,他不止一次地忠于国家,而反对亲朋好友。在陆徵祥的履历中,这也是证明其是个好官员的细节之一。

---

① Lu Zhengxiang, *Ways of Confucius and of Christ*, 37; Boorman, *Biographical Dictionary of Republican China*, vol. 2, 441-42.

陆徵祥回国后,看到祖国的许多东西变了,而还有一些东西根本没变,他对此感到局促不安,当时的许多人肯定也是如此。然而,陆徵祥把自己的感受真情实感地表达出来,并没有得到参议员们的赞赏,这些议员已经在"公事的范畴"里激烈辩论一上午了。五年后,参议员谷钟秀出了一本书,记录这一时期的历史,谷钟秀从参议院开始辩论到陆徵祥结束演说期间一直在会场,他在书中写道,陆徵祥的演说里净是"开菜单做生日的鄙俗不堪的话"。[1] 十天之后,谷钟秀等人以不能胜任职务为由,对陆徵祥发起了弹劾。[2] 谷钟秀称,陆徵祥的讲话中"始终无一语及于大政方针,全院大为惊异失望"。大概没有人会料到陆徵祥会谈到他的母亲,也没人会料到陆徵祥会强调这样的事实:深夜,他眼中的议员们不是在寻花问柳,就是在以其他手段自娱自乐,而他自己却对外国妻子忠贞不渝,静静地处理着他用公文包从办公室装回家的文件。

7月18日,陆徵祥在台上讲着话的时候,台下许多参议员就对陆徵祥很失望,另一些人也察觉到,自己终于不用因为陆徵祥是袁世凯的代理人而强压敌意了——这些都已经流露在了他们不满的嘟囔中。[3] 陆徵祥发现台下在骚动后,并没有像梁启超、孙中山那样,直盯着台下或用其他方式让听众平息下来。正如陆徵祥自己承认的那样,他不太擅长即兴的公开演说或政治表演。相反——必定让人非常反感——陆徵祥坚持按照准备好的讲稿继续下去,匆匆介绍了6名提名的内阁成员。介绍被提名者的开场白,是这样一句迟来的话:"以上所说之话,不在公事之内。今

---

[1] 谷钟秀:《中华民国开国史》,第105页。
[2] 郭剑林主编:《北洋政府简史》,天津:天津古籍出版社,2000年,第134页。
[3] 石建国:《陆徵祥传》,第107页。

第五章　下不来台

且言正事。"①

随后,与4月1日唐绍仪介绍提名的内阁成员一样,陆徵祥简要介绍了6名被提名部长的背景。陆徵祥按照袁世凯的要求,以"才"为中心——与陆徵祥本人的公众和个人形象完全吻合——强调了被提名者的留学经历、政府工作经历和技能培训经历。② 陆徵祥讲话的最后一部分里,也包含了早上参议员要求的一些东西。如果只讲这一部分,而没有前面那些说教,这一天他可能就大获全胜了。但是此时,陆徵祥已经失去了自己的听众,下不来台了。

听着陆徵祥的演说,议员们简直不敢相信自己的耳朵,"皱着眉头叫苦"。③ 一些人听得张口结舌,明显以为陆徵祥是在"开什么大玩笑"或"讲什么幽默演说"。④ 但是,陆徵祥的举止一点儿都没有开玩笑的样子。陆徵祥可能是个和蔼可亲的人,但他和章炳麟不一样,绝对不是爱开玩笑的人。陆徵祥讲完了话,匆匆离开参议院回去了。得知当天发生的事情后,6名被提名者纷纷致信袁世凯,要求撤销自己的提名。⑤ 陆徵祥继续任职了一段时间,处理了棘手的蒙古问题等工作。⑥ 他曾向袁世凯请假五天,但遭到了拒绝。⑦ 几天后,陆徵祥第一次递交了辞呈,之后又递交了好几次。⑧ 陆徵祥几十年后仍然会为当年沙俄官员一句尖

223

---

① 石建国:《陆徵祥传》,第107页;《中华民国史事纪要:初稿　中华民国元年(一九一二)七月至十二月份》,第52—53页。
②《中华民国史事纪要:初稿　中华民国元年(一九一二)七月至十二月份》,第54页。
③ 李剑农:《中国近百年政治史》,第377页。
④《盛京时报》,1912年7月23日,第4版。
⑤ 石建国:《陆徵祥传》,第108页。
⑥《爱国报》,1912年7月20日,第6版。
⑦《时报》,1912年7月20日,第2版。
⑧《爱国报》,1912年7月24日,第6版。

锐的话而愤愤不平，既然如此，那天早上，面对议员们的敌意，陆徵祥必定是如坐针毡。一个月后，人们对陆徵祥任职的负面态度表现到了极致，参议院也发起了对他的弹劾，虽然没有成功，但陆徵祥还是躲进了法国医院的套间里。① 像唐绍仪一样，陆徵祥"病情过于严重"，不能再继续任职了；而且，他可能真的感到不适了。陆徵祥的一位同事后来回忆道，陆徵祥的身体一直"非常虚弱"。② 据新闻报道，陆徵祥接受了法国和英国医生的检查。③ 同样是近代机构，但此时，在医院和参议院、外交部中，陆徵祥更偏爱医院。

有许多在7月18日陆徵祥演说之前，支持或默认陆徵祥出任总理的议员，都觉得这番演说"言词猥琐，绝无政策，决不足以当总理之任"。④ 他没能向听众传达任何"政治观点"，反而"述琐说异"。⑤ 另一些人则直斥陆徵祥的演说"猥琐无能，庸俗不堪"。⑥ 考虑到陆徵祥维护的自我形象，这些攻击的话必定让陆徵祥非常痛苦。在自己的回忆录中，陆徵祥直接略过了这次演说，足见此事给陆徵祥带来的伤害及其后果有多严重。⑦ 他只是隐晦地说，1912年时自己本来"不想卷入国内政治的"，并坦言自己承担的责任太大，"就算身体比我好的人，精力也会被榨干的"。当时的报纸中提到，参议员们对陆徵祥"不满到了极点"。⑧ 人们

---

① 石建国：《陆徵祥传》，第107页；《爱国报》，1912年8月19日，第3版；郭剑林主编：《北洋政府简史》，第134页。
② Yen, *East-West Kaleidoscope*, 78.
③ 《爱国报》，1912年8月19日，第3版。
④ 黄远庸：《远生遗著》，《中国现代史料丛书》第1卷，第188页。
⑤ 《中国日报》，1912年7月19日，第2版。
⑥ 石建国：《陆徵祥传》，第108页。
⑦ Lu Zhengxiang, *Ways of Confucius and of Christ*, 34.
⑧ 《盛京时报》，1912年7月23日，第4版。

都称陆徵祥的演说是"贻笑大方",结果是"公意来了个一百八十度大转弯",转而支持"政党政府"。①

这一转而支持同盟会的立场变化,在陆徵祥发言之前就已经开始了。这种转变表明,可能有不少参议员认为,对陆徵祥言论的强烈抵触,是一个质疑袁世凯计划并改善自身前景的机会。近来,有人回顾此事后总结道,议员们对陆徵祥演说的反应"仅仅不过是一些托词",这样他们就可以否决内阁成员的提名,从而破坏袁世凯的政府。② 报纸的报道显示,一些参议员似乎就是这样做的。③ 然而,陆徵祥讲话之前的激烈辩论,陆徵祥对民国政治精英贪污腐化的尖锐批判,以及议院内外对此的热烈反响都表明,事情并非如此。以孙中山、沈佩贞的演说为代表的成功演说,总能收获"雷鸣般的掌声";而这一次,人们听见了一些基本与"雷鸣般的掌声"截然相反的东西。陆徵祥犯的错误,正好让袁世凯和自己的对头抓到了他们所需的机会。

也有人为陆徵祥辩护,说他的演说意在讽刺时下"人心风俗之病",而身为总理的陆徵祥是有"救国之方药"的。④ 关于人情导致的腐败现象,陆徵祥的言论本身并不足为奇。后来,银行家卞白眉谈及人情对借贷的破坏时,也有与陆徵祥类似的感受。⑤ 这些支持陆徵祥的人还辩解道,陆徵祥演说中那些奇怪的表述和举例,是因为陆徵祥在国外担任外交官多年,而且他是在努力将外国的思想和表达方式译成汉语。此外,他们还说,在这样一个

---

① 《盛京时报》,1912年7月23日,第4版。
② 郭剑林主编:《北洋政府简史》,第129页。
③ 《时报》,1912年7月20日,第2版;*North China Herald*, July 27, 1912, 252.
④ 黄远庸:《远生遗著》,《中国现代史料丛书》第1卷,第189页。
⑤ Sheehan, *Trust in Troubled Times*.

危机四伏的年代,陆徵祥理应有机会接受考验,来为财政困难、外交局促的民国政府处理实际问题。大总统袁世凯本人并不善于演说,但他以前就很欣赏陆徵祥在这方面的技巧,他对人们对陆徵祥的不满很是恼火,认为那么短的一次演说根本不能证明陆徵祥不够格。于是,袁世凯不再坚持己方阵营立即表决的立场,转而请求参议院推迟投票。① 虽然如此,陆徵祥的总理生涯还是一败涂地。第二天,由同盟会和统一共和党牵头,参议院以 2/3 的反对票否决了其提名的 6 名内阁成员。不仅如此,议员们还表决通过了对陆徵祥的不信任案。② 就连袁世凯手下的共和党成员,见陆徵祥大势已去,也抛弃了陆徵祥。③

虽然陆徵祥已经被挤走了,但争夺北京政府控制权的斗争并没有结束。不仅自己的内阁提名被否决,陆徵祥也惨遭羞辱,袁世凯恼羞成怒,于是他又是呼吁议员以国家利益为重,又是诋毁中伤,又是造谣生事,又是直接胁迫,各种手段无所不用其极,以让参议院同意在 7 月 18 日被否决的 6 名部长人选中选出 5 名就职。④ 至于袁世凯在参议院中的对头,对此也是群情激愤。据称,同盟会"正在展开一场激烈的战斗",以控制参议院。⑤ 张玉法指出,1912 年是议院政治最为活跃的时期。⑥ 在当时,还有人认为,在亲袁和反袁议员的争斗下,参议院"景象日恶",逐渐陷入

---

① 周鸿、朱汉国主编:《中国二十世纪纪事本末》第 1 卷,第 305 页。
② 侯宜杰:《袁世凯一生》,第 208 页;石建国:《陆徵祥传》,第 108 页;周鸿、朱汉国主编:《中国二十世纪纪事本末》第 1 卷,第 305 页;《盛京时报》1912 年 7 月 23 日,第 4 版;*North China Herald*,July 27, 1912, 252.
③ 廖大伟:《1912:初试共和》,第 128 页。
④ Li Chien-nung, *The Political History of China*, 283.
⑤ *North China Herald*, July 27, 1912, 253.
⑥ 张玉法:《民国初年的政党》,第 282 页。

"绝大风潮"。① 对于参议员们的积极动作,总统府立即予以回应:

> 此次提出阁员,尽可不通过,好在能做阁员者甚多;再不通过,政府又再提;又再不通过,政府又再提,只要议会本身能站得住。②

谁都像是能说出这番话的人,唯独袁世凯不像——从这番话中,能读到的是决心和耐心,而不是隐隐的威胁。

从袁世凯政治反攻的一些细节中可以看出,即使是独裁者,有时对公共舆论也是心怀敬畏的。如果说会议、通电和推荐词是公共生活的素材,那么袁世凯及其支持者也可以搞这些东西,虽然他们会秋后算账,搞出来的东西还充满了蛮横霸道的气息,是想吓倒对手,而不是说服对手。有一次,袁世凯邀请了60名参议员到总统府参加茶话会。③ 虽然那天北京下着雨,道路很是泥泞,但大多数参议员还是去了袁世凯的官邸,由此可见大总统权力之大。④ 袁世凯对这群议员说了一大篇拐弯抹角的话,强调政治形势紧张,国际环境危险,政府财政处于极端危险的境地。

与此同时,7月25日,袁世凯手下的安保部队召集参议员、记者和同情参议院的政治家,在安庆会馆举行了一次北京军警联合会会议,并向参议院发出公开的"通电",抨击参议院对国家当下的危机漠不关心。⑤ 反对内阁成员提名的参议员是"人民之公

---

① 《时报》,1912年7月20日,第3版。
② 郭剑林主编:《北洋政府简史》,第130—131页。
③ 周鸿、朱汉国主编:《中国二十世纪事本末》第1卷,第305页。
④ 《爱国报》,1912年7月23日,第3版。
⑤ 侯宜杰:《袁世凯一生》,第208页;周鸿、朱汉国主编:《中国二十世纪事本末》第1卷,第305页。

敌"，而非"人民代表"，①他们"只知有党，不知有国"。② 具有煽动性的"亡国"罪名，这次又扔回了参议院头上。③ 讨伐参议员（兼议长）吴景濂和谷钟秀的"檄文"贴了出来，城里还有人散播传单，悬赏1万元要吴景濂和谷钟秀的项上人头。一个此前名不见经传的"民众"团体"健公十人团"，还给100多名参议员发了一封信，声称"若不牺牲党见者，将以炸弹从事。"④在另一次会议上，军警官员表示，参议院必须批准袁世凯提出的新内阁部长名单，否则将被强行解散。出于对陆徵祥的同情或对袁世凯的支持，一些著名的公众人物也插了一脚。章炳麟致电时任副总统黎元洪，要黎元洪敦促袁世凯采取行动，不要被宪法束缚了手脚。黎元洪自己又通电参议员，指责他们放任中国"陷于无政府地位"。⑤

参议院没多久就屈服了。7月26日，多数参议员推翻了先前投下的反对票，批准了起初6名被提名者中的5名。投票前夜，参议员们进行了"很多私下讨论"，最后"更明智的提议"占了上风。⑥ 袁世凯亮出的牌，让议员们很难不屈服。投票当天，佩着枪的军人在参议院大楼里四处转悠。当被问到他们在做什么时，"某人"答道："他们（参议员）若不要国家，我们也就不要法律。"⑦这句让人记忆犹新的话被登载在了报刊上。

由于陆徵祥不再参与政府活动，且不愿走出北京的医院病房，内政部长赵秉钧成了代理总理，在唐绍仪手下工作时，赵秉钧

---

① 郭剑林主编：《北洋政府简史》，第131页。
② 周鸿、朱汉国主编：《中国二十世纪事本末》第1卷，第305页。
③ 廖大伟：《1912：初试共和》，第129页。
④ 郭剑林主编：《北洋政府简史》，第131页。
⑤ 侯宜杰：《袁世凯一生》，第238页。
⑥ *North China Herald*, August 3, 1912, 314.
⑦ 郭剑林主编：《北洋政府简史》，第133页。

就明确表示内阁讨论是浪费时间。统一共和党领导人谷钟秀发起了对陆徵祥的弹劾,理由是以军警干涉参议员行使"固有权利",但以失败告终。① 对袁世凯和陆徵祥较为友好的一些参议员则坚称,发起弹劾的法定人数是议员总数的四分之三,如果达不到人数,就是非常明显的违规。② 不过,鉴于袁世凯及其阵营施加的种种压力,当天普遍公认"到会议员达不到法定人数"。当年夏天,袁世凯又一次运用"诱敌深入"的战略,同时邀请孙中山和黄兴访问北京,进行会谈和磋商。③ 7月26日的投票之后,孙中山的助手、记者戴季陶,在自己的《民主》杂志上发表社论:

> 今日之中国,虽名曰共和,有立法机关之参议院,有执政机关之国务院,有全国人民公共遵行之约法,而实则运用之能力、手腕,合集于袁世凯一人。④

袁世凯取得了一部分的胜利,他最终被迫用一个毫无道德修养,也完全谈不上政治"超然"的人来取代陆徵祥——内务总长赵秉钧,他是袁世凯的亲信,绰号"屠夫",后来还与刺宋案有牵连。⑤ 通过暴力威胁的手段,袁世凯维持住了自己在国家政治中的主动权,他采取的手段不由得让人想起,同盟会给袁世凯开出迁都南京的条件后,袁世凯为反制同盟会,于2月29日一手策划发动的那场兵变。同年8月,袁世凯又在北京粗暴地干掉了同盟会的2名军事要员,提醒着人们,他可以残暴到什么程度。虽然

---

① 周鸿、朱汉国主编:《中国二十世纪纪事本末》第1卷,第306页。
② *North China Herald*, August 3, 1912, 316, 319.
③ 廖大伟:《1912:初试共和》,第146页。
④ 转引自郭剑林主编:《北洋政府简史》,第134页。
⑤ 尚海等主编:《民国史大辞典》,第938页。

此时已有所削弱，但参议院还是对此进行了猛烈批评。① 袁世凯还批评与自己作对的参议院自私自利、不团结，在政界和报刊中赢得了相当多的支持。② 有外国报界人士称赞道，袁世凯在艰难的过程中，自始至终表现出了"极大的耐心"。③

陆徵祥在议会的失败和袁世凯的成功反击，影响了同盟会及其联合党派在8月改名改组为国民党的进程。很明显，在新的选举和未来的议会斗争来临之前，袁世凯的反对者们需要进一步站稳脚跟，要么把舆论战带到国家政治中，要么组建新的军队与袁世凯的军队对抗。在宋教仁的领导下，同盟会改组成了国民党，并选择了前一条道路。国民党还与袁世凯协调实现了暂时的和平，一边在袁世凯大张旗鼓威胁自己前就做出让步，一边为未来的政治斗争做准备。8月，孙中山抵达北京，主持同盟会的改组工作，并敦促袁世凯支持他的现代化铁路建设及其他建设项目。在此期间，孙中山主导了修复同盟会与袁世凯关系的种种工作。袁世凯手下的"俱乐部"战胜了议院中的对手。但与此同时，袁世凯还暂时无法帮陆徵祥走出医院病房，摆脱政治困境。

陆徵祥提交了两次书面辞呈，但都被拒绝了。于是，8月28日，陆徵祥亲自向外交部递交了第三份辞呈。④ 因为孙中山就住在外交部的客房，当天陆徵祥到部里时，孙中山正好也在。⑤ 这是孙、陆两人的第二次会面了。两天前，陆徵祥曾礼节性地向孙

---

① *North China Herald*，August 24，1912，532.
② 郭剑林主编：《北洋政府简史》，第132页。
③ *North China Herald*，August 3，1912，314.
④ 《民立报》，1912年9月4日，转引自王耿雄编：《孙中山史事详录 1911—1913》，第366页。
⑤ 冯耿光：《孙中山和袁世凯的第一次会见》，尚明轩、王学庄、陈崧编：《孙中山生平事业追忆录》，第238页。

中山致以敬意,而孙中山也只是劝说陆徵祥留任。陆徵祥的妻子伯特博维还出席了湖广会馆的国民党大会,以听取孙中山的演说,并代表自己身体抱恙的丈夫。① 但这一次,孙中山对待陆徵祥的态度,是报界和公众对陆徵祥看法的典型代表。孙中山对袁世凯小心翼翼,但对陆徵祥特别严厉。根据国民党阵营的一家报纸报道,当孙中山告诫陆徵祥他所承担的责任时,陆徵祥只能"面有愧色地听着"。孙中山作为前任大总统,对要下台的总理陆徵祥直截了当地说:"在政治诘难面前托病退却,说明你没有考虑大众利益,视民国为儿戏。"而陆徵祥只是重申,自己的身体还没有康复到足以承担繁重政务的程度。不过,鉴于孙中山自己卸职和退却的经历,对于饱受围攻的陆徵祥,孙中山更多的可能是同情。陆徵祥在回忆录中,只是赞扬了孙中山和他的"无私"精神,或者说是公正精神。② 这是陆徵祥能给予一个政治领袖的最高赞美了。

"时、地、人"

228

陆徵祥1912年夏天的政治表现,成了别人批评他在公共事务中一向无能的口实。这一带有强烈谴责色彩的评价,与他担任清政府外交官以及后来在民国政府从事可能更为复杂的外交工作时所收获的普遍好评形成了鲜明对比。李剑农对民国早期政治人物的描述,既令人信服,又带有鲜明的个人色彩,他笔下的陆徵祥是一个"驯顺如羊"的人,一个"应酬交际,圆满周到"的人;最

---

① 《盛京时报》,1912年8月30日,第23版。
② Lu Zhengxiang, *Ways of Confucius and of Christ*, 31.

341

后李剑农明显忍不住了,干脆直斥陆徵祥是"一个全然无用的人"。① 加德纳·哈丁则不同,认为陆徵祥"才华横溢","出于爱国精神,极其关注自己在重要职位上的职责",因而没有卷入党派政治。② 美国外交官 E. T. 威廉姆斯(E. T. Williams)则不屑地称陆徵祥"没有骨气","非得有人给他撑腰不可"。③ 伍德罗·威尔逊的私人译员的凡尔赛谈判日记常被人引用,日记中称陆徵祥缺乏"诚信",而且讽刺的是,陆徵祥对专业精神几近执念,可这位议员声称"众所周知,陆徵祥对贿赂持开放态度"。④ 从陆徵祥的生活方式可见,他还是有些赚钱的路子,但即使在1912年7月和8月,北京的政治气氛对陆徵祥极不友好时,也没人指责他在这一方面是伪君子。

在处理公务时尽责而专业,而在国内政治事务中很迟钝,这样来描述陆徵祥会更加公平。陆徵祥对党派政治的厌恶,有时会让他看不见党派政治的本质和危险。后来,陆徵祥的一位同情者如是观察并描述了陆徵祥的性格和外貌,从中可以理解陆徵祥作为外交官的成就及其在国家政治中的弱点:"在这世上,陆徵祥是一个了不起的人,他举止优雅,身材苗条,不高不矮,衣着考究,显得非常出众;他讲话时语调缓慢,动作优雅,[以其]和蔼可亲的气质……立刻赢得了人们的喜爱。"⑤ 今人为陆徵祥作传时也承认,从陆徵祥与袁世凯的关系而言,陆徵祥不仅"彬彬有礼,态度文

---

① Li Chien-nung, *The Political History of China*, 282;李剑农:《中国近百年政治史》,第376页。
② Harding, *Present-Day China*, 184.
③ Russell H. Fifield, *Woodrow Wilson and the Far East: The Diplomacy of the Shandong Question* (Hamden, CT: Archon Books, 1965), 183.
④ Stephen Bonsal, *Suitors and Suppliants: The Little Nations at Versailles* (New York: Prentice-Hall, 1946), 237.
⑤ Monestier, "The Monk Lu Cheng-Hsiang," 19.

第五章 下不来台

雅",而且"温顺忠心,易于驾驭"。① 而另一位袁世凯传记的作者,则认为陆徵祥只不过是"所谓外交名流"罢了。②

世界主义的情怀并不需要排斥马基雅维利式的手段。当法国皇帝拿破仑怀疑自己手下才华横溢的政治家塔列朗(Talleyrand)③在故技重演、图谋不轨时(事实也的确如此),他劈头盖脸地骂塔列朗"什么也不是,就是个灌满了大粪的袜筒"。④ 陆徵祥对自身和政府的"严格"关切,以及他将中国的外交实践西方化的决心,都因缺乏国内政治必需的现实主义而遭到挫折。他和蔼可亲的态度,与正酝酿着的国内国外政治风暴很不相称。

在解释回国后希望和不希望做什么时,陆徵祥坦诚地评价了自己的弱点。他写道,他计划"尽可能让自己远离国内政治,把政治的事留下[给别人],因为我长期旅居海外,已经没有了任何搞政治的能力"。⑤ 唐群英渴望能像刘备一样延揽人才,而陆徵祥这样一个公认的人才,在第一位恩师——贤明的许景澄之后,似乎从未再次遇见过自己的"刘备",而是遇到了刘备的对手,奸诈的"曹操"——袁世凯。1912 年春,陆徵祥在外交部的技术性职责和他"无党无派"的地位一度保护了他,可一旦他卷入政治旋涡,这块政治挡箭牌就不复存在了。

而陆徵祥 7 月 18 日那天的灾难性表现证明,他是抓不住听众的情绪和需求的。到 1912 年夏天时,中国参议院已经显示出

---

① 石建国:《陆徵祥传》,第 102、106 页。
② 侯宜杰:《袁世凯一生》,第 238 页。
③ 即夏尔·莫里斯·德·塔列朗-佩里戈尔(Charles Maurice de Talleyrand-Périgord,1754—1838),法国资产阶级革命时期著名外交家,曾在连续 6 届法国政府中担任外交部部长、外交大臣、总理大臣等职务。——译者注
④ Duff Cooper, *Talleyrand* (New York: Grove Press, 2001), 187.
⑤ Lu Zhengxiang, *Ways of Confucius and of Christ*, 32.

343

了政治上运转不灵的迹象,而且其作为立法机构的职责,也有了屈从于行政长官淫威的苗头。袁世凯对参议院施以威吓,让参议院的弱点一览无遗。由于在道德上对其他政治精英的保留态度,陆徵祥很难理解,这些致力于公共利益的专业政治家,对自己脆弱的权威遭到的挑战有多敏感。在听陆徵祥演说时,无论是哪一党、哪一派的议员,都希望能在自己的地盘受到重视。鉴于议员们对自己当然权利的认识,陆徵祥为国奉献的高尚立场,他们可能是会认同的。但最后他们因自身的道德缺陷而遭到了陆徵祥的横加指责。陆徵祥在谈到文化混乱和道德危机问题时口若悬河的样子,在他参与参议院关于权力制衡和国家政策的公开辩论时,并没能给他带来多少认同。

政治公信力与公开表现之间的关系已经有了新的变化。仅仅几个月前,孙中山接受临时大总统一职的时候,甚至觉得没必要向集结的革命派发表讲话,尽管他有能力发表伟大的演说。结果,讲稿是胡汉民代孙中山宣读的。周锡瑞认为,这件不太符合孙中山做派的事表明,"在中国,个人的演说能力对于取得政治领袖地位仍然不是不可或缺的"。① 但半年后,事情已经发生了很大变化。虽然在国际交涉方面,陆徵祥作为中国的优秀发言人早已声誉在外,但1912年7月18日那天,人们并没指望他表现出公共演说家的什么特殊能力。如果陆徵祥的演说只是枯燥无聊(下半段集中介绍部长人选),议员们大概还是能接受的;或者,在当时的情形下,演说内容存在政治分歧也是能接受的。就算陆徵祥说了一些让人难以理解的话,只要给出了合适的解释,在政治

---

① Joseph W. Esherick, "Founding a Republic, Electing a President: How Sun Yatsen Became Guofu," In Etō and Schiffrin, *China's Republican Revolution*, 147–48.

上也是能过关的。但是,他关于吃花酒和宴席的演说,不仅清清楚楚,还令人瞠目结舌。此情此景,正如伍迪·艾伦(Woody Allen)的电影《香蕉》(Bananas)中,在一个加勒比国家,一个类似卡斯特罗(Castro)的革命领袖上台之初,朝着集结的人群宣布:"从现在开始,我们都说瑞典语!"让人们莫名其妙。

陆徵祥倒是没有敦促听众讲法语或世界语(就像一些语言改革者在全国推行的那样),①也没有号召他们欧化。但是,他确实暗示了道德改良的必要性,而且,虽然他在"庄严的机构"前表现出了明显的谦逊姿态,但他的个人履历就是优秀民国公务员的典范。和参议员严肃对待自己在公共生活中的尊严一样,陆徵祥非常重视公共生活与个人道德两者之间的联系。在回忆录中,他回顾了自己的天主教信仰,以及他个人和中国所遭受的屈辱:

> 我深思着关于自己和祖国的福音。于是,我重温了中国人民经受过的、正在经受的一切怠慢,整整一个世纪,中国人的虚弱都是世界的笑柄;我也非常平静地重温了许多外国人——那些道德和知识价值观都很有问题的外国人——强加给我的羞辱,他们以打击我为乐,仅仅因为我是中国人。②

1912年,陆徵祥顶着来自同胞的羞辱发表了这番演说,意在补救自己在北京的同事身上目睹的种种道德缺陷。陆徵祥坚信,如果以专业能力为基础的道德复兴得以实现,那么,在自己了解的这个既对法律和礼仪锱铢必较,又非常残酷地运用权力的世界上,中国将处于更有利的处境。

---

① Kaske, *The Politics of Language in Chinese Education*, 380-85.
② Keegan, "From Chancery to Cloister," 183.

陆徵祥的演说,虽然场合不合适,时间和情境也并不合适,但实际上已经算是温和的了。1895年,康有为就曾哀叹中国人"愚而不学"。① 女权运动者的政治演说,几乎无一例外地谴责男性政治家不致力于公共利益,而沉迷吃花酒、打麻将等堕落的行为。杨昌济也坚信:"如能戒麻雀牌,则中国尚可救。"②1918年以后,鲁迅对人、政治和社会的腐败问题的批评比陆徵祥要尖锐得多,但许多读者认为鲁迅的话是完全合理的。在批评中国人的文化和习惯方面,孙中山也很严厉。他曾经在演说中讲到,因为中国人普遍"吐痰、放屁、留长指甲、不洗牙齿",西方人对中国人抱有负面印象,由此回答了中国为什么看起来难以治理的问题。③1920年,毛泽东为地方政治倡议的失败而愤愤不平时,也称"湖南人没有头脑,没有理想,也没有基本的计划。"④除此之外,当时还有许多作家和评论员,通过此类批评文化或精神的方式应对中国的问题,而他们也因此赢得了赞赏。因为重塑同盟会进程不利,又首当其冲直面女权运动者的愤怒,宋教仁被嘲笑为"王善保家的"。因为有改造两性关系的抱负,女权运动者被斥为"不中不西的鬼"、支持"反丈夫主义"的人。1912年的参议员中,有一些直到贿选事件东窗事发时还在担任议员,成了人人嘲笑的腐败"猪仔"。

鲁迅等人对民国文化和道德的广泛批判,是在陆徵祥讲话几年之后才发生的。此时,中国文化和道德的种种缺陷,已经在政

---

① Pusey, *China and Charles Darwin*, 58. 引文译文来源:《中国与达尔文》,第56页。——译者注
② 杨怀中(昌济):《余改良社会之意见》,第5页。
③ 孙中山著,胡汉民编:《总理全集》第1卷,第77页。
④ Van de Ven, *From Friend to Comrade*, 25.

府文件中白纸黑字体现出来了。陆徵祥1912年7月的演说内容不仅在时间上是超前的,还发生在了错误的地点,并且对引导国家话语的政治价值观漠不关心。知道自己身在何处,是最基本的政治信息。① 韩蕚是将演说作为政治传播手段加以提倡的先驱,他强调,要发表有效的政治演说,"时、地、人"三个要素至关重要。② 然而,这三个要素,7月18日的陆徵祥一个都没把握准。

相比之下,孙中山在迅速审时度势方面可谓炉火纯青。唐群英等女权运动者会预设形势对自己充满敌意。陆徵祥则似乎意识不到自己的政治地位有多不稳固,也意识不到为了维护他的"超然"内阁的威信,他需要在政治和公共事务中表现出不偏不倚的专家形象。参议员们正在寻求的报告,应该将他们赞赏为政策制定工作的伙伴——如果不是与袁世凯大总统的合作者,至少是与陆徵祥总理的合作者——而不是对中国人的精神和他们自己的精神指手画脚。

不过,也不能全怪陆徵祥。在中国历史上,1912年是一个复杂得让人看不懂的年份。公共生活中包含了多个阶段和多重受众。陆徵祥身处的民国,是一个尤其复杂的公共空间大杂烩,其中有参议院这样的空间,作为公共空间的目的非常明确,但实际情况与设立目的无疑背道而驰,最后与其目的毫不沾边;也有以北京和平门外的空地为代表的另一些空间,它们并非明确的公共空间,但注定要在未来几年内塑造领袖和听众。知道在哪里说话、什么时候说话、怎么说话,并不是一件容易的事。几年之后,当年那些对陆徵祥群起而攻之的参议员们,面临的政治环境比陆

---

① John McPhee, *A Sense of Where You Are: Bill Bradley at Princeton* (New York: Farrar, Straus and Giroux, 1999).
② 韩蕚编著:《演讲术》,第17、110页。

徵祥还要严酷，而且他们并没有"本笃会修道院"可以藏身，后来的陆徵祥也许会从此得到一些苦涩的安慰。陆徵祥不会是最后一个进入医院躲避政治的官员，也不会是最后一个在唇枪舌剑的场面失控时被送进医院的官员。

约瑟夫·列文森（Joseph Levenson）指出，清帝退位后，帝制复辟再也未能成功，一部分原因就在于1916年袁世凯搞了一出可笑的"洪宪帝制"，在"共和国的拙劣模仿品"之后来了一出"同样拙劣的帝国模仿品"。① 不过，1912年夏天，民国还没有沦为笑话。或者更确切地说，现实对民国的辛辣讽刺，反倒让人们在新政权饱受摧残的时候，一直存有对共和理念的尊重。民国要求严肃认真的态度，这就向演说者和其他公众人物施加了规矩，但他们对此视而不见，让自己陷入了危险之中。

对嘲讽的恐惧之情，可能是共和时代的政治——或所有近代政治——中一个影响甚大的主题。曾有人问孙中山，1922年陈炯明在广州叛变时，他为什么等了那么久才从总统官邸撤到舰艇上的安全地带，孙中山答道："临时退缩屈服于暴力之下，贻笑中外。"②作为公众人物，孙中山经常被记者们问到一些可能会让人很难堪的问题，比如"外间传先生在南京任临时大总统时，收受贿赂一百万，始允让位于袁世凯。此种污蔑之词，亦闻之否？"③民国时期，公众人物一直饱受丑闻和公众嘲讽的困扰，一部分原因在于，有时他们的确行为不端，或背叛了公众的信任。与此同时，

---

① Joseph Levenson, *Confucian China and Its Modern Fate* (Berkeley: University of California Press, 1968), vol. 2, 4. 引源译文来源：[美]列文森著，郑大华、任菁译《儒教中国及其现代命运》，南宁：广西师范大学出版社，2009年，第142页。——译者注
②《孙中山轶事集》，第75页。
③ 王耿雄编：《孙中山史事详录 1911—1913》，第326页。

更高的透明度，让嘲讽他们的理由成倍增加。金钱政治、政治阴谋、个人的小毛病，以及对权力不择手段的追求，都是嘲讽的对象。1913年，袁世凯再次和曾经一起把酒言欢的"铁路沙皇"孙中山成了对头，于是在袁世凯授意下，发放了"孙先生二三事"之类的单子散播孙中山的丑闻。真相几经歪曲后，袁世凯就让孙中山请求外国援助的运动变成了卖国，集资变成了贪污，旅途中的游玩变成了嫖妓，被迫流亡海外变成了胆小懦弱。① 此外，对于包括袁世凯在内的大多数官员和领袖来说，在政策实施方面取得政治上的成功，从而削弱政治诽谤，都是很难做到的。因此，从前那些皇帝们甩也甩不掉的流言蜚语和含沙射影，比如谋杀家人、纵欲过度、写字难看等，到了民国，仍然在报刊上肆无忌惮地疯狂蔓延，紧跟着、攻击着大大小小的公众人物。

有鉴于此，可以说，陆徵祥在1912年夏天的屈辱经历，是有代表性的，但不是独一无二的。至少他没有向女权运动者一样，遭到性方面的粗暴攻击。为了让政治人物权威扫地，人们会嘲笑其动机和举止，最后让其自身变成笑话：袁世凯成了猴子，孙中山成了吹牛大王，沈佩贞成了荡妇。更微妙的是，1912年陆徵祥遭到嘲讽，是因为他听起来像在取笑自己所效力的民国。民国政坛上，同样的事情总是一而再、再而三地发生，为这类嘲讽大行其道提供了肥沃的土壤。1923年，国民党报纸《广州民国日报》抨击了北方军阀政客曹锟在北京国会选举中的贿选行为，指责曹锟是"袁世凯第二"，他"强奸民意"，和袁世凯耍"同样的伎俩"，闹"同样的笑话"。② 独裁者和无能的政客一个接一个粉墨登场，于是

---

① 《孙文小史》。
② 《广州民国日报》，1923年11月6日。

袁世凯的"洪宪帝制"这类经典的笑话一次又一次被人们挂在嘴边。也许可以说,笑话是文化产物的最好例子,或者说,是最为典型的模仿资本形式,只要它足够经典,就可以几乎无穷无尽地自我复制下去。

在1912年这次不合时宜的演说后,对陆徵祥就任总理的反对之声——既有真正反对的,也有从众反对的——让陆徵祥也成了政坛上的笑话。不过,陆徵祥几乎立刻反弹,这既展现了他个人强大的韧性,也说明谁笑到最后不是那么容易就能看出来的。9月初,陆徵祥走出了法国医院,与袁世凯进行了一次"秘密"会面。① 他又在北京租了一栋豪宅,到了1912年底,他又坐在了袁世凯政府外交总长的位子上。② 虽然在与日本签订"二十一条"、袁世凯称帝等事件中,陆徵祥履行的职责令人懊丧,但在1919年的巴黎和会上,陆徵祥的表现彻底逆转了他1912年遭受的公开羞辱。

无论对中国来说,还是对陆徵祥个人来说,巴黎和会都不是什么外交的胜利。秘密附件的羞辱性条款——当然现在已经公开——以及将德国在山东占领的区域和特权转让给日本的决定得以通过,部分原因在于1915年至1918年间,身为外交总长的陆徵祥曾容许或同意做出让步。最后,欧洲列强和美国接受了这些让步,这些让步就算没有道义上的约束力,也有法律上的约束力。③ 陆徵祥此前安抚日本的举措,遭到了巴黎和会中国代表团成员的批判,批判之激烈让陆徵祥再次托故身体抱恙,躲进了自

---

① 《爱国报》1912年9月3日,第3版。
② 同上,1912年9月17日,第4版。
③ Craft, *V. K. Wellington Koo and the Emergence of Modern China*, 50, 55-56; Fifield, *Woodrow Wilson and the Far East*, 140, 144-45.

第五章　下不来台

己在瑞士的别墅。① 在会议期间,陆徵祥只是偶尔发言,比如对建立国际联盟表示支持。② 而另一边,中国代表团成员顾维钧带头反对起初政府签署和约的决策,抢走了自己的上司陆徵祥的风头。顾维钧的外交生涯从1912年开始,他曾在陆徵祥领导的外交部工作,也曾在袁世凯手下工作。③ 5月4日,当北京的学生聚集在天安门城楼外谴责巴黎和会的和约时,陆徵祥针对把中国领土出让给日本的决定,"以正义之名提出正式抗议"。④ 最后,陆徵祥与手下的代表团一道,拒绝签署列强要求的严苛和约。正如他后来回忆的:"在职业生涯中,这是我第一次相信,不服从是我的责任……我不愿再为不公正的事情签字,于是这次我拒绝了,一人做事一人当。"⑤当年,陆徵祥作为新上任的清政府外交家,曾希望民众能够提高中国在世界上的地位;如今,陆徵祥顺从了愤怒的民众,接着,为了应付由此产生的政治动荡,陆徵祥吃了很多苦头。

不管怎么说,巴黎和会让陆徵祥在公众面前实现了救赎。⑥公众既可以谴责,也可以原谅,可见公众正在成为日益强大的政治和道德力量。1920年,报刊上登载了陆徵祥即将到上海的消息,于是,当1月22日陆徵祥乘船抵达时,数千人聚集在外滩,欢

---

① Fifield, *Woodrow Wilson and the Far East*, 187.
② *New York Times*, January 27, 1919.
③ Craft, *V. K. Wellington Koo and the Emergence of Modern China*, 50-59; Pao-chin Chu, *V. K. Wellington Koo: A Case Study of China's Diplomat and the Diplomacy of Nationalism, 1912-1966* (Hong Kong: Chinese University Press, 1981), 31.
④ Roy Watson Curry, *Woodrow Wilson and the Far Eastern Policy, 1913-1921* (New York: Octagon Books, 1968), 281.
⑤ Lu Zhengxiang, *Ways of Confucius and of Christ*, 42; Chu, *V. K. Wellington Koo*, 31.
⑥ Keegan, "From Chancery to Cloister," 178.

迎陆徵祥的到来。① 尽管外交部从北京向陆徵祥发来电报,担心可能发生"混乱",但在大多数情况下,陆徵祥还是受到了热烈的欢迎。② 学生团体的代表们热切地询问他对山东问题的看法。陆徵祥高兴地回答道——当然这个回答有点儿夸大了——"对于山东问题,我的主意早已拿定。我既拒绝签字,断不至再同日本直接谈判。"他又夸赞学生们:"诸君爱国热肠,我未回国以前已经听见,非常钦佩。"陆徵祥甚至很礼貌、和蔼地对学生们说:"请诸位时常赐函外交部,督促我监督我幸甚。"③陆徵祥后来回忆起那一刻时,颇为自豪:"在上海,无论是我下船的码头,还是我的火车停靠的每一个车站,都有大规模的群众集会,为拒绝签署和约的人喝彩。"④对于一位早已认识到公众支持在外交中的价值,却感觉难以与普通民众及其代表之间建立这种联系的外交官来说,这样的公众赞誉必然是相当重要的。不过,陆徵祥确实忽略了一个令人不快的事实,那就是上海的一些人并没有这么热情。比如,曾有上千人聚在一起,一看见陆徵祥,就一面朝这位衣着无可挑剔、戴着大礼帽的外交官挥着横幅,一面高声叫骂"叛徒"!⑤ 除此之外,他们还散发传单,谴责陆徵祥没有兑现带到欧洲的"国民的期望",没能收复青岛并纠正其他侵犯中国主权的行为。

相对独立于政治运动和意识形态,在 1912 年还是陆徵祥引以为傲的一点,但到 1919 年,在欢迎的人群中,陆徵祥在国内和国际政治舞台上的所作所为得到了认可,于是这种相对独立性土

---

① 石建国:《陆徵祥传》,第 242 页;《时报》1920 年 1 月 23 日,第 5 版。
② 石建国:《陆徵祥传》,第 242—243 页。
③ 石建国:《陆徵祥传》,第 243 页。
④ Lu Zhengxiang, *Ways of Confucius and of Christ*, 43.
⑤ 石建国:《陆徵祥传》,第 243 页。

崩瓦解，而陆徵祥对此十分欣慰。他似乎忽视了那些批评他努力得太少、太晚的人，而是把注意力都放在了追随着自己北上回京的火车的掌声和欢呼声上。

  无论是成功，还是失败，公开表现都体现、放大和增强了这一时期的思想和情感。民族主义、共产主义、无政府主义以及其他一系列不太突出的意识形态等各种思想固然广为人知，但只有在日常生活的惯例中，以及政治家、政治活动分子与国民的那些更为壮观、更难以预料的成功和挫折中，这些思想信念的形成方式才能充分体现出来。那些举重若轻的文章和演说，让申明立场和政策显得易如反掌，从而掩盖了公众人物为了打动众人——在拥护或抵制、赞扬或嘲讽领导人要说的话之间，他们彼此观点不同，同一个人的想法也可能变来变去——实际上需要经过多少艰苦的政治较量。1919年，作为公众人物，陆徵祥被捧上了神坛，因为他在正确的时间，为正确的人做了正确的事情，成了为爱国而说"不"的典范。1919年的巴黎和会上，陆徵祥意识到了自己在哪里，"现在是什么时候"，以及自己在和谁讲话。那一刻，作为国家的代表，他用国民的视角，看到了整个世界以及中国在其中的位置。

第六章　孙中山最后的演说

在政坛和史书中,近代政治演说无论最后会走到哪里,都始于聚集在演说者面前的国民。演说的场合可以是会馆或旅店里的一次碰面、一个专门的演讲厅、一个城镇的广场或体育场,也可以是虚拟的集会———一根电缆把演说者和观众拉拢到一起,这样另一端的听者既加入到了听众中,也把领袖从外面"请了进来",可以听得更真切一些。领袖的远见或抱负与讲台之下、人群之外众人的希望、想法和恐惧,可能会符合,也可能并不合拍。广播、电影等现代媒体,可以把领袖和国民间的接触扩展到近乎无穷多的听众。1937年7月10日,日本全面侵华开始的第三天,蒋介石在庐山向千百万人发表了广播讲话;1945年8月15日,蒋介石又在重庆向千百万人发表胜利宣言;1949年10月1日,毛泽东在北京宣布中华人民共和国成立。所有这些讲话,都在一瞬间内产生了大规模的影响。[1] 人们有着爱国主义的共同语言,听众们也已经很熟悉将要听到的东西,这样一来,蒋介石"浓重的宁波

---

[1] Michael A. Krysco, "Forbidden Frequencies: Sino-American Relations and Chinese Broadcasting during the Interwar Era," *Technology and Culture* 45:4(2004): 727-28;同时参见 Dorothy Borg, "War Speeds up Expansion of Telecommunications in China." *Far Eastern Survey* 9:9(April 1940): 105-6.

口音"和毛泽东的湖南普通话,实质上都不会影响交流了。① 即使"大多数中国人几乎听不明白"1945年蒋介石的演说,但"他们还是知道蒋介石在说什么"。②

和现在一样,当时的大多数政治演说都是当面发表的,听众的规模也小得多,其中有党员、政治活动分子、投稿人、记者,也有看热闹的人。近代中国政治领袖的形象,始于在松云庵向几千举子发表演说的康有为,由此产生了各种各样精心策划的场面。这些场面就包括去探访中国侨民的孙中山,1905年抵制美货运动和1910年代保路运动中向众人讲话的运动领袖,以及20世纪10至30年代的群众运动。一条更正式、更官方的路径,把孙中山、蒋介石和毛泽东等政治领袖带上了讲台,在党和政府的一系列大小会议上发表演说。很多时候,台下的观众是政治精英,当然有时听讲的也是普通人,而政治精英和普通人兼而有之的情形也越来越多。在中国,领袖面对人群讲话的形象实在有太大的影响力,所以曾有学习公众演说的人坚持认为,只有真正"面对人群"发表的演说,才能真正被称为演说。在他看来,富兰克林·罗斯福在广播里的"炉边谈话"是不足以称为演说的。③ 虽然影像和电子媒体的地位越来越重要,但领袖和民众的面对面接触仍然是中国革命的标志,这一标志最终把数以百万计的"群众"聚集了起来。在这些小规模、多样、细致入微的过程中,公共生活最终被地方归属、组织归属,以及不同人群各自的利益和观点切割开来。把这些意见和感情各异的小圈子团结起来的,是政党等机关、社会和政治运动、国家领导人,以及其他思想和情感的非正式交会。

---

① Taylor, *The Generalissimo*, 8.
② 同上。
③ 尹德华:《演讲术例话》,上海:文化供应社,1948年,第3页。

于是,在这些政治研讨场合和政治时刻中,中国的共和主义经历了锻造、打破、重铸的过程。

"谈革命"

孙中山的一言一行,无不体现着他就是那种精于政治、能把人们团结起来的领袖。他是那个时代最杰出的公众人物和政治人物之一,一部分原因在于,他能在任何场合、任何地点,对每一个人发表演说,不管是什么人;他的演说有说不完的话题,而且总是在最大程度上围绕着中国面临的问题。从北京的广东同乡会和旗人福利会,到每一个到访城市和乡镇的学生、商人和民众团体,凡是能想到的地方团体、职业团体和政治团体,都成了孙中山的听众。在孙中山眼中,每一位国民、每一个民众团体,都是国家和共和的化身,就像他自认是祖国的代言人一样。①

不仅如此,在火车、汽船上,不管是谁,只要坐在孙中山边上,就很可能会听到他的政治演说。孙中山的好友陈少白曾说:"孙先生那时候革命思想很厉害,碰到一个人,就要说这些话,就是和一个做买卖的人,也会说到革命。"②孙中山"谈革命"的本事,基本不受什么社会界限的约束。后来孙中山如是说:"如遇农,则说之以解脱困苦的方法,则农必悦服。遇工、遇商、遇士各种人们亦然。"③对孙中山而言,每个社交圈子都是整个公众,以及整个共

---

① Jan, Lewis and Peter S. Onuf, "American Synecdoche: Thomas Jefferson as Image, Icon, Character, and Self," *American Historical Review* 103:1(February 1998).
② 李凡:《孙中山全传》,第39页。
③ 张启承、郭先坤编:《孙中山社会科学思想研究》,第342页。

第六章 孙中山最后的演说

和国的一块拼图,正等着被拼到一起。孙中山在漫长的革命生涯中,先是从海外华人的边缘地带开始,然后朝着国内的沿海和内陆地区推进。在演说中,孙中山逐步实行着自己的"包围",一步步从海外流亡者变成了国家领袖。孙中山的政治生涯是沿着从外地回归故土的轨迹展开的,与同时代的许多人不无相似之处,比如同样旅居和流亡海外的唐群英、宋教仁,以及从驻外公使岗位上回国的陆徵祥。孙中山在国外时,向华人社区和流亡团体发表了无数的募捐和组织演说,磨炼出了一身演说家的本领。1911年12月,他带着高超的政治交流技巧回到了中国,并或多或少地继续谈论、策划和组织建设共和的革命,直到1925年去世为止。

孙中山公认的在正式和非正式场合演说的能力,无疑是一种财富,但当时的人并不都认为这种演说能力能很好地服务孙中山本人,以及孙中山的政党和国家。有些人就认为,孙中山与其说是个实干家,倒不如说是空谈家,一个忙着滔滔不绝而顾不上手头政治要务的人。

有人批评道,孙中山这样的领导人,在请求别人给予金钱等方面的牺牲时大谈特谈,却几乎什么都不做。早在1906年,刘鹗的小说《老残游记》中,主人公远眺山东——一个饱受侵略、遭到占领的省份——北面的大海,此时他和同伴们看到一艘船驶过。船上的乘客恰似四面楚歌的中国,他们"又湿又寒,又饥又怕",抢劫和杀害他们的不是海盗,也不是外国水手,而恰恰是自己的船员。① 在某一刻,他们似乎要被船上正在"高谈阔论的演说"的

---

① Liu E, *The Travels of Lao Can*, trans. Yang Xianyi and Gladys Yang (Beijing: Panda Books, 1983). 该书的英文译者在序言中讲述了这个故事(第8页)。引文译文来源:[清]刘鹗著,郁守校点《老残游记》,济南:山东文艺出版社,1995年,第7—9页。——译者注

"一种人"救下来了。① 他们在游说其他乘客给钱,让他们安排接管这艘船。老残远远地看着,怀疑道:"这等人恐怕不是办事的人,只是用几句文明的辞头,骗几个钱用用罢了!"②在作者辛辣的笔下,这些学着孙中山和其他流亡者的"领袖"们,当然已经把钱塞进了腰包,找好了船上安全的地方,等着一场大屠杀的到来。

孙中山从事推翻清朝的工作时,是在海外流亡的状态下,相对比较安全,但他因为忙于在美国进行革命宣传和募捐,所以直接参与到革命中的时间点比较晚。从辛亥革命爆发到孙中山参与辛亥革命的时间差,要比后来从十月革命爆发到列宁参与革命的时间差长。当时,列宁在德国的帮助下,抵达了彼得格勒的芬兰车站,获得了领导布尔什维克革命的充裕时间。但是,孙中山直到1911年12月下旬,才从国外坐船抵达上海,此时辛亥革命的主要战斗已经结束了。在国外,孙中山主持的密谋和起义——大多数情况下都是远程组织——都没有达到直接目的。一次接一次的失败后,革命派中间产生了异议,还有人开始批评孙中山的领导。黄兴、唐群英等革命派同志,奋战在革命一线,在参与革命方面的资历比孙中山有分量得多。黄兴也许很难拒绝加入政党,但绝不会放任自己为革命而吃亏。1911年秋天,黄兴在武汉战场上打出了一面三米见方的"黄"字旗帜,昭示自己参与了战斗。尽管他在战术上犯了很低级的错误,还与其他革命派领袖发生了冲突,但他带着革命军抵挡清政府的反攻长达三个星期之

---

① Liu E, *The Travels of Lao Can*, trans. Yang Xianyi and Gladys Yang(Beijing: Panda Books, 1983). 该书的英文译者在序言中讲述了这个故事(第8页)。引文译文来源:[清]刘鹗著,郁守校点《老残游记》,济南:山东文艺出版社,1995年,第16—17、20页。
② 同上,第20—21页。

第六章 孙中山最后的演说

久,这个时间足够其他地区的革命派组织发动起义了。①

孙中山回国后,只做了一小段时间的大总统,然后就开始了宣传铁路发展和国家建设的演说活动。与此同时,民国正命悬一线,权力交到了袁世凯手中。从1913年起,孙中山再次以军事手段争夺国家权力,但又是屡战屡败。1913—1916年,孙中山流亡日本,此后再次回国,在上海待了一年,其间他写下了自己对中国未来的规划。1917年,孙中山在广州建立政府,与北京政府对抗,但以失败告终。于是,他又回到上海写了一通文章,然后再次在广州兴建政治和军事基地,结果又失败了。1922年,孙中山遭到了从前的追随者陈炯明的背叛,被迫从广州返回上海。最后,1923—1924年,孙中山又回到广州,这次他似乎成功地实现了意识形态、组织结构和军事力量的有力结合。随后,在生命的最后几个月中,孙中山决定北上,踏上一次注定要失败的旅途——与北京那些坐在民国制度废墟中的军阀们和谈。

在这整个过程中,孙中山做着一个接一个的演说,只要有人愿意听,听众是谁都无所谓。1912年和1913年,当孙中山宣讲铁路出行时,袁世凯正在巩固自己的权力。整个20世纪10年代,当孙中山宣讲"建国"的多重性质时,从宋教仁、唐群英到陆徵祥、毛泽东等政治上的行动者,都在开始或继续践行议会改革、妇女解放、外交近代化、青年革命等多种多样的计划。

孙中山在中国革命中的地位,源自这样一个事实:他发表的演说实在太多、太好了,听他演说的人也实在太多了,于是孙中山讲的话累积成了一种特殊的公共行为——创造近代中国的政治

---

① Boorman, *Biographical Dictionary of Republican China*, vol. 2, 196;廖大伟:《1912:初试共和》,第10页;Esherick, *Reform and Revolution in China*, 226-27.

领导,这种领导既是言语层面的行为,也是集体的行动。孙中山做演说时,不仅仅是在说话,因为他的目的是把握住同胞的想象力,推动国家前进。在将自己的政策公之于众,并传播自己的形象和远见时,孙中山将政治个人化了。作为国家领袖,孙中山创造了一个公开的政治空间,而对于这一空间,其他人,比如毛泽东,会用更高效、更剧烈的手段占领。孙中山自我宣传和宣扬救国的套路极其简单,因此感染力极强,极易于传播,这一壮举得以完成的原因就在于此。

任何人都可以立志像孙中山那样,号召中国人民投身伟业。虽然说比做要容易,但大胆而有说服力的承诺对政治计划至关重要。在这方面,孙中山树立了很明确的高标准。从某种意义上说,成为孙中山这样的人,比成为康有为、梁启超、陆徵祥甚至袁世凯这样的人更容易。不需要接受经典教育,不需要优雅的礼节,也不需要有训练有素的军队。需要的是信心、纪律和野心。许多中国人希望精于为自己、社会和国家做的事,而信心、纪律和野心这几样东西,正是他们梦寐以求的核心价值观。当时,有关自救、专业精神和爱国主义的文学作品很流行,这些价值观在其中体现得非常明显。[①] 在与孙中山同时代的其他人身上,这些东西更微妙、更深入,但孙中山更好、更突出地展现了这些特质。将孙中山描述成国家生活的中心,把人们的个人斗争提升到了更高的层面。孙中山与梁启超不同,自己的思想在全国各地以讹传讹,梁启超会冷嘲热讽;而自己独树一帜的政治品牌被淡化、扭曲

---

① 参见苏珊·L.格洛瑟(Susan L. Glosser)指出的本杰明·富兰克林(Benjamin Franklin)和塞缪尔·斯迈尔斯(Samuel Smiles)对新文化激进派的影响。Glosser, *Chinese Visions of Family and State*, 1915 – 1953 (Berkeley: Universityof California Press, 2003), 37.

时,孙中山似乎从不担忧。他还有更宏伟、更大胆、更庞杂的事情要考虑。

孙中山扮演着模仿者和教化者的角色,而此时,中国的情形复杂到了极点,地区、阶级、性别、意识形态等,凡是能想到的对立,几乎无所不有,这样的复杂局面迫切呼唤着每一个人都可以代入和认同的共同立场与共同角色。如果说宋教仁是一边建立议会政府,一边谋求掌握议会政府,那么对于方兴未艾的中国公众,孙中山也是如此。孙中山的思想很浅薄,还有着不可救药的乐观主义,而这两者让他拥有了比竞争对手更广阔的覆盖面。而且,孙中山热衷于旅行,所以这种覆盖面的广度,不仅仅是一种形容,也不仅仅是一种观念,而是真真切切的现实。一个事实可以部分体现这一成就:孙中山去世之后,虽然没有普遍的哀悼,但确实在全国范围内引发了一场哀悼的浪潮,其规模之大,在民国无人能相提并论。[①] 虽然其他领袖可能更复杂、更本土化、更有能力,但孙中山用爱国、牺牲和进步的简单论调,引起了全国的共鸣。孙中山没有赶上辛亥革命,但他及时建构了国家政治身份,以及参与政治的公众。

"孙大炮"

不过,并不是所有人都觉得孙中山是一个有魅力的、有益的人。孙中山在中国政治舞台上无处不在,让人就算想躲也躲不掉。孙中山不仅思想肤浅,而且热衷于那些当下几乎没有可能成功的计划,有些人感觉到了这一点,并对此深恶痛绝。因为孙中

[①] Harrison, *The Making of the Republican Citizen*, chap. 6.

山热衷演说,而且在制订过于宏大的计划方面是出了名的,于是人送外号"孙大炮"。① 这个外号正负面含义兼而有之。"大炮"可以指一个人喜欢骂人,乃至骂到粗俗和无情的地步。

"大炮"这个词用在孙中山的身上,指的倒不是他讲话糙、骂人狠,而是指他喜欢发表类似于旧式学校教师劝诫的那种"空谈";也指他在演说和写作中"开大炮"的本事,对危难之中的国家很有感染力。② 孙中山的军事实力老是比不过别人,但他可以把自己的话当武器用。有时,孙中山的敌人也会用"大炮"骂孙中山,比如广东军阀陈炯明,他在1922年宣布要占领孙中山的资产,"把'孙大炮'的荷包给锁住",从而粉碎孙中山对国家政治的抱负。③ 另一些政治对手则指责道,别人在踏踏实实地干工作,而孙中山只在嘴上谈革命。1912年,在辛亥革命中多次战役打响的地点——武汉地区,政党"民社"谴责道,别人在国内的战场上抛头颅、洒热血,孙中山却只是在海外宣讲革命;还指责孙中山"斥他人之功以为功"。④ 同年,章炳麟也断言,许多革命领袖都比孙中山更有资格出任民国大总统:黄兴有实干成绩,宋教仁有才华,汪精卫有德行。⑤ 1912年10月,黄远庸也称,黄兴和宋教仁在能力上都超过了孙中山,特别是孙中山还经常言过其实:"记者眼光中之黄克强,乃一率直热诚之人……故其条理纵不及遁

---

① 汤承业:《国父革命宣传志略》,第23页。
② Lyon Sharman, *Sun Yat-sen: His Life and Meaning, a Critical Biography* (Stanford: Stanford University Press, 1968), 271;李凡:《孙中山全传》,第5页。
③ 何香凝:《对中山先生的片断回忆》,第41页。
④ 周鸿、朱汉国主编:《中国二十世纪纪事本末》第1卷,第287页。
⑤ 李守孔:《民初之国会》,第34页。

初,而终异于□□[孙中山]之大言无实。"①不过,如果比的是口才和塑造形象的能力,孙中山就大获全胜了。孙中山的大话虽然让一些人很反感,但对于那些深信中国之伟大的人而言,孙中山的大话激起了他们的希望。而与此同时,孙中山长袖善舞,巧妙地避开了袁世凯之流可能施行的致命打击。孙中山有时说话不太顾忌后果,而胡适恰恰相反,说话非常小心。1925年,胡适在回忆孙中山时,反驳了孙中山是"梦想家",而不是"实干家"的论调:

> 一个没有理想主义计划的人,不可能是真正的现实主义者。因此,我说孙博士是一个现实主义者,正是因为他有勇气,能定下一个理想主义的建国大纲。大多数政客只是尸位素餐。他们一听到十年或二十年的计划,就当成耳旁风,然后说:"我们不尚空谈。"②

在胡适看来,对于中国而言,孙中山的话充满了雄心壮志,单凭这一点,孙中山的这些话就很有必要。嘲笑孙中山是吹牛大王,前提一定是他的演说能力得到认可。小说家平路的虚构作品如是描写革命生涯晚期的孙中山:"先生讲话的时候声音洪亮,手势很多,带着不容人反对的笃定。"③抛开所有特定演说的具体内容(时而被贬为"痴人说梦"),孙中山的形象本身就已经非常让人印象深刻了。④

---

① Hsüeh Chun-tu, *Huang Hsing and the Chinese Revolution* (Stanford: Stanford University Press, 1961), 215 – 16. 引文译文来源:[美]薛君度著,杨慎之译《黄兴与中国革命》,长沙:湖南人民出版社,1980年,第219—220页。——译者注
②《孙中山评论集》,上海:三民出版社,1925年,第83页。
③ 平路:《行道天涯:孙中山与宋庆龄的革命与爱情故事》,台北:联合文学出版社,1995年,第51页。
④ Fitzgerald, *Awakening China*, 16 – 17.

孙中山成为伟人的过程中经历了太多的起起落落,使得其政治生涯有了流浪小说的色彩,其中有着一系列丰富多彩、充满戏剧性的事件。凯西·N.戴维森(Cathy N. Davidson)的一本著作研究了美国国父乔治·华盛顿的演说和作品,而华盛顿就恰似另一个孙中山。书中指出,华盛顿的"政治话语""字字句句都那么不同凡响,充满矛盾性,还会互相打架……读起来就像是最为漫无目的、模糊不定的流浪小说"。① 类似地,孙中山的人生也会让人情不自禁地要"读下去":被绑架,侥幸逃脱,遭受个人的背叛,与美丽的年轻女子成婚,在胜利似乎触手可及时不幸去世。孙中山的人生并不是严格意义上的"流浪小说主角"式人生,因为他并不是流浪小说中典型的那种无赖主角,就如同他并不是《水浒传》中的那种草莽英雄一样。② 孙中山把自己关在旅馆房间里,而不是山寨里。不过,孙中山的人生是"一部关于旅途的小说,以主角的旅途为线索,将种种事情串联起来"。③ 孙中山在写作和演说中,亲手写着自己的故事,将自己多次发动起义失败的经历巧妙地转化成了伟大的革命叙事,就这样将人生中的点点滴滴缀合到了一起。④ 从道义上说,孙中山的人生也应了孟子的金玉良言:"天降大任于斯人也,必先苦其心志,劳其筋骨,饿其体肤,空乏其身,行拂乱其所为,所以动心忍性,曾益其所不能。"⑤ 就像孙中山所拥护的民国一样,孙中山本人越是失败,就越能证明他的事业

---

① Cathy N. Davidson, *Revolution and the Word: The Rise of the Novel in America* (New York: Oxford University Press, 1986), 158.
② Geremie Barmé, "Wang Shuo and Liumang ('Hooligan') Culture," *Australian Journal of Chinese Affairs* 28(July 1992): 51.
③ Lionel Trilling, *The Moral Obligation to Be Intelligent* (New York: Farrar, Strausand Giroux, 2000), 146.
④ Bergère, *Sun Yat-sen*, 43.
⑤ Hanchao Lu, *Street Criers*, 62.

和呼吁是有道义的。

里昂·沙曼(Lyon Sharman)对孙中山的批评即毒辣,又犀利,斥责孙中山给自己加戏的策略既老套,又让人反感。沙曼还认为,在口头或书面谈论自己的历史地位方面,孙中山的能力简直异乎寻常:"孙中山做出了这样妄自尊大的事,因为之前干得出这种事的实在太少,我们认为这样非常大胆:他预设了一个历史角色,然后自始至终一直在扮演这个角色,虽然有时扮演得并不好,甚至完全担不起来,有时显得自视甚高,有时还充满悲剧色彩,但他就是这么扮演下来了。"①这样看来,在20世纪全世界的领导人中,孙中山最像的可能是戴高乐(Charles de Gaulle),因为不管在出任法国总统之前有多么时运不济、命途多舛,戴高乐都坚信,他个人的命运就是祖国的命运。路易斯·切瓦利埃(Louis Chevalier)总结道:"戴高乐在谈法国时,永远都像在谈自己似的。"②孙中山同样惯于这样想、这样说。两人政治生涯的唯一不同,可能就是孙中山已经没有时间了。戴高乐69岁成为法国总统,而孙中山58岁就去世了,孙中山把他本人和中国对未来的希望一并寄托在自己将带领完成的漫长革命上,对于他来说,58岁去世实在是太早了。

身为以口才和文采见长的领袖,孙中山也有着温斯顿·丘吉尔那样丰富的历史和政治想象力。以赛亚·伯林(Isaiah Berlin)指出,在成为战时的英国首相之前,丘吉尔的生涯是由大量写作和演说支撑起来的。因此,丘吉尔也饱受指责,人们批评他只会空谈。伯林认为,丘吉尔之所以能够超越单纯的喋喋不休,一方

---

① Lyon Sharman, *Sun Yat-sen*, 326.
② Louis Chevalier, *The Assassination of Paris*, trans. David P. Jordan(Chicago: University of Chicago Press, 1994), 94.

面是因为他有一种独特的政治语言,虽然"被指责为是金玉其外,但其实是有实质内容的";另一方面是因为"他可以用非常自然的方式,表达出自己既充满英雄气概,又丰富多彩,虽然有时过于简单甚至幼稚,但始终非常坦诚的人生观。"①伯林还称,丘吉尔华丽的语言"比生活更简单,但又大于生活",其华丽程度"介于儿童历史书中的维多利亚时期插图"和文艺复兴时期壁画中的历史盛况之间。② 孙中山描绘的画面则往往更加现代——火车头、出租车和各种机器——但它们同样融入了一幕幕简单而动人的场景,呼唤着中国的崛起和最终的胜利。在共和之初的背景下,在向人描绘全面而有感染力的愿景方面,孙中山明显更胜一筹。国民情绪越来越倾向于自我戏剧化,也就是扩展自我,把国家作为公共利益囊括到自我中来。1925年,孙中山去世后不久的五卅运动期间,北京一位名为陈潜夫的男子登上天安门前的讲台,在数万示威者的簇拥中讲道:"外国人欺我们是一盘散沙,任意杀戮,我们要报仇!""一盘散沙"正是孙中山最爱用的比喻之一。说着,陈潜夫自断手指,血书"誓死救国"四字,后因失血过多,体力不支,被其他示威者扶走了。③ 孙中山的故作姿态和高谈阔论能有吸引力,和陈潜夫等抗议者的夸张举动抓住了公众的想象是一样的道理。丘吉尔和戴高乐都得等到合适的时机,才能遇到欣赏他们的听众;而孙中山的听众因为对国难有着更彻底、更持续的感同身受,所以孙中山迫切而乐观的愿景,在听众间引起了强烈的反

---

① Isaiah Berlin, "Winston Churchill in 1940," In Isaiah Berlin, *Personal Impressions* (New York: Viking, 1980), 2-3.
② 同上,第4—5页。
③ 杨逸郸:《北京人民爱国反帝的一次壮举——记五卅运动天安门大会》,《文史资料选编》第31辑,北京:北京出版社,1986年,第106—109页。

响。孙中山把中国描绘成了一个饱经风霜但不屈不挠的国家,这一国家形象与他饱经风霜但不屈不挠的个人形象并无二致。

孙中山归国之后

孙中山不与公众直接接触的时候,是在闭关蓄力,准备下一次政治出击。胡适觉得高屋建瓴的《建国方略》,正是孙中山在两次南下广东开展政治和军事突击之间,于1918—1920年在上海写下的。① 孙中山的政治生涯,是格奥尔格·齐美尔(Georg Simmel)学说中公众人物的典型案例,齐美尔认为,在领导过程中,唯我和社会化两种阶段会交替出现。② 在监禁、流亡和私生活中,领导者可以想象和创造自己即将领导的人。但是,一旦追随者开始呈现出更具体的形态,领导者就会为追随者的要求和期望所约束。正如齐美尔所言:"所有领导者都在被领导。"③像许多"伟大"的领导者一样,孙中山可以顾影自怜到极点,好像对政治现实视而不见似的;他经常遭遇险境,但他对此也经常视若无睹。孙中山这种专注于自我的状态,往往预示着一波狂热动作的到来。与袁世凯、陆徵祥更为小心、更注重自我保护的做法不同,孙中山每次回归政坛,都是一个猛子扎进去,不加缓冲,甚至到了莽撞的地步。袁世凯会不时发表一下试探性的演说。他还为自

---

① Boorman, *Biographical Dictionary of Republican China*, vol. 3, 180.
② Georg Simmel, *The Sociology of Georg Simmel*, trans and ed. Kurt H. Wolf (Glencoe, IL: Free Press, 1950), 181-89.
③ Georg Simmel, *The Sociology of Georg Simmel*, trans and ed. Kurt H. Wolf (Glencoe, IL: Free Press, 1950), 185; David Strand, "Social History and Power Politics: Agency, Interaction, and Leadership," *Wilder House Working Papers* 12 (Spring 1995): 14-15.

己的皇帝身份精心策划了一场宴会,在宴会上采用了定制的皇帝服装和一套皇帝制式的瓷器。1920年,陆徵祥从法国归来时,高兴地对拥戴自己的人群挥手致意。只要一有机会,孙中山就会回到公共领域。在这方面,孙中山与女权运动者、各种类型的激进组织者以及正在竞选的政客没什么两样。孙中山的领导风格,反映和示范了全国各地政治干部越来越广的国民度,他们和孙中山一样,在面对公众时不会往后躲。孙中山不仅为国家领导提供了榜样,而且开始将这一新事物与新兴的地方领袖和运动领袖阶层联系起来。他将自己的形象和主张传遍全国,而全国上下也深信,孙中山就是他看到的整个或部分现代中国的化身。

1912年,孙中山一些看起来不务正业的举动——全国巡回演说,接受袁世凯的任命,出任铁路督办这一非政治职务,并不时在同盟会/国民党各派系间居中调停——透露出了一种策略。他陈述了自己的愿景,朝着可能仍支离破碎但非常广泛的公众传达了自己的想法,从而让自己从政治旋涡中超脱了出来。此举让孙中山的名字和形象继续发挥着影响力,而没有让他卷入当时毫无胜算的权力斗争中。孙中山把自己的愿景保存在了公众的脑海中,为权力的天平向自己倾斜的那一天做准备。他似乎本能地明白,有这样一个公共领域,可以存储和开发这些东西。无论报刊文章、照片、政治漫画和野史中的人群是在聆听、睡觉,还是转身离去,他们都是具有政治意识的个体和群体。在这一点上,孙中山没有想错。此外,一个方兴未艾的民间社会,为传播和展示形象和思想,从而显示政治效果,提供了良好的条件。如今,每个社区,不管规模大小,都有一整套乐于并经常热心接待重要人物来访的社团和组织,一家报道来访活动的本地报刊,以及对传达的信息与思想给予反应的政治和社会手段。

第六章 孙中山最后的演说

韦慕庭(C. Martin Wilbur)指出,孙中山的经历仅限于革命,这就意味着他实际上"几乎没有经历体验过别的事情";孙中山缺乏切实的准备,也可以解释他"计划的不切实际性"。① 然而在1911年以后,中国革命继续延续下去,覆盖了许多男男女女长大后的全部时光。于是,孙中山擅长的一件事——做好背景混杂、讲多种语言,但完完全全是中国公众人物的孙中山——更巩固了,也更有实际意义了。做孙中山变成了生涯的全部。像许多近代政治家一样,在这一专业能力上,孙中山拥有的实践经验最为丰富。

更具体地说,在技巧和风格方面,流亡海外的经历让孙中山成了一位卓越的演说家和宣传家。身处东京、纽约和伦敦等城市,近代媒体以及方便的城际、洲际电报线路,放大了孙中山言论的影响力,也让孙中山的言论可以传播到更广的地方,这在当时的中国还是难以完全做到的。与此同时,19世纪90年代中国发生的种种事件表明,电报、报纸等传媒手段正成为公众发声和政治斗争的中心。白吉尔在为孙中山作传时指出,孙中山很早就敏锐地捕捉到了将新技术应用于政治的意义,由此成了"一种媒体的天才,他是为喷气式客机、传真机和电视而生的,但他只有轮船、电报机和报纸可用"。② 在这方面,孙中山与一些女权运动者很相似,这些女权运动者吸引和运用媒体关注的超常能力,受到了凯莉·查普曼·卡特和阿莱塔·雅各布的谨慎赞赏。孙中山的政治野心,以媒体为基本盘的战略,以及接连不断的出行,也使得他没完没了地请求经济资助。他一边宣讲自己的政治思想,一

---

① Wilbur, *Sun Yat-sen*, 75. 引文采用:[美]韦慕庭《孙中山:壮志未酬的爱国者》,新星出版社,杨慎之译,2006年8月,第82页。——译者注
② Bergère, *Sun Yat-sen*, 5.

边在海外华人群体中接二连三地做募捐演说。金钱和言论的政治交易,在来自中国沿海商业发达地区的孙中山身上,就这么自然而然地发生了。①

1911—1912年冬天,孙中山突然回到中国,为他流亡海外的经历画上了一个句号。在辛亥革命爆发期间的报纸上,孙中山照片下的题注是"革命领袖""革命大家"。②上海《民立报》称赞孙中山"道德纯洁",为革命献身长达几十年,最后理所当然地赞美孙中山为"中国之乔治·华盛顿"。③《民立报》还整版刊登了孙中山和三个孩子的照片——但其中并没有他外貌传统的妻子——作为民国新时代的典范。后来,他又与年轻的现代女子宋庆龄完婚,进一步完整了新时代典范的形象,里昂·沙曼在写到这一段时,巧妙而毫不留情地将此称为"近代化造就肉身"。④

孙中山最初的"反贼"恶名现在摇身一变,成了政坛显贵的美名。虽然孙中山在南京参议院和明孝陵的公开亮相开了个好头,但他很快发现,国内政坛形势依然不容乐观。他与同盟会领导的政治联系很微弱,而且近年来,他与同盟会这一组织的关系也越来越疏远。孙中山虽然迅速成为人们熟悉的革命人物、民国要人,但他尚未掌握国家领导权。面对政治命运的新逆转,孙中山在国内继续做着此前在国外做的事——巡回演说。孙中山没有访问东南亚、日本、欧洲和美国,而是一趟趟地奔波在中国各省之间,这占据了孙中山1912年的大部分时间。其间的绝大部分时

---

① Marie-Claire Bergère, "The 'Other China': Shanghai from 1919 to 1949," In Christopher Howe, ed., *Shanghai: Revolution and Development in an Asian Metropolis* (Cambridge: Cambridge University Press, 1981).
②《时事新报》,1911年10月1日;《时报》1911年12月27日。
③《民立报》,1911年12月30日。
④ Lyon Sharman, *Sun Yat-sen*, 自183页起。

候,孙中山的身影消失在了北京和上海的国家政治中,而出现在全国各地,其行程被国家和地方报刊密切报道。①

孙中山的公众人物生涯模式,包括种种退出又重归政界的轮回,以及在中国和世界各地的长途旅行,都推动了政治创新。领导者和被领导者之间的密切联系不是自然就有的,即使在代议性政府传统更久远的政治文化中也不例外。在英国这样的老牌成熟民主国家,也是直到19世纪60年代,才出现了倾向于平民主义的威廉·格莱斯顿(William Gladstone),他在政治运动中不仅仅与有限的选民接触,而是成了真正意义上的公众人物,这在当时是一个创举。格莱斯顿在曼彻斯特等地方城市巡回演讲,吸引了大批群众,其中许多人直到1867年的改革法案颁布后才拥有投票权,这让他在同侪中显得与众不同。他就像孙中山一样,"演说才能不可限量"。② 格莱斯顿借此极大地扩展了公共生活的范畴。③ 孙中山做的事也大抵如此,但和格莱斯顿不同的是,孙中山在议会和政党中并没有稳固的地位做后盾。

鉴于宋教仁建设议会民主的计划不仅以失败告终,还招来了杀身之祸,孙中山拒绝把希望寄托在大城市里的政治机构上,显得很有先见之明,或者说,至少显得很明智。他在没有选举的情况下开展政治运动,并在没有政府席位的情况下,将自己的政策向全国广而告之。除了到北京协助同盟会重组为国民党,并在8至9月与袁世凯会面,这一时期,孙中山推进自己政治事业的方式,是从国家政治退居地方政治,一次次与地方上的人们会面,地方上的人们把孙中山当成国家政要欢迎,而当时的权力斗争已经

---

① Bergère, *Sun Yat-sen*, 222;王耿雄编:《孙中山史事详录 1911—1913》。
② Lytton Strachey, *Eminent Victorians* (New York: Modern Library, 1918), 7.
③ Jenkins, *Gladstone*, 237.

从制度层面否定了孙中山的这一身份。1912年,孙中山短暂造访了广东和他的家乡翠亨村,但他并未把故乡当作自己的基地。说起来,整个中国都是孙中山的家,为了证明这一点,孙中山尽量往国内更多的地方跑,到一个个已经对其名气与新闻价值有所关注的城市和城镇,宣传自己本人和自己的想法。地方上的另一种中国政治生活,仍处于革命之后的动荡状态,孙中山在其中受到了普遍的热情接待。因为出行依赖航运与铁路交通,而航运与铁路交通主要的服务对象是城市和城镇,所以孙中山与民众的接触有限。即便如此,孙中山仍亲自带着自己的规划东奔西走,清晰地表明了他在北京和上海以外的地方,以及四万万人的相当一部分中,进一步寻求政治中心地位的渴望。

有时,孙中山面对的公众和听众来自截然不同的背景,他们的期望也天差地别。孙中山初次从国外回来时,上海的革命同志们恭敬地欢迎他,并热心地将他送到南京参加就职典礼。还有报道称,南京一带的一队士兵射杀了一只老虎,并用虎肉做了隆重的一餐,发誓要在他们以为箭在弦上的北伐战争中取得胜利。[1]血性的誓言和带有原始气息的行为,与大礼帽和进步的谈话一道,争相吸引着孙中山的注意力。在当时的报刊、回忆录和文学作品中,听众们总是散发出一种精英的成熟气息,最有代表性的就是那些穿着西服、戴着帽子、精心修好头发和胡子,并欢迎孙中山抵达南京的男性,以及几个月后,以一种不那么端庄的姿态,跟

---

[1]《时报》1911年12月26日,第3版。在当时的市场上,虎皮可以买卖,不过当时报告射杀的稀有"老虎"其实可能是更常见的豹子。Malcolm P. Anderson, "Notes on the Mammals of Economic Value in China," *Annals of the American Academy of Political and Social Science*, vol. 39, *China: Social and Economic Conditions* (January 1912): 174.

第六章 孙中山最后的演说

着唐群英进入南京参议院的那些留着齐耳短发的女性。① 此外,还有更为本土化和平民化的东西,具有仪式感的虎肉大餐、不同群体间你死我活的倾轧、大规模剪辫、绅士接管了许多地方的权力等,都是显著的例子。孙中山形态多样的政治活动,对每一个不同背景的支持者都是开放的。

孙中山于4月3日离开南京,整个1912年春天,他都在中部和华南地区奔走,访问了武汉、安庆、上海、福州、香港、广州、澳门、翠亨村,最后回到上海。数千人到南京火车站送行,许多人大声喊话支持孙中山,赞扬他愿意让位给袁世凯,为国内和平创造更好的前景。② 8至9月访问北京后(8月途经烟台、天津到达北京,9月到张家口进行了两天一夜的访问),孙中山开始周游北方地区,先后到了太原、天津、保定、石家庄、唐山、开平(以及附近铁路沿线的两个城镇滦州、榆关)、青岛和济南,最后又返回上海。10月,孙中山又乘军舰访问长江下游地区,在江阴、镇江、南京、安庆、九江、南昌等地停留,然后经九江、芜湖返回上海。12月,孙中山又到了杭州,参加纪念秋瑾的集会。③

孙中山不仅做了很多演说,而且也养成了一种气度,向人们彰显着他民国国父和捍卫者的角色与声誉。孙中山的外表就匹配了这种气度,显得很现代,还有一些很洋气的细节,比如他常戴的丝制帽子。1912年4月晚些时候,在访问武汉期间,孙中山参加了一些仪式,其中就有如今已是例行公事的官方欢迎、行礼、铜管乐队奏乐等环节。而且,孙中山至少去跳了一次交际舞,这项

---

① Harrison, *The Making of the Republican Citizen*, 14.
② 王耿雄编:《孙中山史事详录 1911—1913》,第258页。
③ 陈锡祺主编:《孙中山年谱长编》上册,北京:中华书局,1991年,第686—705、733—754页。

373

活动在许多人看来是"异乎寻常的事情",但是当然,对于一个见过世面的、戴着丝制帽子的人而言,跳交际舞可能是一种让人乐此不疲的娱乐活动。① 就像跑竞选的政客一样,在访问各地时,孙中山经常向当地人许下承诺:要在武汉修横跨长江的铁桥,在太原建"一大炼钢厂",在每个地方都铺设更多的铁路、跑更多的火车。② 孙中山兑现得最靠谱的东西,可能就是他自己。9月下旬,孙中山返回上海,途经济南时接到消息,说青岛的学生想邀请他去访问,但当时青岛是条约口岸,学生们的请求遭到了德国当局的拒绝。孙中山闻讯后说:"我本来不准备去青岛,既然德国侵略者不喜欢我去,我就非去不可。"③于是,孙中山去了青岛,在向学生和当地居民演说时,他特别批评了德国的帝国主义傲慢,但同时称赞了德国人在青岛实施的教育改革。

几周之后,孙中山又到访长江沿岸的安庆,支持当地的禁烟工作。④ 在孙中山到达安庆的前几天,安徽都督江宽⑤遭到英国派来调查的炮舰威胁后,亲自监督销毁了一家英国公司的鸦片存货。⑥ 1911年,中国与英国签订了一项旨在逐步停止和限制鸦片贸易的新条约。自此之后,地方当局及与之合作的禁烟运动推行者,在禁烟问题上更加积极主动,举措也更激烈了。孙中山在安

---

① 王耿雄编:《孙中山史事详录 1911—1913》,第224页。
② 同上,第267、425—426页。
③ 同上,第435—436页。
④ 陈锡祺主编:《孙中山年谱长编》上册,第741—742页。
⑤ 此处作者弄错了人名。时任安徽都督应为柏文蔚,而"江宽"号是孙中山此次访问安庆时乘坐的轮船。——译者注
⑥ R. K. Newman, "India and the Anglo-Chinese Opium Agreement, 1907 - 1914," *Modern Asian Studies* 23:3(1989): 552 - 53. 派遣炮舰是为了对此事展开调查,并非要使用武力手段。(p. 556)

庆发表了长达两小时的演说,谴责英国人的"无理干预",①并赞扬了当地总督和平解决冲突的外交手腕。孙中山还赞赏了听众和全中国的民众,因为他们已经产生了一种新的"民族意识",可以支持他们完成"铲除"鸦片等"罪恶"的使命。②

在大多数地方,孙中山都受到了热烈的欢迎和赞颂。经常能听到人们用从前称颂皇帝的"万岁"致敬孙中山。不过,确实也有人对孙中山宣讲的东西给出了负面的回应。比如,在访问武汉期间,孙中山演说自己特别关注的平均地权问题,就遭到了人们的强烈质疑。③ 在访问武汉"三镇"之一的汉阳时,孙中山向当地商会宣讲了民主的必要性,但商会的一位领导告诉孙中山,这一主张在中国"为时过早"。其间,一小撮商人溜出了会议厅,悄然而明确地表现出了他们的不赞同。④

有时,孙中山会批评地方上招待自己的一些细节,目的显然是将中国塑造成他心目中合适的共和国的样子。1912 年 4 月,孙中山乘船从上海到香港的途中,到福建省会福州停留。福建都督孙道仁安排了壮观的游行队伍进城迎接,亲自骑马走在队伍的前面,孙中山坐在紧随其后的轿子上。然而,当孙道仁来到码头迎接孙中山时,这位卸了任的大总统看见写着"欢迎孙大总统"和

---

① 陈锡祺主编:《孙中山年谱长编》上册,第 741—742 页。
② 据同盟会成员刘天因于 20 世纪 50 年代初次发表在《人民日报》(1955 年 10 月 28 日)的一篇回忆文章,孙中山是迎着停靠在江边的英国炮舰发表演说的,见刘天因:《中山先生在安庆烧鸦片烟的故事》,尚明轩、王学庄、陈崧编:《孙中山生平事业追忆录》,第 231—232 页。而陈锡祺主编的《孙中山年谱长编》中引用的《民立报》文章等多种当时留下的史料记载,孙中山的演说是在 10 月 23 日,由此可见英国派遣炮舰是在孙中山抵达安庆几天以前的事。英国炮舰"1912 年 10 月 14 日受命开赴安庆"(Hayes and Sait, 733)。
③ 王耿雄编:《孙中山史事详录 1911—1913》,第 224 页。
④ 同上,第 225—226 页。

"孙大总统万岁"的标语,非常生气地提出了抗议。① 孙中山坚持,共和国的总统只要离任,就再次成了平民。其后的8月,孙中山抵达北京,看见袁世迎接他的皇家马车和白马时,也是用"平民"来形容自己的。孙中山说:"(我)怎么还可称总统?至于'万岁'两字本是封建专制皇帝硬要手下的官民称他的。我们革命的先烈为了反抗'万岁',牺牲了多少头颅?流了多少血?……我不下船!"

  孙道仁见状,下令把标语改称"欢迎孙先生",欢迎会才得以继续进行。接着,当队伍走到一群学生那里时,孙中山不仅自己走出轿子向学生们问好,还让都督也从马上下来。不过,孙中山还是按照传统的做法,给当地的建筑和机构题了词。可惜,在1913—1914年二次革命期间,其中一处题词被亲袁军队毁坏了。② 孙中山还向一位革命烈士的宗族致敬,并为另一位烈士的遗孀捐赠了现金。孙中山离开福州后,福州将一条街道改用孙中山的名字命名,以示敬重。孙中山的福州之行,在旗帜、标语、仪式等方面,展现了孙中山锱铢必较、坚持原则的一面。在裁定共和的价值观方面,无人能与孙中山抗衡;而且,孙中山偶尔还会昭示自己在这方面的权威。孙中山无法强迫袁世凯迁到南京,但他可以当着众人的面让福建都督下马,此情此景令人过目难忘。

  不过,在这些事情上,孙中山也并非始终如一。有时,他也会欣然接受"万岁"的呼喊,而在访问北京期间,第一次在与袁世凯

---

① 钱履周:《记孙中山先生来福州的见闻》,尚明轩、王学庄、陈崧编:《孙中山生平事业追忆录》,第235—236页。
② 郑贞文:《孙中山先生来闽》,尚明轩、王学庄、陈崧编:《孙中山生平事业追忆录》,第233页。

宴会上会面时,孙中山甚至向袁世凯直呼"万岁"。① 在各级官场中,宴会都是共和政治文化的一个固有特征,也是支持公共生活的社会基础架构的额外根基。陆徵祥这样的人可能会批评这是一种放纵的行为,但在孙中山的社交和政治旅程中,宴会是不可或缺的组成部分,就像帝制之下,读书人少不了宴会一样。还有一次,袁世凯邀请孙中山及其随行人员到总统府用西餐。在敬了数不清的酒之后,据称此时已经"饮之半酣"的袁世凯站起身来,即兴把孙中山赞美了一通,其中讲到了孙中山的诚意和"游历"海外的经历,并把两人之间所有的所谓"误会"都归咎于"谣传";又向孙中山敬酒,高呼"中山先生万岁"!孙中山投桃报李,恭维袁世凯"富于政治经验",并用"万岁"向袁世凯、中华民国和"五大民族"致敬。② 对于什么仪式合适,几乎没有确定的观念可以遵循,于是孙中山和听众即兴创作了他们自己的仪式,有的借鉴了一些西方的元素,有的则直接保留了熟悉的帝王和读书人礼仪传统。在中国历史上,领导人主动采纳传统,并不是什么新鲜事。当年秦始皇封禅泰山,在仪式怎样才恰当的问题上,朝廷的儒生们就达不成共识。他们建议把车轮子包起来,避免对山造成伤害,但这一提议最后遭到了秦始皇的拒绝。秦始皇斥退了 70 位随行的儒生,开辟了通往山顶的道路,树立了自己的石碑,亲自主宰了自己与山神之间的交易。③ 从本质上说,如今共和的仪式是属于每一个人的,当仪式涉及领袖与民众间的交易,而这种交易还是世俗权力的公认来源时,就更是如此。

---

① 蒋薛、唐存正:《唐群英评传》,第 112 页。
② 王耿雄编:《孙中山史事详录 1911—1913》,第 366—367 页。
③ Aihe Wang, *Cosmology and Political Culture in Early China* (Cambridge: Cambridge University Press, 2000), 142.

通常，孙中山会乘火车或轮船到达一地，然后被汽车、马车或轿子接走。孙中山环游中国的交通工具所具有的现代性，与到达一地后使用的当地交通工具常常形成鲜明对比。虽然轿子体现出，传统和技术落后的现象仍然有残余，但要将伟人孙中山接进城，轿子可能是最好、最合适的交通工具。在孙中山眼里，公众看到的任何东西都可能有某种寓意，所有抽象的想法都需要具体而微的阐释。孙中山很欣赏大大小小的各种姿态所具有的价值。由此所产生的各种轶事，不仅增强了孙中山的传奇色彩，还让他在政要、人群和听众不断变化和更迭时，得以一直与其保持联系。在 1912 年夏天访问北京期间，孙中山带着一名武装警卫穿过使馆区，而当时是不允许中国人这样的。因为孙中山的声望，使馆区予以警告后就放行了。孙中山立马把这件事放到了演说中，称这是首都终归要迁离北京的又一个原因。① 在运用这些轶事方面，孙中山非常敏锐，做得也很巧妙。和鲁迅一样，孙中山也会把那些让他烦恼、愤怒的东西——有时很琐碎的日常小事也不例外——变成含有寓意的故事，以及对整个国家的形容。十年后的 1921 年 10 月，孙中山在从广州到桂林的旅途中，问一位轿夫高寿了。当听到轿夫已届花甲时，孙中山走下了轿子，说："将来革命成功了，你们就不用抬轿了。"② 这些象征性的行为，成了当时中国许多领袖的标志。比如，军阀冯玉祥就以平民主义和政治表演著称，在这方面的名声不下于孙中山。据一位陪同他慰问郑州士兵的苏联官员记载，冯玉祥前往郑州时，坐的是头等车厢，"但在进城前的最后关头，冯玉祥抄起一把士兵打的伞和一个装着干

---

① 王耿雄编：《孙中山史事详录 1911—1913》，第 377 页。
② 张猛：《孙中山先生在广西时的一段回忆》，尚明轩、王学庄、陈崧编：《孙中山生平事业追忆录》，第 334 页。

面包皮的白色袋子——这是每个士兵的必备品——然后转移到了货车车皮上"。当火车到站,冯玉祥和其他士兵一起出现时,"引起了巨大的反响"。① 不过,史料显示,孙中山并未如此弄虚作假过,即使有,也非常少。正如沙曼所承认的,孙中山就是活成了自己扮演的孙中山。

孙中山的行程相当引人注目。他下榻的旅馆和住所总是被有求于他或仰慕他的人围得水泄不通,用报刊上的话说是"争睹英雄"。② 在1912年孙中山访问北京时,一名记者起了个大早去采访孙中山,到达之后,发现孙中山还没有起床(当天是8月26日,头一天孙中山刚刚在国民党大会上大费周章),但已经有10多人在等着见孙中山了,其中广东人居多,还有2名日本记者。很快,这10多人就增加到了70多人,于是记者没有采访就离开了,但孙中山的吸引力给记者留下了深刻的印象。③ 正如报刊所说,这样的"办公时间"是孙中山日程中的惯常特色,也是在他出席的一系列会议和宴会之外的补充。④

某些政治事件会成为一个时代"政治想象的中心",例如皇帝或其代表进入罗马城,中国皇帝举行的仪式和出巡,或一次近代政治会议。⑤ 虽然建立共和后,中国政治文化的核心是群众示威和抗议,特别是爱国示威和抗议,这些事件当然也广为人知,但是孙中山等政治人物更为日常的游历,也很快成了公众生活中固有的一部分:在火车站和码头举行欢迎仪式,列队向城里进发,拜访

---

① Cherepanov, *As Military Adviser in China*, 188.
② 王灿炽:《孙中山与北京湖广会馆》,北京市对外文化交流协会、北京市宣武区地方志编纂委员会编:《北京湖广会馆志稿》,北京:北京燕山出版社,1994年,第31页。
③ 王耿雄编:《孙中山史事详录 1911—1913》,第371页。
④ *China Republican*, September 3, 1912, in Catt, XII.
⑤ Brown, *Power and Persuasion in Late Antiquity*, 13.

当地的重要人物和地点,发表演说和举办讲座,拍摄纪念照,与来宾和访客磋商,最后离开。当然,统治者应该岿然不动,隐藏在高墙之内,与外界隔离开来,从而攫取权力和增强权威的想法,此时并没有完全消失。但是,如今四处走动也成了权力的象征,就像清朝时期,出巡体现了康熙、乾隆等更爱往外跑的皇帝的权力一样。孙中山当然希望他的出现会给当地民众和社区带来翻天覆地的变化,但他的访问也带来了更多、更日常的互利交换。① 通过接待来访政要,当地民众和领导可以共同建立全国和跨国联络,这些联络可能会派上用场。孙中山则发展了自己的支持者和同情者。

虽然地方上的问题有所不同,但中国各地有着共同的国家取向。对此,孙中山以一些反响良好的概述性内容做出了回应。他承诺发展经济,批判条约口岸的外国势力。孙中山似乎是在逃避政治,而此时袁世凯正在为各种问题买单。1912年孙中山的北方之行,看起来就像是一场由对手资助的政治运动。其实,早在宋教仁及其政治团队在1912年秋和1912—1913年冬开始政治运动之前,孙中山就已经踏上了他的运动之路。从此以后的大部分人生中,孙中山都时断时续地扮演着这一公众人物的角色。其间,他一直在思索如何将自己的名望变成领袖魅力,如何从支持者的忠诚中发展出组织,如何击败诸多对手的反抗,获得胜利。

孙中山很少出面领导政治抗议。他在青岛和安庆的谨慎介入,倒是已经近乎当地对"德国侵略者"和英国炮艇外交的反抗。只要能避免,孙中山不会牵头任何不守规矩的事情。他更喜欢有

---

① Burns, *Leadership*.

第六章 孙中山最后的演说

秩序的公众和顺从的听众。结果,1919年五四学生和民众运动的爆发,使得孙中山早期的举措显得既保守,又与时代脱节。难道这些运动不是民国时期公共生活中具有决定性意义的时刻吗?然而,如果我们把民国的民众运动分解成一个个部件——发表演说,在不同圈子和团体间广泛寻求联合,精心策划戏剧性的政治姿态,创造新的政治仪式,在政治事件引发从一个城市蔓延到另一个城市的运动时,充分利用活跃的民众日益增长的模仿力,以及任用能够内化信息,并采取相应的行动传播信息的干部——就会发现,孙中山即便不是第一个采取以上种种行为的人,也是这些方面的专家。

最后的演说

孙中山最著名的系列演说,是1924年在广州做的,在他生命的最后一个夏天里陆续出炉,这一系列也是近代中国系列演说最重要的典范之一。从1924年1月27日起,孙中山开始了每周一次的三民主义演说,先是演说"民族",讲到了3月2日;3月29日至4月27日演说"民权";8月3日至24日演说"民生"。① 广州演说开始的一年多后,孙中山在北京去世,临终前签字认可了汪精卫代写的遗嘱和遗愿。② 然而,从许多方面看,孙中山在1924年的一系列演说,都最后总结了其思想及其对未竟革命事业的指示。1924年,孙中山更多地出现在了公众视野中,而此时,正是国民党改组为列宁主义政党而非议会政党的时候。实际上,孙中

---

① 广东省哲学社会科学研究所历史研究室等合编:《孙中山年谱》,北京:中华书局,1980年,第33页。
② Boorman,*Biographical Dictionary of Republican China*,vol. 3,185.

山最后的演说,推动中国进入了党国时期。

　　孙中山发表这一系列演说,以及国民党改组的同时,议会制的北京政府所残留的一点儿共和性质正在被军阀破坏殆尽;一年之后,五卅运动引爆了民众对帝国主义侵略的反对,抗议活动遍及全国600余市镇。1924年,陆徵祥正担任驻瑞士公使的职务,这一职位是应他本人请求安排的,这样他就可以留在洛迦诺,在家照顾生病的妻子。① 而此时的唐群英,仍然活跃在长沙的妇女运动中。她在长沙开办并主持着一所女子中学,在游说湖南省政府把包括参政权在内的妇女平等权利写进该省宪法时,她也做出了贡献。② 此时的孙中山、唐群英和陆徵祥,不约而同地淡出了发生在首都的种种事件。

图10　孙中山1924年在广州的演说地点③

---

① Boorman, *Biographical Dictionary of Republican China*, vol. 2, 444.
② 李天化、唐存正主编:《唐群英年谱》,第55页。
③ 图片来源:Ceceile Strand.

第六章 孙中山最后的演说

孙中山将自己的军队聚集在广东老家,以备在必要时进行北伐,武力统一全国。唐群英在家乡湖南努力推进着在国家层面受阻的男女平权事业。陆徵祥在国外出任他的最后一个政府职务,他在公共和私人层面的自我都充满世界性,在外国任职比在中国哪里任职都合适。至少,他在欧洲的使馆由外交公约赋予了稳固的主权法律地位;而在国内,条约口岸和租界当局是不承认这一点的。而与此同时,中国虽然还处在分裂状态,饱受侵略,还被割占了一部分领土,却有大量的迹象表明,中国正在朝着某种形式的统一发展,虽然这种形式还不为人知。孙中山在1924年发表这一系列演说的目的,就是在国民党北伐前夕,描绘出统一的中华民国,并积攒实现这张蓝图所需的工具。

每周日上午,孙中山都在广东高师礼堂(图10)向两三千名听众演说。这座石膏墙、铁屋顶的建筑保存至今,它是20世纪早期公共建筑的典范,足以与南京参议院大楼相媲美。大厅的中轴线是南北走向,演说者坐北朝南,对面不远处就是珠江。房间不大,这样一来,演说者不必高声讲话,台下也能清楚地听见。除了大厅内部,还有一个阳台,上面也有座位。大厅内部的装潢也和北京的湖广会馆很像,只不过天花板更高,相对没那么豪华。孙中山演说时,大厅里挤满了国民党和政府官员、学生等"各行各业的人"。[①] 他们一般都很专心地听讲,当然有时也会因为疲劳或饥饿而分心(一位听讲者回忆道,当时孙中山一结束当天的演说,他就赶紧往餐厅冲)。孙中山演说时会看提纲和相关资料,但不会提前写好讲稿,所以这些演说都只能抄录下来。[②]

[①] Cheng Yin-Fun, "On Hearing Dr. Sun Yat-sen's Lectures on the San Min Chu Ⅰ," *China Form* 5:1(January 1978):226.
[②] 同上。

孙中山的这些演说,是对多年演说和写作内容的提炼。他希望自己的话不仅能影响当时当场的观众,还能产生更广泛、更久远的影响。国民党官员邹鲁负责这些演说的抄录工作,在最终出版的文本中,还包括了孙中山所作的许多更正和校订。① 孙中山坚持认为,最终的定稿必须简洁明了、易于传播。他对邹鲁说,虽然他的思想是"深奥"的,但"要使凡识字的人,个个都能看得懂。这样,我的主义才能普及民众"。② 为了讲得更清楚,孙中山演说的时候会用黑板,还有一次,他为了把问题讲明白,还从口袋里掏出一朵花来。③ 他还执意要用大字印刷出版第一版演说,这样视力不佳的老年人就可以阅读了。④ 1924年5月,孙中山还录制了一套四张的唱片,内容是三民主义和其他相关问题的演说。⑤ 孙中山演说收到的反响总体上是积极的,但也并非完全如此。有一次,孙中山的"民生"演说中批判了马克思主义的诸多特质,演说过后,苏联顾问鲍罗廷(Borodin)找到他,并抨击了孙中山的思想。在与鲍罗廷辩论了半个小时后,孙中山非常生气,由此可见孙中山对演说工作的认真程度,以及将自己的思想与共产主义划清界限的强烈愿望。⑥

　　孙中山绝非一以贯之的政治思想家,甚至连有条有理的政治思想家都算不上。孙中山去世后,被神化成了意识形态的创立者和构造者,这掩盖了一个事实,用一位党外传记作者的话说,就是

---

① 邹鲁:《回顾录》第1册,第166—170页。
② 邹鲁:《回顾录》第1册,第172页。
③ 孙中山著,胡汉民编:《总理全集》第1卷,第117—118页。
④ 孙中山著,胡汉民编:《总理全集》第1卷,第177页。
⑤ 罗家伦主编:《国父孙中山先生年谱初稿》,台北:正中书局,1959年,第667页。
⑥ Wilbur, *Sun Yat-sen*, 243.

孙中山"不是一个伟大的思想家"。① 孙中山志在将人们对王阳明和卡尔·马克思的偏好转变为对自己的偏好,但他的思想缺乏独创性和严谨性。② 他的著作和演说中矛盾百出。与唐群英、沈佩贞等女权运动者不同,孙中山嘲笑西方的"自然权利"理念罔顾历史,③然后一转身就开始构建自己的神话:一个在自然状态中形成的独特中国社会。他作为一名民主人士,这一秒还在抨击专制君主"朕即国家"的套路,下一秒就号召同胞参与"我的革命"。④ 他一面说国家权力是强权和暴力,一面又说国家权力体现了"互助"的和平奉献。他还坚称,皇帝统治下的中国人享有的自由既太多了,也太少了。⑤ 孙中山特别爱做类比、讲故事、打比方,于是他把政府比作机器、股份公司和家庭。孙中山可以用机械、商业契约和家庭等不同领域的词儿来形容国家,虽然体现的可能是他多样的视角,而不是滑头,但他确实有一种倾向,就是在处理这些冲突时,混用不同的表达,并假装真实的差异不存在。他坚称自己的"民生"主义和社会主义异曲同工,但他在阶级冲突等问题上与社会主义者和共产党人有严重的分歧。⑥ 他希望调和儒学和共产主义,但调和的办法仅仅是称两者之间联系密切。⑦

---

① Harold Schiffrin, *Sun Yat-sen and the Origins of the Chinese Revolution* (Berkeley: University of California Press, 1970), 2.
② 同上,第 365 页。
③ 孙中山著,胡汉民编:《总理全集》第 1 卷,第 94 页。
④ 同上,第 90—91 页。
⑤ 同上,第 106、714 页。
⑥ Young-tsu Wong, Review of Sidney H. Chang and Leonard H. D. Gordon, *All under Heaven*, Journal of Asian Studies 51:1(February 1992): 142-43.
⑦ Wolfgang Bauer, *China and the Search for Happiness* (New York: Seabury Press, 1976), 347.

孙中山这一系列演说的背景之一是,他最终认可了建设纪律严明、等级森严的政党的必要性。此前,再度改组的国民党刚在广州开完代表大会。孙中山承认,光靠动嘴不足以实现自己的愿景。1924年1月21日列宁去世后不久,孙中山发表了纪念演说,其中赞扬道:"您,列宁,是了不起的人物。您不仅发表演说,教导别人;您还把说的话变成了现实。"①在孙中山看来,言与行这一困扰中国共和主义者的问题,列宁已经成功解决了。虽然孙中山是文字大师,能在惨淡的现实中描绘出美好的未来,但他也感到,实现愿景的压力越来越大。不幸的是,孙中山赞美列宁,列宁却没有礼尚往来,他生前反而批评孙中山只是名义上的共和主义者,而缺乏民众支持。②

这一时期,孙中山拥护的政治方针包括建设列宁主义政党,与规模较小但充满活力的共产党联合,以及建立训练有素的军队。这一情形与1912年发生的事情异曲同工,此时的孙中山扮演了当时宋教仁的角色,主持了党的重组和调整工作,以吸收新的联合对象。唯一不同的是,1924年的国民党,转向的是激进,而不是保守;是威权,而不是民主。并没有史料显示,孙中山为这一即将来临的变化而痛苦过。在过去,他领导着由许多地方小团体派系松散结合而成的同盟会,把领导权交给宋教仁这样势力弱小而思想独立的人物。为防止背叛,他执意要求宣誓个人效忠,也在推想何种凝聚力可以团结国家后,彻底放弃这一举措,任其自生自灭。

---

① Bergère, *Sun Yat-sen*, 9.
② 侯外庐:《孙中山到毛泽东》,1949年,第8页。

第六章 孙中山最后的演说

仅仅是几年前的 1917 年——这一年"十月革命"爆发,最终让许多中国人信服了列宁主义——孙中山采取的还是一种截然不同的路子,既体现了他对女权运动展示出的力量有多深的印象,也体现出他多么迫切地想要解决自己和中国的领导权问题。1912 年,孙中山在与女同志打交道时频繁变卦,在《民权初步》中,他从这段经历里吸取了有用的经验,推荐了一位著名政治组织者为女权运动编写的指南——《妇女议事法手册及妇女组织实用图解》(*The Woman's Manual of Parliamentary Law, with Practical Illustration Especially Adapted to Women's Organization*),作为动员、组织中国并推动中国民主化的蓝图。① 孙中山希望这本由美国女权运动者哈里特·沙德(Harriet Shattuck)写于 19 世纪 90 年代的书可以翻译出来,并分发到"宗族、社团、学校、农会、工会、商会、公司、国会、省议会、县议会,以及其他探讨国家事务的会议上",这样既可以激发这些团体的能量,又可以对其加以引导。沙塔克的目标是让美国妇女做好准备,迎接"迅速以成熟姿态进入公开辩论领域"的严峻考验。② 孙中山尤为欣赏的,是她为确保公共生活有序有效开展,以"军人手册"或"化学配方"的方式,列出了明确而有约束力的规则。孙中山认为,自己在沙塔克的"议学"中找到了将全中国团结在一起的方法。他希望通过传播议会秩序的条文和精神,将读书人曾颇为关注的"合群"与有组

---

① 孙中山:《〈民权初步〉自序》,孙中山著,胡汉民编:《总理全集》第 1 卷;Harriet Shattuck, *The Woman's Manual of Parliamentary Law, with Practical Illustrations Especially Adapted to Women's Organizations* (Boston: Lothrop, Lee and Shepard, 1891); Tricia A. Lootens, "Publishing and Reading 'Our EBB': Editorial Pedagogy, Contemporary Culture, and 'The Runaway Slave at Pilgrim's Point,'" *Victorian Poetry* 44:4(Winter 2006): 492, 503. 沙德在讣告中被誉为"女权斗争的先驱", *New York Times*, March 23, 1937.
② Shattuck, *The Woman's Manual of Parliamentary Law*, iv.

织的"团体"结合起来,建立一个既有国民意识又有纪律的"合群团体"社会,从而与西方国家的动员力相匹敌。

此前女权运动的种种模式,比如在国际舞台上上演的地方事件,中外政治活动参与者的跨国协作,媒体和宣传运动,直接行动,激进组织,以及坚定的领导干部,都为孙中山后来接受列宁主义、共产国际顾问、军事化和五四式激进主义埋下了伏笔。孙中山的首要目标是建立有用的政治秩序,而非政治多元、个人权利和法治。他在1923年和1924年放弃了民主,这是在方法和目标上的重大转变,但他作为政治领袖的特质并没有改变。就像那些雄心勃勃的企业家采用西方经营和广告宣传方法一样,只要有助于在自己领导下统一全中国,孙中山愿意尝试任何模式和方法,不管它们是美国女权运动者的,是英国殖民统治者的,还是俄国和共产国际的。① 孙中山迷恋机器和机车,并由此生发出了机械化的政治思维,他一直在寻找能够指导"组装"可以自力更生的中国的"说明书"。在危机四伏的境况中,孙中山不是唯一在寻找"说明书"的人。在1920年成功赢得女子参政权后,凯莉·查普曼·卡特将注意力转移到了世界和平运动上,她在1938年的一次演讲中说:"德国有纳粹初级读本,俄国有红色初级读本。我们也该有一本美国初级读本。它必须讲述这片大陆上发生过的斗争,斗争不是为了权力,而是为了自由。"②

长期以来,孙中山都很注重秩序和纪律,因此他有条件地接受了列宁主义,在操作层面给自己的三民主义初级读本做一些补充。不久以前发生的事情,特别是1922年广东的陈炯明

---

① 参见 Cochran, "Marketing Medicine and Advertising Dreams in China." 对中国商业活动的研究。
② Birdsell, "Carrie Lane Chapman Catt," 335.

叛变，让孙中山更迫切地希望找到控制自己的民众和政治精英同僚的适当机制，以便他能够反过来推动和控制中国。这种方法上的转变需要相当的战术灵活性，不过孙中山深谙此道。他曾多次改弦易辙：19世纪90年代从改良转向革命；1905年以同盟会作为组织依靠，到1910年又几近抛弃同盟会；1912年与袁世凯和解，1913年又发动武力讨袁；20世纪10年代致力重建以个人效忠为基础的政党，到20年代又转向列宁主义。近来一项关于中国历史上领导模式的研究，赞扬孙中山很好地应对了时势与潮流中的意外和变化，而正是这些东西塑造了领袖身处的环境。① 该研究甚至认为，孙中山选择与共产党合作，眼光堪比梅西百货在零售业的眼光——梅西百货早早看到了信贷购物、信用卡购物和十天退货政策等举措的潜力。其中所反映的，或许是在正在实行经济改革的当今中国，人们由市场驱动的关切，以及对孙中山思想和政治的商业基础的察觉。② 同样，除了以俄国为靠山、以列宁主义为政治手段，孙中山别无选择，也是事实。除了俄国，没有任何外国势力愿意支持孙中山；而除了无政府主义和复辟帝制，孙中山也已经把其他一切意识形态思想和组织形式都尝试一遍了。

到了1924年，在让自己本人及自己的规划成为党和国家的中心方面，孙中山的前景已经比过去好了很多。虽然多年来反复经受倒退和背叛，但孙中山仍然是一位政治领袖。宋教仁这样壮志凌云、魅力四射的后辈以及袁世凯这样的死敌，都已经在孙中山之前去世了。而在世的对手，比如中国的军阀，有他们自己的

---

① 唐守真、王启厚主编：《领导史例成败比较》，济南：山东人民出版社，1989年，第51、53页。
② 同上，第53页。

声誉问题。虽然仍有人认为孙中山只会说空话、开大炮，但和民国本身一比，就算不上什么了——当时民国本身作为一个实际存在的政治体系，已经相当空洞了，而民众和社会日益以共和的姿态动员起来，两者形成了鲜明的对比。如果民国的国家体制不能引领中国，那么拥有列宁主义政党和训练有素的武装的民国领袖或许可以。孙中山明智地加入了批判民国的行列，尽管民国是自己一手帮助建立的。1924年1月，在对广州警察和商团的演说中，孙中山坦言，必须以"光荣的广州"为"良好的基础""以新的共和白手起家"。[1] 1924年，孙中山又指示黄埔军校："中国革命已历十有三载，结果只有民国之年号，而无民国之事实。"[2] 对于这些失败，孙中山采取的补救措施是改组国民党，让国民党注入自己的思想，受自己的领导。

如果说孙中山与许多党内党外人士一样，认为中国政治不敢恭维，那么他还经受着一种质疑，即是否需要一位最高领导人来推动复兴。回顾历史，中国似乎是在等着孙中山、蒋介石，最后是毛泽东来领导。然而，在20世纪20年代早期，并非每个人都认为领袖——或者说孙中山这样的领袖——是扭转共和国混乱、衰弱局面的灵丹妙药。当时，中国还没有完全从幼帝的无能、袁世凯的阴谋和地方上的各种强人割据中恢复过来，这些强人没有一个有足以维护自身权力的实力，更别说为国家谋利益了。一位具有平民主义思想的批评家曾毫不留情地抨击了整整一代民国公众人物，孙中山也未能幸免：

"中华民国"开国十二年的历史，已丢尽了中华民族全体

---

[1]《广州民国日报》1924年1月28日。
[2] 罗家伦主编:《国父孙中山先生年谱初稿》,第669页。

的脸了。复辟、内战、洪宪称帝、安福卖国、军阀争地盘、政客捣乱、兵变、土匪帮票、议员卖身——多少昏天黑地的事实!①

由此,作者不禁问道:"负解决的责任的又是谁呢?"答案当然不是当下的这些精英们:

> 现在大概再也不会有人相信统治阶级是可靠的,相信那些军阀、官僚、政客们是足与有为的。英雄主义、偶像万能的迷梦,现在大概都已觉醒了罢。十年前很多人迷信袁世凯能统一中国,现在总不会有人真诚地希望曹锟做总统了。从前我们崇拜革命所造成的名流、政客,不知道他们葫芦里卖什么药,现在我们却早知道他们是一样的不可靠了。我们所可靠的,既不是吴佩孚,也不是孙中山,更不是什么"伟人""政客",而实在是只有我们自己。②

这位笔名"化鲁"的作者还称,如今"脚本太多"——有联省自治,有中央集权,有共产主义,有三民主义,有好政府主义,也有基尔特社会主义——但"无一能在台上开演"。③

以前,人们讥讽孙中山是江湖卖药的。④ 如果孙中山或其他人能做实事,真正扮演起与人民站在一起的国家领导人角色,那么可能连最鸡蛋里挑骨头的人都不会有什么可说了吧? 于是,孙中山淡化了华盛顿、拿破仑等伟大领袖的重要性,转而赞同"一国

---

① 化鲁:《民众运动的方式及要素》,《东方杂志》第20卷第13期(1923年7月10日),第23页。
② 同上。
③ 同上。
④ Chang, *The Rise of the Communist Party*, 22.

之趋势,为万众之心理所造成"。① 与那些认为公开演说应该成为一门新学科或学问的人一样,孙中山也赞同理解民众心理是领导的一个重要方面。他还认为,就像演说者水平很差时,台下的观众会躁动、反感一样,如果民众缺少强有力的领导,就会一直处于分裂和游离的状态。

孙中山1924年系列演说的基本观点是,在他的领导下,在最新、最现代化的政治组织形式——列宁主义政党的帮助下,中国是可以自我团结的,而不必在文化深层抛弃中国特质。根据孙中山的理解,为实现这一点,近代世界中有一些东西可资运用,体现在这一系列演说中就是,其中充斥着外国的思想、事件和制度,比如柏拉图的《理想国》、美国南北战争、奥托·冯·俾斯麦(Otto von Bismarck)的外交政策和纺织业创新等。孙中山一如既往地觉得,有必要用更大的世界教导听众。与此同时,为了扭转更认同外国而非本国事物和思想的西化中国人形象,孙中山也吃了很多苦头。用柯文(Paul Cohen)的话说,孙中山是"真正的沿海人物",他生涯的相当一部分都致力于将西方带到中国。② 柯文认为,孙中山统一全国的计划若要完成,是需要在"内地使变革合法化"的。③ 唐群英同时用孟母和卢梭支持自己的观点,陆徵祥信

---

① John Fitzgerald, *Awakening China*, 63. 引文译文来源:费约翰《唤醒中国》第95页。——译者注

② Paul Cohen, *Between Modernity and Tradition: Wang T'ao and Reform in Late Ch'ing China* (Cambridge, MA: Harvard University Press, 1974), 260. 引文译文来源:[美]柯文著,雷颐、罗检秋译《在传统与现代性之间:王韬与晚清改革》,南京:江苏人民出版社,2003年,第168页。——译者注

③ Paul Cohen, *Between Modernity and Tradition: Wang T'ao and Reform in Late Ch'ing China* (Cambridge, MA: Harvard University Press, 1974), 242-243. 引文译文来源:[美]柯文著,雷颐、罗检秋译《在传统与现代性之间:王韬与晚清改革》,第153—154页。——译者注

第六章 孙中山最后的演说

仰天主教但仍服膺儒学,章炳麟既推崇社会达尔文主义又认同汉代社会礼仪(章炳麟写过一篇短文,论证脱帽礼源于古代中国)。① 当孙中山把注意力转向新的社会和政治秩序问题时,他也努力在传统中寻求"安全的锚定点",后来的学者弗朗茨·法农(Frantz Fanon)指出,寻求"安全的锚定点"是殖民环境下的知识分子常用的策略。②

孙中山一如既往地高呼自己对中国的担忧,他担忧中国会一直是"一盘散沙",无力抵抗帝国主义侵略,也无力解决诸多内部问题。他认为,这种分裂局面是过于追求家庭和宗族利益导致的:

> 外国旁观的人说中国人是一盘散沙。这个原因是在什么地方呢?就是因为一般人民只有家族主义和宗族主义,没有国族主义。中国人对于家族和宗族的团结力,非常强大……因为这种主义深入人心,所以便能替他牺牲。至于说到对于国家,从没有一次具极大精神去牺牲的。所以中国人的团结力,只能及于宗族而止,还没有扩张到国族。③

孙中山将家庭和宗族情感视为民族主义的对立面,这可能为攻击传统家庭制度找到了根据。这种观点在民国初年和五四时期司空见惯,鲁迅写的许多故事,以及唐群英对曾家家规恶劣影响的批判,都是例证。共和政治的前提——体现在女权运动联盟和政党中——在于,国民作为有组织的民众团体的一分子,将取代家

---

① Harrison, *The Making of the Republican Citizen*, 55.
② Charles Peterson, "Returning to the African Core: Cabral and the Erasure of the Colonial Past," *West Africa Review* 2:2(2001).
③ 孙中山著,胡汉民编:《总理全集》第1卷,第2页。

庭，成为政治的中心象征。有时，孙中山也会这样批判传统文化。① 但是，1924年的孙中山接受了家庭和宗族的长期存续，而且在他的系列演说中，最令人惊奇、最引人注意的一点是，他构想了一个以家族为基础组织起来的近代中国。这一表达的转向显然有一部分是因为章炳麟和"国粹"派，他们牵强附会地在西方思想的精华中发掘值得保留的中国古代价值观。② 孙中山和章炳麟一样，试图阐发中国如何利用自身的文化积淀实现政治现代化。孙中山非常善于将当下和未来联系在一起，从而激发革命，而现在，他正在努力完成过去、现在和未来三者的宏大结合，以配合和确保他为中国人民设想的完全统一。

1924年2月，孙中山发表了关于民族主义的第五篇演说，其中设想了以家庭和宗族为单位组成"民族团体"的过程。这篇演说在很大程度上体现了孙中山典型的近乎聊天的散漫演讲风格，这种风格将抽象的东西和个人化的东西结合在了一起。孙中山借此吸引听众，也希望借此掌控中国：

> 我曾经说过了，中国有很坚固的家族和宗族团体……譬如中国人在路上遇见了，交谈之后，请问贵姓大名，只要彼此知道是同宗，便是非常亲热，便认为同姓的叔伯兄弟，由这种好观念推广出来，便可由宗族主义扩充到国族主义。我们失了的民族主义，要想恢复起来，便要有团体。要有很大的团体。我们要结成大团体，便先要有小基础，彼此联合起来，才容易做成功。我们中国可以利用的小基础，就是宗族团体，

---

① Arif Dirlik, *The Origins of Chinese Communism* (New York: Oxford University Press, 1992): 141.
② Yu, "The Radicalization of China in the Twentieth Century," 30.

此外还有家乡基础。中国人的家乡观念,也是很深的。如果是同省同县同乡村的人,总是特别容易联络。依我看起来,若是拿这两种好观念做基础,很可以把全国的人都联络起来。①

这种或真实或虚拟的家庭关系,孙中山每天都会遇见:在为其革命事业打下基础的私人关系和同乡关系中,也在湖广会馆等场所。

孙中山认为,中国在古代有强烈的民族认同,但后来因为帝制——特别是清廷——和读书人不作为,民族认同丢失了。早年间,孙中山为自己与秘密会党联合的行为辩护,称会党对国家利益的理解高于文官阶层,因为这些"好人"更有中国人的样子。要恢复这种民族认同,就需要深入挖掘中国文化,并重塑发掘出的成果。关键在于把家庭和宗族主义的"散沙"变成坚实的"岩石":

> 如果我们拿一手沙起来,无论多少,各颗沙都是很活动的,没有束缚的,这便是一片散沙。如果在散沙内掺杂士敏土来,便结成石头,变为一个坚固的团体。变成了石头,团体很坚固,散沙便没有自由。所以拿散沙和石头比较,马上就明白,石头本是由散沙结合而成的,但是散沙在石头的坚固团体之内,就不能活动,就失却自由。自由的解释,简而言之,在一个团体中,能够活动,来往自如。②

很难说清,孙中山是否有意将这些威权思想纳入他的思想,或者说,是否是因为孙中山热衷于打比方的修辞手法,又没有梁启超

---

① 孙中山著,胡汉民编:《总理全集》第1卷,第64页。
② 孙中山著,胡汉民编:《总理全集》第1卷,第103页。

395

那样的才智，才导致了其思想向着意想不到的方向发展。人们可以通过阅读书面文字听到演说者的话，并且有理由相信，孙中山想先把自己的直接听众，再把整个国家变成一个坚固的、不会像沙子一样从领导人指缝中溜走的实体。在孙中山心目中，中国人是可以触动到的，也有可能说变就变，而在大厅里听他演说的人也确实如此。

孙中山指出，中国常见的姓氏达400个之多，如果每个姓氏都能塑造成孙中山设想的组织方式的基础，那么"拿同宗的名义，先从一乡一县联络起，再扩充到一省一国"，一旦意识到"大祸临头，死期将至，都结合起来，便可以成一个极大中华民国的国族团体"。① 孙中山依靠的是人们的恐慌情绪，因为家族世系消失的可能性，可能会被解读为孙中山努力抵抗的、对全中国的种族威胁的直接体现。长江上的炮舰外交，中国边境的军事威胁，以及各地的军阀掠夺，都会让中国人把这两者联系起来。

孙中山所寻求的，不仅仅是将基于血缘的宗族团结转变成政治团体。他希望这种宗族式的感受能够整合在中国行政等级的体系中。与农、工、商、妇女团体或"界"不同，这些宗族除了自身和国家的生存，并不会有明显的利益要表达或争取。由此，得到的将是一个以动员起来的、顺从的民众为基础的领袖的乌托邦。孙中山可能并没有想到，自己的国家观正如此趋近老对手袁世凯的国家观——兢兢业业的领袖大展拳脚的场所，而且两人这样想的一些理由也一样。1924年，孙中山在华南地区的地位——且孙中山此时正为在全国范围内施行权力积蓄力量——已经和1912年袁世凯在北京和华北的地位差不多了。

---

① 孙中山著，胡汉民编：《总理全集》第1卷，第65—66页。

由于孙中山并未尝试过建立上述以家庭和宗族为基础的政治,这番演说的意图似乎更多是在修辞层面的,而并非真正的行动指南。类似于约翰·洛克(John Locke)从虚构的自然状态推演出了现实世界中的个人权利和义务,孙中山提出了一种无时间属性的"文化状态",以警告国人自私自利和不团结的危险。想象这样一个中国:每一位国民都视国如家,然后以忠诚为标准,衡量一切个别利益和主张。孙中山很清楚,会有人反对这样的标准。于是,在演说中,他照例以具体事例说明了自己所预想到的危险:

> 外国是以个人为单位,他们的法律,对于父子、兄弟、姊妹、夫妇各个人的权利,都是单独保护的。打起官司来,不问家族的情形是怎么样,只问个人的是非怎么样。再由个人放大便是国家。在个人和国家的中间,再没有很坚固、很普遍的中间社会。所以说国民和国家结构的关系,外国不如中国,因为中国个人之注重家族,有了什么事,便要问家长,这种组织,有的说是好,有的说是不好。依我看起来,中国国民和国家结构的关系,先有家族,再推到宗族,再然后才是国族。这种组织,一级一级地放大,有条不紊,大小结构的关系,当中是很实在的。①

不难想见,孙中山认为维持家长制有利于国家的观点,受到了章炳麟等保守派的赞同。但激进女权运动者,以及其他许多只有冲破家庭控制才能拥有权利和利益的人,对此表示了激烈的反对。此外,正如费孝通所指出的,在中国政治文化中,要确定在特定情况下的效忠对象,实际做起来要比孙中山所说的灵活得多。孙中

---

① 孙中山著,胡汉民编:《总理全集》第1卷,第64—65页。

山等力主统一的人紧盯不放的那些"散沙",比如女权运动者,深信他们开展政治运动的个人自由,对孙中山在自己的人生和事业中代言的公共利益、民众动员和独立而言,都是必不可少的。

孙中山在对个人、家庭、"中间社会"、国家或民族的论述中,冒险涉足了"市民社会"理论适用的领域。孙中山周游中国需要的是火车和轮船,但如果没有当地协会、商会、各类专业机构、报纸和学生团体,他就无处休息、演说和搞政治。在考虑到这些中间社会的基本要素后,孙中山直言,自己唯一关心的,就是与中国人的做派抗争。这不就等于孩子雇用律师去起诉自己的父母吗!有人可能还会加一句,这就好比孙中山与宋庆龄结婚时没有与卢慕贞合法离婚,所以就认定孙中山重婚一样。黑格尔、托克维尔(Tocqueville)、梁启超等人各有不同,但都在著作中指出,在道德和组织上,个人和国家之间的空间包含着复杂的人际关系层次、契约关系和公民意识下的社会性,但对于孙中山而言,这一空间是空洞而微弱的。孙中山宣称,在中国,个人和家庭必定会顺利融入国家和民族。孙中山以策略灵活——姑且不说是滑头——闻名,其策略之一,就是把复杂而现代的以团体为基础的社会和政治环境抹杀掉,而孙中山的整个政治生涯正是处于这种环境中。孙中山在1917年的那篇短文——借助哈里特·沙塔克的著作以及唐群英、宋教仁的例子,宣扬共和与民主秩序——正是在这样的政治环境中写出来的。

孙中山的政治思想同时朝着两个方向发展:一方面趋向西方,从西方思想中获取各种有用的创造;另一方面趋向对中国的文化理解,认为中国与世界上其他国家是不同的。在孙中山眼中,外国人发明的共和政治,最终反而比某些翻新或改造的君主政体更具中国特色,因为中国社会在共和之下得到了更好的服务和保护。在孙中山的民国,平等不是分享权力,而是全民族的共同身份、共同牺牲,以及公平分享现代中国带来的好处。孙中山并未预见实现真正民主制度的可能性。在他的计划中,只要民众准备好,真正的民主制度最终会出现。民主和女子参政权等其他不利于在当下中国获取权力的主张与诉求一样,是孙中山为未来绘制的种种图景之一。

将孙中山关于个人主义的警惕视为一个老人在面对叛逆的年轻人、有权利意识的妇女、有阶级意识的工人和反对征税的商人接二连三的挑战时所表现出的不耐烦情绪,虽然显得很合情合理,让人信服,但实际上,孙中山有更深的担忧。帕沙·查特吉(Partha Chatterjee)在一篇批判将市民社会理论应用于印度和中国的文章中指出,即使是这一概念的发明者黑格尔,涉及律师界、利益集团和舆论中所缺少的东西时,也有着深刻的矛盾。[①] 黑格尔尝试将家庭视作伦理生活的"自然或直接阶段",从而在国家的至高地位和超家庭领域的市场与社会组织之外,为家庭保留与以上两者对应的位置,而查特吉视其为"被压制的社会叙事"。查特吉称,"黑格尔关于家庭的观点提醒了我们,人是在一种不可简化的直接性里降生在社会中的:不是作为纯粹的、独立的、能自由选择社会关系的个体……而是已经直接成了社会的一员"。[②] 莫罕达斯·甘地(Mohandas Gandhi)将印度视为村庄组成的共和国,孙中山将中国视为宗族组成的共和国,两者都为忙于用现代政治和经济机器武装自己的国家和社会提供了新的社会叙事。

[①] Partha Chatterjee,"A Response to Taylor's 'Modes of Civil Society.'" *Public Culture* 3:1(Fall 1990).
[②] 同上,第 124 页。

老人争取新人

孙中山在南方坐拥新的政治、政党和军队，开始了在政治舞台上的谢幕演出。现在，凭借以党、政、军结合为基础的起义政权，孙中山能够做出一些实质性的东西了。印刷媒体的覆盖面不断拓展，公众已对抗议习以为常，新诞生的党国具备了更强的宣传能力，所有这些都突出、放大了孙中山作为领袖和政治先驱的身份。

孙中山面对的，既有一群幻想破灭的老革命派，又有"五四"时期更年轻、更开放的理想主义者。在长期革命中，管理并接受领导者和追随者的代际交替至关重要。对于那些以个人身份或作为国共合作"统一战线"的一部分加入国民党的年轻人所带来的挑战，孙中山尤为注意。在五四运动期间，孙中山向北京大学学生表示支持，并"敦促上海学生跟随他们的领导"。① 国民党改组后的优势之一，就是注入了这些新鲜血液。② 与此同时，年轻人也带来了"五四"反权威的激情，这些年轻人对民国的建立者抱有怀疑态度，也在情理之中——他们中的很多人都曾激烈地批评民国。胡适指出了这种压力和危险，认为这些动员起来的年轻人就是"一群捣乱的孩子们，自然而没人领导地弄出来的"。③ 陆徵祥批评政客们沉迷吃花酒，但年轻人的批评更不客气，他们斥责这些政客自己就是在卖身。孙中山推行的是一场做了许多交易

---

① Weston, *The Power of Position*, 179.
② 吕芳上:《革命之再起:中国国民党改组前对新思潮的回应 1914—1924》,"中央研究院"近代史研究所,1989 年。
③ 同上,第 24 页。

和妥协的革命,而如今他面对的是坚决斗争、绝不妥协的年轻人。

孙中山对这群新踏上政治舞台的年轻人作何反应,又收到了他们的何种反应,在1924年1月孙中山与3名清华大学学生的一次会见中可见一斑,这次会见就发生在孙中山的系列演说开始前不久,很能说明问题。①留下的记录中异常完整地展现了孙中山的演说内容和风格,以及听众入神和质疑交织的复杂反响,从中可见孙中山激发他人情绪和说服他人的才能。如果中国民众——尤其是受过教育的年轻人——不像孙中山在"五四"时期之前设想的那样怠惰、任人摆布,那么一个要求牺牲和顺从的国家领导人又怎么能赢得他们的支持呢?

以徐永煐为首,几位准备赴美留学的学生与孙中山讨论了很多问题,内容非常广泛,从国民党与俄国的合作,谈到武力统一中国的北伐计划的光明前景。虽然孙中山与学生们的这次会见地点更私密一些,但还是让人不禁想起1920年陆徵祥在上海外滩回答学生们问题的场景。然而,孙中山1924年的这次会见,和陆徵祥会见学生们的调子大不相同:部分是呼吁,部分是演说,部分是盘问。

会面伊始,孙中山先解释了按列宁主义路线改组国民党的必要性。他强调了"纪律"的重要性,并批评了那些"不听党的号令,不受党的约束,因为他们以为号令约束,是摧残他们的自由"的党员。② 正如不久后在系列演说中详细阐述的那样,孙中山坚持认

---

① 徐永煐:《见孙中山先生记》,中国社会科学院近代史研究所近代史资料编辑部编:《近代史资料》总68号,北京:中国社会科学出版社,1988年。初发表于《清华周刊》第308期(1924年4月4日)。Strand, "Calling the Chinese People to Order," 50–53.

② 徐永煐:《见孙中山先生记》,第183页。

为,个人自由的思想阻碍了社会和政治动员。革命的目标是民众的自由,而不是个人的自由。他严厉批评了学生们的政治倾向。当年陆徵祥批评议员们没有德行,希望借此赢得参议院的支持,结果失败了;孙中山此时所说的话,乍一听就和陆徵祥当年的讲话一样不合适:

> 以前的革命党分子大半是学生,因为学生的思想新,能了解革命意义,容易集合。殊不知病就在这个地方。他们以为革命的目的,既是求平等自由,他们自己便要自由,不听党的号令,不受党的约束。①

孙中山称,缺乏纪律导致了依赖领袖个人开展中国革命的局面。在列宁的政党中,因为有纪律,苏维埃政党和国家即使在列宁去世后,也可以存在下去。类似地,通过新的改组工作,国民党也可以避免失去领袖或难以管理党员的后果。孙中山的这番话,既巧妙地回应了学生们对英雄崇拜的不满,又似乎在冥冥之中预示了翌年(1925)自己的去世。接受党的纪律(并服从孙中山对党的领导),对伟人(如孙中山)言听计从,就完事了。

接着,孙中山突然像转变了论调似的,反过来问学生们:"西洋人为何争自由,中国人为何不争自由? 中国人不但不争什么自由,并且连这个名词得到现代的意义,还是最近一二十年的事,这是何故?"像许多类似的概念一样,"自由"一词是从日语里借来的,也是中国政治的一个新词。徐永煐和同学们绞尽脑汁地想着怎么回答,因为正如徐永煐后来在文章里写的那样,他们"不知道他的命意所在"。对于在"五四"时期"民主与科学"旗帜下初涉政

---

① 徐永煐:《见孙中山先生记》,第183页。

治的一代人来说，这个问题显得莫名其妙。接着，孙中山讲了一通自由的本质及其危险性。两个月之后，他在第二次关于民主的演说中，又把这个问题重申了一遍。孙中山称："这是因为中国人自由太多了，所以不知道有自由。"为了证明中国人何以拥有他们甚至没有生成一个通用名词的东西，孙中山将自由比作空气——人们呼吸空气，但对没有空气的后果浑然不觉。更多时候，人们认为吃饭是不可或缺的，但"我们吃饭要是停止一天、两天、三天，都不至危及生命，我们试着把呼吸停止一分钟、两分钟、三分钟，恐怕就要支持不了。这不是空气比饭重要么？然而，我们普通想到生活要件的时候，只知道有饭，而不知道有空气。其故，就是因为空气很多，我们可以随便取用。"说着说着，孙中山突然停了下来，离开房间去处理其他的一些事情。他迈着"开正步走的步伐"离开，叫学生们等他回来。这些话典型地体现了孙中山的谈话风格。笔者阅读这些谈话的史料时，尚且每每觉得云里雾里，当时在场听孙中山演说的人是什么感觉，可想而知。

当学生们等孙中山回来时，和徐永煐同来的何永吉，对他刚才听到的话和孙中山中途离开的姿态表示了不满，大声说："他这太矫揉造作了！"除了鲍罗廷因为不满8月的"民生主义"演说中孙中山对马克思主义的观点，而对孙中山提出了半私人的批评，在孙中山1924年的系列演说中，几乎看不到听众提出什么异议。在演说时，孙中山照例保持着对场面的控制力，从史料中能看到的对孙中山长篇大论的唯一抵抗，是坐在面前的几个听众的瞌睡。相比之下，几位清华学生形成了一种焦点小组，如徐永煐所言，他们可以自由表达真实的感受。孙中山可以直话直说，一语中的。与此同时，他也喜欢以近乎浮夸和学究式的方式思考事物的本质。这种既能鼓舞别人也能惹恼别人的自我戏剧化，是孙中山的第二天性。徐永煐并不同意何永吉对孙中山的否定,而是为孙中山辩护,认为孙中山"开正步走"可能只是习惯,而不是仅仅为了哗众取宠。再说,"中国人有精神的太少,我们看见这六十二岁的老头这样,便大惊小怪起来了"。孙中山的所作所为是老掉牙的作秀,还是个人更真实的心血来潮?在这一点上,徐永煐还是倾向于相信孙中山的。

虽然在政治和思想上与学生运动有差异,但孙中山是一个可以表现得很年轻的老人,一个有"精神"的人。"精神"是一个至关重要的词,是大多数热衷于公开演说和政治活动的学生非常推崇的品质。让徐永煐折服的,并不是孙中山的个人魅力,而是他的精神和信念。孙中山是老傻瓜,还是精神抖擞的政治家?此时此刻,在几位年轻的学生面前,孙中山似乎在两种形象的边缘摇摆不定,时而鼓舞人心,时而又变得很可笑,其可笑程度与袁世凯企图转而模仿皇帝不无相似之处。也许,孙中山展现的精神,在更大程度上并不是出于老人的虚荣心,而是认可新觉醒的这一代人令人瞩目的力量,任何领导人,就算和年轻一代不能完全合拍,至少也必须迎合一部分。这就正如齐美尔所言,领导人要想有效领导别人,自己就必须被领导。

后来,在《见孙中山先生记》一文中,徐永煐承认,孙中山的某些做派显得不同寻常:

> 孙先生对我们说话的时候,总是带着笑容,异常地和蔼可亲。可是当他偶然将笑容收敛起来,把口闭上的时候,便现出一个严肃不可犯的样子。他假如拿这付面孔对待我们,我们一定不能畅所欲言。那是他用来对付僚属的。有这两副面孔,他便可以使人亲近,也可以使人敬畏,因时制宜,以

成其为领袖。有种人只会嬉皮笑脸,又有一种人一味凛若冰霜,这都是偏而不全。①

对于孙中山这番忽冷忽热、忽远忽近的做派,徐永煐和何永吉的不同反应,体现了孙中山性格中反复无常的一面。1912年8月下旬,孙中山在北京与陆徵祥连续会面,当时身为总理的陆徵祥被群起而攻之,孙中山先是对陆徵祥报以微笑,接着就严厉而尖锐地批评了陆徵祥。孙中山没有黄兴的坦荡,没有宋教仁那样清晰明了的想法,也不是袁世凯那样的强人。能够感染别人的孙中山,所拥有的是陆徵祥的一些外交技巧。12年前的1912年,孙中山在巡访北京期间,曾有人批评他在本应该更强硬、更该说一些"虽然伤人,但有助于治愈国家重疾的话语"时,表现得过于和蔼和圆滑。② 在与"五四"青年学生的其他会面中,孙中山也展现了更温和的一面。1920年,孙中山会见了张国焘等4名学生激进分子,会见中,4名学生就一系列问题向孙中山施压。孙中山不时"很恼火""表示不赞同",但他还是耐心地倾听着。后来张国焘回忆道,孙中山的"和蔼可亲完全改变了本来剑拔弩张的气氛……[于是]每个人都面带微笑"。③ 会见徐永煐一行时,孙中山也展现了这种感染力。不过,如果孙中山觉得年轻一代在反抗自己的思想和计划,他也会极力压制。就多变的表现而言,孙中山与唐群英最为相像,唐群英也可以根据情形需要,表现得或顽固或灵活,或富于同情或暴躁易怒,或理智或冲动。孙中山对学生政治和五四运动提出的批评,后来让其他党员也日

---

① Roderick Mac Farquhar and Michael Schoenhals, *Mao's Last Revolution* (Cambridge, MA: Harvard University Press, 2006),第184页。
② 杨明庆(音):《孙中山》,《北京新报》1912年9月2日。
③ Chang, *The Rise of the Communist Party*, 78, 80.

益坚信,这种自发爆发的政治运动需要有纪律性的领导。① 更值得注意的是,新一代的革命者也愿意服从这些纪律,成为"优秀"的国民党员或共产党员。

有时,孙中山在会见学生后,会向邹鲁直言,那些有着独立思想,把爱情、婚姻和家庭视为个人选择和自由的年轻人,他们的自私正在危及着中华民族的种族存续。这些有文化的阶层似乎不明白,中国正面临着人口不足的危机,以及随之而来的"黄种人"被人口规模和实力不断增长的白种人灭绝的威胁:

> 只要看现在一般有智识的青年,男的怕担负教养费,女的怕生育时的痛苦,盲目地在提倡独身、节育等……有智识的不想传种,结果将成为弱小劣等民族,被人消灭……必须要提倡"孝"字,因为有了"孝",大家就会感觉到养育儿女的好处了。②

鉴于孙中山的这些感受——或许是体现出了孙中山对包括视他为"老东西"的女权运动者在内的年轻人的失望,或许是集中爆发了他许久以来对困扰自己早期政治生涯的那类读书人的敌意——是发自肺腑的,孙中山对清华学生的发难还是经过了衡量和算计的,以便双方在相对安全和熟悉的爱国主义上找到共识。

孙中山回到房间后,又用他标志性的中西比较,继续平静地谈起了自由:

> 人在空气里不知道有空气,犹之乎鱼在水里,不知道有水。你要把一个人关在一间屋里,把那间屋子里的空气用抽

---

① 吕芳上:《革命之再起:中国国民党改组前对新思潮的回应 1914—1924》,第 32—37 页。
② 邹鲁:《回顾录》第 1 册,第 171 页。

气机抽去,那人便知道有空气这件东西了。中国不知道要求自由,如同平常人不要求空气一样。西洋人知道自由的重要而争自由,是因为中世纪以来,人民的自由受剥夺得太甚了,如同抽气机里面的人,陆地上的鱼一样。中国人的自由实在过多了。中国人现在所要的是纪律,不是自由。①

在孙中山会见几位清华学生的半年前,鲁迅在北京一家报纸的文学副刊上发表了一篇短文,文中把沉睡着的、令人窒息的中国比作"铁屋"。②鲁迅提出了一个两难的问题:是应该唤醒睡在铁屋里的人,还是让他们安静地死去,而免于痛苦和恐惧?鲁迅选择通过写作来唤醒国人,希望国人能找到逃离"铁屋"的方法。这个比喻说明的是,要完成这一壮举,中国人需要发出声音。他们需要互相唤醒,然后一起谋划全体的解放。和鲁迅一样,孙中山的目标也是唤醒国人,但孙中山并无意采取政治演说必然带来的学生运动模式。也许是因为受列宁主义"一刀切"式前景的影响,孙中山选择建造自己的铁屋,以施加纪律的痛苦。还有什么比喻比这更适合形容列宁主义呢?纪律将有助于控制住那些爱生事的同胞。由此暗示的是需要把空气抽走,这一步大抵是通过孙中山在广州建设的、纪律严明的党组织完成的。一些受到波及的人可能会像离了水的鱼或离了空气的人一样喘不过气来,但孙中山似乎并没有为之困扰。当然,他亲眼看见了 1912 年女权运动者的这种痛苦,对此既感到同情,又视若无睹。对于像唐群英、沈佩贞这样的女性来说,湖广会馆里的这次国民党党代

---

① 徐永煐:《见孙中山先生记》,第 185 页。
② Lu Xun, *Diary of a Madman*, 27. 此文是 1923 年 8 月 21 日鲁迅于北京出版的一部短篇小说集的序言。(Lyell, in Lu Xun, *Diary of a Madman*, 21.)

会非常压抑,质疑、演说和哭泣都无济于事。男同志们拒绝醒来。8月25日的惨败后,女权运动者去拜见了孙中山,她们的哭声"震动"了房间。孙中山被"打动"了,但他缓行女权的决定仍然未变。1924年1月,孙中山还在争取广州商人的支持,到了10月,他就开始向广州商人施加痛苦——他镇压了广州商人的总罢工,面对商团的武装暴动,还进行了强硬的武装反击。① 在孙中山眼里,为了实现建设国家的共同目标,必须要承受痛苦。作为组织化的副产品,对自由的意识会在未来结出民主的果实。在这一点上,孙中山并没有太大错。

1924年1月与孙中山会面的这几位清华学生,后来讨论起这次会面,何永吉也就这一点批评了孙中山,认为孙中山用水和空气打比方是"谬误比论"。何永吉这样说也是有道理的。大多数人认为呼吸是理所当然的,但是只要是受过近代教育的人,脑海中都会不时地意识到"空气"这个概念;当一个人在赛跑或被汽车尾气、工厂废气呛到时,空气的存在甚至还会显得更切实。此外,无论如何,一条离了水的鱼都不会"知道水是什么"。孙中山生动的比喻与具有开创性的社会学家皮特林·索罗金(Pitrim Sorokin)所用的比喻几乎如出一辙,几年之后,索罗金也用这一比喻来说明他深信不疑的观点——与孙中山试图说明的观点没有太大的不同——我们经常忽略所处现实的基本特征。②

孙中山的修辞方法,类似于肯尼斯·伯克所描述的,运用"不协调的视角"来实现对未经检验的假设的"可笑的纠正"。③ 孙中

---

① Bergère, *Sun Yat-sen*, 346–49.
② Joseph R. Gusfield, *Contested and Uncontested Meanings: The Construction of Alcohol Problems* (Madison: University of Wisconsin Press, 1996), 34.
③ Gusfield, introduction to Burke, *On Symbols and Society*, 8.

山认为,中国人永远不会理解自由是什么,除非他们在生活中受到真正的纪律约束。那些刚刚经历过他们眼中的"解放"的学生,被要求将反叛家长、教师和政治当局看作一种无政府状态下的自私行为。孙中山虽然时不时地开个玩笑,但他并不比陆徵祥、唐群英更好笑。三个人采取的政治手段明显都不是巧妙的言语攻击,要顶着社会的冷嘲热讽逆风而上,这样固然很合适,但有时这样的手段也会让他们没那么深思熟虑,没那么敏感。毕竟,当读到嘲讽自己守寡不检点的社论时,唐群英的反应不是反唇相讥,而是要砸了报社,即使她的文化水平和辩论技巧绰绰有余。

孙中山就中国文化、政治和社会的本质提出了一些宏大而重要的问题,并用生动而富有感染力的话回答了这些问题。这种大胆的做法可以吸引听众注意,哪怕有时他说的话似乎并不合逻辑。即使是徐永煐,在关于自由的问题上,也倾向于赞成何永吉对孙中山的批评。徐永煐认为孙中山刻意这样演说,实在有点儿过火。在这么少的听众面前,这就成了一次夸张得过分的演说——"费了牛大的劲儿的一篇大演说"。虽然如此,徐永煐还是总结道,孙中山对纪律的强调"当然是很对的",逻辑和修辞上的错误不应该成为反对他的理由。

在不止一个层面上,孙中山关于共和的话语时灵时不灵。还好如此,因为他保持意识形态一致和呼吁共同利益的努力,也有失败或不如预期的时候。布鲁斯·林肯指出:

> 话语不仅是一种遵循理性(或伪理性)和道德(或伪道德)的、用来说服他人的工具,也是一种唤起他人情感的工具。而且,正是通过两种作用——在意识形态层面说服他

人,并激发他人情感——双管齐下,话语才具有塑造和重塑社会的能力。①

此时的中国人,已经能理解话语"双管齐下"的力量了。研习公开演说的余楠秋指出,到20世纪20年代,面向"人丛"发表演说已成为"一种很普遍的事情",并在书中写道,即使"法庭之中",律师也"站立在他的法定栏内,用情感和理智的演辞,向庭上滔滔不绝地辩护"。② 通过诉诸情绪和感情,孙中山解决了自己的主张中的弱点,也解决了别人时而对他滔滔不绝的文字和演说感到莫名其妙的问题。在很多人眼里,孙中山的"姿容"和传达的情绪都是对的,所以很让人信服。不过,至少还有一些人从一开始就很明显地看到,扣人心弦的情绪化呼吁,可能掩盖着错误的思想和一意孤行的政策。同样明显的是,徐永煐也看到了这样的危险,但也愿意倾听和追随孙中山。最后,徐永煐在回国后加入了共产党,1931年被国民党杀害。

如果仅仅阅读孙中山的演讲内容,就会忽略他感召力的一个关键因素。一位修辞学家恰如其分地总结了孙中山的长处和短处:"由于才智不够成熟,且缺乏内在连贯性,孙中山的作品(演说大概也可以算进来)看起来像是把毫不相干的事实和不严谨得可笑的东西、模糊不清的条理和赤裸裸的歪曲杂糅在了一起,但其中点缀着饱含情感的雄辩,高度的理想主义,以及灵感的真正闪光。"③徐永煐等支持孙中山的人,认同了孙中山的雄辩和理想主义,而原谅了孙中山的前后不一。

---

① Lincoln, *Authority*, 8-9.
② 余楠秋:《演说学概要》,第2页。
③ Boorman, *Biographical Dictionary of Republican China*, vol. 3, 189.

第六章 孙中山最后的演说

与民众鼻子贴鼻子

孙中山跋涉在其他政治家的生涯留下的废墟中,靠的是无惧冷嘲热讽的公众形象,以及更实在的政治和军事手段。1924年1月,孙中山在广州的系列演说开始时,一位报纸社论家在一篇文章中特别单独赞扬了孙中山,文章的题目——《孙中山到底差强人意》——说明了当时领导人们所面临的斗争是多么艰难。① 作者认为,孙中山是一个在面对危机时"讲实话,有一说一,而且行事极其镇定"的人。他当然也不免对竞争对手出言不逊,然而,他走进民众中去的强烈意愿是挡不住的,而且往往很容易让人信服。孙中山证明了领袖在公开场合的表现不仅可以激励观众,也可以将招致人们嘲讽的那种名气利用起来。1921年12月,孙中山正准备讨伐北方军阀,为争取支持,他抵达桂林后不久,发表了一次演说,图中是演说现场的情景(图11)。次年夏天,随着他从前的支持者陈炯明发动武装叛乱,这一努力宣告失败。桂林当地76个"军、政、学界"团体的代表听取了演说。孙中山的演说内容并不仅仅集中在军事问题上,还讲述了自己对中国的愿景。他警告道:"如果人民不了解三民主义,民国前途,还是毫无希望。"②

叶圣陶1927年的短篇小说《赤着的脚》中,赞扬了孙中山的言语才华和远见卓识的领导才能。③ 故事背景设定在1924年,广东各地的农民如潮水般涌来,参加广东省农民代表大会第一次

---

① 高如(音,笔名):《孙中山到底差强人意》。
② 陈锡祺主编:《孙中山年谱长编》下册,第1403—1404页。
③ 叶圣陶著,叶至善编:《叶圣陶》,香港:三联书店香港分店,人民文学出版社联合编辑出版,1983年,第205—206页。

411

图 11　孙中山 1921 年在桂林演说①

会议,孙中山来到了他们的一次露天集会上。因为广东省第一届农民代表大会在 1925 年 5 月——也就是孙中山去世后的一个半月——才真正召开,这篇文章的原型大概是由宋庆龄转述的孙中山 1924 年 7 月底在广州市农民"集会"上的讲话,叶圣陶在此基础上发挥想象力,再现了当时的场景。② 来参加这次相对不那么正式的集会的农民,是由农民组织先锋彭湃召集来的,他们是从农村里的国民党党员中动员过来的,共有一千余人。他们聚集在

---

① 美国国会图书馆提供,LC-USZ62—96941.
② Roy, Hofheinz Jr., *Broken Wave: The Chinese Communist Peasant Movement, 1922-1928* (Cambridge, MA: Harvard University Press, 1977), 325 fn. 14;陈锡祺主编:《孙中山年谱长编》,第 1956—1957 页;Soong Ching Ling, "Statement Issued in Protest against the Violation of Sun Yat-sen's Revolutionary Principles and Policies: Hankow, July 14, 1927," in Soong Ching Ling, *The Struggle for New China* (Peking: Foreign Languages Press, 1953), 5.

第六章 孙中山最后的演说

一个学校的礼堂,很可能就是孙中山发表三民主义演说的地点。① 历史上的孙中山在这次演说中指出,民族、民权、民生主义的落实很缓慢,民族主义"只有一半成功",民权主义"今日还觉得是失败",民生主义则根本没实践过。② 他号召群众起来组织民兵队伍,开展武装斗争:"一旦有了枪,训练了自己的农民军队,就能成为中国第一等的主人,说话也能有底气。"③从孙中山将民众动员并严密组织起来的呼吁中,可以听到彭湃和后来毛泽东对农村革命的呼声,这样的呼声正在越来越强烈。1924年夏天,孙中山支持组织农会;但到了8月,对于农会朝着激进方向发展,孙中山又表示了顾虑。④

叶圣陶的小说则不吝溢美之词,把孙中山描写得如同某种神或不朽的英雄:"中山先生站在台上,闪着沉毅的光的眼睛直望前面;虽然是六十将近的年纪,躯干还是柱石那样直挺。"⑤孙中山的政治神性与一个永恒的、不朽的民族共存,而非与旧号令下的上天或自然的状态共存。孙中山凝视着人群,"像面对着神圣",端庄的宋庆龄陪伴在侧。叶圣陶感受到了新的大众政治中宗教般的狂热。政治的顿悟——无论是真实的,还是想象的——抹去了环游世界的革命推销员孙中山和他幼年即离开的赤脚村民之间的文化鸿沟。孙中山不仅让自己的思想"本土化",也让自己本人在追随者眼中"本土化"。

孙中山与农民的这次面对面是虚构的,但故事中孙中山的感

---

① Boorman, *Biographical Dictionary of Republican China*, vol. 3, 317.
② 陈锡祺主编:《孙中山年谱长编》下册,第1957页。
③ Bergère, *Sun Yat-sen*, 339.
④ 同上。
⑤ 叶圣陶著,叶至善编:《叶圣陶》,第205页。

染力是足够真实的。孙中山在演说时确实站得笔直,而且通过精心编排的话语、故事以及政治表演的天分,总是能打动观众。在叶圣陶的故事里,人们汇集成了浩浩荡荡的人群,"台下人头攒动,一窝蜂似的倾巢而出",农民"沿着四面八方的道路,从全广东省的各个县赶来,提着篮子,拎着陶罐",用来盛放路上的饮食。①众人眼巴巴地"凝望着台上的中山先生,相他的开阔的前额,相他的浓厚的眉毛,相他的渐进苍白的髭须;同时仿佛觉得中山先生渐渐凑近他们,几乎鼻子贴着鼻子"。没有戴礼帽的孙中山也在看着农民们,他们打着赤脚,脚上"脉管像蚯蚓一般蟠曲着",沾满了泥巴,"脚底黏着似的贴在地面上"。② 叶圣陶忠实地根据宋庆龄陈述的、1924年她和孙中山会见农村政治活动分子的情形,在故事中写道,孙中山被这些打着赤脚的听众深深地触动了。他想到了自己在农村的根,想到为了满足占中国人口大多数的农民的需求,需要革命,让"中国的孩子们可以穿上鞋子,吃上米饭"。③这就是孙中山"三四十年来一直无法停止写作、讲学、在书本中寻找[知识]、呼吁民众"的原因所在。因为孙中山在公众视野中孜孜不倦的奋斗,他和他的形象深入人心,就像他的已故对手袁世凯的头像被印在了银圆上广泛流通一样,对于孙中山而言,这又向他尚有富余的政治宝库中添加了一笔。

  叶圣陶这篇孙中山与农民的中国面对面的小故事,与孙中山的自我形象很符合——改变中国政治生活的坚强支点。孙中山与农民面对面的一幕,暗示了中国革命的未来在农村,虽然孙中山没有亲自打开在农村的政治和军事局面,但这种未来暗含在了

---

① 此句话与宋庆龄的回忆非常相像(Soong, "Statement Issued in Protest," 5.)
② 叶圣陶著,叶绍钧编:《叶圣陶》,第205页。
③ Soong, "Statement Issued in Protest," 5.

他字里行间对民众的广泛呼吁中。叶圣陶把孙中山描写成真正的民众领袖,而胡适攻击袁世凯是政治江湖骗子,两者形成了鲜明的对比。不过,前者是可能成为后者的,而叶圣陶和胡适当时可能都没有意识到。这很大程度上取决于所处的环境和听众。孙中山努力争取大众的认可。大多数人认为,他在这方面很成功。由于孙中山的名望,他不需要像同时代的一些领导人一样努力给人留下印象。同样是要获得公众认可,冯玉祥将军的方法就没那么含蓄:

冯玉祥爬上桌子,大喊:"谁还没看见我?"又摘下帽子:"现在看着冯玉祥!"然后开始讲自己如何关心军队。① 278

不过,在不同的时间,从不同的角度,孙中山的领袖形象和袁世凯的冒牌货形象都很容易反转——孙中山是可笑的吹牛大王,袁世凯是不可或缺的强人。要在革命的中国范围内树立政治权威,归根结底是要在不同的政治区域和形势的瞬息万变下,持续不断地反复施加影响。虽然非常困难,但在这方面,孙中山证明了自己具备持久的权力。

孙中山一边滔滔不绝地向公众和党内发表言论,一边努力增强对公众与党内采取行动的军事实力和组织能力。他也许称赞过广州是革命的起点或摇篮,但正如这番赞扬所表明的那样——也正如1924年秋对广州商团叛乱的强硬态度证明的那样——孙中山的目标是通过军事或政治手段北上,最终统一全国。1924年8月在广州拍摄的一张照片中,孙中山没戴帽子,站在讲台上,背后是巨幅青天白日旗,两侧分别站着一身戎装的蒋介石和妻子

---

① Cherepanov, *As Military Adviser in China*, 188.

宋庆龄,蒋介石站在孙中山身前一步,宋庆龄站在孙中山身后一步。① 这幅三人行的画面——老人和年轻美丽的妻子,资深政治家和雄心勃勃的军人后辈——既展现了孙中山所取得的成就的本质,也展现了面临青年革命的挑战、政治的持续军事化和自身的生老病死时,孙中山地位的脆弱性。

平路的历史小说《行道天涯》讲述了孙中山与宋庆龄相伴的最后几年。小说中特别突出了孙中山对失去国家领袖的崇高地位而再度沦落到与地方军阀和政客为伍的焦虑。② 1924 年秋天,一些报纸称孙中山为"粤孙",就好像孙中山和东北军阀"奉天张(作霖)"是一类人一样。③ 孙中山对地点的强烈意识,很少有政治家能比得过。每一个地点都是一条真实或虚拟的铁路线上的一个车站,这些或真实或虚拟的铁路穿过真实存在的和孙中山想象中的中国;每一个地点都是一粒沙子,被压进单一的国家,成为其中的一部分。把孙中山归入某一个地区,无异于一种内部流放,这是孙中山自始至终都在全力抵抗的。孙中山在北京而不是家乡广东去世,并非偶然。说孙中山仅仅是个广东人,性质有点儿像是八卦唐群英马上要结婚,或者说陆徵祥是卖国贼。对于孙中山来说,他的农村老家,甚至广州,都不是洛迦诺那样给陆徵祥提供避风港的地方,也不是像新桥或长沙那样让唐群英隐退的地方。只要道路最终通向首都和国家权力,孙中山是相当愿意在各省开展政治活动的。到了 1924 年,孙中山也许意识到,他已经没有时间采取行动了。

孙中山通过自己的极大努力,成了革命和民国的门面与代言

---

① 王宗华主编:《中国大革命史 1924—1927》,北京:人民出版社,1990 年。
② 平路:《行道天涯:孙中山与宋庆龄的革命与爱情故事》。
③ 同上,第 40 页。

人。他接受了公然的贬损,而这种贬损的恶名,梁启超等其他同时代的人是很难忍受的。① 孙中山成为全国性的人物,一方面是因为充分利用国内外媒体,另一方面也是因为关注个人形象和自身需求的地方基础。尽管孙中山对抽象的中国有强烈的意识,但他意识到,要使"想象的共同体"成为政治生活的共同特征,就必须一边尽可能地将国家本土化,一边将人们的视野扩大到本土之外。无论去哪里,孙中山的演说都会运用当地的事实和细节,更充分地阐释三民主义及建设新中国的必要性。孙中山在宣扬自己的思想和政策时,会探究听众和当地的情况。孙中山乐于根据一地的具体情况即兴发挥,这让他的政治表演难以捉摸。宋庆龄回忆道:"这完全取决于政治形势和观众,而我会紧张得像只猫一样,坐在台上,在他旁边,对即将发生的事情一无所知。"②

孙中山留下了一整套复杂的遗产。身为"大炮",他的言语天赋既受到了认可,也遭到了嘲笑。他的财力和军力时常捉襟见肘,于是他用话语来弥补。他还通过公开演说,努力把失败扭转为口头上的胜利。盖瑞·威尔斯(Garry Wills)在关于葛底斯堡演说的研究中,展示了林肯如何"将丑陋的现实(双方都伤亡惨重)转变成某种既富有意义又诡异的东西"。③ 孙中山的政治生涯,几乎无时无刻不面临着背叛、流血惨败、屈辱等丑陋的现实。即使是胜利,也总是夹杂在他九死一生的失败中,而且往往紧跟着他本人及其政党漫漫政治路上的又一个转折点。孙中山从来没有发表过自己的葛底斯堡演讲。1895 年中国在甲午中日战争

---

① Liang, in Tang, *Global Space and the Nationalist Discourse of Modernity*, 161.
② Bergère, *Sun Yat-sen*, 277.
③ Garry Wills, *Lincoln at Gettysburg: The Words That Remade America* (New York: Touchstone, 1992), 20.

中备受屈辱时,康有为在北京的演说也许可以与葛底斯堡演说相提并论。就孙中山而言,他从未停止过谈话。在一个又一个阶段中,孙中山在国内外滔滔不绝地演说,他的话成了一种令人信服的中国革命核心叙事。

对于"想象的可能形势",孙中山有着本能的把握,最终让袁世凯对权力机制更实际的理解和倒退回的帝制迷梦黯然失色。① 孙中山似乎明白,通过宏大的乃至帝王式的姿态,比如拜谒明孝陵,所能获得的东西比袁世凯在字面上追求皇权要多得多。② 袁世凯主政一方时无可挑剔,但他缺乏成为国家领袖的"政治想象"。③ 很难想象孙中山会在国家领导人之外的任何层面有影响力,因为孙中山并没有与行政上的细节纠缠的耐心。他所遇到的细节——从年轻时求学夏威夷的邮票,到在上海乘出租车——引发的是充满想象的言辞,而不是具体而微的政策。就连孙中山在袁世凯手下担任的铁路督办职位,从任何最基本的行政意义上说,也更多是形式上的,而非实际上的。以赛亚·伯林有一个著名的比喻:有的人像刺猬一样知道一件大事,有的人像狐狸一样知道许多事。而作为领袖和思想家的孙中山,知道自己和国家的本质特征,然后在他读到的、经历的每一件事中,都为此找到了依据。

孙中山最伟大的才华,也许是让中国尚未成真的辉煌未来栩栩如生。早在辛亥革命前,孙中山就比很多革命同志都更"能想象到,自己身处共和的中国,会是什么情景"。④ 在唐群英等女权

---

① Harding, *Present-Day China*, 27.
② 同上。
③ Young, *The Presidency of Yuan Shi-k'ai*, 243.
④ Bergère, *Sun Yat-sen*, 169.

运动者激烈争取平等权利时,孙中山也用这一方法予以回应。他可以想象出男女平等的情景,然后将这种情感传达给女权运动者,而且传达的方式能够缓解她们遭到拒绝后的愤怒之情。但是,这种方法有时也会让孙中山显得软弱无能。1912年9月,袁世凯在与孙中山的一次会面中,以种种不便为由,拒绝了孙中山将首都从北京迁至南京的要求。随后,孙中山很勉强地宣布,只要"将来"的某个时候迁都,就可以了。① 但是,袁世凯根本就没给孙中山对迁都表示乐观的余地:"我本河南省人,岂有不顾,特此着为事实上所万不能行者云。"虽然袁世凯拒绝妥协,但孙中山并没有为此困扰,而只是简单地设想,自己个人的事业和中国的未来都走在袁世凯的事业之前一步。有时,孙中山会危险地像鲁迅笔下的倒霉蛋阿Q一样,"对自己很好",把每一次屈辱的失败都当成一次胜利。② 孙中山的未来主义倾向,是他被有些人视为贩卖空言的人的一个原因。他谈论的是不存在的事情。但是,用一位作者的话说,由于其他政客"不但对于人民,没有百年大计,就是对于自己的事业,也难有十年的企图,只顾目前搜刮人民",两相对照,孙中山的奇思妙想就很有吸引力了。③

公共演说作为领导力的一个要素,虽然存在不确定性和风险,但孙中山的同侪和直接继任者都很难回到简单发号施令的领导方式了。私下劝说也并不能解决所有的政治问题。部分因为孙中山的努力,富有远见的言辞在政治和公共生活舞台上深深地扎下了根,成了政治进程中长久存在的一部分。

---

① 王耿雄编:《孙中山史事详录 1911—1913》,第390页。
② Lu Xun, *Diary of a Madman*, 108.
③ 谢明霄:《四川民族性的弱点》,《国闻周报》第2卷第39期(1925年10月),第13页。

一个例子是,毛泽东学习了孙中山致力于演说和精心策划公众形象的要点,产生了自己关于领袖形象和声音的创见。像孙中山一样,毛泽东也能吸引听众。但毛泽东胜过孙中山的地方在于,他只要拥有了人民,就知道该对人民怎么做。

即使去世之后,孙中山的权威仍然为很多政治规划所借用,孙中山的继任者蒋介石和毛泽东的政治生涯也不例外。到处都能看见孙中山的面容,从钱币和烟盒,到教室和公共建筑。① 罢工的工人有时会用孙中山的肖像当挡箭牌,以防警察袭击。② 蒋介石和国民党利用星期一早晨宣读总理遗愿和遗嘱,并向孙中山像鞠躬的政治仪式巩固自身的权威。③ 孙中山的肖像还挂进了私人住宅,特别是在南方地区,这一习俗可能是受到了美国展示总统肖像和苏联布置"列宁角"的影响。④ 男子穿起了"中山装",这是孙中山以英国狩猎服和日本校服为基础发明的一种服装,有立翻领,主体是前缀纽扣的中式服装,左右两侧缝有口袋。⑤ 虽然孙中山希望所有中国男性都穿上中山装,以展现国民身份和对孙中山的理想所抱有的信念,但中山装主要是官员在正式场合穿的,这又是一个例子,反映了确保平民被视作"国民"而非"没有官职的人"有多么困难。

除此之外,孙中山大大小小的事迹被神话一般地传诵着,这也成了他去世后的政治生命的一部分。20世纪50年代,《人民日报》刊登了孙中山1912年在安庆反对鸦片的演说,这篇演说是

---

① Fitzgerald, *Awakening China*, 27.
② *China Weekly Review*, March 24, 1934, 147.
③ 忻平、胡正豪、李学昌主编:《民国社会大观》,第21—22页。
④ Sharman, *Sun Yat-sen*, 315.
⑤ 忻平、胡正豪、李学昌主编:《民国社会大观》,第586页;Fitzgerald, *Awakening China*, 23-25.

由已届耄耋的革命老战士刘天囚提供的,根据此文,烧鸦片、英国炮舰到来、孙中山演说毒品之祸,都是同一天发生的事情:

> 正午十二时,快艇驶回报告:柏文蔚陪同中山先生即将登岸演讲。齐耿寰亲率警厅人员急忙布置,在南门城外高搭讲台,并将所扣鸦片烟土堆积江岸,架了干柴,洒满汽油,准备焚毁。一时远近群众闻此消息不约而来的约近万人,长江两岸,男女老少,挨肩叠背,静立江岸,等候中山先生莅临。
>
> 午后一时左右,"江宽"号轮船抵埠,军乐大作,万众欢呼,柏文蔚陪同中山先生登台演说。先生嗓音洪亮,慷慨激昂,历述鸦片战争、五口通商以来……当演讲时,江中英国炮舰就开始升火,群众以为它将准备开炮。但见中山先生神色不动,精力愈奋,嗓音愈高,沉痛之词如倾河倒峡,滔滔不绝,莫不为之感动。①

孙中山的演说结束后,鸦片烧了,炮舰调头开走了(用刘天囚的话说是"遁去")。然而,当时的资料表明,孙中山当天并不在安庆。就像没有赶上辛亥革命那样,孙中山也没有赶上安庆危机。② 在叶圣陶等作家的天马行空中,在刘天囚并不准确的记忆中,孙中山不仅与对手对抗,偶尔还会对抗时间和空间的限制。萨满教获取刀枪不入神功的仪式,义和团采用了,但并没能击退外国的威胁。怀着爱国精神起来反抗的共和仪式,由国家领袖准许和主

---

① 刘天囚:《中山先生在安庆烧鸦片烟的故事》,第231—232页。
② 根据普遍认可的时间线和孙中山本人的陈述,孙中山是在烧鸦片和英国炮舰开赴安庆的近一周之后才到达安庆的(陈锡祺主编:《孙中山年谱长编》上册,第741—742页)。刘天囚的文章中基本没有提及事件发生的时间,只提及孙中山在1912年的某个时间从北京回到了上海;且在其讲述中,孙中山到访安庆之前的行程并非更符合史实的江阴—镇江—南京,而是汉口—芜湖。参见本章第375页注②。

持，通过让鼓舞人心的虚构拥有事实的分量，难道就不可能成功吗？

  作为领袖，孙中山本人的魅力还不够。孙中山与其说是令人觉得神奇，不如说是令人感兴趣；与其说是让人无法抗拒，不如说是自己全心全意。然而，孙中山确实铺下了一条道路，蒋介石作为国家人物遭遇了巨大失败，毛泽东成了真正有魅力的领袖，都是沿着这条道路前行的——孙中山在中国政治生活的中心为领袖创造了空间，让领袖成为积极活动、频繁出现在人们视野中的角色。到了 20 世纪 20 年代，在民国政治能力全面削弱的局面下，似乎需要如此强势和刚猛的个人站出来。虽然并没有说明书阐释应该如何扮演这一角色——可能孙中山一生的故事除外——但是，毫无疑问，扮演这一角色，是要靠演说的。

总结　领导与被领导

孙中山 1925 年 3 月 12 日在北京去世的噩耗传到了湖南,唐群英闻之悲痛欲绝,写下了一首题为《哭孙总理中山先生》的挽诗。唐群英把整个国家的悲痛情绪比作一股瘴气,随着孙中山去世的噩耗,从首都蔓延到了全国各地。她回忆起自己与孙中山打交道的经历,回忆起孙中山授予自己的奖章,种种荣誉让如今的她"感愧时时悚"。① 当月的晚些时候,唐群英在家乡创办的女子学校为孙中山举行了追悼会。唐群英还写了两联挽联,题为《挽孙总理中山先生》,其中所流露的思想感情,已预示了她 20 世纪 30 年代表现出的理想破灭之感。她在挽联中写道:"列强未打倒,军阀未铲除。"唐群英明确赞扬孙中山和国民党"独隳帝制",并坚称,孙中山跋涉全国,"纵横八万里",这样一位领袖和民族英雄,唯有美国的乔治·华盛顿可以相提并论。② 唐群英自己也不知疲倦地四处奔波,但孙中山在中国乃至全世界四处奔走的足迹,很少有政治家能与之媲美。4 月,唐群英乘船顺流而下到长沙,和一群教师一起参加了孙中山纪念集会,前来参加这次集会的有 16 万人,240 个民众团体。③ 参加集会的人数达到了全长沙

---

① 李天化、唐存正主编:《唐群英年谱》,第 56 页。
② 同上。
③ 同上。

市人口的 1/3,乃至更多。①

孙中山去世后的几个星期,全国各地都举行了悼念活动。在大大小小的聚会、集会和游行中,公众哀悼的方式新旧并存,既有摆满了香火和贡品的桌子,也有献花和女童合唱。② 挽联中则常常把孙中山比作乔治·华盛顿,这一比较此时已经司空见惯。孙中山被描绘成民族英雄,正如他本人所表现出的那样。由于部分政治精英和新闻界仍然怀疑孙中山对中国和革命的贡献,公众在悼念活动中对孙中山的赞誉更显得不同寻常。一方面,许多社论家对孙中山只有赞美,不仅把孙中山比作华盛顿,还把他比作孔子、耶稣,相对不那么直白的是把孙中山比作亨利克·易卜生(Henrik Ibsen)戏剧《人民公敌》中的虚构人物斯多克芒医生(Dr. Stockmann)——一位正直的、给安于现状的人找事的"刺儿头";③另一方面,上海一家与梁启超有联系的报纸上,有社论家称孙中山不是烈士,他活着的时间远远超过了其作为政治人物发挥价值的时间——"我以为孙文今日之死未免太晚耳"。④ 还有人批评孙中山"迷信武力""激动青年",联合苏联,性情古怪。⑤ 此外,对于孙中山在头一年秋天武力镇压广州商团,一些人仍然愤愤不平。⑥

虽然追悼活动在一定程度上源自国民党的有意策划,但北京等地的群众自发流露出的情感之强烈,不可能是自上而下动员的

---

① Alfred C. Reed, "Changsha and Yale-in-China," *American Journal of Nursing* 16:6(March 1, 1916):517.
② Harrison, *The Making of the Republican Citizen*, chap. 4, 144 ff.
③《孙中山评论集》;Strand, "Calling the Chinese People to Order," 34 – 35.
④《时事新报》,转引自《孙中山评论集》,第 40 页。
⑤ 同上,第 21 页。
⑥ Bergère, *Sun Yat-sen*, 348 – 49.

产物。① 列宁主义作为一种组织原则，在1925年时，还处于发展的早期阶段。唐群英本人也已经不再是国民党体制中的活跃成员了。从她为孙中山写的挽诗可见，她对孙中山的感情是非常个人化的，而且这种感情与她自己的人生经历交织在一起，从她在湖南和日本的政治觉醒，到她1911—1912年为辛亥革命和建立民国付出的艰苦努力，再到她后来的斗争。而对于那些与孙中山非敌非友、关系并不密切的人来说，孙中山是革命和民国的形象代言人。在这方面，无人能匹敌孙中山。死去的孙中山远比还活着的、时任北京政府首脑的军阀政客段祺瑞更有号召力。这一点是孙中山成功将自己融入公众意识的证明，但也标志着制度的混乱和合法性的危机，这种混乱和危机仍困扰着民国和一切自称国家领袖的人。

1925年春天人们对孙中山的哀悼，与1916年公众对袁世凯葬礼的反应形成了鲜明对比。作为20世纪10年代的国家领袖，袁世凯是唯一对孙中山构成严重威胁的对手。美国驻华公使、政治学家保罗·莱因什（Paul Reinsch）描述了袁世凯的灵柩被运到火车站，准备继续南下运回他在河南的私人庄园时，在首都发生的一幕：

> 士兵列队站在道路沿线，人群站在军队后面，恭敬地默不作声地看着。他们表现出的并不是悲伤，而是事不关己的沉默。袁世凯并没有赢得民众的心，在他们心目中，袁世凯只不过是一个与他们远远隔开的能人，和他们的联系就是收税和执行政令。②

---

① Harrison, *The Making of the Republican Citizen*, 140–44.
② Reinsch, *An American Diplomat in China*, 196–97.

这样沉默的场面——毫无疑问跟现场的军队有关,袁世凯死了,军队还在——与1925年北京的群众形成了鲜明的对比,他们慷慨激昂,疯狂地喊着"打倒帝国主义"和"孙中山思想万岁"等口号,即使是孙中山最忠实的信徒,也会为之震惊。① 1916年,莱因什总结道:"像西方人崇拜伟大领袖那样热切地崇拜英雄,中国人是无法做到的。他们还没有开始把这些英雄看作他们的领袖。"过去,当正直的官员和挺身而出为民请命的人去世时,人们的情绪会很激动。据说,当皇帝驾崩的消息传来时,臣子们也会以合乎礼仪的方式哭泣。② 然而,孙中山逝世后,人们直截了当而不能自已的反应,在领导者与被领导者的关系上形成了一个突破。在街头、新闻界、学校、俱乐部、会馆和茶馆中,感情用事已经成了政治生活相当重要的一部分;如今感情用事又成了国家领导权的组成部分之一。如果不是孙中山富有感召力的领导方式,这种转变是不可能实现的。

　　一些研究近代领袖地位的人,从研究拿破仑的列夫·托尔斯泰(Leo Tolstoy),到研究20世纪各国领袖的格奥尔格·齐美尔、詹姆斯·M. 伯恩斯(James M. Burns)和盖瑞·威尔斯,都认为,一个普通人之所以会为领袖而死,为领袖投票,甚至加入欢迎或哀悼领袖的人群中,是因为——用托尔斯泰的话说——"掌权者与人民的关系"。③ 从一个层面上讲,领袖地位是私人的、人际关系上的交易和讨价还价,但也有可能被提升到更具"变革性"的

---

① Harrison, *The Making of the Republican Citizen*, 141.
② Jonathan D. Spence, *Treason by the Book* (New York: Penguin, 2000), 76.
③ Leo Tolstoy, *War and Peace* (New York: Norton, 1966), 1323; Burns, *Leadership*, 19-20; Garry Wills, *Certain Trumpets: The Nature of Leadership* (New York: Simonand Schuster, 1995).

另一个层面。① 时代偏爱那些能为近代世界中的个人、群体和国家找到合适的位置的、富于情感的语调和有变革性的内容。林语堂借着用帝国主义暴行卖丝袜的例子,讽刺了这种话语倾向。与此同时,无数的人对这种话语倾向欣然接受,他们把自己本人和所属团体的奋斗写成、讲成了进步和反抗的国家叙事,就像孙中山所做的一样。孙中山等领导人想象着自己为中国而奋斗,护士、会计师、学生、农民和人力车夫也是如此。把各自为战变成一场共同的斗争,需要孙中山施行的那种生气勃勃的领导。

说到让别人屈从于自己的意志,巅峰时期的袁世凯有着比孙中山更强的硬实力。袁世凯也更接近于中国传统中的典型统治者——节制地运用权力,而不是大张旗鼓地挥霍权力;一边小心节制地使用武力,一边通过施行仪式和颁布法令,让政治道义能在口头上持续下去。同时,孙中山为与中国国民建立沟通更良好、更积极的关系所花的工夫,已经开始收获回报。孙中山去世后,公众对孙中山离世表现出了极度的悲痛,不到两个月后,五卅运动就在全国范围内爆发了。直到此时,他作为政治领袖的成就才最终得到确认,也才间接地证明全国各地城市、城镇甚至许多农村地区都有民众能够回应他的领导,这可谓是孙中山的不幸。虽然孙中山不幸在政治抱负尚未实现时就去世了,但他去世的时间恰好赶上并激发了接下来的一波民族主义情绪,这种情绪反过来又给了国民党和共产党扩大规模和影响力的机会。②

4月,长沙举行了悼念孙中山的大规模集会;不到两周之后,③长沙就和全国其他600来个城市和城镇一道,爆发了规模

---

① Burns, *Leadership*, 19-20.
② Harrison, *The Making of the Republican Citizen*, 161-162.
③ 原文如此,但此处时间不准确。——译者注

同样庞大的示威游行,抗议5月30日外国警察在上海杀害中国工人的事件。沈艾娣指出,这些民族主义示威活动的方式,与五四运动及更早的政治运动是一样的,但规模要大得多;参与其中的个人和团体,以及其中许多表达爱国之情的仪式,都曾经出现在悼念孙中山的活动中。① 如果在一种政治文化中,复刻政治表现对于产生全国性的影响至关重要,那么任何政治活动都可能是下一场政治活动的彩排。3月对孙中山的哀悼,已经为饱含爱国主义的悲愤之情在五六月喷薄而出铺好了道路。

上海的暴行发生几天后,在6月初的长沙,一场全城示威正在酝酿着。示威前夕,夹在军阀、国民党和当地政治风潮中腹背受敌、处境艰险的湖南省长赵恒惕,代表张皇失措的省议会,找到了"唐大姐",希望唐群英帮助平息可能爆发的学生骚乱。不出所料,唐群英断然拒绝了这位后生朋友的请求,并训斥道:"从前你也爱国,现在你更爱乌纱帽。"②这一年,唐群英54岁,在严厉批评了赵恒惕后,随着五卅运动的持续,她在地方上的活动更积极了。6月中旬,唐群英回到衡山,协助组织示威活动,其中包括反对日本和英国的宣传运动、灯会和公开集会。

孙中山和唐群英搞政治的方式非常相似。两人都被吸引到了政治舞台上,相信自己能说服听众追随他们,哪怕是带着敌意或态度冷漠的听众。他们的直言不讳,常常能起到引人入胜的效果,在形式和精神上与19世纪90年代以来的几代政治家和政治活动分子几乎如出一辙——他们定期在坐着参议员的会议室、同乡聚集的会馆大厅、挤满工人和选民的茶馆、挤满了学生的街头

---

① Harrison, *The Making of the Republican Citizen*, 161-162.
② 李天化、唐存正主编:《唐群英年谱》,第57页。

面对同僚和民众。1925年,时年30岁的湖南籍共产党员向警予坦言,自己虽然一度"胆小,不敢发言",但唐群英、张汉英等妇女树立的榜样让她相信,作为妇女,她们应该"在种种集会中表示自己的意见"。① 领导的表率作用会鼓励更年轻、更本土化的人和不那么有名的人去效仿。在许多政治、社会、经济和文化战线上,一拨又一拨的模仿浪潮,或者说是热潮,让政治活动分子有了更深的信念。当共和制度支离破碎,而群众运动填补了共和制度的作用时,这些信念继续支持着一种新的政治文化,这一政治文化推崇正直的姿态,说出来的信息,以及领导者和追随者共同的公开露面。唐群英训斥男性参议员,陆徵祥用沉默对抗大喊大叫的别国外交官,孙中山无休无止地向同胞们发表演说,都体现了这种中国式的共和政治。唐群英未能在1912年赢得国家层面的女子参政权,陆徵祥有着政治失误和秘密议和的履历,孙中山很难牢牢把握住自己公开寻求的东西,所有这些都凸显出了风格与实质、姿态与制度能力之间一直存在的鸿沟。虽然这道鸿沟体现出了民国的虚弱程度,但近代国民身份被广泛接受了,由此带来的能量,让情感和争论的火花跨越了这道鸿沟。

在1919年的凡尔赛和1920年的上海,陆徵祥开了窍,知道了如何做"被领导的领导"。最有能力的领导人会——至少偶尔会——努力像民众一样看世界。反过来,积极参与政治生活的民众也获得了一种政治意识,这种政治意识有一部分取决于他们以近代中国的国家眼光看待事物的能力。前一种眼光让人们在政治上的密切关系达到了全新的高度——有时甚至到了"鼻子对鼻子"的程度——而双方的生活本来毫无交集;后一种眼光给了政

---

① 向警予著,湖南人民出版社编:《向警予文集》,第206页。

府有力而深厚的民众支持,从而推行力求把目标统一起来、实现普遍的公共利益的种种政策。只要领导人能排除私人利益和特殊利益的腐败,这种支持就会持续下去。近代独裁政权面临的严重威胁不仅有共和的复兴,还有20世纪的"孟子"在当代"齐宣王"身上发现的靶子。

孙中山并非中国近代政治演说术的首创者。他赶上了康有为等大学者、改良派地方商绅、学生政治活动分子等掀起的公开演说潮流,最终在驾驭观众方面超越了同辈。在他"纵横八万里"的旅程中,孙中山提出政治理论并开展政治活动的方式,摆脱了一切固定的地理位置和意识形态立场。他把自己公认的不足——经典教育的缺失,家族海外经商的商业污点,没有政府履职经历,对人们如何看待自己、如何理解自己的运动有着近乎执迷的关注——变成了自己的财富和美德:对世界文化开放,由此可以发掘素材,打造新政治;推销改革和革命的政治创业者精神;以愿景和政治预言弥补欠佳的政治表现能力;在缺少袁世凯等强人孜孜以求的绝对控制力时,认为可以通过形象塑造来拓展政治影响力的远见——形象不仅是由本人亲自塑造的,也是无数热心建设包含自己在内的新中国的人共同塑造的。

不能说孙中山起到了巩固民国制度的作用,除非从他接受了列宁主义,加强了国民党和共产党的实力这一点说——而这一举动对共和的原则产生的影响明显并不清楚。① 陆徵祥和唐群英做的可能要多得多,他们一个在范围更窄的北京外交部管辖范围内推行具体的体制改革,一个在湖南从事女子教育。孙中山、毛泽东这样的领袖可能在大胆地设想一个现代化的中国,但如果没

---

① Bastid-Bruguière,"SunYat-sen's Republican Idea in 1911," 216.

有专业的外交官、教育工作者和其他专家,实现这一目标的进展必然是迷茫的、不完整的。通过示范在根本上依靠民众支持的领导模式,以及一切愿意发言的人都能运用的政治,孙中山的确加强了共和的政治文化。

孙中山、唐群英、陆徵祥这样的谜团,也许并没有一个答案,更不用说蒋介石、毛泽东了。同样,对于一个时不时就显得毫无希望的共和政治规划,中国民众为何会忠心耿耿,这个谜团似乎也没有一个答案。如果假设人们普遍渴望让共和流于形式的、类似皇帝的人或者政治强人的领导,就无法解释民主主义者、联省自治主义者、无政府主义者、女权主义者和前清官员纷纷拒绝一人专权的史实。有人设想,中华民国向中华人民共和国的转变,是因为中国人偏好集体主义,但这又与孙中山坚信——许多政治先驱也这样认为——团体和个人一盘散沙的状态正在切实威胁着中国的史实背道而驰。为了抵抗这种局面,需要国家团结的共识基本达成,且这种诉求一直存续了下来;但与此同时,同样的原则也遭到了顽强的抵抗,抵抗根植于地方主义中,也根植于个体对整齐划一持谨慎态度的独立思想中。如果说中国不是单一的事物,而是许多事物的集合,那么对于政治舞台上的领导者与追随者而言,最棘手的问题不是发现或提炼出国家的一种要素——尽管像三民主义这样的独门政治药方有时推销得如火如荼——而是将许多要素或部件结合在一起,变成可行的东西。这无疑是一个组织上的问题,但是将城乡、贫富、男女有别且民族众多的中国人的多重视角纳入进来、协调起来,在这个问题中也至关重要。

民族主义可以成为这些和声的基调,但仍然必须在能被记住的、可反复重现的与民众的直接接触中,形成有情感色彩、基于利益的特定共识,作为实现这一点的根基。民族主义鼓励统一。在一定情况下，费孝通所指出的许多身份和义务的圈子，可以合成单一的、包罗万象的中国民族主义。与此同时，坚信每个国民都有保卫国家的义务，又促使公众在国家辜负了人们的期待时，对国家提出批评。

虽然城市民众对共和有着更深入的理解和更明确的情感，但在中国农村和边远地区，民国的不完整性和试探性，同样是政治生活中一再出现的中心特征。1912年8月25日，湖广会馆的会议中，孙中山和唐群英在台上，陆徵祥的夫人在观众席，总理陆徵祥在几公里外的法国医院，这次会议让新的国民党为全国范围内的选举做好了准备，虽然这次选举中没有妇女，也没有达不到经济或文化程度要求的男性，但选举的确进行了。各地通过选举，将代表派往国会，而国会运转不到一年就垮台了。类似这样的事情，似乎与中国近代史上其他错误的开始、走投无路的绝境和失败的人有着共同的境况和命运。吊诡的是，由于民国几乎是一开始就失败了，拥护共和的政治活动分子对政治失败有着深刻的意识，这种意识让人一直抱有希望，认为成功一定会在适当的时候到来。在这一点上，孙中山因为在事业上广为人知的起起落落，再一次成了楷模。在某时某地失败的东西，必定在其他地方成功。那些消失了的东西可以回到省议会、乡村学校、改组或改名的政党、学生示威、游击基地中，也可以回到一个新领袖或重整旗鼓的老领袖身上。唐群英、陆徵祥与孙中山一样，也有过疲惫和幻灭的时刻，但他们仍然在前行。唐群英在农村建了一所女子学校，还修了一座桥——她的父亲也曾重修过一座桥——方便孩子们来上学。① 陆徵祥离开中国，结束外交官生涯，到比利时做了

---

① 蒋薛、唐存正：《唐群英评传》，第168—169页。

修士,并寄给庇护十一世教皇一个箱子,里面装着清政府和民国政府授予他的勋章、奖章和嘉奖令,但此后,他仍在欧洲代表祖国从事非正式的外交工作。① 陆徵祥的一生极度复杂,并存着许许多多的成功与失败,在生命的最后一刻,他留下的遗言是:"一切为了中国!"

在20世纪的中国,通过"登台演说",无论成败,一个人都遵循了古代和近代的种种传统,这些传统是灵活的、自我批判的,也持续产生着许多权威和异见。用受控制的媒体和官方样板文件营造组织严密的公众,这种做法可能会不攻自破,因为本来意在让人顺从的暗示,在适宜的情况下,也可能引发反抗。因为这些逐渐发挥作用的关键功能已经在中国政治文化中根植了一个世纪乃至更久,对"向民众说话"并争取民意的领导人也有理性和热情的回应,所以,不管演说和呼吁的意图是多么愤世嫉俗,具有独立思想的、被唤起的公众周期性地再现,都不应该是什么惊人的事。这些再现和恢复的基础在于,人们一直坚信用行动表现出来的政治美德,也一直坚信,共和之下的权威由统治者转向了民众。从这一角度来看,辛亥革命——推翻了帝制,留下了正直而警觉的有声公众的辛亥革命——并没有失败,只是尚未完成。

---

① *New York Times*, March 16, 1927, 43; Boorman, *Biographical Dictionary of Republican China*, vol. 2, 444.

参考文献

《爱国报》,北京,1912年。
鲍家麟:《辛亥革命时期的妇女思潮》,"中华文化复兴运动推行委员会"编:《中国近代现代史论集》第18编:《近代思潮》(下),台北:台湾商务印书馆,1986年。
北京大学历史系编:《北京史》,北京:北京出版社,1985年。
北京市文物事业管理局编:《北京名胜古迹辞典》,北京:北京燕山出版社,1992年。
《北京新报》,1912年。
《长沙日报》,1912年。
车吉心主编:《民国轶事》,济南:泰山出版社,2004年。
陈东原:《中国妇女生活史》,上海:上海书店,1928年。
陈建华:《"革命"的现代性:中国革命话语考论》,上海:上海古籍出版社,2000年。
陈江:《西洋音乐的传入》,忻平、胡正豪、李学昌主编:《民国社会大观》,福州:福建人民出版社,1991年。
陈培玮、胡去非编纂:《总理遗教索引》,上海:商务印书馆,1937年。
陈锡祺主编:《孙中山年谱长编》,北京:中华书局,1991年。
陈旭麓、方诗铭、魏建猷主编:《中国近代史词典》,上海:上海辞书出版社,1982年。
《晨报》,北京,1925年。
《大自由报》,北京,1912年。
邓伟志:《近代中国家庭的变革》,上海:上海人民出版社,1994年。
谔谔声:《演说为最要之学问》,《爱国报》,1912年8月8、11日。
冯耿光:《孙中山和袁世凯的第一次会见》,尚明轩、王学庄、陈崧编:《孙中山生平事业追忆录》,北京:人民出版社,1986年。
冯自由:《革命逸史》,重庆,1943年。

费孝通:《乡土中国》,香港:三联书店,1995年。

高如(音,笔名):《孙中山到底差强人意》,《华北新报》1924年1月20日。

耿毅:《在追随中山先生的年代里》,尚明轩、王学庄、陈崧编:《孙中山生平事业追忆录》,北京:人民出版社,1986年。

《古今中外女名人辞典》,北京:中国广播电视出版社,1989年。

谷钟秀:《中华民国开国史》,文海出版社,1971年,1917年初版。

《光绪二十八年四川总督岑春煊"劝戒缠足告示"》,《历史档案》2003年第3期。

广东省哲学社会科学研究所历史研究室等合编:《孙中山年谱》,北京:中华书局,1980年。

《广州民国日报》,1924—1925年。

郭剑林主编:《北洋政府简史》,天津:天津古籍出版社,2000年。

郭廷以:《近代中国史纲》,香港:香港中文大学出版社,1980年。

韩蠢编著:《演讲术》,上海:《大公报》代办部,1937年。

汉民:《吕邦的群众心理》,《建设》第1卷第1期(1919年8月)。

《汉语大字典》,武汉:湖北辞书出版社,1986—1990年。

何黎萍:《民国前期的女权运动:19世纪末至20世纪30年代初》,博士学位论文,北京:中国社会科学院研究生院近代史系,1996年。

何鲁之编:《国家主义概论》,上海:中国人文研究所,1948年,1929年初版。

何香凝:《对中山先生的片断回忆》,尚明轩、王学庄、陈崧编:《孙中山生平事业追忆录》,北京:人民出版社,1986年。

何贻焜、黎锦熙:《曾国藩评传》,北京:中国社会出版社,1999年。

侯外庐:《孙中山到毛泽东》,1949年。

侯宜杰:《袁世凯一生》,郑州:河南人民出版社,1982年。

胡静:《回忆先人唐群英》,李天化、唐存正主编:《唐群英年谱》,香港:天马图书有限公司,2002年。

胡去非编纂:《总理事略》,台北:台湾商务印书馆,1971年。

《湖南地方自治白话报》,1910年。

化鲁:《民众运动的方式及要素》,《东方杂志》第20卷第13期(1923年7月10日)。

黄美真、郝盛潮主编:《中华民国史事件人物录》,上海:上海人民出版社,1987年。

黄旭初:《中国建设与广西建设》,桂林:建设书店,1939年。

黄远庸:《远生遗著》,吴相湘主编:《中国现代史料丛书》第1辑,台北:文星书店,1962年。

黄宗汉、王灿炽编著:《孙中山与北京》,北京:人民出版社,1996年。
江纫兰:《说女子参政之理由》,《妇女时报》,1912年9月。
姜昆编著:《民国轶闻》第3册,沈阳:春风文艺出版社,1993年。
姜纬堂、刘宁元主编:《北京妇女报刊考:1905—1949》,北京:光明日报出版社,1990年。
蒋薛、唐存正:《唐群英评传》,长沙:湖南出版社,1995年。
经盛鸿:《民初女权运动概述》,《民国春秋》1995年第3期。
康有为:《康有为政论集》,北京:中华书局,1981年。
李伯元:《文明小史》,香港:近代图书公司,1958年,1906年初版。
李超:《开会忙》,北京:作家出版社,1955年。
李凡:《孙中山全传》,北京:北京出版社,1991年。
李剑农:《中国近百年政治史》,台北:台湾商务印书馆,1974年。
李守孔:《民初之国会》,台北:台湾商务印书馆,1964年。
李天化、唐存正主编:《唐群英年谱》,香港:天马图书出版公司,2002年。
李喜所、许宁:《民元前后(1911—1913年)国民"参政热"评析》,《天津社会科学》1992年第2期,第51—59页。
李孝悌:《清末的下层社会启蒙运动:1901—1911》,台北:"中央研究院"近代史研究所,1992年。
李新总编:《中华民国史》第一编第一卷,《中华民国的创立》(上),北京:中华书局,1981年。
梁启超:《湖南时务学堂学约十章》,《梁启超文选》上下集,北京:中国广播电视出版社,1992年。
梁启超:《康南海先生传》. Introd. Dai-Ming Lee. San Francisco: Chinese World, 1953.
——.《梁启超诗文选》,广州:广州人民出版社,1983年。
——.《梁启超文选》上下集,北京:中国广播电视出版社,1992年。
梁实秋:《从听梁启超演讲谈到名人演讲》,《传记文学》1998年第6期。
廖大伟:《1912:初试共和》,上海:学林出版社,2004年。
刘天囚:《中山先生在安庆烧鸦片烟的故事》,尚明轩、王学庄、陈崧编:《孙中山生平事业追忆录》,北京:人民出版社,1986年。
龙大均:《评"民治"与"独裁"的论战》,《中华月报》第3卷第3期(1935年3月1日)。
鲁迅:《鲁迅全集》,北京:人民文学出版社,1981年,2005年。
陆丹林编:《市政全书》,上海:道路月刊社,1931年。
吕芳上:《革命之再起:中国国民党改组前对新思潮的回应1914—1924》,台北:"中央研究院"近代史研究所,1989年。
罗光:《访问陆徵祥神父日记》,《传记文学》第19卷第2期(1971年)。
罗家伦主编:《国父孙中山先生年谱初稿》,台北:正中书局,1959年。
毛泽东:《民众的大联合》,竹内实主编:《毛泽东集》第1卷,东京:苍苍社,1983年。
毛泽东:《在纪念孙中山逝世十三周年暨追悼抗敌阵亡将士大会上的演说词》,竹内实主编:《毛泽东集》第5卷,东京:苍苍社,1983年。
《民立报》,上海,1912年。
《〈民权初步〉自序》,孙中山著,胡汉民编:《总理全集》第1卷,上海:民智书局,1930年。
闵杰编著,刘志琴主编:《近代中国社会文化变迁录》第2卷,杭州:浙江人民出版社,1998年。
缪金源:《缪序》,Richard D. T. Hollister著,刘奇编译:《演说学》,上海:商务印书馆,1930年。
倪炎:《中华民国的国土演说》,上海:国民教育实进会,1913年。
聂其杰:《大粪主义》,耕心斋,1925年6月5日。
平路:《行道天涯:孙中山与宋庆龄的革命与爱情故事》,台北:联合文学出版社,1995年。
钱履周:《记孙中山先生来福州的见闻》,尚明轩、王学庄、陈崧编:《孙中山生平事业追忆录》,北京:人民出版社,1986年。
秋瑾:《秋瑾集》,上海:上海古籍出版社,1991年。
任毕明:《演讲·雄辩·谈话术》,香港:实学书局,1966年,桂林:1941年初版。
尚海等主编:《民国史大辞典》,北京:中国广播电视出版社,1991年。
尚明轩、王学庄、陈崧编:《孙中山生平事业追忆录》,北京:人民出版社,1986年。
邵守义主编:《演讲全书》,吉林:吉林人民出版社,1991年。
《盛京时报》,沈阳,1912年。
盛树森、谭长春、陶芝荪:《中国女权运动的先驱唐群英》,《人物杂志》1992第2期,第82页。
石建国:《陆徵祥传》,石家庄:河北人民出版社,1999年。
《时报》,上海,1912年。
《时事新报》,上海,1911年。
《顺天时报》,1928年。
宋教仁:《我之历史》,吴相湘主编:《中国现代史料丛书》,台北:文星书店,

1962年。
孙起孟:《演讲初步》,上海:生活书店,1946年。
《孙文小史》,6页手抄本,1913年。
《孙中山评论集》,上海:三民出版社,1925年。
《孙中山轶事集》,上海:三民公司,1926年。
孙中山著,胡汉民编:《总理全集》第1卷,上海:民智书局,1930年。
谈社英编著:《中国妇女运动通史》,上海:商务印书馆,1937年。
汤承业:《国父革命宣传志略》,台北:"中央三民主义研究院",1985年。
唐守真、王启厚主编:《领导史例成败比较》,济南:山东人民出版社,1989年。
《天民报》,长沙,1913年。
童强:《康有为传》,北京:团结出版社,1998年。
万仁元主编:《袁世凯与北洋军阀》,香港:商务印书馆(香港)公司,1994年。
王灿炽:《孙中山与北京湖广会馆》,北京市对外文化交流协会、北京市宣武区地方志编纂委员会编:《北京湖广会馆志稿》,北京:北京燕山出版社,1994年。
王耿雄编:《孙中山史事详录 1911—1913》,天津:天津人民出版社,1986年。
王家俭:《民初的女子参政运动》,"中华文化复兴运动推行委员会"编:《中国近代现代史论集》第19编:《民初政治》(一),台北:台湾商务印书馆,1986年。
王业兴:《论民国初年议会政治失败的原因》,《历史档案》1996年第4期。
王宗华主编:《中国大革命史1924—1927》,北京:人民出版社,1990年。
巫纪光、柳肃:《会馆建筑艺术概论》,中国建筑艺术全集编辑委员会编,巫纪光等卷主编,柳肃等摄影:《中国建筑艺术全集 第11卷 会馆建筑·祠堂建筑》,北京:中国建筑工业出版社,2003年。
吴玉章:《中国妇女运动在五四运动中走上了自己解放的道路》,罗琼编:《妇女运动文献》,哈尔滨:东北书店,1948年。
《向导周报》,上海,1926年。
向警予著,湖南人民出版社编:《向警予文集》,长沙:湖南人民出版社,1980年。
谢明霄:《四川民族性的弱点》,《国闻周报》第2卷第39期(1925年10月)。
忻平、胡正豪、李学昌主编:《民国社会大观》,福州:福建人民出版社,1991年。
徐矛:《中华民国政治制度史》,上海:上海人民出版社,1992年。

徐永煐:《见孙中山先生记》,中国社会科学院近代史研究所近代史资料编辑部编:《近代史资料》总68号,北京:中国社会科学出版社,1988年。初发表于《清华周刊》第308期(1924年4月4日)。

徐友春主编,王卓丰等编撰:《民国人物大辞典》,石家庄:河北人民出版社,1991年。

《亚细亚日报》,北京,1912—1913年。

杨怀中(昌济):《余改良社会之意见》,长沙《公言》第1卷第2期(1914年)。

杨家骆主编:《梁任公年谱长编》,台北:世界书局,1972年。

杨立强、刘其奎主编:《简明中华民国史辞典》,郑州:河南人民出版社,1989年。

杨逸邺:《北京人民爱国反帝的一次壮举——记五卅运动天安门大会》,《文史资料选编》第31辑,北京:北京出版社,1986年。

叶圣陶著,叶至善编:《叶圣陶》,香港:三联书店香港分店,人民文学出版社联合编辑出版,1983年。

亦观:《全国商会之现况与将来之希望》,《东方杂志》第16卷第3页(1919年3月)。

尹德华:《演讲术例话》,上海:文化供应社,1948年。

余家菊:《领袖学》,上海:大陆书局,1932年。

余楠秋:《演说学ABC》,上海:世界书局,1928年。

余楠秋:《演说学概要》,上海:中华书局,1934年。

虞和平:《商会与中国早期现代化》,上海:上海人民出版社,1993年。

袁韶莹、杨瑰珍编:《中国妇女名人辞典》,长春:北方妇女儿童出版社,1989年。

恽代英:《民治运动》,《东方杂志》第19卷第18期(1922年9月25日)。

张继著,中央改造委员会、党史史料编纂委员会编辑:《张溥泉先生全集》,台北:"中央文物供应社",1952年。

张建园:《登台演说不易》,《北京新报》1912年9月11日。

张茂鹏:《陆徵祥》,杨大辛主编:《北洋政府总统与总理》,天津:南开大学出版社,1989年。

张猛:《孙中山先生在广西时的一段回忆》,尚明轩、王学庄、陈崧编:《孙中山生平事业追忆录》,北京:人民出版社,1986年。

张启承、郭先坤编:《孙中山社会科学思想研究》,合肥:安徽人民出版社,1985年。

张玉法:《民国初年的政党》,长沙:岳麓书社,2004年。

张允候编:《五四时期的社团》,北京:生活·读书·新知三联书店,1979年。

张宗平、吕永和译,吕永和、汤重南校:《清末北京志资料》,北京:北京燕山出版社,1994年。

赵世荣:《女杰之乡:荷叶纪事》,长沙:湖南人民出版社,2005年。

《正宗爱国报》,见《爱国报》。

郑德荣、王维礼主编:《中国革命纪事》,长春:东北师范大学出版社,1990年。

郑贞文:《孙中山先生来闽》,尚明轩、王学庄、陈崧编:《孙中山生平事业追忆录》,北京:人民出版社,1986年。

中国建筑艺术全集编辑委员会编,巫纪光等卷主编,柳肃等摄影:《中国建筑艺术全集》,北京:中国建筑工业出版社,2003年。

《中国日报》,北京,1912年。

《中国时报》,北京,1912年。

《中华民国参议院法》,"民国",无确切日期(似为1912年制定)。

《中华民国史事纪要:初稿中华民国元年(一九一二)七月至十二月份》,台北:"中华民国史料研究中心",1971年。

中华全国妇女联合会妇女运动理事研究室编:《五四时期妇女问题文选》,北京:生活·读书·新知三联书店,1981年。

钟于敏:《王震离奇发迹秘史》,《争鸣》1993年4月。

周鸿、朱汉国主编:《中国二十世纪纪事本末》,济南:山东人民出版社,2000年。

朱建华、宋春:《中国近现代政党史》,哈尔滨:黑龙江人民出版社,1984年。

邹鲁:《回顾录》,南京:独立出版社,1947年。

邹鲁:《中国国民党史稿》,台北:台湾商务印书馆,1976年。

Alitto, Guy S. *The Last Confucian: Liang Shuming and the Chinese Dilemma of Modernity*. Berkeley: University of California Press, 1979.

——. "Rural Elites in Transition: China's Cultural Crisis and the Problem of Legitimacy." *Select Papers from the Center for Far Eastern Studies 3* (1978–1979).

Anderson, Benedict. *Imagined Communities: Reflections on the Origin and Spread of Nationalism*. London: Verso, 1991.

Anderson, Malcolm P. "Notes on the Mammals of Economic Value in China." *Annals of the American Academy of Political and Social Science*, vol. 39, *China: Social and Economic Conditions* (January 1912).

Arendt, Hannah. *The Human Condition*. Chicago: University of Chicago

Press, 1958.

Arkush, R. David, and Leo O. Lee. *Land without Ghosts: Chinese Impressions of America from the Mid-Nineteenth Century to the Present*. Berkeley: University of California Press, 1989.

Arlington, L. C., and William Lewisohn. *In Search of Old Peking*. New York: Oxford University Press, 1991.

Baark, Erik. *Lightning Wires: The Telegraph and China's Technological Modernization, 1860–1890*. Westport, CT: Greenwood Press, 1997.

Bailey, F. G. *The Tactical Uses of Passion: An Essay on Power, Reason, and Reality*. Ithaca: Cornell University Press, 1983.

Bailey, Paul. "'Women Behaving Badly': Crime, Transgressive Behavior and Gender in Early-Twentieth-Century China." *Nan Nü* 8:1(2006).

Barmé, Geremie. "Wang Shuo and Liumang ('Hooligan') Culture." *Australian Journal of Chinese Affairs* 28(July 1992).

Barthes, Roland. *A Barthes Reader*. Ed. Susan Sontag. New York: Hill and Wang, 1982.

Bastid, Marianne. "Official Conceptions of Imperial Authority at the End of the Qing Dynasty." In Stuart R. Schram, ed., *Foundations and Limits of State Power in China*. Hong Kong: Chinese University Press, 1987.

Bastid-Bruguière, Marianne. "Sun Yat-sen's Republican Idea in 1911." In Etō Shinkichiand Harold Z. Schiffrin, eds., *The 1911 Revolution in China: Interpretive Essays*. Tokyo: University of Tokyo Press, 1984.

Bauer, Wolfgang. *China and the Search for Happiness*. New York: Seabury Press, 1976.

Beahan, Charlotte L. "In the Public Eye: Women in Early Twentieth-Century China." In Richard W. Guisso and Stanley Johannesen, eds., *Women in China: Current Directions in Historical Scholarship*. Lewiston, NY: Edwin Mellen Press, 1981.

Belsky, Richard. *Localities at the Center: Native Place, Space, and Power in Late Imperial Beijing*. Cambridge, MA: Harvard University Asia Center, 2005.

Bergère, Marie-Claire. "The 'Other China': Shanghai from 1919 to 1949." In Christopher Howe. ed., *Shanghai: Revolution and Development in an Asian Metropolis*. Cambridge: Cambridge University Press, 1981.

——. *Sun Yat-sen*. Trans. Janet Lloyd. Stanford: Stanford University

Press, 1998.

Berlin, Isaiah. "Winston Churchill in 1940." In Isaiah Berlin, *Personal Impressions*. New York: Viking, 1980.

Bernal, Martin. "The Tzu-yu tang and Tai Chi t'ao, 1912 - 1913." *Modern Asian Studies* 1:2(1967).

Biggerstaff, Knight. *The Earliest Modern Government Schools in China*. Ithaca: Cornell University Press, 1961.

Birdsell, David S. "Carrie Lane Chapman Catt(1859 - 1947), Leadership for Woman Suffrage and Peace." In Karlyn Kohrs Campbell, ed., *Women Public Speakers in the United States, 1800 - 1925*. Westport, CT: Greenwood Press, 1993.

Bøckman, Harald. "China Deconstructs? The Future of the Chinese Empire-Statein a Historical Perspective." In Kjeld Erik Brødsgaard and David Strand, eds., *Reconstructing Twentieth-Century China: State Control, Civil Society, and National Identity*. Oxford: Clarendon Press, 1998.

Bodde, Derk. "Types of Chinese Categorical Thinking." *Journal of the American Oriental Society* 59:2(June 1939).

Bonsal, Stephen. *Suitors and Suppliants: The Little Nations at Versailles*. New York: Prentice-Hall, 1946.

Boorman, Howard L., ed. *Biographical Dictionary of Republican China*. New York: Columbia University Press, 1970.

Boorman, Scott A. *The Protracted Game: A Wei-Qi Interpretation of Maoist Revolutionary Strategy*. New York: Oxford University Press, 1969.

Borg, Dorothy. "War Speeds up Expansion of Telecommunications in China." *Far Eastern Survey* 9:9(April 1940).

Bosch, Mineke. "Colonial Dimensions of Dutch Women's Suffrage: Aletta Jacobs's Travel Letters from Africa and Asia, 1911 - 1912." *Journal of Women's History* 2:2(Summer 1999).

Brødsgaard, Kjeld Erik, and David Strand, eds. *Reconstructing Twentieth-Century China: State Control, Civil Society, and National Identity*. Oxford: Clarendon Press, 1998.

Brook, Timothy, and B. Michael Frolic. *Civil Society in China*. Armonk, NY: M. E. Sharpe, 1997.

Brown, Peter. *Power and Persuasion in Late Antiquity: Towards a Christian Empire*. Madison: University of Wisconsin Press, 1992.

Burke, Kenneth. *On Symbols and Society*. Ed. and introd. Joseph R. Gusfield. Chicago: University of Chicago Press, 1989.

Burns, James M. *Leadership*. New York: Harper and Row, 1978.

Butler, Judith. *Excitable Speech: A Politics of the Performative*. New York: Routledge, 1997.

Cameron, Meribeth E. "American Recognition Policy toward the Republic of China, 1912 – 1913." *Pacific Historical Review* 2:2(June 1933).

Cao Xueqin. *Story of the Stone*. Trans. David Hawkes. New York: Penguin, 1973 – 1986.

Catt, Carrie Chapman. "Diary of Carrie Chapman Catt." In Catt Papers, Library of Congress, Washington, DC.

Certeau, Michel de. *The Practice of Everyday Life*. Berkeley: University of California Press, 1988.

Chang, Hao. *Chinese Intellectuals in Crisis: The Search for Order and Meaning* (1890 – 1911). Berkeley: University of California Press, 1987.

——. "Liang Ch'i-ch'ao and the Intellectual Changes in the Nineteenth Century." *Journal of Asian Studies* 29:1(November 1969).

Chang, Kuo-t'ao. *The Rise of the Communist Party, 1921 – 1927*. Lawrence: Universityof Kansas Press, 1971.

Chang, Lau-Chi. "The Reform Movement in the Province of Chili in China, 1900 – 1910." M. A. thesis, University of Wisconsin, 1910.

Chang, Peng-yüan. "Political Participation and Political Elites in Early Republican China: The Parliament of 1913 – 1914." *Journal of Asian Studies* 37:2(February 1978).

Chatterjee, Partha. "A Response to Taylor's 'Modes of Civil Society.'" *Public Culture* 3:1(Fall 1990).

Cheng, Nien. *Life and Death in Shanghai*. New York: Penguin, 1986.

Cheng, Sih-Gung. *Modern China: A Political Study*. Oxford: Clarendon Press, 1919.

Cheng, Yin-Fun. "On Hearing Dr. Sun Yat-sen's Lectures on the San Min Chu Ⅰ." *China Form* 5:1(January 1978).

Cheng Weikun. "The Challenge of the Actresses: Female Performers and Cultural Alternatives in Early-Twentieth-Century Beijing and Tianjin."

Modern China 22:2(April 1996).

Cherepanov, A. I. *As Military Adviser in China*. Moscow: Progress Publishers, 1982.

Chevalier, Louis. *The Assassination of Paris*. Trans. David P. Jordan. Chicago: University of Chicago Press, 1994.

Chi, Madeleine. *China Diplomacy, 1914-1918*. Cambridge, MA: Harvard East Asian Research Center, 1970.

China Weekly Review. Shanghai. 1934.

Chou, Eva Shan. "Literary Evidence of Continuities from Zhou Shuren to LuXun." *Rocky Mountain Review of Language and Literature* 59:2 (2005).

Chow, Tse-tsung. *The May Fourth Movement: Intellectual Revolution in Modern China*. Cambridge, MA: Harvard University Press, 1964.

Chu, Pao-chin. V. K. *Wellington Koo: A Case Study of China's Diplomat and the Diplomacy of Nationalism, 1912-1966*. Hong Kong: Chinese University Press, 1981.

Chung, Jensen. "Ineffability and Violence in Taiwan's Congress." In Randy Kluverand John H. Powers, eds., *Civic Discourse, Civil Society, and Chinese Communities*. Westport, CT: Greenwood Press, 1999.

Cleary, Richard. "Frank Lloyd Wright and the Romance of the Master Builder." In Richard Cleary, Neil Levine, Mina Marefat, Bruce Brooks Pfeiffer, Joseph M. Siry, and Margo Stipe, *Frank Lloyd Wright: From with in Outward*. New York: Guggenheim Museum, 2009.

Clubb, O. Edmund. *Twentieth-Century China*. New York: Columbia University Press, 1964.

Cochran, Sherman. "Marketing Medicine and Advertising Dreams in China, 1900-1950." In Wen-hsinYeh, ed., *Becoming Chinese: Passages to Modernity and Beyond*. Berkeley: University of California Press, 2000.

Cochran, Sherman, and David Strand. "Cities in Motion: An Introduction." In Sherman Cochran, David Strand, and Wen-hsin Yeh, eds., *Cities in Motion: Interior, Coast, and Diaspora in Transnational China*. Berkeley: Institute of East Asian Studies, 2007.

Cochran, Sherman, David Strand, and Wen-hsin Yeh, eds. *Cities in Motion: Interior, Coast, and Diaspora in Transnational China*. Berkeley: Institute of East Asian Studies, 2007.

Cohen, Paul. *Between Tradition and Modernity: Wang T'ao and Reform in Late Ch'ing China*. Cambridge, MA: Harvard University Press, 1974.

Coles, Robert. *The Political Life of Children*. Boston: Atlantic Monthly Press, 1986.

Cong Xiaoping. *Teachers' Schools and the Making of the Modern Chinese Nation-State, 1897–1937*. Vancouver: University of British Columbia Press, 2007.

Cooper, Duff. *Talleyrand*. New York: Grove Press, 2001.

Corrigan, Philip, and Derek Sayer. *The Great Arch: English State Formation as Cultural Revolution*. New York: Basil Blackwell, 1985.

Craft, Stephen G. *V. K. Wellington Koo and the Emergence of Modern China*. Lexington: University Press of Kentucky, 2004.

Crump, J. I. *Intrigues: Studies of the Chan-kuo Ts'e*. Ann Arbor: University of Michigan Press, 1964.

Culler, Jonathan. "Philosophy and Literature: The Fortunes of the Performative." *Poetics Today* 21:3(Fall 2000).

Culp, Robert. *Articulating Citizenship: Civic Education and Student Politics in Southeastern China, 1912–1940*. Cambridge, MA: Harvard University Press, 2007.

Curry, Roy Watson. *Woodrow Wilson and the Far Eastern Policy, 1913–1921*. New York: Octagon Books, 1968.

Davidson, Cathy N. *Revolution and the Word: The Rise of the Novel in America*. New York: Oxford University Press, 1986.

Deng Yingchao. "The Spirit of the May Fourth Movement." In Patricia Ebrey, ed., *Chinese Civilization: A Sourcebook*. New York: Free Press, 1993.

Dikötter, Frank. *The Age of Openness*. Hong Kong: Hong Kong University Press, 2008.

Di Maggio, Paul J., and Walter W. Powell. "The Iron Cage Revisited: Institutional Isomorphism and Collective Rationality in Organizational Fields." *American Sociological Review* 48(April 1983).

Dirlik, Arif. *The Origins of Chinese Communism*. New York: Oxford University Press, 1992.

Dong, Madeleine Yue. "Unofficial History and Gender Boundary Crossing in the Early Republic: Shen Peizhen and Xiaofengxian." In Bryna Goodman and Wendy Larson, eds., *Gender in Motion: Divisions of Labor and Cultural Change in Late Imperial China*. Lanham, MD: Rowman and Littlefield, 2005.

Dong, Madeleine Yue, and Joshua Goldstein, eds. *Everyday Modernity in China*. Seattle: University of Washington Press, 2006.

Ebrey, Patricia, ed. *Chinese Civilization: A Sourcebook*. New York: Free Press, 1993.

——. "The Chinese Family and the Spread of Confucian Values." In Gilbert Rozman, ed., *The East Asian Region: Confucian Heritage and Its Modern Adaption*. Princeton: Princeton University Press, 1991.

Edwards, Louise. *Gender, Politics, and Democracy: Women's Suffrage in China*. Stanford: Stanford University Press, 2008.

——. "Narratives of Race and Nation in China: Women's Suffrage in the Early Twentieth Century." *Women's Studies International Forum* 25:6 (November–December 2002).

——. "Tang Qunying." In Lily Lee, ed., *Biographical Dictionary of Chinese Women: The Twentieth Century, 1912–2000*. Armonk, NY: M. E. Sharpe, 2003.

——. "Women in Hongloumeng: Prescriptions of Purity in the Femininity of Qing Dynasty China." *Modern China* 16:4 (October 1990).

——. "Women's Suffrage in China: Challenging Scholarly Conventions." *Pacific Historical Review* 69:4 (November 2000).

Ellman, Benjamin A. "The Formation of the 'Dao Learning' as Imperial Ideology during the Early Ming Dynasty." In Theodore Huters, R. Bin Wong, and Pauline Yu, eds., *Culture and State in Chinese History: Conventions, Accommodations, and Critiques*. Stanford: Stanford University Press, 1997.

Ellman, Benjamin A., and Alexander Woodside. *Education and Society in Late Imperial China, 1600–1900*. Berkeley: University of California Press, 1994.

Ellsberg, Daniel. *Secrets: A Memoir of Vietnam*. New York: Penguin, 2002.

Esherick, Joseph W. "Founding a Republic, Electing a President: How Sun Yat-sen Became Guofu." In Etō Shinkichi and Harold Z. Schiffrin, eds.,

China's Republican Revolution. Tokyo: Tokyo University Press, 1994.

——. *Reform and Revolution in China: The 1911 Revolution in Hunan and Hubei*. Berkeley: University of California Press, 1976.

——. ed. *Remaking the Chinese City: Modernity and National Identity*. Honolulu: University of Hawaii Press, 2000.

Joseph W. Esherick, and Jeffrey N. Wasserstrom. "Acting out Democracy: Political Theater in Modern China." *Journal of Asian Studies* 49: 4 (November 1990).

Etō Shinkichi and Harold Z. Schiffrin, eds. *China's Republican Revolution*. Tokyo: University of Tokyo Press, 1994.

——. *The 1911 Revolution in China: Interpretive Essays*. Tokyo: University of Tokyo Press, 1984.

Evans, Richard. *Deng Xiaoping and the Making of Modern China*. New York: Penguin, 1997.

Fairbank, John K. "Introduction: The Old Order." In John K. Fairbank, ed., *The Cambridge History of China*, vol. 10, *Late Ch'ing, 1800 - 1911*, pt. 1. New York: Cambridge University Press, 1978.

Fairbank, John K., Katherine F. Bruner, and Elizabeth M. Matheson, eds. *The I. G. in Peking: Letters of Robert Hart Chinese Maritime Customs, 1868 - 1907*. Cambridge, MA: Harvard University Press, 1975.

Fei Xiaotong. *From the Soil: Foundations of Chinese Society*. Introd and epilogue Gary G. Hamilton and Wang Zheng. Berkeley: University of California Press, 1992.

Fenby, Jonathan. *Generalissimo Chiang Kai-shek and the China He Lost*. London: Free Press, 2005.

Fifield, Russell H. *Woodrow Wilson and the Far East: The Diplomacy of the Shandong Question*. Hamden, CT: Archon Books, 1965.

Fincher, John H. *Chinese Democracy: The Self-Government Movement in Local, Provincial, and National Politics, 1905 - 1914*. New York: St. Martin's, 1981.

Fitzgerald, John. *Awakening China: Politics, Culture, and Class in the Nationalist Revolution*. Stanford: Stanford University Press, 1996.

Fogel, Joshua A., and Peter G. Zarrow, eds. *Imagining the People: Chinese Intellectualsand the Concept of Citizenship, 1890 - 1920*. Armonk, NY: M. E. Sharpe, 1997.

Folsom, Kenneth E. *Friends, Guests, and Colleagues: The Mu-fu System in the Late Ch'ing Period*. Berkeley: University of California Press, 1968.

Foster, John W. *Diplomatic Moments*. Boston: Houghton Mifflin, 1909.

The Four Books. Trans. and ed. James Legge. New York: Paragon, 1966.

Friedman, Edward. *Backward toward Revolution: The Chinese Revolutionary Party*. Berkeley: University of California Press, 1974.

Gates, Hill. *China's Motor: A Thousand Years of Petty Capitalism*. Ithaca: Cornell University Press, 1995.

Gilbert, Martin. *Winston S. Churchill*, vol. 5, *1922 – 1939: The Prophet of the Truth*. Boston: Houghton Mifflin, 1977.

Glosser, Susan L. *Chinese Visions of Family and State, 1915 – 1953*. Berkeley: University of California Press, 2003.

Goldman, Merle, and Elizabeth J. Perry, eds. *Changing Meanings of Citizenship in Modern China*. Cambridge, MA: Harvard University Press, 2002.

Goldstein, Joshua. *Drama Kings: Players and Publics in the Re-creation of Peking Opera, 1870 –1937*. Berkeley: University of California Press, 2007.

Goldstein, Melvyn C. *The Snow Lion and the Dragon: China, Tibet, and the Dalai Lama*. Berkeley: University of California Press, 1997.

Goodman, Bryna. "Democratic Calisthenics: The Culture of Urban Associationsin the New Republic." In Merle Goldman and Elizabeth J. Perry, eds., *Changing Meanings of Citizenship in Modern China*. Cambridge, MA: Harvard University Press, 2002.

——. *Native Place, City, and Nation: Regional Networks and Identities in China, 1853 –1937*. Berkeley: University of California Press, 1995.

Goodrich, L. Carrington, ed. *Dictionary of Ming Biography, 1368 – 1644*. New York: Cambridge University Press, 1976.

Gordon, Daniel. *Citizens without Sovereignty: Equality and Sociability in French Thought, 1670 – 1789*. Princeton: Princeton University Press, 1994.

Greenblatt, Stephen. *Marvelous Possessions: The Wonder of the New World*. Chicago: University of Chicago Press, 1991.

Grousset, Renè. *The Rise and Splendour of the Chinese Empire*.

Berkeley: University of California Press, 1965.

Gusfield, Joseph R. *Contested and Uncontested Meanings: The Construction of Alcohol Problems*. Madison: University of Wisconsin Press, 1996.

Guy, R. Kent. *Four Treasures: Scholars and the State in the Late Ch'ien-lung Era*. Cambridge, MA: Harvard University Press, 1987.

Haas, Peter M. "Introduction: Epistemic Communities and International Policy Coordination." *International Organizations* 46:1(Winter 1992).

Habermas, Jürgen. *The Structural Transformation of the Public Sphere: An Inquiryinto a Category of Bourgeois Society*. Trans. Thomas Burger. Cambridge, MA: MIT Press, 1989.

Hall, John R. "Cultural History." In Peter N. Stearns, ed., *Encyclopedia of Social History*. New York: Garland Press, 1994.

Harding, Gardner L. *Present-Day China: A Narrative of a Nation's Advance*. New York: Century Company, 1916.

Harrison, Henrietta. *The Making of the Republican Citizen: Political Ceremonies and Symbols in China, 1911 – 1929*. New York: Oxford University Press, 2000.

——. "Newspapers and Nationalism in Rural China, 1890 – 1929." *Past and Present* 166(February 2000).

——. "Spreading the Revolution beyond Politics: Queue Cutting, Calendar Reform, and the Revolution of 1911." Paper presented at the Annual Meeting of the Association for Asian Studies, Washington, DC, 1995.

Havel, Vaclav. "The Power of the Powerless." In Jan Vladislav, ed., *Vaclav Havelor Living in Truth*. London: Faber and Faber, 1987.

Hayes, Carlton H., and Edward M. Sait. "Record of Political Events." *Political Science Quarterly* 27:4(December 1912).

Hayhoe, Ruth. "Political Texts in Chinese Universities before and after Tiananmen." *Pacific Affairs* 66:1(Spring 1993).

Headrick, Daniel R., and Pascal Griset. "Submarine Telegraph Cables: Business and Politics, 1838 – 1939." *Business History Review* 75:3 (Autumn 2001).

Hofheinz, Roy, Jr. *Broken Wave: The Chinese Communist Peasant Movement, 1922 – 1928*. Cambridge, MA: Harvard University Press, 1977.

Hsüeh, Chun-tu. *Huang Hsing and the Chinese Revolution*. Stanford:

Stanford University Press, 1961.

Hu Shi[Suh Hu]. "Manufacturing the Will of the People: A Documentary History of the Recent Monarchical Movement in China." *Journal of Race Development* 7:3(January 1917).

Hu Ying. "Writing Qiu Jin's Life: Wu Zhiying and Her Family Learning." *Late Imperial China* 25:2(2004).

Huang, Liu-hung. *A Complete Book Concerning Happiness and Benevolence: A Manual for Local Magistrates in Seventeenth-Century China*. Trans. and ed. Djang Chu. Tucson: University of Arizona Press, 1984.

Huang, Ray. *1587, a Year of No Significance*. New Haven: Yale University Press, 1981.

Hummel, Arthur W. *Eminent Chinese of the Ch'ing Period*. Washington, DC: U.S. Government Printing Office, 1943.

Hunt, Lynn. *The Family Romance of the French Revolution*. Berkeley: University of California Press, 1992.

——. *Inventing Human Rights: A History*. New York: Norton, 2007.

Hurwitz, Edith F. "Carrie C. Catt's 'Suffrage Militancy.'" *Signs* 3:3 (Spring 1978).

Huters, Theodore, R. Bin Wong, and Pauline Yu, eds. *Culture and State in Chinese History: Conventions, Accommodations, and Critiques*. Stanford: Stanford University Press, 1997.

Intercollegiate Debates on the Income Tax: Harvard vs. Yale at Woolsey Hall, New Haven, Harvard vs. Princeton at Sanders Theatre, Cambridge, March 22, 1910. Cambridge, MA: Harvard Debating Society, 1910.

Ip, Hong-Yok. "Politics and Individuality in Communist Revolutionary Culture." *Modern China* 23:1(January 1997).

Jacobs, Aletta H. *Memories: My Life as an International Leader in Health, Suffrage, and Peace*. New York: Feminist Press, 1996.

Jenkins, Roy. *Churchill: A Biography*. New York: Farrar, Straus and Giroux, 2001.

——. *Gladstone: A Biography*. New York: Random House, 1997.

Johnson, David, Andrew J. Nathan, and Evelyn S. Rawski, eds. *Popular Culture in Late Imperial China*. Berkeley: University of California Press, 1985.

Joseph, Gilbert M., and Daniel Nugent. *Everyday Forms of State Formation: Revolution and Negotiation of Rule in Modern Mexico*. Durham: Duke University Press, 1994.

Judge, Joan. "Citizens or Mothers of Citizens? Gender and the Meaning of Modern Chinese Citizenship." In Merle Goldman and Elizabeth J. Perry, eds., *Changing Meanings of Citizenship in Modern China*. Cambridge, MA: Harvard University Press, 2002.

——. *Precious Raft of History: The Past, the West, and the Woman Question in China*. Stanford: Stanford University Press, 2008.

——. "Public Opinion and the New Politics of Contestation in the Late Qing, 1904–1911." *Modern China* 20:1(1994).

——. "Talent, Virtue, and the Nation: Chinese Nationalism and Female Subjectivities in the Early Twentieth Century." *American Historical Review* 106:2(June 2001).

Jullien, François. *The Propensity of Things: Toward a History of Efficacy in China*. Trans. Janet Lloyd. New York: Zone Books, 1995.

Kalev, Alexandra, Erin Kelly, and Frank Dobbin. "Best Practices or Best Guesses? Assessing the Efficacy of Corporate Affirmative Action and Diversity Policies." *American Sociological Review* 71:4(August 2006).

Kaske, Elizabeth. "Mandarin, Vernacular, and National Language: China's Emerging Concept of a National Language in the Early Twentieth Century." In Michael Lackner and Natascha Vittinghoff, eds., *Mapping Meanings: The Field of New Learning in Late Qing China*. Boston: Brill, 2004.

——. *The Politics of Language in Chinese Education, 1895–1919*. Boston: Brill, 2008.

Keegan, Nicholas M. "From Chancery to Cloister: The Chinese Diplomat Who Became a Benedictine Monk." *Diplomacy and Statecraft* 10:1 (March 1999).

Kirby, William C. "The Internationalization of China: Foreign Relations at Homeand Abroad in the Republican Era." *China Quarterly* 150 (June 1997).

Kitty, Eva Federe. "A Feminist Public Ethic of Care Meets the New Communitarian Family Policy." *Ethics* 111:3(April 2001).

Klein, Donald W., and Anne B. Clark. *Biographical Dictionary of Chinese*

Communism, 1921 – 1965. Cambridge, MA: Harvard University Press, 1971.

Ko, Dorothy. *Cinderella's Sisters: A Revisionist History of Footbinding*. Berkeley: University of California Press, 2005.

Kojima Yoshio. "Reformist Parties in the Early Years of the Republic." In Etō Shinkichi and Harold Z. Schiffrin, eds., *China's Republican Revolution*. Tokyo: Tokyo University Press, 1994.

——. "The Chinese National Association and the 1911 Revolution." In Etō Shinkichi and Harold Z. Schiffrin, eds., *The 1911 Revolution in China: Interpretive Essays*. Tokyo: University of Tokyo Press, 1984.

Krebs, Edward S. *Shifu, Soul of Chinese Anarchism*. Lanham, MD: Rowman and Littlefield, 1998.

Krysco, Michael A. "Forbidden Frequencies: Sino-American Relations and Chinese Broadcasting during the Interwar Era." *Technology and Culture* 45:4(2004).

Kwong, Luke S. K. "Chinese Politics at the Crossroads: Reflections on the Hundred Days Reform of 1898." *Modern Asian Studies* 34: 3 (July 2000).

——. "The Rise of the Linear Perspective in History and Time in Late Qing China c. 1860 – 1911." *Past and Present* 173(November 2001).

La Fargue, Thomas. *China and the World War*. Stanford: Stanford University Press, 1937.

Law, Yau Tsit. "Canton Women in Business and the Professions." *News Bulletin*[Institute of Pacific Relations](December 1926).

Lee, Haiyan. *Revolution of the Heart: A Genealogy of Love in China, 1900 – 1950*. Stanford: Stanford University Press, 2007.

Lee, Leo Ou-fan. *Shanghai Modern: The Flowering of a New Urban Culture in China, 1930 – 1945*. Cambridge, MA: Harvard University Press, 1999.

Lee, Leo Ou-fan, and Andrew J. Nathan. "The Beginnings of Mass Culture: Journalism and Fiction in the Late Ch'ing and Beyond." In David Johnson, Andrew J. Nathan, and Evelyn S. Rawski, eds., *Popular Culture in Late Imperial China*. Berkeley: University of California Press, 1985.

Legge, James, ed. and trans. *The Chinese Classics*, vol. 5, *The Ch'un Ts'ew with the Tso Chuen*. Hong Kong: Hong Kong University Press, 1970.

Levenson, Joseph. *Confucian China and Its Modern Fate*. Berkeley: University of California Press, 1968.

Lewis, Jan, and Peter S. Onuf. "American Synecdoche: Thomas Jefferson as Image, Icon, Character, and Self." *American Historical Review* 103:1 (February1998).

Li Chien-nung [Li Jiannong]. *The Political History of China, 1840 - 1928*. Princeton: D. Van Nostrand, 1956.

———. [Ch'i-ch'ao]. *Intellectual Trends in the Ch'ing Period*. Trans. and introd. Immanuel C. Y. Hsü. Cambridge, MA: Harvard University Press, 1959.

Liang, Tsai-Ping. *Chinese Music*. Taibei: Chinese Classical Music Association, 1964.

Liew, K. C. *Struggle for Democracy: Sung Chiao-jen and the 1911 Chinese Revolution*. Berkeley: University of California Press, 1971.

Lin, Evelyn. "Nursing in China." *American Journal of Nursing* 38:1 (January 1938).

Lin Yutang. *My Country and My People*. New York: Reynal and Hitchcock, 1935.

Lincoln, Bruce. *Authority: Construction and Corrosion*. Chicago: University of Chicago Press, 1994.

Linkugel, Wilmer A. "Anna Howard Shaw(1847 - 1919), a Case Study in Rhetorical Enactment." In Karlyn Kohrs Campbell, ed., *Women Public Speakers in the United States, 1800 - 1925*. Westport, CT: Greenwood Press, 1993.

Littler, Craig R. "Understanding Taylorism." *British Journal of Sociology*. 29:2(June 1978).

Liu E. *The Travels of Lao Can*. Trans. Yang Xianyi and Gladys Yang. Beijing: Panda Books, 1983.

Liu Liyan. "The Man Who Molded Mao: Yang Changji and the First Generation of Chinese Communists." *Modern China* 32:4(2006).

Liu Shaoqi. *Selected Works of Liu Shaoqi*. New York: Pergamon Press, 1984.

Liu Zehua and Liu Jianqing. "Civic Associations, Political Parties, and the Cultivation of Citizen Consciousness in Modern China." In Joshua A. Fogel and Peter G. Zarrow, eds., *Imagining the People: Chinese*

453

Intellectuals and the Concept of Citizenship, 1890 – 1920. Armonk, NY: M. E. Sharpe, 1997.

Lootens, Tricia A. "Publishing and Reading 'Our EBB': Editorial Pedagogy, Contemporary Culture, and 'The Runaway Slave at Pilgrim's Point.'" *Victorian Poetry* 44:4(Winter 2006).

Lu, Hanchao. "Out of the Ordinary: Implications of Material Culture and Daily Life in China." In Madeleine Yue Dong and Joshua Goldstein, eds. *Everyday Modernity in China*. Seattle: University of Washington Press, 2006.

——. *Street Criers: A Cultural History of Chinese Beggars*. Stanford: Stanford University Press, 2005.

Lu, Weijing. "Beyond the Paradigm: Tea-Picking Women in Imperial China." *Journal of Women's History* 15:4(Winter 2004).

Lu Xun. "An Unimportant Affair." In *Diary of a Madman and Other Stories*. Trans. William A. Lyell. Honolulu: University of Hawaii Press, 1990.

——. "Diary of a Madman." In *Diary of a Madman and Other Stories*. Trans. William A. Lyell. Honolulu: University of Hawaii Press, 1990.

——. *Diary of a Madman and Other Stories*. Trans. William A. Lyell. Honolulu: University of Hawaii Press, 1990.

——. "On Photography." In Kirk A. Denton, ed., *Modern Chinese Literary Thought: Writings on Literature, 1893 – 1945*. Stanford: Stanford University Press, 1996.

——. *Silent China: Selected Writings of Lu Xun*. Ed. and trans. Gladys Yang. New York: Oxford University Press, 1973.

——. "The Story of Hair." In *Diary of a Madman and Other Stories*. Trans. William A. Lyell. Honolulu: University of Hawaii Press, 1990.

——. "The True Story of Ah Q." In *Diary of a Madman and Other Stories*. Trans. William A. Lyell. Honolulu: University of Hawaii Press, 1990.

Lu Zhengxiang [LouTseng-Tsiang/DomPierre-Célestin]. *Ways of Confucius and of Christ*. Trans. Michael Derrick. London: Burns Oates, 1948.

Lunardini, Christine A., and Thomas J. Knock. "Woodrow Wilson and Woman Suffrage: A New Look." *Political Science Quarterly* 95:4

(Winter 1980).

Lyell, William A. Jr. *Lu Hsün's Vision of Reality*. Berkeley: University of California Press, 1976.

Mc Clain, James L. *A Modern History of Japan*. New York: Norton, 2002.

Mac Farquhar, Roderick, and Michael Schoenhals. *Mao's Last Revolution*. Cambridge, MA: Harvard University Press, 2006.

Mackerras, Colin. *Western Images of China*. Oxford: Oxford University Press, 1989.

Mc Knight, Brian E. "Sung Justice: Death by Slicing." *Journal of the American Oriental Society* 93:3(July – September 1979).

Mc Phee, John. *A Sense of Where You Are: Bill Bradley at Princeton*. New York: Farrar, Straus and Giroux, 1999.

Madsen, Richard. "Hierarchical Modernization: Tianjin's Gong Shang Collegeas a Model for Catholic Community in North China." In Wen-hsin Yeh, ed., *Becoming Chinese: Passages to Modernity and Beyond*. Berkeley: Universityof California Press, 2000.

Magro, Maria. "Spiritual Autobiography and Radical Sectarian Women's Discourse: Anna Trapnel and the Bad Girls of the English Revolution." *Journal of Medieval and Early Modern Studies* 34:2(Spring 2004).

Mair, Victor H. "Language and Ideology in the Written Popularizations of the Sacred Edict." In David Johnson, Andrew J. Nathan, and Evelyn S. Rawski, eds., *Popular Culture in Late Imperial China*. Berkeley: University of California Press, 1985.

Mann, Susan. *Precious Records: Women in China's Long Eighteenth Century*. Stanford: Stanford University Press, 1997.

Marx, Karl. "The Eighteenth Brumaire of Louis Bonaparte." In *Karl Marx and Frederick Engels: Selected Works*. New York: International Publishers, 1970.

Mishima Yukio. *Runaway Horses*. New York: Knopf, 1973.

Monestier, Alphonse. "The Monk Lu Cheng-Hsiang: An Ex-Prime Minister of China Enters the Benedictine Order." *Bulletin of the Catholic University of Peking* 7(December 1930).

Moody, Peter R., Jr. "The Romance of the Three Kingdoms and Popular Chinese Political Thought." *Review of Politics* 37:2(April 1975).

Moore, Alexander. "From Council to Legislature: Democracy, Parliamentarism, and the San Blas Cuna." *American Anthropologist* 86:1 (March 1984).

Morris, Andrew D. *Marrow of the Nation: A History of Sport and Physical Culture in Republican China*. Berkeley: University of California Press, 2004.

Mote, F. W. "The Transformation of Nanking, 1350–1400." In G. William Skinner, ed., *The City in Late Imperial China*. Stanford: Stanford University Press, 1977.

Munro, Donald J. *Images of Human Nature: A Sung Portrait*. Princeton: Princeton University Press, 1988.

Naquin, Susan. *Peking Temples and City Life, 1400–1900*. Berkeley: University of California, 2000.

Musgrove, Charles D. "Building a Dream: Constructing a National Capital in Nanjing, 1927–1937." In Joseph W. Esherick, ed., *Remaking the Chinese City: Modernity and National Identity*. Honolulu: University of Hawaii Press, 2000.

Nathan, Andrew J. *Peking Politics, 1918–1923: Factionalism and the Failure of Constitutionalism*. Berkeley: University of California Press, 1976.

Newman, R. K. "India and the Anglo-Chinese Opium Agreement, 1907–1914." *Modern Asian Studies* 23:3(1989).

North China Herald. Shanghai. 1912.

Ong, Aihwa. "Clash of Civilizations or Asian Liberalism? An Anthropology of the State and Citizenship." In Henrietta L. Moore, ed., *Anthropological Theory Today*. Cambridge, MA: Polity Press, 1999.

Ono Kazuko. *Chinese Women in a Century of Revolution, 1850–1950*. Ed. Joshua A. Fogel, trans. Kathryn Bernhardt. Stanford: Stanford University Press, 1989.

Orwell, George. *Homage to Catalonia*. New York: Harcourt Brace & World, 1952.

Owen, Stephen. "Salvaging Poetry: The 'Poetic' in the Qing." In Theodore Huters, R. Bin Wong, and Pauline Yu, eds., *Culture and State in Chinese History: Conventions, Accommodations, and Critiques*. Stanford: Stanford University Press, 1997.

Pa Chin. *Family*. New York: Doubleday, 1972.

Paine, Thomas. *The Rights of Man*. New York: Penguin, 1984.

Pan, Wei-tung. *The Chinese Constitution: A Study of Forty Years of Constitution-Making in China*. Washington, DC: Institute of Chinese Culture, 1945.

Pan Ku. *Courtier and Commoner in Ancient China: Selections from the History of the Former Han by Pan Ku*. Trans. Burton Watson. New York: Columbia University Press, 1974.

Pankhurst, E. Sylvia. *The Suffragette Movements: An Intimate Account of Persons and Ideals*. London: Virago Press, 1978.

Pastuhov, Vladimir D. *A Guide to the Practice of International Conferences*. Washington, DC: Carnegie Endowment, 1945.

Peck, Graham. *Two Kinds of Time: Life in Provincial China during the Crucial Years 1940–1941*. Boston: Houghton Mifflin, 1967.

Peck, Mary Gray. *Carrie Chapman Catt: A Biography*. New York: H. W. Wilson, 1944.

P'eng P'ai. *Seeds of Peasant Revolution: Report on the Haifeng Peasant Movement*. Trans. Donald Holoch. Ithaca: Cornell University China-Japan Program, 1973.

Peterson, Charles. "Returning to the African Core: Cabral and the Erasure of the Colonial Past." *West Africa Review* 2:2(2001).

Peterson, Glen. *The Power of Words: Literacy and Revolution in South China*. Vancouver: University of British Columbia Press, 1997.

Petit, Philip. *Republicanism: A Theory of Freedom and Government*. New York: Oxford University Press, 1997.

Polachek, James M. *The Inner Opium War*. Princeton: Princeton University Press, 1992.

Price, Don C. "Escape from Disillusionment: Personality and Value Change in the Case of Sung Chiao-jen." In Richard J. Smith and D. W. Y. Kwok, eds., *Cosmology, Ontology, and Human Efficacy: Essays in Chinese Thought*. Honolulu: University of Hawaii Press, 1993.

The Proceedings of the Hague Peace Conferences: The Conference of 1899 [1 vol.] *and The Conference of 1907* [3 vols.]. Ed. James Brown Scott. New York: Oxford University Press, 1920.

Pugach, Noel. "Embarrassed Monarchist: Frank J. Goodnow and Constitutional Development in China, 1913–1915." *Pacific Historical*

Review 42:4(November 1973).

———. "'Public Sphere'/'Civil Society.'" Modern China 19: 2 (April 1993).

Pusey, James. *China and Charles Darwin*. Cambridge, MA: Harvard University Press, 1983.

Pye, Lucian. "An Introductory Profile: Deng Xiaoping and China's Political Culture." In David Shambaugh, ed., *Deng Xiaoping: Portrait of a Chinese Statesman*. Oxford: Clarendon Press, 1995.

Qian, Nanxiu. "Revitalizing the Xianyuan (Worthy Ladies) Tradition: Women in the 1898 Reforms." *Modern China* 29:4(October 2003).

Rankin, Mary B. *Elite Activism and Political Transformation in China: Zhejiang Province, 1865–1911*. Stanford: Stanford University Press, 1986.

———. "Nationalistic Contestation and Movement Politics: Railway-Rights Recovery at the End of the Qing." *Modern China* 28:3(July 2002).

———. "The Origins of a Chinese Public Sphere: Local Elites and Community Affairs in the Late Imperial Period." *Étudeschinoises* 9: 2 (automne 1990).

———. "State and Society in Early Republican Politics, 1912–1918." *China Quarterly* 150(1997).

Raphals, Lisa. *Sharing the Light: Representations of Women and Virtue in Early China*. Albany: State University of New York Press, 1998.

Reed, Alfred C. "Changsha and Yale-in-China." *American Journal of Nursing* 16:6(March 1, 1916).

Reinsch, Paul S. *An American Diplomat in China*. Garden City, NY: Doubleday, 1922.

———. "Diplomatic Affairs and International Law, 1912." *American Political Science Review* 7:1(February 1913).

Rhoads, Edward J. M. *Manchus and Han: Ethnic Relations and Political Powerin Late Qing and Early Republican China, 1861–1928*. Seattle: University of Washington Press, 2000.

Rong Tiesheng. "The Women's Movement in China before and after the 1911 Revolution." In Chün-tu Hsüeh, ed., *The Chinese Revolution of 1911: New Perspectives*. Hong Kong: Joint Publishing Company, 1986.

Rottmann, Allison. "To the Countryside: Communist Recruitment in

Wartime Shanghai." In Sherman Cochran, David Strand, and Wen-hsin Yeh, eds., *Citiesin Motion: Interior, Coast, and Diaspora in Transnational China*. Berkeley: Institute of East Asian Studies, 2007.

Ruan, Ming. *Deng Xiaoping: Chronicle of an Empire*. Boulder: Westview Press, 1994.

Ruhlmann, Robert. "Traditional Heroes in Chinese Popular Fiction." In Arthur Wright, ed., *Confucianism and Chinese Civilization*. Stanford: Stanford University Press, 1964.

Rupp, Leila J., and Venta Taylor. "Forging Feminist Identity in an International Movement: A Collective Identity Approach to Twentieth-Century Feminism." *Signs* 24:2(1999).

Russell, Charles. *Poets, Prophets, and Revolutionaries: The Literary Avant-Garde from Rimbaud through Post-Modernism*. New York: Oxford University Press, 1985.

Schell, Orville. *Mandate of Heaven: The Legacy of Tiananmen and the Next Generation of China's Leaders*. New York: Touchstone, 1994.

Schiffrin, Harold. *Sun Yat-sen and the Origins of the Chinese Revolution*. Berkeley: University of California Press, 1970.

Schneider, Lawrence A. *A Madman of Ch'u: The Chinese Myth of Loyalty and Dissent*. Berkeley: University of California Press, 1980.

Schoenhals, Michael. *Doing Things with Words in Chinese Politics: Five Studies*. Berkeley: Institute of East Asian Studies, 1992.

Schram, Stuart R., ed. *Foundations and Limits of State Power in China*. Hong Kong: Chinese University Press, 1987.

——. "Party Leader or True Ruler? Foundations and Significance of Mao Zedong's Personal Power." In Stuart R. Schram, ed., *Foundations and Limits of State Power in China*. Hong Kong: Chinese University Press, 1987.

——. *The Political Thought of Mao Tse-tung*. New York: Praeger, 1963.

Schwartz, Benjamin I. *In Search of Wealth and Power: Yen Fu and the West*. Cambridge, MA: Harvard University Press, 1964.

Scott, James C. *Domination and the Arts of Resistance: Hidden Transcripts*. New Haven: Yale University Press, 1990.

——. *Seeing Like a State: How Certain Schemes to Improve the Human Condition Have Failed*. New Haven: Yale University Press, 1998.

——. *Weapons of the Weak: Everyday Forms of Peasant Resistance*. New Haven: Yale University Press, 1985.

Secretary's Third Report, Harvard College Class of 1910. Cambridge, MA: Crimson Printing Company, 1917.

Shao, Qin. *Culturing Modernity: The Nantong Model, 1890 – 1930*. Berkeley: University of California Press, 2003.

Sharman, Lyon. *Sun Yat-sen: His Life and Meaning, a Critical Biography*. Stanford: Stanford University Press, 1968.

Shattuck, Harriet. *The Woman's Manual of Parliamentary Law, with Practical Illustrations Especially Adapted to Women's Organizations*. Boston: Lothrop, Lee and Shepard, 1891.

Sheehan, Brett. *Trust in Troubled Times: Money, Banks, and State-Society Relations in Republican Tianjin*. Cambridge, MA: Harvard University Press, 2003.

Shen Tong. *Almost a Revolution*. Boston: Houghton Mifflin, 1990.

Sheridan, James E. *China in Disintegration: The Republican Era in Chinese History, 1912 – 1949*. New York: Free Press, 1975.

Silberman, Bernard. *Cages of Reason: The Rise of the Rational State in France, Japan, the U. S., and Great Britain*. Chicago: University of Chicago Press, 1993.

Simmel, Georg. *The Sociology of Georg Simmel*. Trans. and ed. Kurt H. Wolf. Glencoe, IL: Free Press, 1950.

Skinner, G. William. "Marketing and Social Structure in Rural China," pts. 1 – 3. *Journal of Asian Studies* 24:1(November 1964), 24:2(February 1965), 24:3(May 1965).

Smith, Norman. "Disrupting Narratives: Chinese Women Writers and the Japanese Cultural Agenda in Manchuria, 1936 – 1945." *Modern China* 30:3(July 2004).

Snow, Edgar. *Red Star over China*. New York: Grove Press, 1973.

Soong Ching Ling. "Statement Issued in Protest against the Violation of Sun Yat-sen's Revolutionary Principles and Policies: Hankow, July 14, 1927." In Soong Ching Ling, *The Struggle for New China*. Peking: Foreign Languages Press, 1953.

Spence, Jonathan D. *The Gate of Heavenly Peace: The Chinese and Their Revolution, 1895 – 1980*. New York: Viking, 1981.

——. *Mao Zedong*. New York: Penguin, 2000.

——. *The Search for Modern China*. New York: Norton, 1990.

——. *Treason by the Book*. New York: Penguin, 2000.

Ssu-ma Ch'ien. *Records of the Historian: Chapters from the Shih-chi of Ssu-ma Ch'ien*. Ed. and trans. Burton Watson. New York: Columbia University Press, 1969.

Strachey, Lytton. *Eminent Victorians*. New York: Modern Library, 1918.

Strand, David. "Calling the Chinese People to Order: Sun Yat-sen's Rhetoric of Development." In Kjeld Erik Brødsgaard and David Strand, eds., *Reconstructing Twentieth-Century China: State Control, Civil Society, and National Identity*. Oxford: Clarendon Press, 1998.

——. "Changing Dimensions of Social and Public Life in Early-Twentieth-Century Chinese Cities." In Léon Vandermeersch, ed., *La sociétécivile face àl'Étatdans les traditions chinoise, japonaise, coréenne et vietnamienne*. Paris: Écolefrançaised'Extrême-Orient, 1994.

——. "Citizens in the Audience and at the Podium." In Merle Goldman and Elizabeth J. Perry, eds., *Changing Meanings of Citizenship in Modern China*. Cambridge, MA: Harvard University Press, 2002.

——. "Community, Society, and History in Sun Yat-sen's Sanminzhuyi." In Theodore Huters, R. Bin Wong, and Pauline Yu, eds., *Culture and State in Chinese History: Conventions, Accommodations, and Critiques*. Stanford: Stanford University Press, 1997.

——. *Rickshaw Beijing: City People and Politics in the 1920s*. Berkeley: University of California Press, 1989.

——. "Social History and Power Politics: Agency, Interaction, and Leadership." *Wilder House Working Papers* 12(Spring 1995).

Strang, David, and Sarah A. Soule. "Diffusion in Organizations and Social Movements: From Hybrid Corn to Poison Pills." *Annual Review of Sociology* 24(1998).

Sullivan, Lawrence R. "The Role of the Control Organs in the Chinese Communist Party, 1977–1983." *Asia Survey* 24:6(June 1984).

Sun, E-Tu Zen. "The Chinese Constitutional Missions of 1905–1906." *Journal of Modern History* 24:3(September 1952).

——. "Wu Ch'i-chün: Profile of a Chinese Scholar-Technologist." *Technology and Culture* 6:3(Summer 1965).

Sun, Lung-Kee. "To Be or Not to Be 'Eaten': Lu Xun's Dilemma of Political Engagement." *Modern China* 12:4(October 1986).

Sun Zhongshan[Yat-sen]. *The International Development of China*. New York: G. P. Putnam, 1929. Orig. pub. 1922.

Swatow, Ernest. *A Guide to Diplomatic Practice*. New York: Longmans, Green, 1932.

Tang Xiaobing. *Global Space and the Nationalist Discourse of Modernity: The Historical Thinking of Liang Qichao*. Stanford: Stanford University Press, 1996.

Taylor, Jay. *The Generalissimo: Chiang Kai-shek and the Struggle for Modern China*. Cambridge, MA: Harvard University Press, 2009.

Tilly, Charles, "Food Supply and Public Order in Modern Europe." In Charles Tilly, ed., *The Formation of Nation States in Western Europe*. Princeton: Princeton University Press, 1975.

Tolstoy, Leo. *War and Peace*. New York: Norton, 1966.

Tomasi, Massimiliano. "Oratory in Meiji and Taisho Japan: Public Speaking and the Formation of a New Written Language." *Monumenta Nipponica* 57:1(Spring 2002).

Trilling, Lionel. *The Moral Obligation to Be Intelligent*. New York: Farrar, Strausand Giroux, 2000.

Tsin, Michael. "Imagining 'Society' in Early Twentieth-Century China." In Joshua A. Fogel and Peter G. Zarrow, eds., *Imagining the People: Chinese Intellectuals and the Concept of Citizenship, 1890 – 1920*. Armonk, NY:M. E. Sharpe, 1997.

Tsou Jung. *The Revolutionary Army: A Chinese Nationalist Tract of 1903*. Introd. and trans. John Lust. The Hague: Mouton, 1968.

The Tso Chuan: Selections from China's Oldest Narrative History. Trans. Burton Watson. New York: Columbia University, 1989.

Tu, Wei-ming. "Cultural Identity and the Politics of Recognition in Contemporary Taiwan." *China Quarterly* 148(December 1996).

Tung, William L. *The Political Institutions of Modern China*. The Hague: Martinus Nijhoff, 1964.

Tyler, Patrick. *A Great Wall: Six Presidents and China, an Investigative History*. New York: Public Affairs, 1999.

Ulrich, Laurel Thatcher. *Well-Behaved Women Seldom Make History.*

New York: Knopf, 2007.

Van de Ven, Hans J. *From Friend to Comrade: The Founding of the Chinese Communist Party, 1920 - 1927*. Berkeley: University of California Press, 1991.

Van Voris, Jacqueline. *Carrie Chapman Catt: A Public Life*. New York: Feminist Press, 1987.

Wah, Poon Shuk. "Refashioning Festivals in Republican Guangzhou." *Modern China* 30:2(April 2004).

Wang, Aihe. *Cosmology and Political Culture in Early China*. Cambridge: Cambridge University Press, 2000.

Wang Di. *Street Culture in Chengdu: Public Space, Urban Commoners, and Local Politics, 1870 - 1930*. Stanford: Stanford University Press, 2003.

——. *The Teahouse: Small Business, Everyday Culture, and Public Politics in Chengdu, 1900 - 1950*. Stanford: Stanford University Press, 2008.

Wang Zheng. *Women in the Chinese Enlightenment: Oral and Textual Histories*. Berkeley: University of California Press, 1999.

Wasserstrom, Jeffrey N. "Human Rights and the Lessons of History." *Current History*(September 2001).

Weber, Charlotte. "Unveiling Scheherazade: Feminist Orientalism in the International Alliance of Women, 1911 - 1950." *Feminist Studies* 27:1 (Spring 2001).

West China Missionary News. 1918.

Weston, Timothy B. *The Power of Position: Beijing University, Intellectuals, and Chinese Political Culture, 1898 - 1929*. Berkeley: University of California Press, 2004.

Wilbur, C. Martin. *Sun Yat-sen, Frustrated Patriot*. New York: Columbia University Press, 1976.

Williams, E. T. "The Relations between China, Russia, and Mongolia." *American Journal of International Law* 10:4(October 1916).

Williams, Raymond. *Keywords: A Vocabulary of Culture and Society*. New York: Oxford University Press, 1976.

Wills, Garry. *Certain Trumpets: The Nature of Leadership*. New York: Simonand Schuster, 1995.

——. *Lincoln at Gettysburg: The Words That Remade America*. New York: Touchstone, 1992.

Wilson, James Harrison. "China and Its Progress." *Journal of the American Geographical Society of New York* 20(1888).

Wirth, Louis. "Preface." In Karl Mannheim, *Ideology and Utopia: An Introduction to the Sociology of Knowledge*. New York: Harcourt Brace, 1936.

Wong, Young-tsu. "Popular Unrest and the 1911 Revolution in Jiangsu." *Modern China* 3:3(July 1977).

——. Review of Sidney H. Chang and Leonard H. D. Gordon, *All under Heaven: Sun Yat-sen and His Revolutionary Thought*. *Journal of Asian Studies* 51:1(February 1992).

Wooldridge, William C., Jr. "Transformations of Ritual and State in Nineteenth-Century Nanjing." Ph. D. dissertation, Princeton University, 2007.

Wu, Chih-Fang. *Chinese Government and Politics*. Shanghai: Commercial Press, 1934.

Xiong Yuezhi. "The Theory and Practice of Women's Rights in Late-Qing Shanghai, 1843–1911." In Kai-Wing Chow, Tze-Ki Hon, Hung-YokIp, and Don C. Price, eds., *Beyond the May Fourth Paradigm: In Search of Chinese Modernity*. New York: Lexington Books, 2008.

Yang, Mayfair. *Gifts, Favors, and Banquets: The Art of Social Relationships in China*. Ithaca: Cornell University Press, 1994.

Yang, Michael. "Naming in Hongloumeng." *Chinese Literature: Essays, Articles, Reviews(CLEAR)* 18(December 1996).

Yang Manqing. "Sun Zhongshan." Beijing xinbao(Beijing News), September 2, 1912.

Yeh, Wen-hsin, ed. *Becoming Chinese: Passages to Modernity and Beyond*. Berkeley: University of California Press, 2000.

——. *Provincial Passages: Culture, Space, and the Origins of Chinese Communism*. Berkeley: University of California Press, 1996.

——. *Shanghai Splendor: Economic Sentiments and the Making of Modern China, 1843–1949*. Berkeley: University of California Press. 2007.

Yen, W. W. *East-West Kaleidoscope, 1877–1944: An Autobiography*.

New York: St. John's University Press, 1974.

Young, Ernest P. *The Presidency of Yuan Shi-k'ai: Liberalism and Dictatorship in Early Republican China*. Ann Arbor: University of Michigan Press, 1977.

Yu Yingshih. "The Radicalization of China in the Twentieth Century." In Tu Weiming, ed., *China in Transformation*. Cambridge, MA: Harvard University Press, 1994.

Yue, Gang. *The Mouth That Begs: Hunger, Cannibalism, and the Politics of Eating in Modern China*. Durham: Duke University Press, 1999.

Zarrow, Peter G. *Anarchism and Chinese Political Culture*. New York: Columbia University Press, 1990.

——. "Historical Trauma: Anti-Manchuism and Memories of Atrocity in Late Qing China." *History and Memory* 16:2(2004).

——. "Liang Qichao and the Notion of Civil Society in Republican China." In Joshua A. Fogel and Peter G. Zarrow, eds., *Imagining the People: Chinese Intellectuals and the Concept of Citizenship, 1890–1920*. Armonk, NY: M. E. Sharpe, 1997.

Zhang Xiaobo. "Merchant Political Activism in Early 20th Century China: The Tianjin Chamber of Commerce, 1904–1925." *Chinese Historian* 8 (1995).

索　引

（索引页码为英文原书页码，即本书页边码）

阿伯丁，15
废奴主义者，127
广告，166，167
伍迪·艾伦:《香蕉》，230
阿尔萨斯-洛林地区，194
美国南北战争，261
阿姆斯特丹，134
无政府主义/虚无党，17，46，104，135，259；进德会，46
本尼迪克特·安德森，181
安徽，249，282
安庆，248，249，253，282
安庆会馆，225
汉娜·阿伦特，87
赫伯特·亨利·阿斯奎斯，121
雅典的集会，65
简·奥斯汀:《傲慢与偏见》，98
澳大利亚，49

巴金:《家》，91
F.G.贝利，55
班超，110
班昭，110
保定，249
罗兰·巴特，90
乞丐：政治活动分子，53-54

北京，16，17，26，56，60，75，98，129，148，155，167，168，178，181，198，208，239，247，248，249，279；先农坛，25；首都北京，22，24，26，27，28，30；北京高等师范学校，89；崇文门，147；都察院，73-74；紫禁城和皇城，28，30，36，57；法国医院，37，223，233，289；前门，36，38；悼念孙中山，284-285；悼念袁世凯，284-285；天安门，232，234，238；京师大学堂，192；内城和外城，35，36，38；使馆区，27，35，182，252；读书人聚居区，38，57-58，74；琉璃厂，58；参议院，92-93；松云庵，74，237；苏联驻北京使团，159；孔庙和国子监，58；天坛，36，184；火车站，36；宣武门，38，57，74，92
比利时，190，191，197，219
白思奇，74
玛丽-格莱尔·白吉尔，14，171，246
柏林，15
以赛亚·伯林，243，280

索 引

比干，64
卞白眉，161-162
奥托·冯·俾斯麦，261
十月革命，258
奥古斯特·柏卜，182
米哈伊尔·鲍罗廷，256，269
伯特博维，190，192，193，227，289
义和团(运动)，21，35，192，282
约翰·布朗，134
布鲁塞尔，197
布达佩斯，131，141
佛教，162
埃德蒙·伯克，64
肯尼斯·伯克，96，178，273
缅甸，130
詹姆斯·M.伯恩斯，285
朱迪斯·巴特勒，80

内阁：内阁与议会，212-213；"政党内阁"，210；内阁政治，199-204；"超然内阁"，202，210，212，220
蔡元培，58，77-78，200，201
农历/旧历：废除农历的尝试 24-26，27，167；庚申年(1860-1861)，21，25；庚子年(1900-1901)，21，25；甲申年(1884-1885)，21，25；甲午年(1894-1895)，21，25；春联，80-81；壬子年(1912-1913)，19，21，25；天干地支60年一轮回，19；辛亥年(1911-1912)，25
公历：庆祝公历新年，24，25；星期日，19；黄帝纪年和公历，24；章炳麟反对公历，24-25
曹操，229
曹锟，233，261
曹汝霖/赵家楼，157
曹雪芹，124，125
菲德尔·卡斯特罗，230
凯莉·查普曼·卡特，246，259；提倡"为健康改革服装"，138-139；与唐群英、沈佩贞作比，139；对女权运动者的批评和赞美，116，131，133-134；对中国女性的影响，131，135-136，140；国际主义，129，131-132，134；民族主义，134，182；东方主义，129；照片，138；政治温和派，116-117；赞美参与政治生活的中国女性，129，131，133-134，139，145；公开演说，129，132；种族主义，134；访问参议院，206；演说内容，130-133；访华，129-139；环游世界，129
岑春煊，40，42
米歇尔·德·塞托：日常生活中的抵抗技巧，6；"盗用"，167-168，258
商会，9，76，153，156-157，163，259，266；北京，28，53；汉阳，250
长沙，25，135，198，279；《长沙日报》，88；社会团体/民众团体，54，155；第一师范学校，16；积极参政，149，150，283，286；妇女运动，141-142，254
帕沙·查特吉，266

467

陈癫，105，110，115

陈东原，120

陈独秀，8

陈果夫，165

陈唤兴，122

陈炯明，90，232，241，259，275

陈潜夫，244

陈少白，237－238

陈同熹，216

陈西滢，33

成都，53，63，150

路易斯·切瓦利埃，243

蒋经国，7

蒋介石，3，6，7，10，13，236，237；蒋介石和《军声》杂志，4；政治失败，31，282；政治领导，153，260，281；孙中山和蒋介石，278

中国护士协会，163

中国通俗教育研究会，59

中国会计学会，162

汉语：口音和方言，39，57，59，82，83，101，219，236；"笔谈"，81－82；文言，57，66，76，77，78，108，171，189，281；导致统一与分化，81－84，171；识字率，82；官话和"南方官话"，74－75，82；改革汉语的举措，59，91，230；白话，40，76

中华革命党，38

重庆，236

基督教，187，230；天主教反对宗教改革，195；儒家和基督教，195，220；政治异见和基督教，195；神职人员训练，219；把孙中山比作耶稣，285

温斯顿·丘吉尔，23，243－244；对女子参政权的观点，121

西塞罗，65

香烟，121，140－141，167，182

国民和国民身份/地位/资格/素质，3－6，8－9，11，20，22－23，30，37，38，60，83，88，174，177；着装规范，208，281；国民教育，169，179－180；必不可少的感情，68，88，287；平等，36；昂首挺胸的姿态，1－2，279，287；"女国民"，18，35，45，47，90，93，97，103，107，111，116，117，121，127，128，135，144，145，147；"四万万"之多，40，57，82，248；增长的权力，254，288；领袖也是国民，38，168，206，235，287；梁启超的有关思想，30－31，107；与国家的关系，29，113，262，265；国民和国民身份的视角，146，178－185，235，287；国民和公开演说，87－88；保留节目，2，53，59，62－63，94，164；自我落实，62，75，147，156；士兵与国民，110；看客的角色，79，80，236；海外华侨和牧民的国民身份与权利，208；学生示范，57，63；有声的国民，64，163－164；工人与国民，26

国民公党，40

国民共进会，40

慈禧太后，125，193

高家龙，167

柯文，261

共产国际，14，138，258

商务印书馆，169

共产主义和马克思主义，17，235，256，257，262，269

共产党，10，11，171，209，238，241，257，267，271，286

儒家，17，161，175，176，195，220，257，284；《内训》，101；《论语》，63，117，197；儒家社会，58；孔子诞辰日，58；持久的影响，173，261；《四书》，159；靶子和武器，91，100，109；女性与儒家，44-45，102，109，114，144

J. I. 克朗普，65

翠亨，248

捷克斯洛伐克，5

戴季陶，4，226

社会达尔文主义，162

凯西·戴维森，242

辩论，6，148；"以辩论为基础"的共和，153，182，205，207

夏尔·戴高乐，243-244

吉尔·德勒兹，157

民主党，149

德摩斯梯尼，64

邓小平，31；"油印博士"，171；遭到嘲讽，125

邓颖超，88

海外华人，15，166，190，208，210，237，246

保罗·J. 迪马乔，160

伪装，17，105，124，149，174

董玥，123

《红楼梦》，124-129

杜甫，109

段祺瑞，284，

约翰·福斯特·杜勒斯，189-190

东欧，5

李木兰，108，125，127

谔谔声，78，84，85，87，88

选举和集会：1912-1912年的选举和集会，9，54，55，62，289；"选举部"，40；列宁主义与选举和集会，5；清朝的选举，107，相关规则，139，141；台湾地区的选举，20；不民主的选举，9；女性与选举，20，107-8，289

情绪/激情/感情，85，88；政治家中的激情，205a-207；愤怒，42，44，48，118-119，126-127，145；疯狂的表现，87-88，132；作为政治策略，50，55-56，66，71，89-90；恐惧，93；悲伤，143，283-285；爱慕和吸引，90；理智与感情，56，89，274，287；哭泣，49，66，75，88-89，91，92，272

周锡瑞，79，229-230

世界语，230

科举考试，39，73-75；八股文，99；女性与科举，99

方维，35

佛朗茨·法农，262

法西斯，175

费孝通，175-176，178，179，181，182，265，289

冯玉祥，252，277-278
奉天，205
芬兰，49
缠足，15，18，132；致残的后果，100，133；"天足"和缠足，124；反缠足，40，53，70，71，100，108，176；孙中山和缠足，113
外国人和外国影响，14-17，19，49，155；比利时，197；英国，41，108；中国对外国人的影响，134，136-139，163；法国，197；列强，27-28，35；日本，41，190；局限，116；传教士，83，112，163，182；政党，52；革命派，104，105；俄国和苏联，41，105，159；女权运动者和女权运动，108，120-121，128，135，140，160
约翰·W.福斯特，189
法国，73，189，197，204，243，245
傅文鬱，45，134
福建，250
福泽谕吉，77
福州，150，248，250-251

莫罕达斯·甘地，266
葛健豪，101-102
亨利·乔治，167
德国，15，202，234，259
威廉·格莱斯顿，247
顾德曼，72，163
弗兰克·古德诺，183
英国，15，77，160，179，189，203，247

斯蒂芬·格林布拉特，166，168
顾维钧，191，234
谷钟秀，207，215-216，221-222，225，226
关羽，144
广东，17，73，129，139，205，244，248，255，259，276
光绪帝，76
广州，71，129，150，174，232，239，248，252，254，260，272；广东省农民代表大会第一次会议，276；广东高师，255-256，276；商团叛乱，260，273，278，284
广州起义，183
菲力克斯·加达里，157
桂林，252，275

尤尔根·哈贝马斯，151
海牙，2，189，190，191，193，218
海瑞，92
头发：女性的短发，20，93，144，156；政治象征，29；妇女剪发会，20。另见"辫子与剪辫"条目。
汉朝，65，67，261-262
汉人，25，179
韩蠡，86，87，231
东亚的手提行李：公文包，196，198；风吕敷，198；行李箱，91
杭州，17，249
汉口，28，29，168
河内，143
加德纳·哈丁，11，45，147-149，152-153，154，167，228；造访

参议院，207；与女权运动者，116，135，160
沈艾娣，26，28，176，286
罗伯特·赫德，36
瓦茨拉夫·哈维尔，5，6
夏威夷，24，46，280
何鲁之，70，180-181
何香凝，82，104
何永吉，269-270，273
G. W. F. 黑格尔，62，265，266
河南，36，132，280，284
衡山，98，142，143，286
荷叶，101-102
阿道夫·希特勒，175
香港，7，30，56，129，248
洪述祖，54
火奴鲁鲁/檀香山，30
胡汉民，61-62，229；支持地方权利，205；支持女子参政权，129
胡适，12，22，169，174，267，277；赞扬孙中山，242，244
胡惟德，212
化鲁，80，260-261
黄仁宇，27
黄兴，106，115，127，200，203，226，242，270；对女性的态度，104；华醒会，104；指挥作战，109，239；被比作《红楼梦》中的邢夫人，125；加入多个政党，150-151，158，159-160，165，209
黄远庸，206，242
湖北，38，59，207，208，216，242
湖广会馆，18，19，36，38-39，41-42，46，48，50，53，58，79，82，109，124-125，173，210，227，256，262，289
湖南，18，20，38，39，54，69，71，73，75，127，139，160，283；立宪改革，107；同乡关系，104；池塘湖河，102，105，158；革命，105-106；妇女运动，141-142，254，255，284，287
湖南会馆，123
戊戌变法/百日维新，75，76
林·亨特，128
亨利克·易卜生，169；《人民公敌》，284
帝国主义，29，69，180-181，252，264；蚕食，179；英国，249，282；德国，191，249；日本，190；以民主的名义，204；种族主义，197
印度，266
英特纳雄耐尔，148

雅各宾派，39，152
阿莱塔·雅各布，129，134-135，136，139，246
日本，15，156，167，180，198，203，234，239，284
江亢虎，158
江宽，249，282
蒋梦麟，90
江纫兰，94
江南制造总局，187
江苏，59
江西，59，105
江阴，249
金天翮，94

济南，249

九江，249

季家珍，173，174

开平，249

康有为，8，30，33，59，75，166，193，194，231，240；开办的学堂，71，75；《大同书》，102 - 103；1895 年 5 月 1 日的演说，73 - 75，237，279；外貌，74；演说风格，71，288；康有为与女性，102

康熙帝，252；"圣谕"，68，76

桂太郎，203

侠客传统，99，110

磕头，9，23，68

库伦，179

昆明，143

邝兆江，21

国际联盟，234

李海燕，88

李登辉，20

雷锋，164

冷眼，34

弗拉基米尔·列宁，159，247，268；"列宁角"，281，列宁主义，4，6，11，159，163，258，259，260，261，268，272

约瑟夫·列文森，232

李伯元：《文明小史》，69 - 70，75

李大钊，56

李富春：长沙故居，16，198

李国珍，216

李鸿章，197

李孝悌，76，77，85

李剑农，151，158，228

李述膺，216

李素，215

刘喜奎，142

黎元洪，225

李超：《开会忙》，5

练子宁，67

梁启超，22，23，24，33，48，50，52，57，59，70，74，75，102，149，155，156，158，165，166，195，240，262，265，279，284；开办的学堂，71 - 72；关于国民的思想，30 - 31，107，180；备受欢迎的演说家，73；公众形象，46，86，222；关于社会的思想，176；演说，46，89；呼吁宽容，72

梁士诒，37

梁漱溟，67

廖大伟，154，203

自由主义，17

自由党，150，151

自由党（英国），39

伊芙琳·林，163

林森，42，92 - 93，139，142；参议院议长，117 - 118，120，136，200

林语堂，22，79，166，169，175，285

林宗素，104，115，124；进步记者，113 - 114

亚伯拉罕·林肯，葛底斯堡演说，279

布鲁斯·林肯，182 - 183，274

读书人 57，72，73；流露感情和镇定自制，68，90；风雅的举杯畅饮，198；地方绅士，68，98；改良派与革命派，39，53，69，71，73-78，169，170，237；不愿煽动民众，75；吵闹的举动，51，"学者平民"，71，78；文官，53，92，161，192

刘邦，67，281

刘备，144，229

刘成禹，216

刘鹗：《老残游记》，238-239

刘人熙，20

刘少奇，160；《论共产党员的修养》，158-159，161-162，165，197

刘天因，282

洛迦诺，254，279

约翰·洛克，264

伦敦，18，20，246

长征，13

卢慕贞，112，265

平路，242，278

鲁迅，79，103，169，191，231，252，262；《一件小事》，61；批评大众政治，60-61，79，80，96；批评民国机构，58-60；《狂人日记》，56-57，78；不喜爱人群，58；积极参政的国民，60；赞扬大胆的年轻人，57，92；"铁屋"的比喻，61，272；汉语改革，59，78；供职教育部，26，179；照相，33；政治活动，25-26，56；淡出公共生活，60；"无声的中国"，56；演说，56-57，59；《头发的故事》，177；《阿Q正传》，22，56，280；"有声的中国"，57，87

卢耀珍（音），53

陆徵祥，2，11，18，238，240，240，245；推崇外国思想，193-194，195，196-197，197-198，234；对政治的反感，191-192，199，210；驳斥"域外权利"，189；遭到弹劾，222，226；成为本笃会修士，191，193，199，219，290；天主教，18，189，194，220，230；童年和所受教育，187-188，189，221；与唐绍仪相比，213；儒家的影响，195，220，261；批评民国政治，218，220，223-224，251，267；剪辫，193；父母去世，221；"欧化"的身份，189；外交总长，190，195，196，210，212，220，233；海牙和平会议，2，189，191；回国探亲，193，220；身体抱恙，223，234；在法国医院里与世隔绝，37，152，223，226，233，289；与康有为，193，194；语言学家，188，189；婚姻，189，190，192，222，254；会见学生政治活动分子，234-235，268；回忆录，190，220，223；注重道德，196，197，210，221，230；谈判风格，190，191，270，287；演说者，189，219-220，222；爱国主义，197，218，219，278，290；性格，192-193，222，228-229，234，273；照

473

片，188；外貌，187-188，189，217，228；政治救赎，233-235，287；在伯尔尼任职，254；在海牙任职，190，193；在圣彼得堡任职，189，190，195，221；获得赞美和遭到责难，228，234-235，287；总理，187，202-204，210-227；专业主义，192，196-199；清政府外交官，187，188-190，192-193，204，218-219，234；主张改良，193-194，196-197，288；拥护共和，190，192，194，195；为中国受辱痛心，189，194-195，230；辞官，223，227；与日本签订秘密条约，61，190；自我形象，194，195，196，198，218，223，229，230，255；对参议院的演说，2，186-187，213-233，198，268；与孙中山，19，227，270；巴黎和会，191，199，233-235；洛迦诺的别墅，254；与许景澄，189，192，194，199，221；与袁世凯，190，195，196，220-221，224，228-229，233

滦州，249

罗光，219

庐山，236

里昂，14

澳门，248

马基雅维利，32

梅西百货，259

麻将，119，231

曼彻斯特，121，155，247

满人，25，27，28，128；积极参与民国政治，35，97；中国国民，179；遭到革命派谴责，8，28，114，148，169，176，262

毛泽东，3，7，10，13，23，170，231；"大炮"，241；追悼活动，241；《民众的大联合》，72；毛泽东思想，289；"毛泽东的中国"，31；阅读报刊，62；接见尼克松，132；在政治上走向成熟，165-166；政治领导，154，240，260，270，276，277，281，282；演说，67，236，237，238，281；学生时代，16；与孙中山，281

马尔巴罗公爵，23

卡尔·马克思，151，153，167，256；马克思主义，158

五四运动，56，61，82，83，154，170-171，182，234，253，258，262，268，271；理想主义，267，269

五卅运动，81，83，123，244，254，286；孙中山去世与五卅运动，241，286

会议，3；摇铃，47，83，119；要求守秩序，55；汉语改革会议，59；对开会的讽刺，5；无处不在的会议，3，9，22，54，60，76，154；各种意外情况，44，47，48，131

梅兰芳，33，53

孟子，18，66，100，150，170，243，287；孟母，18，107，145，161，261

社会与文化模仿，70，75，86，92，

155-158，169，170；"最佳实践"，155；商业中的模仿，167；"热"，流行，疯狂流行和狂热，155-156，165，166，168，287；模仿与领导 167，170，240-241；梁启超的有关思想，155，156，158；"模仿资本"，166，168，169，245；政治笑话的范例，233；"根茎状的"模式，157；作用的强/弱，157，185

闵杰，76

明朝，24，27，74，92，247，280

农林部，124，125，200，208

交通部，212

教育部，26，36，57，179，208

外交部，28，31，36，48，196-197，210，227，234，288

内政部，208

三岛由纪夫:《奔马》，198

蒙人和蒙古，25，28，41，74，179，180，203，208，210，222

泰山，251

莫斯科，16，17

缪金源，3，63-64，87，88

木兰，18，99-100，107，110，132，145

音乐，25，55，68；管乐队，36，37，42，92

穆斯林，25，179

奈地田哲夫，171

南海会馆，74

南京，33，176，248，249；首都迁离南京，29；首都，24，27，28，50，149；女权运动者云集开会，115；参议院大楼，117

拿破仑，23，116，228，261，285

国家:将国家比作人体，70，88-89，180-181，278；国家的社会基础，73

资政院，204

民族主义，169，289；"想象的共同体"，70，181，250，279；公共利益和民族主义，181；女性和民族主义，108，114

国民党，10，11，31，126，147，167，171，201，209，233，286；干部和为之工作的人，149，271，276，284；历史，38，187；党内会议，140，152-153；改革（1912年），39-41，42-43；改组（1924年），6，11，254，256，267，268，272

国民党政治会议（1912年8月25日），4，18，19-20，21，38-51，52，80，82，94，155，173，186，215，227，252，272，289

国家政治:辛亥革命的遗产，111；国家领导权，10，54；新场域，32，163；淡出国家政治，254-255；孙中山和国家政治，241，245，253-254，264，278-279

本土/地方:意识，104，207，208，216，262，280；会馆和协会，3，35，38-39，57，74，79，154，208

纳粹，259

荷兰，190

新四军，171

新生活运动，175

清末新政，31，76，93，153，156

纽约，14，20，246；库伯联盟学院，136；支持女子参政的游行，137

《新青年》，15

新西兰，49

报纸和杂志，44，95；37，52，120，128－129，152－153，154，165，167，171，245，246；流通，62；遭到的批评，44，84，95，124；报刊阅览室，168，169；读者群体，62，176，210；"野史"，123－124

倪炎，180

聂其杰，81

辛亥革命，63，239；以"辛亥"命名，25；南京争夺战，109；纪念，25，58；成败，1，10，12，21，22，24，29-30，32－33，50－51，290；胡适的观点，22；梁启超的观点，22；林语堂的观点，22；鲁迅的观点，22；矛盾的性质，22；大众的观念，23；国会的作用，204－205；外交官的作用，190；唐群英的观点，13－14，22；受害者，177；暴力，172，248；武昌起义，4，24，25，109－110；女性和辛亥革命，20，105－106，107，109，115－116

理查德·尼克松，132，241

中国东北地区，166，180

北伐，268

小野和子，120

京剧，33，39，53，79；积极参与政治的演员，53

禁烟，1，53，249，282；禁烟团体，62

鸦片战争，69，71

乔治·奥威尔，108

托马斯·潘恩，89

潘旭伦，162，164

艾米琳·潘克赫斯特、西尔维娅·潘克赫斯特、克里斯塔贝尔·潘克赫斯特，116，121，134；中国对西尔维娅的影响，137

巴黎，14，16，153，156，193，197

朴正熙，153

议会和议会秩序，152；秩序的混乱，42，44，52－53；"国会暴力"，56；"议学"，162，258；程序、规则和惯例，43－44，52，59，80，92－93，200，205，207，215；清代的议会 52，62，66，204－205；罗伯特议事规则，18，130；投票，47－48。另见"哈里特·沙德"条目。

民社，242

灵丹妙药，167，171

爱丽丝·保罗，116－117，121

北京大学，5，53，154，267

彭湃，17，276

伯利克里，65

索菲亚·佩罗夫斯卡娅，106

摄影，33；集体合照，33，54，93，131

庇护十一世，290

柏拉图：《理想国》，261

詹姆斯·波拉切克，68，71
警察，35，36，45，61，154，166，177，200，225，260；施行镇压，60，106，148，174，176，226-227，281，286
政治权威：作为事物产生的影响，70，182；遭到的侵蚀，183，232；帝制的政治权威，65-66，74；说服和政治权威，66；"民意"，204；转向，68，290
政治交流：思想的散播，75，77，165，169；外交辞令，188；"正式化"的性质，5；混杂的建构，148，250；经典中言语的影响，67；冒犯人的性质，140；行话，83，84；"梁启超式"，155；群众路线，170；电影，168；"言路"，71，73；请愿，74，111，117，120，139；明信片，169；政治宣传 64，71，74，166，172；抵抗政治交流或通过政治交流进行抵抗，6，74；口号，151，156；戏剧式的基础，79；口头交流，72
政治文化：唤醒民众，61，83，95，272；"文明/现代"价值观，69，121，123；儒家价值观，15，61，88，175，220；批判中国文化，231；平等主义，1-2，8-9，44，121；"纪律"，268；家族式，43，91，127-128，262-263；流动的性质，98，153，160；"自由"，268-269，272-273；"大一统"，173；帝制后期，172；帝制，3，8，30；政治讽刺，175，232，273；自我和社会，176；自我戏剧化的倾向，244，269；以"社会性"为中介，72-74，101，102，165，258；"感觉结构"，88；"象征意义上的不确定性"，155，164；透明度，62，117；"精神"，85，270；德行，63，126-127，128，288，290；年轻人和上了年纪的人，89，91-92，126-128，152，267-274，278。另见"模仿"条目。
政治异见：古代，64，65，66；帝制时期，67，92，178；民国时期，67-68，93；1949年后，5-8
政治领导：幕后，2，55，61，91，94，125，135，253；具有领袖魅力，154，165，270，276，282；鹤立鸡群，154，175；煽动人心，90-91，152；情绪化的内容，91，274，284-285；男女主人公，88，96，111，162-164，276；流动的领导和固定的领导的角逐，170，171，253，288；孙中山树立的榜样，288；与父权制背道而驰，43；政治创业者，167，170-171；平民主义，287；相互关联的性质，11，92，285；共和的，2，68，277；唯我论的，174，235，245；孙中山与袁世凯的比较，30，34，37，277，279-280，286；20世纪中国领导人的比较，10，31，33；有声的性质，2，230，282。另见"陆徵祥"、"孙中山"、"唐群英"、"袁世凯"条目。

政党，39-41，52，201，209-213；分部，149；遭到批评，128，215，225；参政途径，165；地理分布，150；历史，52；梁启超的观点，52；陈情信，59；成员身份，149，150，158；政党热，149-150；国民党和共产党形成"统一战线"，267；议会政党对抗密谋集团，39-41；作为政治隐喻，43；群众宣传和推广，150；相互倾轧的污点，209；优缺点，149-151，158，209，211，268。另见各政党的条目。

沃尔特·W.鲍威尔，160

专业从业人员和专业主义，158-164，288；会计，162；银行家，161-162；干部和政治家，159-160，168；商业及其他形式的"学"，156，157，162，171；儒家的影响，161；争议和争论，163，198；被定义，156-158，160；认识共同体，162，198；操守的内容，160；混杂的性质，161；法律地位，153；护士，163；革命派，161；女权运动者，159，160。另见"商会"、"陆徵祥"条目。

妓女，45，46，220，231；作为国民，113；作为隐喻，267

保皇会，166

公共生活，89；建筑，117-118，255-256；集会、人群和抗议，35-37，42，45，56，123，141，237；宴会，48，69，75，198，250；成为负担，22；慈善活动，59；电子媒体，152，236，246；扩展，23，66，72；和平门，232；具有性别色彩的性质，35，45-46，93，131，132-133，145；卫生，15；政治不可或缺的部分，94；信件，49；宣言书，128，131，139；市场和营销，53，60，77，83；奖章，111，192，283，290；嘲笑、讽刺、挖苦和攻击，40，48，59，71，81，89，95，119，122，123-129，140，184，202，207，212，216-217，222-224，231，232，233，242；以直言不讳为价值取向，57，151，152，163，183；表演性元素，63，78-81，82，86，194-195；诗社，69；公私利益，48，174，178，208-209，220-221；"公"，174，175-176，182，211；公众监督，55，61-62；遭到的压制，148，168；激烈的姿态和骚动，53，55，56，201；研究会，76，165；茶馆，45，50，53，64；戏剧性，53，96，174，250，252；大学，86，91-92，154；另见"报纸和杂志"、"会议"条目。

舆论：被批评"危险"，124；用作权威的依据，113-114；"制造"，174，183；在国际关系中的作用，194，234-235；等同于统一的过程，171，182

公开演说：滥用，90-91，208，238；演说学科，77，261；演说的学问，78，84，86，87，89-

90；听众的反应和参与，45，48，54，56，67，69，79，83－86，88，93，140，153，175，189，207，222－223，231，235，236，237，250，256；被比作唱京戏，79；孔子与公开演说，63；电子媒体，236；情绪的内容，85，88，90；普通人做的演说，64，65，69；姿态和道具，82，83，96，183，217；政府支持的演说，76；诘问等形式的口头介入，6，44，47，48，50，56，58，67，86，89，90，131，183；个人的演说和讲学，27，28，42，43，44，46－47，54，58，59，65，67－68，73－74，84－85，89，92－93，109，118－119，131－133，137，148－149，153，162，175，189，200，213－233，225，236，254－267；日本的影响，77，78；语言障碍，81－84，236；讲学运动，71，77，82－83，91－92，170；读书人的演说，68，69，75；识字和公开演说，69，78，83，95；下不来台，70，87，186；传教士的影响，83；全新的事物，64；爱国的价值取向，76；政治领导和公开演说，94，230，236；政治动员和公开演说，63，88，95；对公开演说的偏见，63－64，65；用于政治宣传，83；记录，256；宗教布道，64；"报告"，5；共和的逻辑，47；"高谈革命"，70；收到的回报，64；在中国历史和文化中的根源，64－68；讲给统治者听的演说，65－67，92；文官的演说，64，65；演说者的举止，46，84，87，148，152－153；作为"警察"的演说者，90，92；演说社团，70，95；苏联的影响，159；刊登在报上的演说，70；怯场，70，86；说书和演说，76－77，83；对演说的压制，64，75－76；象征，63，76；汉语中的有关术语，5，76－77；对权威的检验，183，229，236；演说教材，63，78；普遍性，2，3，52，53，63，84，93－94，156，165，281，288；形象的描述在演说中的应用，67，70；地点，53，69，71，74，79，117，169，170，255－256，276，278；乡约，68；妇女与演说，94－96。另见"陆徵祥"、"孙中山"条目。

公共空间，151－151

《公言》，15

溥仪，1，23，30，202

濮院，77

乾隆帝，253

秦始皇，251

庆亲王，202

清政府（清朝），24，26，30，31，39，42，47，62，68，76，98，105，122，192，239；立宪改革，76，107－108，118，166；遗留下的民众参政热情和政治活动热情，70，168；政治仪式，53。另见"清末新政"条目。

青岛，202，235，249，253

秋瑾，95-96，97，101-102，108；《演说的好处》，95，遭到的批评，96，114-115；秋瑾之死，104；女扮男装，144；秋瑾夫妇，101；侠客的传统，96；纪念秋瑾，249；在日本的学习与生活，102，104

辫子与剪辫，15，23，47，55，76，93，176-177，193；孙中山和剪辫问题，29；袁世凯和剪辫问题，26

铁路，17，31-32，35，36-37，41，44，227，233，239，245，280

保路运动，53，233；孙中山乘火车出行，33，249

冉玫烁，24，71，76，172

1867年改革法案，1867，247

保罗·莱因什，284-285

任毕明，83，89

善后大借款，202

中华民国/中国的共和，32，164；"树状"和"根茎状的"政治状态，157；沦为笑话，169，175，232，273，278；纪念活动，25；约法，117，186；腐败，127，187，197，218；民主的潜质，164-165，204，226；历法系统，24，26，29，260；外交承认，29，203-204；双重性质，26，146，177-178，278；"浮萍"，3，151，158，163，185；对民国的期待，29，63，180；成败，11，239，260，289-290；五色旗，25，26，84，179-180；建立，21，24；性别特质，136；被奉为政治价值，42，43，66，84，147-149；列宁主义和民国，4，5；以火车头为象征，29，32-33，36；鲁迅的相关言论，58-59；被误读为民主，87；多层次，153；"民众的国家"，29；政治运转不灵，201，284；政治纵容，66；"政治旋涡"，187，229；邮戳，173；帝制之后的国家，153；"招牌"，1，31，183；"健谈"的政权，87

共和主义，288；反帝制，8；着装，93，208，281；文化逻辑，52，54；情绪化的内容，88，159，205-206，287；日常的内涵，29；实验性，47；帽子，9，33，35，48，76，156，261-262；混杂的构成，28，248；理想的性质，10；提灯游行，55；"分层"的性质，26；共和与领导地位，7；相关记忆，7；遭到反对，3；"民"，173，184-185，204；"民本"，86-87，173；表演的性质，147-149，164；作为政治戏剧，79，252-252；种族与种族主义，8，28；共和的回潮，8，288，290；权利，175-176，178，179；仪式，37，55，81，250，251，253，281，284；奴役与共和，8，28，106，143，211；称呼，37；将政府和民众统一进来，4，32，43，48，50，172-178；通过地图呈现出视觉形象，

索 引

179-180。另见"国民和国民身份/地位/资格/素质"条文。
共和党，40，159，202，211
共和实进会，40
同盟会，19，32，39，40，41，42，50，149，158，166，201，216，247，257，259；被比作大观园，125-129；成立，104；通过议会向袁世凯发起挑战，211-212，214-217，223，224-225；参议院的势力，210-212；女性与同盟会，104，111，115，123
革命：美国革命，13，115；法国革命，13，115，128，157
中国革命：复杂性，26；核心叙事，279；"家庭罗曼史"，127-128；地理上的拓展，14，16，17；持久性，13，19，49，177，267；流动性，34；政治化的私人关系，125
人力车夫，12，60-61，83，148-149，167
《三国演义》，77
罗马，219
富兰克林·罗斯福：炉边谈话，237
让·雅各·卢梭，18
俄国，179，203，259
日俄战争，203

圣彼得堡，14，189，192，194，203，212，221，239
旧金山，14
詹姆斯·C.斯科特：《国家的视角》，185；"弱势方的武器"，6
瓜分，189

西尔斯公司，32
第二次鸦片战争，21
二次革命，84，149，153，250
参议院，2，20，36，39，123，204-209；进入公共走廊，116，119-120，136，140-141，200；遭到女权运动者袭击，117-121，142；遭到批评，128-129，206；礼节和规矩，200，206，214-215；辩论，205，207；有关内阁提名名单的辩论，200，214-217；有关女子参政权的辩论，139-140；衰落，10，232，254；政党势力划分，210-213；富于表达和情绪的性质，205-206，213，216-217，224；北京参议院成立会议，92-93；被袁世凯吓倒，226；讨论的问题，205，208；日程，28，34，122；合法性，204；鼎盛状态，9，224；照片，119；议院的布置和外观，117-118，206，213；总统和参议院，213；其中的公共利益，205，210，217；法定人数要求，207；位于南京，117，200；作为政治阶层的议员，152，205，210；动荡的性质，50，93，205；投票袁世凯为临时大总统，27；成员的年轻化，118
元老院（罗马），65
参议院（美国），55
山东，62，181，182，191，234，238
上海，17，18，22，28，70，75，82，129，155，143，187，195，198，

481

212，239，247，248，248，249；外滩，234，268；人力资本，171；酒店，130；政治活动热情，26，150；张园，131

绍兴，56

绍兴会馆，58

里昂·沙曼，243，247

哈里特·沙德：《妇女议事法手册》，258，266

安娜·霍华德·肖，114，136－137，138

史瀚波，161

沈佩贞，94，134，139，256；在国民党大会上，19－20，42，48，272；政治激进分子，135－136，181－182；遭到嘲讽，123－124；演说风格以及所做的演说，118－119，133，140，145，153，223；与孙中山，49，66；遭到污蔑，142，233

沈童(音)，5

沈阳，210

《史记》，65

石家庄，249

青山，103

四川，40

司马迁，67

格奥尔格·齐美尔，245，270，285

中法战争，21，71

甲午中日战争，21，194，279；《马关条约》，73

埃德加·斯诺，62

中国社会党，41，149，158，167

社会："一盘散沙"，57，244，262，289；市民社会，71，151，245，265－267；团体基础，72，258，262－267；描绘，33；演说的社会，78；社会各"界"，264

苏格拉底的对话法，170

宋教仁，10，19，31，58，95，123，143，178，200，208，238，240，242，259，270；遇刺，10，54，68；被比作"王善保家的"，124－126，231；民主人士，39，201，203，247，266；扰乱政治会议，46；起草临时约法，117；流亡日本，104；善于争辩，50，55，100，125；政党的领导，38，39－41，42，45，54，62，80，159－160，167，227，257；在党纲中牺牲女性权利，40，123，133；遭到嘲讽，123－129；被女权运动者打耳光，20，42，50，82，97，126；演说，46，54；支持强大的政府，205

宋庆龄，112，265，276－277，278，279

皮特林·索罗金，273

苏联，5，259，268，284

赫伯特·斯宾塞，162

国家：维新派与其的隔阂，75；立宪改革；76；立规矩的举措，6；视角，185；话语，78，185

伊丽莎白·凯迪·斯坦顿，99

学生，5，7，16，17，39，71－72，73，107，193；政治活动分子，53，56，82－83，88，92，115，168，169，170，181，234，267；参加体育运动，89；在政治会议中，46，53，85，95，96，174，

482

249，250；与孙中山会见，267－274；归国留学生，77。另见"五四运动"条目。

女权运动者和女权主义者，42，162，164，199；英国，108，115，118，119－120，135；神州女界共和协进社，116，130；与共产党对照，122－123，137－138，258－259；关于宪法权利的争端，117－121；精英背景，115；发展成员，122－123；"女子暗杀团"，45，54，134；广东的女议员，129－130，139，141，205；形象，144；国际女权运动者，14，139；国际妇女选举权同盟，116，129，130，134，137，141；息国夫人妰，136；长期斗争，13，49；《吕西斯忒拉忒》，135－136；国外误以为中国女性获得了选举权，136－137；全美妇女选举权协会，114，129，136；与民族主义，107－108，129，131，134，146；遭到的反对，46，54，113－114，118；政治思想与计划，106，108，122－123；提出抵制婚姻和男人，135－136；发起的抗议，42，93，117－121；激进派和温和派，45，114－117，120，122－123，129－130，135－136；中华民国女子参政同盟会，115，122－123，150；共和主义，8，111，115，140，144；女权运动者和女权运动，80，134－135；创作的戏剧，115－116，142；妇女政治联盟(美国)，136；女子同盟会，128；妇女社会政治联盟(英国)，121，135；运用和威胁运用暴力手段，42，50，117，119－120。另见"凯莉·查普曼·卡特"、"沈佩贞"、"唐群英"、"妇女权利"条目。

孙道仁，250

孙起孟，63

孙中山，1，10，11，18，19，22，24，41，54，57，66，123，151，200；倡导外国思想，195，258－259，261，266；排满，8；以轶事为政治话语的基础，252，280；复古和传统思想，29，114，247，248，261，262－264，266，276；谋划东山再起，239，290；威权主义的倾向，262－264，268－269，271－273；"大炮"，42，48，49，94，238－239，241－244；题词，250；在地方上开展运动，170，249，250－253，275，279；纪念明朝建立，27；被比作"邢夫人"，125－126；被比作世界上的其他领袖，114，239，243－244，257；被比作乔治·华盛顿，31，247，283－284；被比作袁世凯，30－34；关切秩序和统一，55，60，72，172，173，180，253，255，257，258，262－266，273；"建国"，23，240；谈话，238，267－274；遭到的批评，31，202，208，232－233，246，257，261，269－271，284；批判中国文化，197，

483

231；批判民国，260；解放者，113；去世和悼念活动，241，283-286；"民主"（主义），30，254，276；灵活性和机会主义，48，158，259；流亡，14，239；面向未来，32，49，242，246，252，266，280；历史意识，32，243，262；理想主义，49；中国的身份认同，243，244，280，284；《中国的国际发展》（《建国方略》中的"实业计划"部分），31；土地税，170，250；较晚参与辛亥革命，239，241；留下的遗产，281-282；与列宁主义，254；人群和访客的爱戴，38，252；机器时代的思维，32，257，259；婚姻与家庭，247，265；"媒体的天才"，246，249，279；孙中山与孟子，243；"一树梨花压海棠"，112，128；"民族"（主义），30，254，262-265，276；视国家为种族，264，271；《建国方略》，242，244；演说家，71，86，186，222，223，231，237，240，242，243，244，256，264，267，269，273，275，276-279，280-281，287，288；散落的公众，238，248；"民生"（主义），30，39-40，111，167，254，256，257，269，276；流浪小说式人生，242-243；性格，90，237，257，269，270-271，284；外貌，33，35，249，269，276-277；政治"慈父"，18，43，104-105，128；政治推销员，171，191，261，276；政治领导，30-38，48-49，80，167，191-192，199，240-241，245，247，253-254，259，261，264，267-268，276-279，282，285，286，287；政治思想，256-257，268-269，274；赞美与影响，26，30-31，33，86，165，168，242，246，248，252，269-270，275，283-285；出任大总统，25，26，29，205；座次凌驾于参议院之上，118；铁路，31，44，191，233，239，240；共和主义，10，37-38，114，250，280；自我形象，174，256；与参议院，2；与宋庆龄，90；巡回演说（1912年），33，247-254；演说，27，42，48，94，254-267，275-276，276-277；三峡大坝，31；"三民主义"，30，39，197，210，259，261，276，289；旅行和流动性，14，243，248，253，283；一波三折的生涯，187；造访北京，30（1884年），30-51，58，226，289（1912年），239（1925）；描述生动的画面，33，240，276-277；与妇女权利，20，44，48-50，111-112，113-114，116-117，120，258，271；与袁世凯，37-38，48，227，232，239，248，251，253

苏州，166，175，182
瑞士，189，234，254

太平天国运动，98

台湾地区，180，194；民主，7，20，56

太原，249

夏尔·莫里斯·德·塔列朗，228

谭延闿，142

唐存正，98

汤化龙，149

唐乾一，103

唐群英，11，13，22，67，82，94，97，191，238，240；袭击《长沙日报》报馆，141，273；制造炸弹，104；童年时期，98－100；被比作探春，124－129；被比作刘备，144，229；去世，14；批评流亡者的政治，106－107；批评男性政治，128，131，139；批判袁世凯，140；批判曾国藩，109，262；女儿夭折，102；理想破灭，14，290；投身教育，160，254，288，290；与父亲，98－99，122，290；缠足与放足，100，111；过继儿子，102；与宋教仁的友谊，104，127，142－143；"巾帼英雄"，111；湖南人身份与同乡纽带，103－104，105，140；传统思想的影响，107，161；42－51；康有为的影响，102－103；领导女权运动，2，18，111，115，122－123，130－131，139－140，150，159，162，168，254－255；婚姻，101－102；与母亲，99，105；故居，101；全国闻名的人物，143－144；在国民党大会上，19－20，42－51，80，289；爱国主义，14，107－108，286；性格，55，139，142，271，273，286；照片，111－112；诗歌，99，103；政治思想，102，111，115，256，266；与秋瑾，101，104；与孙中山，18，49，66，104－105，111－112，117，120，126－127，142－143，272，280，283－284；激进主义，45，115，120，164；共和主义，146，178，287；隐退，13；革命活动，105；与同盟会，104；姐姐的角色，100，101，102，103，104，126，127，286；遭到嘲讽，123－124；战士，109－110，111，239；演说，45，109，231；大闹南京参议院，2，118－120，143；在日本的学习生活，103－107；守寡，101－102，127，129，141，278；和新闻小报，95，141；装成采茶女，17，105，124；与张汉英，105

唐绍仪，92，93，123，125，196；总理，199－202，210，212，231，218，223

唐星照，98－100，102；作为乡绅的活动，98，290

唐山，249

电报，36－37，246

亨利·大卫·梭罗，89

天津，161，249

藏族和西藏，25，28，41，179，180，203

线性的时间，21；过去、现在和未来的协调，21，23，32

亚历西斯·德·托克维尔，265

485

列夫·托尔斯泰, 285

通县, 33-34, 58

东京, 15, 18, 20, 47, 75, 98, 155, 246; 海外流亡华人和中国留学生群体, 46, 48, 53, 84, 95, 103-104, 150

通商口岸, 69, 202, 249, 255

清华大学, 86, 267, 268, 271, 273

二十一条, 190, 233

劳雷·撒切尔·乌尔里奇, 118, 127

统一党, 161

统一共和党, 39, 207, 210-211, 214, 215, 224, 226

美国: 对华政策, 189, 204

犹他州, 129

《白话报》, 95

巴黎和会, 57, 61, 88, 182, 191, 199, 228, 233-234, 287

暴力: 武装冲突, 96; 刺杀, 10, 38, 45, 54, 68; 袭击和肢体冲突, 20, 42, 50, 80; 施行, 35, 64, 67, 74; 恐惧, 35; 民众的潜能, 60-61, 91; 兵变, 28, 33-34

王昌国, 94, 123, 124, 140; 在国民党大会上, 19-20, 42, 44, 48, 50; 与同盟会, 104, 123

王笛, 63

汪精卫, 242, 254

王阳明, 256

王震, 241

王政, 100

王芝祥, 202

军阀, 38, 239, 259, 278

战国时期, 64

乔治·华盛顿, 32, 115, 243, 247, 261, 283-284

华志坚, 79

《水浒传》, 77, 243

马克斯·韦伯, 154

围棋, 184-185

闻一多, 67-68

黄埔军校, 260

韦慕庭, 246

罗丝·威廉姆斯, 145

E. T. 威廉姆斯, 145, 228

威利斯厅, 39

咏絮之才, 98-100, 105, 124, 191

盖瑞·威尔斯, 279, 285

伍德罗·威尔逊, 59, 204; 对女性的态度, 114; 支持女权运动, 117

路易斯·沃思, 33

女性: 包办婚姻和纳妾, 15, 101, 106, 133; "坏女子", 127; "书香门第"的背景, 102; 打破禁忌, 45-46, 121, 127; 留日女学生会, 106; 女性和伪装, 105-106; 精英, 45-46, 101-102; 友谊, 101-102; "贤妻良母", 103; 记者, 104, 107, 116, 128, 142, 143; 帝制后期的文化与女性, 44-45; 法律学校, 116; 近代的流行, 132, 18-39; 改良运动的目标, 40; 演说者,

94—96；公开露面，20，45－46，109，116，145；共和主义者，8，97，101，104，106，146；女子学校，77，92，160，254；神州女子学院，122；战士，109－111，115，120，132，133，137，139；易受小报攻击，95，124，141；"贤媛"和"才女"，44

妇女权利，41，129，146，210；宪法基础，117；对女性的文化支持，44－45，127；"贤妻良母"之外的道路，45；与男性的关系，44；"男女平权"，47，106；遭到的反对，44－49，107－108；女性与战争、暴力，108，119－120，133－134，135，137；西方的起源，44，115，122，256

《妇女时报》，94

工人：政治活动分子，26，53

第二次世界大战，38

弗兰克·劳德埃·赖特，31

怀俄明州，129

吴景濂，39，40；参议院议长，207，214，215，216，225

周武王，67

吴木兰，132，134，138

吴其浚，161

伍廷芳，150

吴稚晖，59

武昌，168，169

吴尔凯西（音），6

武汉，250

芜湖，249

越南，104

向警予，287

湘军，98，122

湘江，102；与革命，105

湘乡，105，115

熊希龄，201

新疆，179，180，208

新桥，98，102，279

许景澄，189，192，194，195，221

徐世昌，202

徐永煐，268－274

齐宣王，66，288

严复，30，102

延安，158，281

杨昌济，15，17，21，22，49，60，77

杨继盛，74

杨开慧，15

杨季威，122

烟台，249

姚文甫，47

姚莹，69

叶圣陶，79；《赤着的脚》，276－277，282

叶文心，17

颜惠庆，197

基督教青年会，53，56

余家菊，90

余楠秋，83，90，274

袁世凯，31，33，36，37，40，41，42，48，50，57，87，143，147，152，158，190，194，198，208，239，240，248，250，251，259；对女性的态度，133；被比作贾赦，126；去世与悼念活动，284

487

-285；在河南的庄园，36；"洪宪帝制"，1，10，30，174，178，183-185，190，203，232，233；谋杀宋教仁，10，54，207；演说者，93；政治领导，30，34，153-154，195，220，240，245，260，270，278，280，286；受到外媒称赞，227；出任大总统，26，28，187，199-204，217，221，232，248；拥护共和，26，80，173，178，191，219；改革者，31，194，197；压制的政策，151，153-154，159，173，225-226；被共和主义者斥责，35，148，174，184，233，261，277；演说，28，92-93；倚仗硬实力的观念，109；战术和策略，35，94，198-199，200，203，210-212，214，224-227，232，264；与女权运动者，54，93-94，123，134，140，199；以暴力为交流手段，28，34，93，225，226；兢兢业业，196；"袁世凯集团"，196

榆关，249

恽代英，183

云南，161，180

云南大学，67

曾国藩，98；对女性的态度，102，109，262；荷叶老家，101

曾传纲，101

战云雰，215

章炳麟，150；批评孙中山，242；文化保守主义，24-25，261-262，265；开玩笑，125，222；语言改革，59；对女性的观点，113-114；朝三暮四的政治热情，159；支持袁世凯，225

张伯烈，207，208，216

张国焘，26，271

张汉英，104；与唐群英的友谊，105-106，141-142；从军，109；政治激进派，122

张继，153；国民党大会主席，20，42-48，60，66，83-84，173，215；打断政治会议，46；硬闯官邸，47；演说者，84；对女子革命派的观点，106，109-110

张謇，163；对女性的观点，113-114

张建园，84-88

张纫兰，122

张耀曾，216

张玉法，150，224

张昭汉（张默君）：温和派女权主义领袖，115-116，118，130，131，135，181

张振武，35

张作霖，278

张家口，249

赵秉钧，201；谋杀宋教仁，54；总理，226

赵恒惕，103，142，286

浙江，77，133；全浙公会，59

郑师道，141

镇江，249

直隶，202，205，207

周朝，67

周恩来，228-229；悼念活动，241

朱棣，67
朱元璋，27，247
朱云，65，67
诸葛亮，144，229

总理衙门，187
邹鲁，256，270
邹容，47，《革命军》，169
《左传》，136

"海外中国研究丛书"书目

1. 中国的现代化　[美]吉尔伯特・罗兹曼 主编　国家社会科学基金"比较现代化"课题组 译　沈宗美 校
2. 寻求富强:严复与西方　[美]本杰明・史华兹 著　叶凤美 译
3. 中国现代思想中的唯科学主义(1900—1950)　[美]郭颖颐 著　雷颐 译
4. 台湾:走向工业化社会　[美]吴元黎 著
5. 中国思想传统的现代诠释　余英时 著
6. 胡适与中国的文艺复兴:中国革命中的自由主义,1917—1937　[美]格里德 著　鲁奇 译
7. 德国思想家论中国　[德]夏瑞春 编　陈爱政 等译
8. 摆脱困境:新儒学与中国政治文化的演进　[美]墨子刻 著　颜世安 高华 黄东兰 译
9. 儒家思想新论:创造性转换的自我　[美]杜维明 著　曹幼华 单丁 译　周文彰 等校
10. 洪业:清朝开国史　[美]魏斐德 著　陈苏镇 薄小莹　包伟民 陈晓燕 牛朴 谭天星 译　阎步克 等校
11. 走向21世纪:中国经济的现状、问题和前景　[美]D. H. 帕金斯 著　陈志标 编译
12. 中国:传统与变革　[美]费正清 赖肖尔 主编　陈仲丹 潘兴明 庞朝阳 译　吴世民 张子清 洪邮生 校
13. 中华帝国的法律　[美]D. 布朗 C. 莫里斯 著　朱勇 译　梁治平 校
14. 梁启超与中国思想的过渡(1890—1907)　[美]张灏 著　崔志海 葛夫平 译
15. 儒教与道教　[德]马克斯・韦伯 著　洪天富 译
16. 中国政治　[美]詹姆斯・R. 汤森 布兰特利・沃马克 著　顾速 董方 译
17. 文化、权力与国家:1900—1942年的华北农村　[美]杜赞奇 著　王福明 译
18. 义和团运动的起源　[美]周锡瑞 著　张俊义 王栋 译
19. 在传统与现代性之间:王韬与晚清革命　[美]柯文 著　雷颐 罗检秋 译
20. 最后的儒家:梁漱溟与中国现代化的两难　[美]艾恺 著　王宗昱 冀建中 译
21. 蒙元入侵前夜的中国日常生活　[法]谢和耐 著　刘东 译
22. 东亚之锋　[美]小R. 霍夫亨兹 K. E. 柯德尔 著　黎鸣 译
23. 中国社会史　[法]谢和耐 著　黄建华 黄迅余 译
24. 从理学到朴学:中华帝国晚期思想与社会变化面面观　[美]艾尔曼 著　赵刚 译
25. 孔子哲学思微　[美]郝大维 安乐哲 著　蒋弋为 李志林 译
26. 北美中国古典文学研究名家十年文选　乐黛云 陈珏 编选
27. 东亚文明:五个阶段的对话　[美]狄百瑞 著　何兆武 何冰 译
28. 五四运动:现代中国的思想革命　[美]周策纵 著　周子平 等译
29. 近代中国与新世界:康有为变法与大同思想研究　[美]萧公权 著　汪荣祖 译
30. 功利主义儒家:陈亮对朱熹的挑战　[美]田浩 著　姜长苏 译
31. 莱布尼兹和儒学　[美]孟德卫 著　张学智 译
32. 佛教征服中国:佛教在中国中古早期的传播与适应　[荷兰]许理和 著　李四龙 裴勇 等译
33. 新政革命与日本:中国,1898—1912　[美]任达 著　李仲贤 译
34. 经学、政治和宗族:中华帝国晚期常州今文学派研究　[美]艾尔曼 著　赵刚 译
35. 中国制度史研究　[美]杨联陞 著　彭刚 程钢 译

36. 汉代农业:早期中国农业经济的形成　[美]许倬云 著　程农 张鸣 译　邓正来 校
37. 转变的中国:历史变迁与欧洲经验的局限　[美]王国斌 著　李伯重 连玲玲 译
38. 欧洲中国古典文学研究名家十年文选　乐黛云 陈珏 龚刚 编选
39. 中国农民经济:河北和山东的农民发展,1890—1949　[美]马若孟 著　史建云 译
40. 汉哲学思维的文化探源　[美]郝大维 安乐哲 著　施忠连 译
41. 近代中国之种族观念　[英]冯客 著　杨立华 译
42. 血路:革命中国中的沈定一(玄庐)传奇　[美]萧邦奇 著　周武彪 译
43. 历史三调:作为事件、经历和神话的义和团　[美]柯文 著　杜继东 译
44. 斯文:唐宋思想的转型　[美]包弼德 著　刘宁 译
45. 宋代江南经济史研究　[日]斯波义信 著　方健 何忠礼 译
46. 山东台头:一个中国村庄　杨懋春 著　张雄 沈炜 秦美珠 译
47. 现实主义的限制:革命时代的中国小说　[美]安敏成 著　姜涛 译
48. 上海罢工:中国工人政治研究　[美]裴宜理 著　刘平 译
49. 中国转向内在:两宋之际的文化转向　[美]刘子健 著　赵冬梅 译
50. 孔子:即凡而圣　[美]赫伯特·芬格莱特 著　彭国翔 张华 译
51. 18世纪中国的官僚制度与荒政　[法]魏丕信 著　徐建青 译
52. 他山的石头记:宇文所安自选集　[美]宇文所安 著　田晓菲 编译
53. 危险的愉悦:20世纪上海的娼妓问题与现代性　[美]贺萧 著　韩敏中 盛宁 译
54. 中国食物　[美]尤金·N. 安德森 著　马孆 刘东 译　刘东 审校
55. 大分流:欧洲、中国及现代世界经济的发展　[美]彭慕兰 著　史建云 译
56. 古代中国的思想世界　[美]本杰明·史华兹 著　程钢 译　刘东 校
57. 内闱:宋代的婚姻和妇女生活　[美]伊沛霞 著　胡志宏 译
58. 中国北方村落的社会性别与权力　[加]朱爱岚 著　胡玉坤 译
59. 先贤的民主:杜威、孔子与中国民主之希望　[美]郝大维 安乐哲 著　何刚强 译
60. 向往心灵转化的庄子:内篇分析　[美]爱莲心 著　周炽成 译
61. 中国人的幸福观　[德]鲍吾刚 著　严蓓雯 韩雪临 吴德祖 译
62. 闺塾师:明末清初江南的才女文化　[美]高彦颐 著　李志生 译
63. 缀珍录:十八世纪及其前后的中国妇女　[美]曼素恩 著　定宜庄 颜宜葳 译
64. 革命与历史:中国马克思主义历史学的起源,1919—1937　[美]德里克 著　翁贺凯 译
65. 竞争的话语:明清小说中的正统性、本真性及所生成之意义　[美]艾梅兰 著　罗琳 译
66. 云南禄村:中国妇女与农村发展　[加]宝森 著　胡玉坤 译
67. 中国近代思维的挫折　[日]岛田虔次 著　甘万萍 译
68. 中国的亚洲内陆边疆　[美]拉铁摩尔 著　唐晓峰 译
69. 为权力祈祷:佛教与晚明中国士绅社会的形成　[加]卜正民 著　张华 译
70. 天潢贵胄:宋代宗室史　[美]贾志扬 著　赵冬梅 译
71. 儒家之道:中国哲学之探讨　[美]倪德卫 著　[美]万白安 编　周炽成 译
72. 都市里的农家女:性别、流动与社会变迁　[澳]杰华 著　吴小英 译
73. 另类的现代性:改革开放时代中国性别化的渴望　[美]罗丽莎 著　黄新 译
74. 近代中国的知识分子与文明　[日]佐藤慎一 著　刘岳兵 译
75. 繁盛之阴:中国医学史中的性(960—1665)　[美]费侠莉 著　甄橙 主译　吴朝霞 主校
76. 中国大众宗教　[美]韦思谛 编　陈仲丹 译
77. 中国诗画语言研究　[法]程抱一 著　涂卫群 译
78. 中国的思维世界　[日]沟口雄三 小岛毅 著　孙歌 等译

79. 德国与中华民国　[美]柯伟林 著　陈谦平 陈红民 武菁 申晓云 译　钱乘旦 校
80. 中国近代经济史研究:清末海关财政与通商口岸市场圈　[日]滨下武志 著　高淑娟 孙彬 译
81. 回应革命与改革:皖北李村的社会变迁与延续　韩敏 著　陆益龙 徐新玉 译
82. 中国现代文学与电影中的城市:空间、时间与性别构形　[美]张英进 著　秦立彦 译
83. 现代的诱惑:书写半殖民地中国的现代主义(1917—1937)　[美]史书美 著　何恬 译
84. 开放的帝国:1600年前的中国历史　[美]芮乐伟·韩森 著　梁侃 邹劲风 译
85. 改良与革命:辛亥革命在两湖　[美]周锡瑞 著　杨慎之 译
86. 章学诚的生平与思想　[美]倪德卫 著　杨立华 译
87. 卫生的现代性:中国通商口岸健康与疾病的意义　[美]罗芙芸 著　向磊 译
88. 道与庶道:宋代以来的道教、民间信仰和神灵模式　[美]韩明士 著　皮庆生 译
89. 间谍王:戴笠与中国特工　[美]魏斐德 著　梁禾 译
90. 中国的女性与性相:1949年以来的性别话语　[英]艾华 著　施施 译
91. 近代中国的犯罪、惩罚与监狱　[荷]冯客 著　徐有威 等译　潘兴明 校
92. 帝国的隐喻:中国民间宗教　[英]王斯福 著　赵旭东 译
93. 王弼《老子注》研究　[德]瓦格纳 著　杨立华 译
94. 寻求正义:1905—1906年的抵制美货运动　[美]王冠华 著　刘甜甜 译
95. 传统中国日常生活中的协商:中古契约研究　[美]韩森 著　鲁西奇 译
96. 从民族国家拯救历史:民族主义话语与中国现代史研究　[美]杜赞奇 著　王宪明 高继美 李海燕 李点 译
97. 欧几里得在中国:汉译《几何原本》的源流与影响　[荷]安国风 著　纪志刚 郑诚 郑方磊 译
98. 十八世纪中国社会　[美]韩书瑞 罗友枝 著　陈仲丹 译
99. 中国与达尔文　[美]浦嘉珉 著　钟永强 译
100. 私人领域的变形:唐宋诗词中的园林与玩好　[美]杨晓山 著　文韬 译
101. 理解农民中国:社会科学哲学的案例研究　[美]李丹 著　张天虹 张洪云 张胜波 译
102. 山东叛乱:1774年的王伦起义　[美]韩书瑞 著　刘平 唐雁超 译
103. 毁灭的种子:战争与革命中的国民党中国(1937—1949)　[美]易劳逸 著　王建朗 王贤知 贾维 译
104. 缠足:"金莲崇拜"盛极而衰的演变　[美]高彦颐 著　苗延威 译
105. 饕餮之欲:当代中国的食与色　[美]冯珠娣 著　郭乙瑶 马磊 江素侠 译
106. 翻译的传说:中国新女性的形成(1898—1918)　胡缨 著　龙瑜宬 彭珊珊 译
107. 中国的经济革命:20世纪的乡村工业　[日]顾琳 著　王玉茹 张玮 李进霞 译
108. 礼物、关系学与国家:中国人际关系与主体性建构　杨美惠 著　赵旭东 孙珉 译　张跃宏 译校
109. 朱熹的思维世界　[美]田浩 著
110. 皇帝和祖宗:华南的国家与宗族　[英]科大卫 著　卜永坚 译
111. 明清时代东亚海域的文化交流　[日]松浦章 著　郑洁西 等译
112. 中国美学问题　[美]苏源熙 著　卞东波 译　张强强 朱霞欢 校
113. 清代内河水运史研究　[日]松浦章 著　董科 译
114. 大萧条时期的中国:市场、国家与世界经济　[日]城山智子 著　孟凡礼 尚国敏 译　唐磊 校
115. 美国的中国形象(1931—1949)　[美]T.克里斯托弗·杰斯普森 著　姜智芹 译
116. 技术与性别:晚期帝制中国的权力经纬　[英]白馥兰 著　江湄 邓京力 译

117. 中国善书研究　［日］酒井忠夫 著　刘岳兵 何英莺 孙雪梅 译
118. 千年末世之乱:1813年八卦教起义　［美］韩书瑞 著　陈仲丹 译
119. 西学东渐与中国事情　［日］增田涉 著　由其民 周启乾 译
120. 六朝精神史研究　［日］吉川忠夫 著　王启发 译
121. 矢志不渝:明清时期的贞女现象　［美］卢苇菁 著　秦立彦 译
122. 纠纷与秩序:徽州文书中的明朝　［日］中岛乐章 著　郭万平 译
123. 中华帝国晚期的欲望与小说叙述　［美］黄卫总 著　张蕴爽 译
124. 虎、米、丝、泥:帝制晚期华南的环境与经济　［美］马立博 著　王玉茹 关永强 译
125. 一江黑水:中国未来的环境挑战　［美］易明 著　姜智芹 译
126. 《诗经》原意研究　［日］家井真 著　陆越 译
127. 施剑翘复仇案:民国时期公众同情的兴起与影响　［美］林郁沁 著　陈湘静 译
128. 义和团运动前夕华北的地方动乱与社会冲突(修订译本)　［德］狄德满 著　崔华杰 译
129. 铁泪图:19世纪中国对于饥馑的文化反应　［美］艾志端 著　曹曦 译
130. 饶家驹安全区:战时上海的难民　［美］阮玛霞 著　白华山 译
131. 危险的边疆:游牧帝国与中国　［美］巴菲尔德 著　袁剑 译
132. 工程国家:民国时期(1927—1937)的淮河治理及国家建设　［美］戴维·艾伦·佩兹 著　姜智芹 译
133. 历史宝筏:过去、西方与中国妇女问题　［美］季家珍 著　杨可 译
134. 姐妹们与陌生人:上海棉纱厂女工,1919—1949　［美］韩起澜 著　韩慈 译
135. 银线:19世纪的世界与中国　林满红 著　詹庆华 林满红 译
136. 寻求中国民主　［澳］冯兆基 著　刘悦斌 徐硙 译
137. 墨梅　［美］毕嘉珍 著　陆敏珍 译
138. 清代上海沙船航运业史研究　［日］松浦章 著　杨蕾 王亦诤 董科 译
139. 男性特质论:中国的社会与性别　［澳］雷金庆 著　［澳］刘婷 译
140. 重读中国女性生命故事　游鉴明 胡缨 季家珍 主编
141. 跨太平洋位移:20世纪美国文学中的民族志、翻译和文本间旅行　黄运特 著　陈倩 译
142. 认知诸形式:反思人类精神的统一性与多样性　［英］G.E.R.劳埃德 著　池志培 译
143. 中国乡村的基督教:1860—1900年江西省的冲突与适应　［美］史维东 著　吴薇 译
144. 假想的"满大人":同情、现代性与中国疼痛　［美］韩瑞 著　袁剑 译
145. 中国的捐纳制度与社会　伍跃 著
146. 文书行政的汉帝国　［日］富谷至 著　刘恒武 孔李波 译
147. 城市里的陌生人:中国流动人口的空间、权力与社会网络的重构　［美］张骊 著　袁长庚 译
148. 性别、政治与民主:近代中国的妇女参政　［澳］李木兰 著　方小平 译
149. 近代日本的中国认识　［日］野村浩一 著　张学锋 译
150. 狮龙共舞:一个英国人笔下的威海卫与中国传统文化　［英］庄士敦 著　刘本森 译　威海市博物馆 郭大松 校
151. 人物、角色与心灵:《牡丹亭》与《桃花扇》中的身份认同　［美］吕立亭 著　白华山 译
152. 中国社会中的宗教与仪式　［美］武雅士 著　彭泽安 邵铁峰 译　郭潇威 校
153. 自贡商人:近代早期中国的企业家　［美］曾小萍 著　董建中 译
154. 大象的退却:一部中国环境史　［英］伊懋可 著　梅雪芹 毛利霞 王玉山 译
155. 明代江南土地制度研究　［日］森正夫 著　伍跃 张学锋 等译　范金民 夏维中 审校
156. 儒学与女性　［美］罗莎莉 著　丁佳伟 曹秀娟 译

157. 行善的艺术:晚明中国的慈善事业(新译本)　[美]韩德玲 著　曹晔 译
158. 近代中国的渔业战争和环境变化　[美]穆盛博 著　胡文亮 译
159. 权力关系:宋代中国的家族、地位与国家　[美]柏文莉 著　刘云军 译
160. 权力源自地位:北京大学、知识分子与中国政治文化,1898—1929　[美]魏定熙 著　张蒙 译
161. 工开万物:17世纪中国的知识与技术　[德]薛凤 著　吴秀杰 白岚玲 译
162. 忠贞不贰:辽代的越境之举　[英]史怀梅 著　曹流 译
163. 内藤湖南:政治与汉学(1866—1934)　[美]傅佛果 著　陶德民 何英莺 译
164. 他者中的华人:中国近现代移民史　[美]孔飞力 著　李明欢 译　黄鸣奋 校
165. 古代中国的动物与灵异　[英]胡司德 著　蓝旭 译
166. 两访中国茶乡　[英]罗伯特·福琼 著　敖雪岗 译
167. 缔造选本:《花间集》的文化语境与诗学实践　[美]田安 著　马强才 译
168. 扬州评话探讨　[丹麦]易德波 著　米锋 易德波 译　李今芸 校译
169. 《左传》的书写与解读　李惠仪 著　文韬 许明德 译
170. 以竹为生:一个四川手工造纸村的20世纪社会史　[德]艾约博 著　韩巍 译　吴秀杰 校
171. 东方之旅:1579—1724 耶稣会传教团在中国　[美]柏理安 著　毛瑞方 译
172. "地域社会"视野下的明清史研究:以江南和福建为中心　[日]森正夫 著　于志嘉 马一虹 黄东兰 阿风 等译
173. 技术、性别、历史:重新审视帝制中国的大转型　[英]白馥兰 著　吴秀杰 白岚玲 译
174. 中国小说戏曲史　[日]狩野直喜 张真 译
175. 历史上的黑暗一页:英国外交文件与英美海军档案中的南京大屠杀　[美]陆束屏 编著/翻译
176. 罗马与中国:比较视野下的古代世界帝国　[奥]沃尔特·施德尔 主编　李平 译
177. 矛与盾的共存:明清时期江西社会研究　[韩]吴金成 著　崔荣根 译　薛戈 校译
178. 唯一的希望:在中国独生子女政策下成年　[美]冯文 著　常姝 译
179. 国之枭雄:曹操传　[澳]张磊夫 著　方笑天 译
180. 汉帝国的日常生活　[英]鲁惟一 著　刘洁 余霄 译
181. 大分流之外:中国和欧洲经济变迁的政治　[美]王国斌 罗森塔尔 著　周琳 译　王国斌 张萌 审校
182. 中正之笔:颜真卿书法与宋代文人政治　[美]倪雅梅 著　杨简茹 译　祝帅 校译
183. 江南三角洲市镇研究　[日]森正夫 编　丁韵 胡婧 等译　范金民 审校
184. 忍辱负重的使命:美国外交官记载的南京大屠杀与劫后的社会状况　[美]陆束屏 编著/翻译
185. 修仙:古代中国的修行与社会记忆　[美]康儒博 著　顾漩 译
186. 烧钱:中国人生活世界中的物质精神　[美]柏桦 著　袁剑 刘玺鸿 译
187. 话语的长城:文化中国历险记　[美]苏源熙 著　盛珂 译
188. 诸葛武侯　[日]内藤湖南 著　张真 译
189. 盟友背信:一战中的中国　[英]吴芳思 克里斯托弗·阿南德尔 著　张宇扬 译
190. 亚里士多德在中国:语言、范畴和翻译　[英]罗伯特·沃迪 著　韩小强 译
191. 马背上的朝廷:巡幸与清朝统治的建构,1680—1785　[美]张勉治 著　董建中 译
192. 申不害:公元前四世纪中国的政治哲学家　[美]顾立雅 著　马腾 译
193. 晋武帝司马炎　[日]福原启郎 著　陆帅 译
194. 唐人如何吟诗:带你走进汉语音韵学　[日]大岛正二 著　柳悦 译

195. 古代中国的宇宙论　［日］浅野裕一 著　吴昊阳 译
196. 中国思想的道家之论：一种哲学解释　［美］陈汉生 著　周景松 谢尔逊 等译　张丰乾 校译
197. 诗歌之力：袁枚女弟子屈秉筠(1767—1810)　［加］孟留喜 著　吴夏平 译
198. 中国逻辑的发现　［德］顾有信 著　陈志伟 译
199. 高丽时代宋商往来研究　［韩］李镇汉 著　李廷青 戴琳剑 译　楼正豪 校
200. 中国近世财政史研究　［日］岩井茂树 著　付勇 译　范金民 审校
201. 魏晋政治社会史研究　［日］福原启郎 著　陆帅 刘萃峰 张紫毫 译
202. 宋帝国的危机与维系：信息、领土与人际网络　［比利时］魏希德 著　刘云军 译
203. 中国精英与政治变迁：20世纪初的浙江　［美］萧邦奇 著　徐立望 杨涛羽 译　李齐 校
204. 北京的人力车夫：1920年代的市民与政治　［美］史谦德 著　周书垚 袁剑 译　周育民 校
205. 1901—1909年的门户开放政策：西奥多·罗斯福与中国　［美］格雷戈里·摩尔 著　赵嘉玉 译
206. 清帝国之乱：义和团运动与八国联军之役　［美］明恩溥 著　郭大松 刘本森 译
207. 宋代文人的精神生活(960—1279)　［美］何复平 著　叶树勋 单虹泽 译
208. 梅兰芳与20世纪国际舞台：中国戏剧的定位与置换　［美］田民 著　何恬 译
209. 郭店楚简《老子》新研究　［日］池田知久 著　曹峰 孙佩霞 译
210. 德与礼——亚洲人对领导能力与公众利益的理想　［美］狄培理 著　闵锐武 闵月 译
211. 棘闱：宋代科举与社会　［美］贾志扬 著
212. 通过儒家现代性而思　［法］毕游塞 著　白欲晓 译
213. 阳明学的位相　［日］荒木见悟 著　焦堃 陈晓杰 廖明飞 申绪璐 译
214. 明清的戏曲——江南宗族社会的表象　［日］田仲一成 著　云贵彬 王文勋 译
215. 日本近代中国学的形成：汉学革新与文化交涉　陶德民 著　辜承尧 译
216. 声色：永明时代的宫廷文学与文化　［新加坡］吴妙慧 著　朱梦雯 译
217. 神秘体验与唐代世俗社会：戴孚《广异记》解读　［英］杜德桥 著　杨为刚 查屏球 译　吴晨 审校
218. 清代中国的法与审判　［日］滋贺秀三 著　熊远报 译
219. 铁路与中国转型　［德］柯丽莎 著　金毅 译
220. 生命之道：中医的物、思维与行动　［美］冯珠娣 著　刘小朦 申琛 译
221. 中国古代北疆史的考古学研究　［日］宫本一夫 著　黄建秋 译
222. 异史氏：蒲松龄与中国文言小说　［美］蔡九迪 著　任增强 译　陈嘉艺 审校
223. 中国江南六朝考古学研究　［日］藤井康隆 著　张学锋 刘可维 译
224. 商会与近代中国的社团网络革命　［加］陈忠平 著
225. 帝国之后：近代中国国家观念的转型(1885—1924)　［美］沙培德 著　刘芳 译
226. 天地不仁：中国古典哲学中恶的问题　［美］方岚生 著　林捷 汪日宣 译
227. 卿本著者：明清女性的性别身份、能动主体和文学书写　［加］方秀洁 著　周睿 陈昉昊 译
228. 古代中华观念的形成　［日］渡边英幸 著　吴昊阳 译
229. 明清中国的经济结构　［日］足立启二 著　杨缨 译
230. 国家与市场之间的中国妇女　［加］朱爱岚 著　蔡一平 胡玉坤 译
231. 高丽与中国的海上交流(918—1392)　［韩］李镇汉 著　宋文志 李廷青 译
232. 寻找六边形：中国农村的市场和社会结构　［美］施坚雅 著　史建云 徐秀丽 译
233. 政治仪式与近代中国国民身份建构(1911—1929)　［英］沈艾娣 著　吕晶 等译
234. 北京的六分仪：中国历史中的全球潮流　［美］卫周安 著　王敬雅 张歌 译
235. 南方的将军：孙权传　［澳］张磊夫 著　徐缅 译
236. 未竟之业：近代中国的言行表率　［美］史谦德 著　李兆旭 译